中华人民共和国民法典释论丛书

中国民法典

合同编分则释论

主　编　孙　毅
副主编　杨　健

本书撰稿人
（以撰写章节顺序为序）
杨　健　丁　巍　赵　亮
孙　毅　高云峰

法律出版社
LAW PRESS·CHINA
北京

图书在版编目(CIP)数据

中国民法典. 合同编分则释论 / 孙毅主编. -- 北京：法律出版社，2022

(中华人民共和国民法典释论丛书 / 杨震主编)

ISBN 978 - 7 - 5197 - 7133 - 1

Ⅰ. ①中… Ⅱ. ①孙… Ⅲ. ①民法－法典－法律解释－中国②合同法－法律解释－中国 Ⅳ. ①D923.05

中国版本图书馆 CIP 数据核字(2022)第 179742 号

中国民法典 · 合同编分则释论
ZHONGGUO MINFADIAN · HETONGBIAN FENZE SHILUN

孙　毅　主编

策划编辑 徐　菲
责任编辑 徐　菲
装帧设计 汪奇峰

出版发行 法律出版社
编辑统筹 法律出版社
责任校对 王晓萍　王语童
责任印制 胡晓雅
经　　销 新华书店

开本 710 毫米×1000 毫米　1/16
印张 27.25　　**字数** 407 千
版本 2022 年 10 月第 1 版
印次 2022 年 10 月第 1 次印刷
印刷 天津嘉恒印务有限公司

地址：北京市丰台区莲花池西里 7 号(100073)
网址：www.lawpress.com.cn
投稿邮箱：info@lawpress.com.cn
举报盗版邮箱：jbwq@lawpress.com.cn

销售电话：010 - 83938349
客服电话：010 - 83938350
咨询电话：010 - 63939796

书号：ISBN 978 - 7 - 5197 - 7133 - 1　　**定价**：128.00 元

凡购买本社图书，如有印装错误，我社负责退换。电话：010 - 83938349

作 者 简 介

孙　毅

黑龙江大学法学院教授，法学博士，硕士研究生导师，兼职律师，哈尔滨仲裁委、青岛仲裁委等仲裁员，《北方法学》杂志编辑，中国法学会民法学研究会理事，哈尔滨市法学会第六届理事会常务理事、副会长。中国法学会民法典分则继承编课题组成员，中国法学会民法总则专家建议稿项目黑龙江大学项目组技术总负责人，黑龙江大学人格权法专家建议稿项目组技术负责人。著有《物权法公示公信原则研究》《破产程序中除斥债权范围刍议》《破产程序中保证人先诉抗辩权的限制》《试论现代代理法中的客观责任原则》《处于多重语境中的民事责任能力》《建设用地使用权和宅基地使用权》《论我国物权变动立法中的二元化模式》《混合共同担保法律问题之思考》《人民法院民商事公报案例裁判要旨》《论遗嘱方式的缓和主义进路——以<继承法>修改的相关理念变革为中心》《继承法修正中的理论变革与制度创新——对<继承法修正草案建议稿>的展开》《论商事留置权的特性与规则》《我国多重买卖规则的检讨与重构》《我国民法典的时代价值》《中华人民共和国民法典·继承编》等学术论文和著作，曾被《中国社会科学文摘》《新华文摘》《高等学校文科学术文摘》《人大复印报刊资料》转载。相关成果曾获得黑龙江省社会科学优秀科研成果一等奖、黑龙江省高校人文社会科学研究优秀成果奖一等奖、黑龙江省高校人文社科研究优秀成果三等奖。

总　序

2020年5月28日，令人难以忘怀。《中华人民共和国民法典》（以下简称《民法典》）由第十三届全国人民代表大会第三次会议通过并公布，自2021年1月1日起施行。《民法典》是中华人民共和国成立以来第一部以“法典”命名的法律，是新时代我国社会主义法治建设的重大成果。《民法典》的颁行，是我国法治建设的里程碑，对推进国家治理体系和治理能力现代化具有重大意义。

中华法系，源远流长。中华法系是中国古代法制文明与法治建设的瑰宝。在人类法制文明与法制建设中，中华法系以礼法合治、以礼辅法、德法兼修、以德善治的品质流传后世。《法经》《唐律疏议》承载着中华法制文明的法典追求，彰显中华法制文化的规范思想；诸法合体、刑民不分凝聚着中华法制文明的深厚底蕴和独特魅力，显示出中华法制文化的律令特色与格致特质；礼法结合、民惟邦本映衬着中华法制文明的隆礼重法和以民为贵，展现出中华法制文化的明德慎罚与德主刑辅；天下无讼和以和为贵昭示着中华法制文明的政教之本和德礼教化，体现出中华法制文化的恤刑思想与和善理念。习近平总书记指出：“我国古代法制蕴含着十分丰富的智慧和资源，中华法系在世界几大法系中独树一帜。”①

草拟民律，变法图强。草拟民律是近代民事立法与法律变革的缩影。在“西学东渐”“船坚炮利”“师夷长技”“以夷制夷”的特定情境下，变法图

① 中共中央文献研究室编：《习近平关于全面依法治国论述摘编》，中央文献出版社2015年版，第32页。

存、济世安邦、吸纳西法、革故鼎新成为中国法制近代化的思想基础与观念指征。《大清民律草案》的起草、《民国民律草案》的纂修、《中华民国民法》的施行,预示着中国古代法律体系的转型,显露出中国法律制度渐融世界民事立法行列的进程。"吸收世界各国大同之良规,兼采近世最新之学说"的修法信念,"凡我旧律义关伦常诸条,不可率行变革"的改良执念,促成了刑民分立、中西合璧、观念杂糅、习惯碰撞的民事立法样态与民事法律体系;演绎出推崇社会契约、呼吁个性解放、恪守公序良俗、更新国民道德的法律纂修取向和礼法嬗变特征。因为一定的文化是一定社会的政治和经济的反映。

法典编纂,人民至上。编纂民法典是新时代民事立法与法治改革的创举。在新中国法制建设史上,《民法典》无疑是民事立法的卓越典范与无上荣光。因为编纂一部真正属于中国人民的民法典,是新中国几代人的夙愿;形成一部适应新时代中国特色社会主义发展要求,符合我国国情和实际的体例科学、结构严谨、规范合理、内容完整、协调一致的民法典,是一项系统且重大的立法工程。《民法典》作为我国法律体系中条文最多、体量最大、编章结构最复杂的一部法律,系统整合了中华人民共和国成立70余年来长期实践形成的民事法律规范,汲取了中华民族5000多年优秀法律文化,借鉴了人类法治文明建设的有益成果,是一部体现我国社会主义性质、符合人民利益和愿望、顺应时代发展要求的民法典;是一部体现对生命健康、财产安全、交易便利、生活幸福、人格尊严等各方面权利平等保护的民法典;是一部具有鲜明中国特色、实践特色、时代特色的民法典。《民法典》以其7编1260条、10万多字的编章结构与规范内涵,回应了人民的期待,突出了以人民为中心的底色。

民法学人,共谱华章。奉献智慧、精益求精是民法学人久久为功、善作善成的写照。在我国先后四次启动民法制定工作以及长达五年的民法典编纂进程中,学界前辈展现了矢志不渝、博采众长的学术情怀与立法智慧,民法同人呈现了底蕴深厚、观点明晰的学术思想与立法范例。多方论证、集思广益、数易其稿、系统整合,成为科学立法、民主立法、依法立法的表征;条分缕析、观点争鸣、字斟句酌、编订纂修,成为体例设计、规范表述、价值内蕴的基础。无论是中国法学会民法典编纂项目领导小组组织专家起草的《民法典》(专家建议稿),还是全国人大常委会法制工作委员会形成的《民法典(草案)》,均仰赖民法典编纂所具备的制度基础、实践基础、理论基础和社会基础,均凸显出民法典在国家治理体系中的功能定位——《民法典》是实现社会治理现代化、促进社会和谐有序的基本法,是保障和促进社会主义市场经济建设健康发展的基本法,是推动政府依法行政、提升政府治理能力的基本法。只有讲好、用好《民法典》,方能展现其以人为本的人民性、与时俱进的时代性、立足国情的民族性、求真严谨的科学性。

弦歌不辍,共赴星光。跻身民事立法前沿、攻克民法理论难题,是黑龙江大学民商法学教学科研团队的初心与使命。2012 年 3 月,黑龙江大学成立民法典编纂课题组,着力研究民法典编纂中的热点、难点问题,期冀通过民法理论研讨提升民事立法智慧、助益民事司法实践。黑龙江大学民法典编纂课题组成立后,以杨震教授、王歌雅教授、孙毅教授、申建平教授、李憣副教授、杨振宏副教授为主要成员的课题组所有同人勤勉奋发、勠力同心、集思广益、取长补短,携手走过了相互鼓励、彼此劝勉、业精于勤、跬步千里的十年时光,相继起草了多个民事立法专家建议稿,共同呈现了民事立法智慧。2012 年 5 月,起草了《中华人民共和国继承法》(专家建议稿),共计 5 章 97 条。2015 年 5 月,起草了《民法典·总则编》(专家建议稿)中民事法律行为和代理两章,分别为 38 条和 26 条。2016 年 10 月和 2017 年 1 月,先后起草了《民法典·继承编》(专家建议稿)(一)和(二)中遗嘱继承和遗赠一章,分别为 36 条和 34 条。2017 年 7 月,起草了《中华人民共和国人格权法》(专家建议稿),共计 8 章 60 条。王歌雅教授作为中国法学会婚姻家庭法学研究会副会长参与起草了《民法典·婚姻家庭编》(专家建议稿)……时光荏苒,春华秋实。

青山明月,丹心道同。踔厉奋发、笃行不怠是黑龙江大学法学院民法同人的坚守与豪情。在《民法典》编纂进程中,民法同人多方研讨、献计献策。第十二届、第十三届全国人大代表杨震教授全程参与了《民法典(草案)》的讨论和修改,十年间先后向全国人大提交制定民法典的议案 40 余件,特别是 2018 年提交的《关于制定中华人民共和国人格权法》的议案,被第十三届全国人民代表大会第一次会议列为第290号议案，为人格权法的独立成编倾注了热诚与智慧。围绕《民法典（草案）》的起草和修改，黑龙江大学民法典编纂课题组陆续提出修改意见和建议……尺寸素心，金石为开。

释论记叙，希以弘扬。传播民法精神、诠释法典文化，是黑龙江大学民法典编纂课题组的情怀与责任。在《民法典》实施进程中，理解《民法典》、感悟《民法典》、解读《民法典》、实践《民法典》，是回应中国之问、世界之问、人民之问、时代之问的基点；弘扬核心价值、释明法律规范、秉持公平正义、践行人本理念，是信守中国之路、中国之治、中国之理的基石。《中华人民共和国民法典释论》将以8册系列图书，系统展现《民法典》的鲜明特色与创新发展，科学阐释《民法典》法源样态的多元性、原则理念的思想性、体系结构的创造性、制度规范的传承性、功能定位的价值性、权益保障的适用性。其中，总则编1册，物权编1册，合同编2册，人格权编1册，婚姻家庭编1册，继承编1册，侵权责任编1册。各编主编、合著、独著作者为：总则编——杨震；物权编——申建平；合同编——孙毅；人格权编——杨振宏、张小余；婚姻家庭编——王歌雅；继承编——王歌雅；侵权责任编——杨震。《中华人民共和国民法典释论》系列丛书总字数达260万余字。

思想引领，价值为基。《中华人民共和国民法典释论》系列丛书，以习近平法治思想为理论指导，以社会主义核心价值观为理念统领，以《民法典》及其司法解释为阐释要点，记录了《民法典》的编纂历程、编纂智慧、编纂成果、编纂贡献，梳理了《民法典》的学术思想、学术观点、学术理路、学术创新，展现了《民法典》的实践意义、实践特点、实践思考、实践效用，呈现了《民法典》的法治信仰、法治精神、法治文化、法治追求。

初心如磐，情怀不改。
不负历史，不负时代。

黑龙江大学民法典编纂课题组

2022年5月1日

前　言

合同制度是市场经济最基本的法律制度,《中华人民共和国民法典》(以下简称《民法典》)关于合同制度的规则设定,充分体现了民事活动中契约交易自由、公平有序竞争、等价有偿交换、商品自由流动之价值与作用。我国《民法典》主要目标在于建设一个维护人格尊严、保障私权、自由平等的私法秩序和法治社会。[①] 我国《民法典》在世界范围内开创了七编制体例的先河,是一部具有时代性、典范性的民法典,[②]在编纂上既没有采取德国五编制或法国三编制,而是采取了中国特色的七编制,单独设立了人格权编、侵权责任编,并没有单独设置债法总则,[③]合同法律制度虽然作为债法的组成部分,却作为单独一编存在,这同时也可以看出合同法律制度的重要性。

合同法律制度中的典型合同在市场经济活动和社会生活中的应用比较普遍,重要性不言而喻。典型合同,也可以称为有名合同,法律将实践中典型的交易形式类型化,并赋予其具体合同名称的合同。《民法典·合同编》分则一共规定了 19 种典型合同,与原《合同法》比较而言,在买卖合同,供用电、水、气、热力合同,赠与合同,借款合同,租赁合同,融资租赁合同,承揽合同,建设工程合同,运输合同,技术合同,保管合同,仓储合同,委托合同,行纪合同,居间合同(《民法典》调整为中介合同)的基础上增加

---

① 参见王泽鉴:《中国民法的特色及解释适用》,载《法律适用》2020 年第 13 期。
② 参见杨震、孙毅:《我国民法典的时代价值》,载《求是学刊》2021 年第 5 期。
③ 参见江平:《中国民法典的三个创新》,载《政法论坛》2022 年第 1 期。

了四个类型的有名合同(典型合同),分别是保证合同、保理合同、物业服务合同和合伙合同。上述合同类型系合同之债的给付关系的基本形态,代表了合同的基本特性,故被称为典型合同。当然,还需要指出:特别法上的合同,如保险法上的保险合同、海商法上的海上运输合同等,也属于一般意义上的典型合同,[①]但并非《民法典·合同编》意义上的典型合同。《民法典》中虽然已有典型合同的有关规定,但是民事主体在具体的实践交易中还可能创造出许多合同类型,而这些合同并不能简单地归入某一个具体的典型合同中,由此,实践中还存在大量的非典型合同,也可以称无名合同。同时《民法典》还在原《合同法》的基础上,结合立法司法实践的经验总结,根据社会经济发展的新需要,完善了原有部分典型合同的规则。除此之外,无因管理与不当得利两部分传统的债法内容,在《民法典》准合同内容中加以规定,确立了无因管理和不当得利制度的一般性规则。这种《民法典》确立"合同中心主义"的债法模式,在合同编中纳入准合同规则、以物抵债规则等内容,以发挥合同编替代债法总则的功能。[②]《民法典》虽未规定债法总则,但合同编的通则部分实际担负了债法总则的使命,体现了债法体系的完整性和实践上的实用价值,[③]而合同编的分则部分就是其中的有机部分。《民法典·合同编》除了通则部分,其中的典型合同分编与准合同分编共同构成了《民法典·合同编》的分则部分。有学者已经深刻指出:为准确理解和实施好《民法典》,须从单行法思维向法典化思维转化,具体包括从多中心思维转向基础性法律思维,从碎片化思维转向体系性思维,从分散思维转向统一思维,从并立思维转向融贯思维,准确把握《民法典》各项制度的价值取向和规范意旨。[④] 因为法典本身可能带有固有的滞后性、抽象性等特征,由此为法律解释与评论留下了大量的空间。就一般意义而言,法典化的初衷是限制解释,但是,其最终结果恰恰相反。就民法解释

---

① 参见陈华彬:《债法分论》,中国政法大学出版社2018年版,第11页。

② 参见刘承韪:《民法典合同编的立法取向与体系开放性》,载《环球法律评论》2020年第2期。

③ 参见孙宪忠:《民法体系化科学思维的问题研究》,载《法律科学(西北政法大学学报)》2022年第1期。

④ 参见王利明:《论〈民法典〉实施中的思维转化——从单行法思维到法典化思维》,载《中国社会科学》2022年第3期。

而言，民法典为各国学者提供了一个法律解释的典范文本，使法律解释学成为真正的有的放矢的学问，因为无论法典规定得如何全面、详细，它都不可避免地需要适用解释。正所谓“法律不经解释无法适用”，由此，在法典化时期，法律解释学并未消亡，反而蓬勃发展，日趋成熟。[①] 这对我国《民法典》而言，学理上亦应如此。因此，准确理解、深入阐释及分析评论《民法典》及《民法典·合同编》之典型合同及准合同制度有重要意义，亦应秉承上述思维、理念与原则。

本书是《中华人民共和国民法典释论》系列丛书中的一册，是国家社科基金重大研究专项“社会主义核心价值观融入民法典的理解与适用研究”（20VHJC01）的阶段性研究成果，也是该项目子课题“社会主义核心价值观融入民法典财产权研究”的项目成果和2021年中央支持地方高校改革发展资金项目（高水平项目）“民法典、私法与黑龙江社会治理能力提升建设”的项目成果。

本书共二十一章，由黑龙江大学教授孙毅担任主编，黑龙江大学副教授杨健担任副主编，与哈尔滨商业大学讲师丁巍、黑龙江大学《北方法学》编辑赵亮、黑龙江工程学院讲师高云峰共同撰写完成。撰写的具体分工如下（以撰写章节先后为序）：

杨健：第一章、第二章、第三章、第十二章、第十五章、第十六章、第十七章；

丁巍：第四章、第五章、第六章、第七章、第八章、第九章、第十章；

赵亮：第十一章、第十三章、第十四章、第十九章；

孙毅：第十八章；

高云峰：第二十章、第二十一章。

全书由黑龙江大学法学院孙毅、杨健统稿、审稿，由孙毅审定。

民法制度博大精深，合同制度在司法实践中新问题层出不穷，有一些问题也存在理论和法律适用上的不同观点和争议。我们在写作本书过程中，参考了多位专家学者相关领域的著述，在此表示衷心的感谢！法律出版社

---

① 参见王利明：《法律解释学导论——以民法为视角》，法律出版社2017年版，第195页。

对本书的出版给予了大力支持，在此致以诚挚的谢意！由于作者能力和水平有限，书中难免有错误和疏漏及不足之处，敬请各位专家学者及读者朋友们批评指正，以便今后再版时进一步修订、完善。

本书编者

2022 年 7 月

本书缩略语表

《中华人民共和国民法典》	《民法典》①
《中华人民共和国民法通则》	《民法通则》
《中华人民共和国物权法》	《物权法》
《中华人民共和国合同法》	《合同法》
《中华人民共和国继承法》	《继承法》
《中华人民共和国合伙企业法》	《合伙企业法》
《中华人民共和国农村承包经营法》	《农村承包经营法》
《中华人民共和国担保法》	《担保法》
《中华人民共和国证券法》	《证券法》
《中华人民共和国电子商务法》	《电子商务法》
《中华人民共和国公司法》	《公司法》
《中华人民共和国企业破产法》	《破产法》
《中华人民共和国保险法》	《保险法》
《中华人民共和国消费者权益保护法》	《消费者权益保护法》
《中华人民共和国反不正当竞争法》	《反不正当竞争法》
《中华人民共和国劳动合同法》	《劳动合同法》
《中华人民共和国信托法》	《信托法》

① 书中所涉《民法典》之分编,分别简称为《民法典 · 总则编》、《民法典 · 物权编》、《民法典 · 合同编》、《民法典 · 人格权编》、《民法典 · 婚姻家庭编》、《民法典 · 继承编》以及《民法典 · 侵权责任编》。

《中华人民共和国刑法》	《刑法》
《中华人民共和国民事诉讼法》	《民事诉讼法》
《中华人民共和国商业银行法》	《商业银行法》
《中华人民共和国民用航空法》	《民用航空法》
《中华人民共和国招标投标法》	《招标投标法》
《中华人民共和国拍卖法》	《拍卖法》
《中华人民共和国城市房地产管理法》	《城市房地产管理法》
《中华人民共和国铁路法》	《铁路法》
《中华人民共和国建筑法》	《建筑法》
《中华人民共和国海商法》	《海商法》
《最高人民法院关于适用〈中华人民共和国民法典〉总则编若干问题的解释》	《总则编解释》
《最高人民法院关于适用〈中华人民共和国民法典〉有关担保制度的解释》	《民法典担保制度司法解释》
《最高人民法院关于适用〈中华人民共和国担保法〉若干问题的解释》	《担保法解释》
《最高人民法院关于审理买卖合同纠纷案件适用法律问题的解释》	《买卖合同纠纷司法解释》
《最高人民法院关于审理商品房买卖合同纠纷案件适用法律若干问题的解释》	《商品房买卖合同司法解释》
《最高人民法院关于审理城镇房屋租赁合同纠纷案件具体应用法律若干问题的解释》	《城镇房屋租赁司法解释》
《最高人民法院关于审理融资租赁合同纠纷案件适用法律问题的解释》	《融资租赁司法解释》
《最高人民法院关于适用〈中华人民共和国合同法〉若干问题的解释(一)》	《合同法司法解释(一)》
《最高人民法院关于适用〈中华人民共和国合同法〉若干问题的解释(二)》	《合同法司法解释(二)》
《最高人民法院关于贯彻执行〈中华人民共和国民法通则〉若干问题的意见(试行)》	《民通意见》

《最高人民法院关于审理民间借贷案件适用法律若干问题的规定》	《民间借贷规定》
最高人民法院《关于适用〈中华人民共和国企业破产法〉若干问题的规定(二)》	《破产法司法解释(二)》
《最高人民法院关于人民法院办理执行异议和复议案件若干问题的规定》	《执行异议和复议司法解释》
《最高人民法院关于人民法院民事执行中拍卖、变卖财产的规定》	《执行中拍卖、变卖财产解释》
《最高人民法院关于审理网络消费纠纷案件适用法律若干问题的规定(一)》	《网络消费纠纷司法解释》
《最高人民法院关于审理民事案件适用诉讼时效制度若干问题的规定》	《民法典诉讼时效解释》
《最高人民法院关于审理建设工程施工合同纠纷案件适用法律问题的解释(一)》	《建工合同司法解释(一)》
《最高人民法院关于审理建设工程施工合同纠纷案件适用法律问题的解释(二)》	《建工合同司法解释(二)》
《最高人民法院关于审理技术合同纠纷案件适用法律若干问题的解释》	《技术合同纠纷案件司法解释》
《最高人民法院关于审理物业服务纠纷案件适用法律若干问题的解释》	《物业服务纠纷司法解释》
《最高人民法院关于审理建筑物区分所有权纠纷案件适用法律若干问题的解释》	《建筑物区分所有权司法解释》
《最高人民法院关于审理涉船员纠纷案件若干问题的规定》	《船员纠纷司法解释》
《最高人民法院关于审理期货纠纷案件若干问题的规定》	《期货纠纷司法解释》

CONTENTS 目　录

第一章 买卖合同

第二章 供用电、水、气、热力合同

第三章 赠与合同

第四章 借款合同

第五章 保证合同

第六章 租赁合同

第七章 融资租赁合同

第八章 保理合同

第九章 承揽合同

第十章 建设工程合同

第十二章 技术合同

第十三章 保管合同

第十八章 中介合同

第十九章 合伙合同

第二十章 无因管理

第一章

买卖合同

第一节　买卖合同概述

一、买卖合同的概念厘定

买卖系关于交易之基本契约，自古行之。契约法之理论，多胚胎于此。买卖在自由经济社会，为营利行为之代表方法。[①] 民法调整的财产流转关系中，最常见的交易形式当属买卖合同。作为最重要的典型合同之一，买卖合同在债法中的发展历史极为漫长，也是最传统的合同类型之一。从国家的层面来说，两个国家既彼此通商，又相互依存，一方以购入获利，另一方以出售获利，一切联合均以相互需要为基础。[②] 从当事人的角度来说，买卖合同是一方（出卖人）将标的物的所有权转移给另一方（买受人），另一方（买受人）支付价款的协议。买卖合同的地位非常重要，各国合同法大多是将买卖合同置于各有名合同之首。[③] 相较于自给自足的小农经济，在发达的商品经济中，买卖合同一直而且也将继续是交易的核心类型。[④] 于我国而言，无论是原《合同法》还是《民法典·合同编》的安排，买卖合同都是排在首要位置的典型合同（有名合同）。在我国

---

① 参见史尚宽：《债法各论》，中国政法大学出版社 2000 年版，第 1 页。

② 参见［法］孟德斯鸠：《论法的精神》（上卷），许明龙译，商务印书馆 2015 年版，第 388 页。

③ 参见王利明：《合同法》（上册），中国人民大学出版社 2021 年版，第 325 页。

④ 参见［德］莱因哈德·齐默曼：《德国新债法：历史与比较的视角》，韩光明译，法律出版社 2012 年版，第 115～116 页。

的司法实践中,也曾经出台过专门针对买卖合同的司法解释。① 我国《民法典》关于买卖合同的规定,除了继承和沿袭原《合同法》的主要内容之外,还特别吸收了司法解释的相关规定,使《民法典》中买卖合同的条文更加完善。我国《民法典》立法者参酌理论研究成果与实务发展经验,对原《合同法》买卖合同内容作了大幅度的增、改、删,包括非实质性变动与实质性变动。非实质性变动自不待言;在实质性变动中,买卖物运输时的风险负担制度、物的瑕疵担保责任制度、分期付款买卖合同制度、试用买卖合同制度、保留所有权买卖合同制度等均有重大更新。②《民法典·合同编》关于买卖合同共有53条规定,从买卖合同的基本含义、出卖人和买受人的权利义务,到买卖合同标的物的所有权、风险的转移、瑕疵担保义务均有详细的规定,而且对特殊的分期付款买卖、试用买卖等也作出了完整的规定。

概念是逻辑的起点,没有法学概念,就难以形成对"法理"及法律规范、法律制度、法律关系的理性且精确的认识。③ 因此,认识买卖合同首先要厘清其法学上的概念。买卖合同是私法自治、契约自由的重要体现。基于私法自治原则,关于私法自治事项,既然肯定其权利主体原则上得以意思表示的方法形成相关法律关系的内容,那么当一件事务涉及两个以上的人的利益时,其法律关系之内容的形成原则上自应由当事人以一致意思表示共同决定,该一致之意思表示法律上称为契约或合同。由此,与私法自治事项有关的法律关系,其形成首先应适用契约原则或合同原则,以契约或合同为其依据。④ 在买卖合同领域更是如此。买卖合同是出卖人转移标的物的所有权于买受人,买受人支付合同价款的合同(《民法典》第595条)。这是对买卖合同的概念界定。从买卖合同的基本含义来看,买卖是核心,买卖亦是维系社会经济结构的核心制度。⑤ 买卖合同强调标的物所有权的转移,该标的物一般应限定于传统的如动产和不动产类的有体物,知识产权、股权等无形财产并不包含在内。但从学理上讲,广义的买卖

---

① 最高人民法院公布的《关于审理买卖合同纠纷案件适用法律问题的解释》(法释〔2020〕17号)、《关于审理商品房买卖合同纠纷案件适用法律若干问题的解释》(法释〔2020〕17号)等。

② 参见易军:《我国〈民法典〉买卖合同制度的重大更新》,载《法学杂志》2022年第2期。

③ 参见舒国滢:《法学的知识谱系》,商务印书馆2020年版,第1595~1596页。

④ 参见黄茂荣:《债法通则之一:债之概念与债务契约》,厦门大学出版社2014年版,第159页。

⑤ 参见[日]我妻荣:《债法各论》(中卷一),徐进、李又又译,中国法制出版社2008年版,第22页。

合同应该不限于转移有体物的所有权，还可以包括知识产权、股权等其他财产性权利。只不过是知识产权转让、股权转让等称谓不同、法律的特殊规则不同而已，其实质上也是通过买卖的方式达成权利的转移。

理解买卖合同概念中所有权的转移，需要进一步厘清一个重要问题：在民事活动中，如果出卖人没有标的物的所有权，能否订立买卖合同？一般意义上所说的买卖，在正常的市场交易中包括订立合同和履行合同两个阶段。出卖人在订立合同的时候没有所有权是正常的，只要在履行合同的时候能够取得所有权并将所有权转移给买受人即可。这种常规交易从区分订立合同和履行合同的角度是很容易理解的。标的物不存在或者出卖人没有标的物的所有权不妨碍合同的成立，因为订立合同只是在当事人之间产生债权法律关系，而不发生所有权的转移。[①] 由此，理解买卖合同的概念不能只看文义表象，要深入理解其本质和可能的情形，并需要进一步考察生活及司法实践。

二、买卖合同的法律性质

首先，从买卖合同的目的来看，出卖人需要将标的物的所有权转移给买受人，当然，买受人也需要将合同价款支付给出卖人。

对合同目的的判断，不能简单从用语表面判定，而应依据法律，结合合同缔结背景、合同体系等因素综合判断。[②] 司法实践中，亦有名为买卖实为借贷之判例。

对买卖合同效力的判断，要查明当事人的真实意思，对隐藏的民事法律行为的效力要综合考量依法作出判定。[③] 可以说，从买卖合同不同当事人的角度分析，买卖合同的目的是双重的：一方面是标的物所有权的转移，另一方面是合同价款的支付（获得）。但买卖的目的主要围绕标的物所有权的转移而展开。

通过买卖这一方式，出卖人不再享有对标的物的所有权，即丧失所有权，而买受人成为标的物所有权的主体，即取得标的物的所有权。从重要程度上看，

---

① 参见孙宪忠：《中国民法典总则与分则之间的统辖遵从关系》，载《法学研究》2020 年第 3 期。

② 参见崔建远：《合同解释论：规范、学说与案例的交互思考》，中国人民大学出版社 2020 年版，第 2 页。

③ 参见葛某诉李某等房屋买卖合同纠纷案，载《最高人民法院公报》2021 年第 2 期；上海市第二中级人民法院民事判决书，(2016)沪 02 民终 9189 号。

标的物的所有权从出卖人处转移到买受人处，是买卖合同最主要的法律性质。买卖合同中标的物所有权转移这一情形，能够很好地将其与借用合同、租赁合同区别开，这也是民事领域中所有权和使用权不同的体现。同时，尽管诸如赠与合同等合同，亦是标的物的所有权从一方转移到另一方，与买卖合同一致，但是，基于民法等价有偿的基本原理，买受人取得标的物的所有权，即获得了一般等价物，其向出卖人支付合同价款，亦为当然之要求，否则买受人无权取得标的物的所有权，由此，买卖合同此时又与赠与合同这种不存在合同价款的合同区别开来。

其次，从权利义务对等的角度来看，买卖合同是双务合同和有偿合同。

买卖合同双方当事人的权利义务相对应，无论是买受人一方，还是出卖人一方，在买卖合同中既享有权利，又负有义务，即买卖合同有较强的双务性。

为了交易的发达及商业道德的增进，在买卖合同法律关系中，有平衡当事人双方利益的必要。[①] 出卖人享有收取合同价款的权利，同时负有将标的物的所有权转移给买受人的义务；买受人享有获取标的物的权利，同时负有将合同价款支付给出卖人的义务。可以说，买卖合同是典型的双务合同，当事人一方的权利恰恰是另一方的义务。

“买卖为主要之让与之债，其以对合同目标之财产权的有偿让与为主要给付义务。”[②]由此，买卖合同让与之债及给付之要求决定了其有偿性。从买卖合同的有偿性角度分析，双方当事人各有所需、各有其目的。任何一方想要实现自己的目的，均需要一定的付出，一方需支付一定的合同价款，一方需转移自己标的物的所有权，这种付出均是有偿的。所以，买卖合同是典型的双务合同和有偿合同。

最后，从合同成立的要件和形式来看，买卖合同是诺成合同和不要式合同。

一般而言，买卖合同自当事人双方意思表示达成一致时即告成立，并没有标的物的交付等其他要求，当然，法律另有规定或当事人另有约定的情形除外。故而，买卖合同是诺成合同。同理，买卖合同并不要求合同采取特定的形式（如必须签订书面合同），至于买卖合同采取何种形式，合同当事人完全可以自由决

① 参见史尚宽：《债法各论》，中国政法大学出版社2000年版，第1页。

② 黄茂荣：《买卖之目标及其〈民法典〉之合同类型的配置》，载《北方法学》2020年第5期。

定,法律另有规定或当事人另有约定的情形除外。例如,随着网络经济的飞速发展,网络购物合同在实践中大量存在,基于网络购物合同特殊性,为最大限度平衡交易双方的合法权益,宜认定《民法典》第 491 条第 2 款(当事人一方通过互联网等信息网络发布的商品或者服务信息符合要约条件的,对方选择该商品或者服务并提交订单成功时合同成立,但是当事人另有约定的除外)并未直接废止《电子商务法》的相关规定,而是将网络购物合同成立时间格式条款的效力判定纳入《民法典》的体系中予以考量;只要网络购物平台以明示的方式提醒了网络购物用户前述关于合同成立格式条款的存在,就应当认定该格式条款有效。[①] 所以,对网络购物合同的特殊性,需结合《民法典》的基本规则和交易习惯加以考量。

在司法实践中,买卖合同的纠纷极为常见,因合同形式不健全而导致买卖合同成立与否的认定也非常值得关注。根据《买卖合同纠纷司法解释》第 1 条的规定,当事人之间并没有书面合同,即形式上并没有签订书面合同,但一方以送货单、收货单、结算单、发票等书面凭证来主张存在买卖合同关系的,法院应当结合当事人之间的交易方式、交易习惯以及其他相关证据,对买卖合同是否成立作出认定,也就是说,书面合同并非认定当事人之间存在合同关系的唯一认定条件。实践中对账确认函、债权确认书等函件,凭证没有记载债权人名称,而买卖合同当事人一方以此证明存在买卖合同关系的,法院应予支持,但有相反证据足以推翻的除外。可以说,最高人民法院的司法解释对买卖合同成立的认定作出了更具有可操作性的规定,甚至对举证责任进行了较为明确的分配,这也从另一个层面体现了买卖合同的诺成性和不要式性,即原则上更加鼓励合同交易而非限制合同交易。总之,无论是何种形式的买卖合同,都既要考虑到当事人的约定,又要考虑到相关合同的特殊要求,以及司法实践的具体情形,但买卖合同的诺成性和不要式性原则是不变的。

三、买卖合同的当事人与标的物

买卖合同的当事人一方是出卖人(实践中常称为卖方),另一方是买受人(实践中常称为买方),买卖合同的法律关系就在双方当事人之间产生。确定买

---

① 参见石冠彬:《论民法典网购合同成立时间规则的适用》,载《东方法学》2022 年第 3 期。

卖合同法律关系的主体是前提,"主体是法律关系的根本要素,没有主体,法律关系、权利、义务便无从谈起"。[①] 买卖合同的当事人,即买卖合同法律关系的民事主体,一般而言包括具有民事行为能力的自然人、法人、非法人组织。

这里需要注意,作为买卖合同法律关系一方的出卖人,一般来说是标的物的所有权人,出卖人可将自己享有所有权的标的物转移给买受人,非自己享有所有权的标的物,出卖人一般无权处分。但是在特定的情形下,非标的物的所有权人亦可能作为买卖合同的出卖人,比如说行纪合同中的行纪人、抵押法律关系中的抵押权人、质押法律关系中的质押权人、留置法律关系中的留置权人等。在以上法律关系中,上述主体虽然不是标的物的所有权人,但在满足特定的条件后,可能成为他人财产的出卖人,成为买卖合同的主体之一。诚如史尚宽先生所言,买卖之标的物无须现已存在,将来产生或制作之物或者将来发生之权利,亦可以为买卖之标的物;买卖标的之财产权,亦无须现属于出卖人。[②] 由此分析,买卖合同的标的物,有的属于出卖人所有,有的属于出卖人有权处分,而不能当然视为出卖人均享有所有权。

另外,法律、行政法规禁止或者限制买卖的标的物,应当依据相关的规定,禁止或限制这样的标的物作为买卖合同的标的物。另外,与人格利益紧密相连、体现人的深厚情感与意志、其毁损与灭失所造成的痛苦无法通过普通替代物予以补救的特定物,冷冻胚胎、定情信物等特定物,[③]可否作为买卖合同的标的物,需根据情况综合判断。因为民法倡导"法无禁止即可为"之理念,故只要买卖合同的标的物不超出法律、行政法规禁止或限制的范围,即是法律所允许的。但是还需要强调:在买卖合同的当事人主体适格、意思表示真实,但缺少法律、行政法规之强制性规定的情形下,需要继续审查合同是否违背公序良俗,以平衡私法的意思自治与政府的公共秩序管制以及社会的善良风俗,而非简单地以"法无禁止即自由"来确认买卖合同之效力。[④] 另外,由于私法自治更多体现在财产权上,如果人格尊严与私法自治发生冲突,则人格尊严的保护优先于财

---

① 张文显:《法哲学范畴研究》,中国政法大学出版社 2001 年版,第 100 页。

② 参见史尚宽:《债法各论》,中国政法大学出版社 2000 年版,第 2 ~ 3 页。

③ 参见冷传莉:《"人格物"权利冲突的构成机理与裁判之道》,载《法商研究》2021 年第 3 期。

④ 参见何建:《全国首例干细胞买卖合同效力认定及法律适用——吴海澜诉上海聚仁生物科技有限公司买卖合同纠纷案》,载《法律适用》2022 年第 2 期。

产权。例如,根据《民法典》第 1007 条第 1 款的规定,“禁止以任何形式买卖人体细胞、人体组织、人体器官、遗体”。如果对当事人订立有关买卖人体器官等的合同不设任何限制,就意味着要尊重当事人之间关于器官买卖等的协议,但这将严重损伤人格尊严。此时就会出现人格尊严与私法自治的冲突,在此情形下,判定当事人订立的这些合同无效,就彰显了人格尊严优先于私法自治的理念。[①] 根据最高人民法院公报案例的裁判要旨分析:通过不违反公序良俗的方法提取的人体组织干细胞,属于民法上的物,但由于干细胞源于人体,基于独特的生物属性,在法律上不得直接作为交易标的物。干细胞技术作为一种新型的生物治疗技术,相关的临床研究和转化应用应面向医疗卫生需求,因此,与干细胞相关的管理规范具有公共利益属性,干细胞买卖合同因损害社会公共利益而无效。[②] 由此,对于买卖合同标的物的判断要综合考虑,且要考虑公序良俗并关注社会生活的新发展和新变化。

第二节　买卖合同的内容

买卖合同的内容,直接体现在买卖合同的条款上,直接关系着买卖合同当事人具体的权利和义务。根据《民法典》第 596 条的规定,买卖合同的内容一般包括标的物的名称、数量、质量、价款、履行期限、履行地点和方式、包装方式、检验标准和方法、结算方式、合同使用的文字及其效力等条款。这是《民法典》对买卖合同内容的概括规定,而具体的合同内容,需要由当事人在平等自愿的基础上约定,比如,合同的条款中还可以包括争议解决方式的条款、保密条款、不可抗力条款等。一般而言,买卖合同的内容,通常应包括以下条款。

一、标的物的名称

标的物作为买卖合同的客体,是当事人首要考虑的问题,由此也就是买卖

① 参见王利明:《论民事权益位阶:以〈民法典〉为中心》,载《中国法学》2022 年第 1 期。

② 参见吴某某诉上海聚仁生物科技有限公司买卖合同纠纷案,载《最高人民法院公报》2021 年第 6 期;上海市第一中级人民法院民事判决书,(2020)沪 01 民终 4321 号。

合同首先要确定下来的内容。无论是动产还是不动产，一般而言，买卖合同的标的物均需是有体物。任何法律规则均受理念之引导，买卖合同标的物规则亦是如此。买卖合同标的物之本质，并非仅涉及对物的认识，尚需要从历史与现实、物与自然人的关系加以认识。一般而言，买卖合同标的物仅限于物之范围，但在实践中，同为买卖或物之转让的法律关系的情形，《民法典》有关买卖合同系“转让标的物所有权”的规则与散现于同一部法典其他条款中的无体物转让规则之间，存在明显缝隙，此系买卖合同标的物规则缺乏有体物与无体物兼存理念所致。故我国《民法典》在未来完善中应当强化立法对“法无禁止即自由”的买卖合同标的物合意的认可，将无体物转让纳入买卖合同标的物规则宏观体系中，至少应当有明确的立法指引，同时根据其各自特性在具体规则上作出差异性的系统考量。[①] 此处需要强调的是，买卖合同的标的物与标的有所区别。买卖合同的标的，是买卖合同中权利义务所指向的对象，从权利义务的角度分析，该标的是当事人应为的给付行为，当然，在这一法律关系中，出卖人和买受人的行为均围绕着买卖合同的标的物而展开，否则将会使买卖合同失去意义，由此，标的物自然是买卖合同的主要条款。

二、数量与质量

首先，买卖合同标的物的数量应该明确，数量条款为合同成立之必要、不可或缺的条款。当然，买卖合同中的数量条款常常允许一定合理的误差，这一点在国际买卖合同中亦有体现，比如国际货物买卖中的溢短装条款[②]。其次，买卖合同标的物的质量对当事人，特别是对买受人而言非常重要，也是该买卖合同标的物区别于其他不同质量的标的物之重要表征，故质量条款为主要条款不可或缺。同时，质量条款的约定除了需要遵循当事人的意思自治外，还需要不违反国家的强制性标准。

---

① 参见费安玲：《论买卖合同标的物规则的形成理念——以人格尊严和无体物为分析视角》，载《环球法律评论》2022 年第 3 期。

② 溢短装条款（more or less clause）是指在矿砂、化肥、粮食、食糖等大宗散装货物的交易中，由于受商品特性、货源变化、船舱容量、装载技术和包装等因素的影响，要求准确地按约定数量交货，有时存在一定困难，为了避免因实际交货不足或超过合同规定而引起的法律责任、方便合同的履行，对于一些数量难以严格限定的商品，通常是在合同中规定交货数量允许有一定范围的机动幅度，这种条款一般称为溢短装条款。

三、价款

价金(价款)是买卖合同的灵魂,规定了价金,才能说明当事人的意思达成了一致,并把买卖与互易区别开来。[①] 买卖合同是典型的双务合同和有偿合同,由此,当事人之一的买受人支付价款,是其义务,支付价款实为支付取得买卖合同标的物所有权应支付的对价。当事人之一的出卖人收取价款,亦是其转移合同标的物所有权取得的对价。有学者指出:基于买卖合同对待给付和有偿性的本质特征,价格条款应为买卖合同的必要条款,但可基于当事人的意思自治下降为非必要条款。[②] 此种说法意欲表达只要当事人有订立合同的意思表示,即便双方约定价款留待事后协商确定,也并不影响合同的成立。除此之外,还需要强调的是,价款一般指标的物本身的价款,但在买卖合同中存在的价款条款,不一定仅限于标的物本身的价款,因为在大宗商品买卖或异地买卖及交货的情形下可能还会产生运费、保险费等费用,进出口买卖中还可能产生关税、报关费等其他费用,实践中这些除了标的物本身价款之外的费用,亦常在买卖合同的价款条款中予以明确约定。

四、履行期限、履行地点和履行方式

买卖合同的履行对双方当事人都至关重要,买卖合同的履行期限、履行地点和履行方式,必然都直接涉及当事人的利益。相应地,履行期限关系到当事人的预期利益,无论是出卖人履行交付标的物、转移标的物所有权及交付相关单证的期限,还是买受人支付合同价款的期限(如可以约定一次性付款、分期付款,也可能有先付款后交付标的物、先交付标的物后付款以及交付标的物的同时付款,以及约定付款截止日期等情形),这些都涉及买卖合同义务履行完成的期限。履行地点即合同履行地,这关系到案件的管辖,出于诉讼或仲裁成本等方面的考虑,案件管辖权亦是当事人关注的重点问题,当然履行地点也常常关系到运输、验收等问题;在国际买卖合同中,履行地点还会涉及国际私法中法律

---

① 参见徐国栋:《优士丁尼〈法学阶梯〉评注》,北京大学出版社 2011 年版,第 432 页。

② 参见余亮亮:《〈民法典合同编〉合意标准的规范构造——以买卖合同为视角》,载《私法》2021 年第 1 期。

适用的问题与国际贸易法中国际贸易术语的选择问题。履行方式关系到合同价款的支付方式、合同标的物等的交付方式以及运输方式等，这对当事人的权利义务也会产生至关重要的影响。

五、包装方式、检验标准和方法

买卖合同中常常需要对标的物的包装方式（当然，有的标的物不一定需要包装）、检验标准和方法作出明确约定，以避免争议。实践中因合同对标的物的包装方式、检验标准和方法约定不明导致纠纷的情况不在少数。买卖合同约定的包装对合同有一定的影响，有的包装也不仅仅只是起到保护买卖合同标的物的作用，还可能起到装潢的作用，甚至有的包装也能直接或间接反映买卖合同标的物的品质高低。实践中，大多数包装是一次性的，也有可以反复多次使用的包装等。检验的具体标准及检验的具体方式方法，乃至检验的期限等都会涉及当事人具体的权利和义务以及可能的风险。所以，为了避免纠纷，这些问题宜在买卖合同中约定清楚。

六、结算方式

结算方式对于出卖人较为重要，既涉及交易的效率问题，也涉及交易的安全问题。一般而言，依买卖合同的约定，买受人需要向出卖人支付标的物的价款，还可能包括运费等其他费用。买卖合同的结算方式条款中还可能包括具体的结算方式，比如是现金结算，还是电汇、票据以及托收、信用证等方式，还可能涉及用人民币还是其他币种结算的问题，这根据不同主体交易时的具体情形、交易习惯及国内国外买卖合同场景等而有所不同。实践中，还会出现一种特殊情形，即该买卖合同系连续性的供应某种标的物的合同，而在一定的期限内，标的物买卖的数量根据市场情况可能具有不确定性，由此，在结算方式上，并非一次交付标的物即一次结算，通常是约定了较为固定的结算期统一结算，由此省去每次零散结算的烦琐，①该种方式常根据交易习惯而定，意在提高民事交易的效率。

---

① 参见戚兆岳、郝丽燕、孙犀铭编著：《〈中华人民共和国民法典·合同编〉释义》，人民出版社2020年版，第161页。

七、合同使用的文字及其效力

如果是单纯的国内合同，合同使用的文字几乎均为中文，但在涉外买卖合同中，对合同所使用的文字常常需要作出明确约定。如果买卖合同是双语及多语言版本，此种情况下，需要对各种文字版本的合同意思作出一致性的解释。法律旨在规范社会生活、建立合理的社会秩序，因此法律的文字必须客观、严谨、精确及合乎情理。[①] 所以，更重要的是，合同中应明确约定：当多种文字版本的合同内容发生冲突时，应以哪一种版本的文本内容为准，即保证理解的一致性或观点的统一，从而避免产生理解上的差异。

除了《民法典》第 596 条明确规定的买卖合同内容的一般条款之外，违约责任条款也常常是买卖合同中必不可少的内容。尽管我国《民法典》将违约责任单独规定，但并不影响其成为买卖合同的主要内容，这也凸显了违约责任的重要性。王泽鉴先生也指出：《民法典》的中国特色包含了合同法违约责任的国际化及现代化，有助于推动市场经济的内容。[②] 根据《民法典》第 597 条第 1 款的规定，"因出卖人未取得处分权致使标的物所有权不能转移的，买受人可以解除合同并请求出卖人承担违约责任"。在买卖合同中，出卖人享有标的物的所有权或处分权，是其转移标的物所有权的前提，在此基础上再将标的物的所有权转移给买受人是其义务，而对于买受人而言，通过交易取得标的物的所有权是其根本目的。在学理上，欠缺对处分权之处分行为的效力和负担行为的效力均值的考量。一般而言，享有处分权的主体，才能处分物或权利，[③]此乃民法之常理。如果出卖人未取得处分权致使标的物所有权不能转移，出卖人自然无法履行买卖合同约定的转移标物所有权的义务，由此会构成根本违约，买受人取得标的物所有权的目的根本落空，买受人因此享有法定的合同解除权，可以主张解除合同，同时请求出卖人承担违约责任，这也是买受人应有的救济方式。

需要进一步指出的是，在买卖合同的出卖人享有标的物的所有权或有处分权的情形下，买卖合同效力一般无争议（特定情形除外），但在出卖人对标的物

① 参见王泽鉴：《法律思维与民法实例：请求权基础理论体系》，中国政法大学出版社 2001 年版，第 302 页。

② 参见王泽鉴：《中国民法的特色及解释适用》，载《法律适用》2020 年第 13 期。

③ 参见［德］本德·吕特斯、阿斯特丽德·施塔德勒：《德国民法总论》（第 18 版），于馨淼、张姝译，法律出版社 2017 年版，第 144 页。

的处分权产生争议的案件中,买卖合同效力的判定常常成为争议焦点。在出卖人处分权发生争议,买受人主张其未取得标的物,要求出卖人承担违约责任或主张解除合同并要求出卖人进行损害赔偿的案件中,应把握以下判定思路。其一,买卖合同效力与出卖人处分权的认定并不直接相关,如无其他无效情形,应首先认定买卖合同有效。而在司法实践中,在买受人主张出卖人无权处分或出卖人自行主张无权处分的买卖合同案件中,关注的重点都首先放在了出卖人处分权的认定上,这样的思路是对出卖人处分权的认定影响买卖合同效力的偏差理解,偏离了重点。其二,在买卖合同效力确定后,应判断出卖人是否按约定履行合同义务,这与出卖人是否有处分权也不直接相关。出卖人的主要合同义务就是向买受人转移标的物的所有权,出卖人与第三人针对标的物的所有权或处分权争议不应影响买受人向出卖人主张承担合同义务。其三,出卖人不能依约履行买卖合同义务,买受人可以要求出卖人承担违约责任或者要求解除合同并主张损害赔偿,这也与出卖人有无标的物处分权不直接相关。《民法典》第 597 条关于无权处分的买卖合同效力规则应理解为包括出卖人因与第三人发生处分权争议,不能按约定向买受人转移标的物所有权的情况。[①] 由此,在出卖人对标的物的没有处分权的情形下,当事人之间产生的买卖合同争议所涉及的买卖合同效力之判定常常成为争议焦点,但这与合同的解除及买受人向出卖人主张承担违约责任并非同一个法律关系。

第三节　买卖合同的效力

一、出卖人的义务

(一)交付标的物及转移标的物的所有权

1. 出卖人的基本义务

交付标的物及转移标的物的所有权于买受人,这是买卖合同中出卖人作为对价依据合同约定应履行的主要义务。根据《民法典》第 598 条的规定,"出卖

① 参见钟莉主编:《买卖合同纠纷案件裁判规则(一):合同的订立与效力》,法律出版社 2021 年版,第 85～86 页。

人应当履行向买受人交付标的物或者交付提取标的物的单证，并转移标的物所有权的义务”。交付标的物或者交付提取标的物的单证，可简称为“交物”（亦可含交付单证）；转移标的物所有权的义务，可简称为“移权”，这是出卖人的基本义务。

在买卖合同中，无论是标的物的现实交付，还是标的物的观念交付（简易交付、占有改定及指示交付），都是出卖人应履行的义务，而转移标的物的所有权除了具备让与之合意，还应满足所有权变动公示之要件。[①] 除了法律另有规定及买卖双方另有约定之外，动产买卖中，交付标的物即发生标的物所有权的转移。而不动产买卖中，依据我国《民法典》，出卖人除了交付标的物，还需要与买受人办理不动产登记，履行登记的法定义务，买受人才最终享有标的物的所有权，故此，不动产买卖的情形下，需考虑到标的物的交付与所有权的转移并不一定同步进行，可能是先“交物”，后“移权”。

买卖合同的履行是在当事人订立合同基础上的进一步意思表示。在对买卖合同这种典型的民事交易进行分析和裁判的时候，必须清楚地认识到，在订立合同阶段，当事人的内心意愿也就是法效意思（设立、转让、变更和消灭民事权利义务关系的意思）仅仅是订立合同，所以应该确定此时当事人之间发生的法律关系仅仅是债权关系或者请求权的法律关系。在履行合同阶段，当事人的内心意愿也就是法效意思是所有权的转移，所以应该按照当事人的法效意思，确定这个阶段发生所有权转移的效果。由此，就能针对订立合同的法律效果和履行合同的法律效果作出清晰明确的分析和裁判。[②] 在司法实践中，经常因买卖合同的标的物不能交付、标的物所有权不能转移而产生纠纷，因此需认真考察当事人真实的意思表示。但对于出卖人来说，交付标的物及转移标的物的所有权是其最基本的义务。

2. 出卖人交付有关单证和资料的义务

出卖人应按合同约定或交易习惯履行交付标的物的从合同义务。出卖人依买卖合同约定交付标的物时，如果该标的物有从物，应一并交付，当然当事人另有约定除外。根据《民法典》第 599 条的规定，“出卖人应当按照约定或者交

---

① 参见吴香香：《〈民法典〉第 598 条（出卖人主给付义务）评注》，载《法学家》2020 年第 4 期。

② 参见孙宪忠：《中国民法典总则与分则之间的统辖遵从关系》，载《法学研究》2020 年第 3 期。

易习惯向买受人交付提取标的物单证以外的有关单证和资料”。简要概括就是出卖人交付有关单证和资料的义务。需要说明的是，这是买卖合同中出卖人从合同义务的规定，不包括出卖人交付提取标的物单证的义务，交付提取标的物的单证这一义务在《民法典》第598条中已经予以明确。进一步而言，“提取标的物单证以外的有关单证和资料”，主要包括保险单、保修单、普通发票、增值税专用发票、产品合格证、质量保证书、质量鉴定书、品质检验证书、产品进出口检疫书、原产地证明书、使用说明书、装箱单等(《买卖合同纠纷司法解释》第4条)。这些明确的规定，是司法实践中法院审理买卖合同纠纷案件、认定出卖人是否向买受人履行了交付提取标的物单证以外的有关单证和资料的义务的重要依据。

3. 买卖合同知识产权保留条款

买卖合同的标的物常附带着商标权、专利权、著作权等类型的知识产权。需要注意的是，在买卖合同中，尽管出卖人有义务将标的物交付买受人，但是该标的物上的知识产权并不必然由买受人获取。根据《民法典》第600条的规定，“出卖具有知识产权的标的物的，除法律另有规定或者当事人另有约定外，该标的物的知识产权不属于买受人”。这是《民法典》买卖合同中涉及知识产权标的物买卖的规定，即知识产权的归属问题。《民法典·合同编》技术合同部分也涉及较多知识产权相关内容。究其实质，作为知识产权载体的标的物的买卖与知识产权本身的买卖有本质区别。具有知识产权的标的物，狭义的是指具有著作权、专利权和商标权等的标的物，广义的还包括涵盖植物新品种权、集成电路布图设计权等新型知识产权内容的标的物。《民法典》第600条的规定强调此种买卖的标的物的知识产权不属于买受人，是符合交易常理的，同时强调了普通的有体物的所有权买卖和包含知识产权标的物买卖的区别。从一般法律原理分析，买卖合同中有体物所有权的转移是交易的本质，而知识产权本身不同，其转让涉及无形财产的转移，智力成果的无形性具有特殊性，并不是完全通过买卖具有知识产权的标的物就能够当然实现标的物知识产权的转移。

4. 标的物交付的时间和期限

根据《民法典》第601条的规定，“出卖人应当按照约定的时间交付标的物。约定交付期限的，出卖人可以在该交付期限内的任何时间交付”。买卖合同中标的物交付期限的约定至关重要。出卖人和买受人之间可以对标的物交付期限作出约定,既是对出卖人履行交付义务的期限进行明确,也是对买受人收到标的物的这一期待进行明确。具体而言,买卖合同对标的物交付期限的约定,既可以是一个时间点(如某年某月某日),也可以是一个时间段(如某年某月某日至某年某月某日);既可以是某一个确定事件将要发生的时间,也可以是买卖合同标的物交付的开始时间或截止时间。无论约定何种交付时间,只要出卖人没有按买卖合同约定的期限交付标的物,就自然构成违约,而买受人自然可以依据合同主张出卖人承担违约责任。

5. 标的物交付期限不明时的处理规则

当然,在买卖合同中,也可能出现没有约定标的物的交付期限或者约定不明确的情形,在此种情形下法律应如何应对?《民法典》对此有所回应。根据《民法典》第 602 条的规定,“当事人没有约定标的物的交付期限或者约定不明确的,适用本法第五百一十条、第五百一十一条第四项的规定”。

对于双方当事人没有约定或约定不明的情况,《民法典》设定了买卖合同标的物交付期限的补充方法及规则。《民法典》第 510 条①的规定,实质上是由当事人通过签订补充协议的方式来明确因买卖合同中没有约定或约定不明确情形下标的物的交付期限。《民法典》第 511 条第 4 项②的规定,实质上是在当事人无法达成补充协议的情形下,再进一步通过合同解释来确定交付期限,而对合同解释的规则,《民法典》也进行了较为细致的规定,即债务人可以随时履行,债权人也可以随时请求履行,但是应当给对方准备时间。关于准备时间,法律确定以必要为限,准备时间的多寡,可以根据买卖合同的具体情况和交易习惯确定。作为兜底的习惯在买卖合同的实践中至关重要,在国家形成以前之社会及初期之国家,习惯几乎占法律之全部,后国家逐渐采用成文法,但民法仍滞留于习惯法之境域,③可见习惯的重要性,所以交易习惯也是买卖合同中可能需要考察的问题。

---

① 根据《民法典》第 510 条规定,合同生效后,当事人就质量、价款或者报酬、履行地点等内容没有约定或者约定不明确的,可以协议补充;不能达成补充协议的,按照合同相关条款或者交易习惯确定。

② 根据《民法典》第 511 条规定,当事人就有关合同内容约定不明确,依据《民法典》第 510 条规定仍不能确定的,适用特殊的规定。第 511 条第 4 项明确规定:“履行期限不明确的,债务人可以随时履行,债权人也可以随时请求履行,但是应当给对方必要的准备时间。”可以说,这一规定比较合理,也符合交易习惯。

③ 参见史尚宽:《民法总论》,中国政法大学出版社 2000 年版,第 9 页。

6. 标的物的交付地点

出卖人有义务按约定的地点交付标的物。根据《民法典》第603条的规定，出卖人应当按照约定的地点交付标的物。当事人没有约定交付地点或者约定不明确，依据本法第510条的规定仍不能确定的，适用下列规定：(1)标的物需要运输的，出卖人应当将标的物交付给第一承运人以运交给买受人。(2)标的物不需要运输，出卖人和买受人订立合同时知道标的物在某一地点的，出卖人应当在该地点交付标的物；不知道标的物在某一地点的，应当在出卖人订立合同时的营业地交付标的物。

在买卖合同约定的交付地点交付标的物，既是出卖人的义务，也是合同履行的应有之义。交付是风险转移的标志，由此标的物的交付地点涉及买卖合同当事人风险的分担，同时标的物交付的地点还可能涉及诉讼管辖的确定、动产标的物所有权的转移等问题。在国际货物买卖合同中，根据国际惯例，当事人可以自愿采用国际商会制定的《国际贸易术语解释通则》相关版本的贸易术语来简洁地确定标的物的交付地点。

当然，与买卖合同标的物的交付期限规则一样，如果买卖合同对标的物交付地点有明确约定，自然对出卖人和买受人均产生约束力，双方当事人没有约定或约定不明，《民法典》也有所考虑，即设定了买卖合同标的物交付地点的补充方法及规则。依据《民法典》第510条的规定，由当事人通过签订补充协议的方式来明确因买卖合同中没有约定或约定不明确情形下标的物的交付地点。在当事人确定补充协议交付地点的情形下，《民法典》第603条第2款区分了标的物是否需要运输两种情况，设定了具体的规则，非常明确具体，这在实践中具有较强的可操作性。

7. 标的物的包装方式

出卖人有按照合同约定的包装方式交付标的物的义务。在诸多货物买卖合同中，包装对于一些货物，特别是对于一些易燃易爆、易腐烂易碎商品至关重要。除此之外，在国际货物买卖中，包装常常是不可或缺的。有的包装不仅能起到保护货物的作用，一定程度也能体现出货物的品质。由此，包装条款常常是买卖合同重要的条款之一。根据《民法典》第619条的规定，"出卖人应当按照约定的包装方式交付标的物。对包装方式没有约定或者约定不明确，依据本法第五百一十条的规定仍不能确定的，应当按照通用的方式包装；没有通用方式的，应当采取足以保护标的物且有利于节约资源、保护生态环境的包装方式”。对于此规定，同样需要递进式地理解，即有约定从约定，未约定或约定不明的，依据《民法典》第510条的规定由当事人通过签订补充协议的方式来明确，仍不能确定的，应当按照通用的方式包装。当然此处对通用的方式需要作进一步解读，若该合同买卖的标的物包装并没有通用方式，则应当采取“足以保护标的物”的包装方式和“有利于节约资源、保护生态环境”的包装方式这一双重标准。前者“足以保护标的物”的包装方式需要根据具体的标的物加以判断，后者“有利于节约资源、保护生态环境”的包装方式与《民法典·总则编》中规定的绿色原则相契合，不仅体现了民法基本原则之精神，而且在环保方面也具有较强的现实意义。

8. 出卖人的回收义务

买卖合同的出卖人，除了具有上述义务之外，《民法典》在原《合同法》的基础上还新规定了出卖人的回收义务，抑或是出卖人的回收责任。根据《民法典》第625条的规定，“依照法律、行政法规的规定或者按照当事人的约定，标的物在有效使用年限届满后应予回收的，出卖人负有自行或者委托第三人对标的物予以回收的义务”。该规定与《民法典·总则编》中规定的“节约资源、保护生态环境”的绿色原则及理念相契合。每一部民法典都以一定的认识论为基础，这种认识必定反映在一定的条文或一定的立法技术中。[①] 可以说，出卖人的回收义务所呈现的规则也是对《民法典》绿色原则认识的体现。从法律性质上讲，出卖人的回收义务系专为出卖人设定的后合同义务；在学理上，出卖人的回收义务源于严格责任之规定，当然亦有现实中环境保护和生态文明建设之考量。司法实践中，该项义务若为当事人之间约定而出卖人违反，买受人则有提起环境民事私益诉讼之请求权基础；若为法律、行政法规规定而出卖人未履行，则可以构成提起环境民事公益诉讼之请求权基础。[②]

出卖人履行回收义务，有较为严格的条件限制，如果不符合条件，则不能主张出卖人履行该回收义务。具体而言，首先，要满足出卖人履行回收义务的前

---

① 参见徐国栋：《民法哲学》，中国法制出版社2015年版，第341页。

② 参见中国审判理论研究会民事审判理论专业委员会：《民法典合同编条文理解与司法适用》，法律出版社2020年版，第278页。

提,即要“依照法律、行政法规的规定或者按照当事人的约定”。履行回收义务的条件严格且明确,比如要符合下列条件:国家强制性规定有些标的物(如有些废弃电子产品、农药包装废弃物等)必须回收、当事人之间已经达成由出卖人回收标的物的合意。可以说,法律的强制性规定会在一定程度上限制当事人的意思自治,但这在一定程度也是合理的。其次,要满足时间节点要求,即买卖合同的标的物的有效使用年限已经届满,一般来说届满后标的物已无法正常使用或者无害使用。最后,买卖合同的标的物是在有效使用年限届满后必须要回收的,即达到应予回收的标准,无论是法定的还是约定的。以上分析的三个条件必须同时具备,缺一不可,否则出卖人不必履行回收义务。至于出卖人履行标的物回收义务的方式,无论是其执行回收,还是委托任何第三人回收,在所不问,只要出卖人履行了回收义务即可。

(二)出卖人权利瑕疵担保义务之规则

1. 出卖人权利瑕疵担保义务概述

在买卖合同中,出卖人除了全面履行交付标的物的合同义务之外,还负有瑕疵担保义务,无论是物的瑕疵担保义务还是权利的瑕疵担保义务,都是为了保障买受人取得无瑕疵的标的物,维护交易安全。任何购买者,无论是商人还是普通的消费者,都不愿意买到有瑕疵的商品,这是购买者通常最关心的问题,[①]也是人之常情。买卖合同系有偿契约,出卖人应移转的财产之全部或一部分,不能移转给买受人,或者其已移转的标的物有瑕疵时,使出卖人负担瑕疵担保责任,乃为增进交易信用及保护交易安全所必要。[②] 可以说,这一规则能追溯到罗马法,在古罗马私法中,出卖人对出卖物的任何瑕疵不承担责任,除非其通过约定明确表示承担这样的责任,但后来,随着诚实信用观念的发展,该规则被修正,出卖人应对任何其知晓但没有加以说明的瑕疵承担责任。[③] 由此,罗马法确立的出卖人瑕疵担保义务这一规则后续在《法国民法典》《德国民法典》中均有体现,也一直影响到今天。根据我国《民法典》第612条的规定,“出卖人就交付的标的物,负有保证第三人对该标的物不享有任何权利的义务,但是法律另

---

① 参见[德]莱因哈德·齐默曼:《德国新债法:历史与比较的视角》,韩光明译,法律出版社2012年版,第116页。

② 参见史尚宽:《债法各论》,中国政法大学出版社2000年版,第9页。

③ 参见[英]巴里·尼古拉斯:《罗马法概论》,黄风译,法律出版社2000年版,第191页。

有规定的除外”。此规定是各国立法中出卖人瑕疵担保责任之普遍规则，亦是一种无过错责任的体现。

《民法典·合同编》关于标的物的权利瑕疵担保义务规则与《民法典·物权编》的相关规则联系紧密，从整个法典考虑这个问题，正是法典化思维的体现，而法典化思维更有助于准确理解和运用法律规则解决纠纷，[①]更有利于保护当事人的合法权利。《民法典》关于出卖人权利瑕疵担保义务的规则，无论就市场交易安全的角度还是就保护买受人合法利益的角度而言，均至关重要。出卖人就标的物的权利瑕疵担保义务，即出卖人负有保证其出卖和交付的标的物上不存在任何第三人对该标的物享有权利的义务，如果出卖人违反了该义务，应承担权利瑕疵担保责任。权利瑕疵担保，亦称“追夺担保”，法律设定出卖人的该项义务，是为了保护买受人的合法权益，通过出卖人就交付的标的物负有保证任何第三人不得向买受人主张权利的规则来保护买受人。

2. 出卖人权利瑕疵担保义务的体现

出卖人就交付的标的物，负有保证第三人对该标的物不享有任何权利的义务，即权利瑕疵担保义务，主要体现在以下几个方面：

其一，出卖人对买卖的标的物享有处分权，这包括出卖人对标的物享有所有权或者出卖人有合法授权享有标的物的处分权。如果不具备这一前提，出卖人对标的物的处分，则构成民法上的无权处分，出卖人即违反了权利瑕疵担保义务。当出卖人交付标的物的行为被界定为无权处分且不符合善意取得要件的情形时，出卖人必然要承担违约责任。

其二，出卖人应保证其对出卖的标的物享有的所有权无争议，如果标的物的所有权有争议，可能由出卖人和买受人以外的第三人追夺该标的物，从而会影响买受人最终对标的物的所有权，故要求出卖人对此负有权利瑕疵担保义务。也有学者建议：《民法典》中第三人“享有权利”的文义范围较窄，应当对其进行目的论扩张，将第三人“过去享有权利”且主张权利的一些情形纳入其中；即使买受人构成善意取得，仍可认定出卖人违反权利瑕疵担保义务。[②] 这样能

① 参见王利明：《论〈民法典〉实施中的思维转化——从单行法思维到法典化思维》，载《中国社会科学》2022 年第 3 期。

② 参见武腾：《无权处分场合买卖合同的效力与权利瑕疵担保》，载《交大法学》2022 年第 1 期。

更好地维护买卖合同关系及买受人的合法利益。

其三，出卖人应保证其出卖的标的物上不存在权利负担，如果标的物上已经设定了抵押、质押等，且出卖人未告知买受人就交付了标的物，则出卖人违反了权利瑕疵担保义务。而且，买卖的标的物未经抵押权人、质押权人的同意，事实上也会导致买受人无法获得标的物的所有权。

其四，出卖人应保证其出卖的标的物上不存在侵害他人知识产权的行为，如果出卖人交付的标的物涉及对他人著作权、商标权、专利权等知识产权的侵犯，第三人可依知识产权主张权利的，则出卖人同样违反了权利瑕疵担保义务，这种情况事实上也会导致买受人获得标的物所有权方面的障碍。

除了以上情形，出卖人还可能存在其他违反权利瑕疵担保义务的情形，如出卖人出卖共有人共有财产中他人的份额等，总之，出卖人违反权利瑕疵担保义务的，应承担违约责任。《民法典》第 612 条所规定的出卖人就交付的标的物，负有保证第三人对该标的物不享有任何权利的义务这一规则，也可能有例外，即法律的另有规定。例如，根据《民法典》第 613 条的规定，买受人订立合同时知道或者应当知道第三人对买卖的标的物是享有权利的，出卖人则不承担负有保证第三人对该标的物不享有任何权利的义务。

3. 出卖人权利瑕疵担保义务免除规则

买卖合同中出卖人的权利瑕疵担保义务，是为了保护买受人的合法权益、维护买卖交易的公平，而对出卖人作出的一种限制，但出卖人的该义务并非绝对的。例如，在订立合同时买受人已知道或应知道其购买的标的物存在权利瑕疵（第三人享有权利之情形），这意味着买受人自愿购买有权利瑕疵的标的物，由此，出卖人不应承担权利瑕疵担保义务。根据《民法典》第 613 条的规定，“买受人订立合同时知道或者应当知道第三人对买卖的标的物享有权利的，出卖人不承担前条规定的义务”。此规定为买受人自愿购买有权利瑕疵的标的物，免除出卖人权利瑕疵担保义务的规则。《联合国国际货物销售合同公约》也明确规定，出卖人所交付的货物，必须是第三方不能提出任何权利或者请求的货物，但买受人同意受制于这种权利或者请求之条件下，收取该项货物的除外。该规定即表达了此种情形下出卖人权利瑕疵担保义务免除。

如果作为买卖合同一方当事人的买受人在订立合同之时就知道或者应该知道有第三人对买卖合同的标的物享有权利，那么出卖人权利瑕疵担保义务则可以免除。这里需要强调一个时间节点,即买受人知道或应当知道第三人对标的物享有权利的时间是“买卖合同订立时”。在买卖合同订立时买受人就知道或应当知道出卖人出卖给自己的标的物上有第三人权利,如存在第三人对标的物享有所有权、担保物权、知识产权等情形,即存在着权利瑕疵,买受人可能遭受第三人对标的物进行权利主张的风险,但其仍然与出卖人订立合同,由此产生的风险应由买受人自己承担,这符合民法理论上“自甘风险”的原则,相对而言,出卖人的权利瑕疵担保义务得以免除。

4. 买受人的中止支付价款权与出卖人适当担保之补救

与出卖人对标的物的权利瑕疵担保义务相关,如果买卖合同的标的物确有权利瑕疵,且买受人有确切证据的,则有权利中止支付相应的价款,不过此时若出卖人提供适当的担保,交易仍可继续进行,买受人应继续支付价款。根据《民法典》第 614 条的规定,“买受人有确切证据证明第三人对标的物享有权利的,可以中止支付相应的价款,但是出卖人提供适当担保的除外”。此规定的目的在于特定情形下使买受人免于遭受可能丧失标的物权利而造成相应价款上的损害。

买卖合同中,买受人支付价款是其主要义务,但在特定的条件下,买受人可以依法中止支付相应的价款。在合同的履行过程中,如果买受人有确切证据证明第三人对合同标的物享有权利,出于交易安全的考虑,买受人为了保护自己的利益不遭受进一步的损失,依法可暂时停止相应价款的支付,这是买受人在买卖合同履行中行使抗辩权的体现,具体而言,应该是买受人在买卖合同中行使不安抗辩权的体现。亦有学者指出该中止支付价款权的法律性质应为民法上的“延期抗辩权”,[①]因为当出卖人提供适当担保,买受人应继续支付价款。需要注意的是,《民法典》第 614 条的规定所处的语境是买卖合同履行过程中所涉及的出卖人交付的标的物存在的权利瑕疵,而非买卖合同订立时所涉及的出卖人对标的物的权利瑕疵担保义务,如是后者,则依据《民法典》第 613 条确立的规则处理。

(三)出卖人标的物质量瑕疵担保责任之规则

1. 标的物的质量要求

标的物的质量要求是买卖合同的重要内容,也是出卖人质量瑕疵担保责任

---

① 参见林诚二:《民法债编各论》(上),中国人民大学出版社 2007 年版,第 107 页。

的重要体现。当然,此处要说明:广义上物的瑕疵并不只限于质量瑕疵,学理上还可以包括交付的标的物的不符合数量要求以及交付的标的物非买卖合同约定的标的物等。根据《民法典》第 615 条的规定,"出卖人应当按照约定的质量要求交付标的物。出卖人提供有关标的物质量说明的,交付的标的物应当符合该说明的质量要求"。也就是说,出卖人交付的标的物质量应符合合同约定,否则属于违约行为,买受人可以依据此规定请求出卖人承担违约责任。

买卖合同关于标的物质量的约定,对出卖人具有约束力,出卖人应该按照合同约定的质量要求向买受人交付标的物,这是出卖人履行买卖合同最主要的义务之一,也是契约精神的体现。法律在确认财产权的同时,还要创造财产权有效利用的机制,其中最主要的是为财产权的转移提供保障和便利,①而标的物的质量保障尤为重要。出卖人不履行合同中关于交付标的物的质量要求的约定,属于违约行为,买受人也会因此无法取得符合约定质量要求的标的物,因此无法实现合同目的,此时出卖人应承担违约责任。

买卖合同双方当事人约定交付标的物的质量要求,应在合同中有体现,有的是口头合同约定,有的是书面的在买卖合同中有专门的标的物质量要求条款,还有的是出卖人提供了专门的有关标的物的质量说明,比如在双方买卖合同的附件中有专门的标的物质量说明、在出卖人出售的商品标签上载明"非转基因""100%纯棉"等,该质量说明应视为双方买卖合同内容的重要组成部分,对合同主体一方的出卖人具有约束力,该质量说明虽然不在买卖合同文本中出现,但可以确定为双方当事人的约定,这在学理上可解读为"明示担保"。因此,既然出卖人向买受人提供了有关标的物的质量说明,出卖人交付买受人的标的物则需要符合该说明的质量要求,否则,属于出卖人有违契约精神,没有履行双方关于标的物质量的约定,出卖人自然构成违约,应承担违约责任。

2. 标的物的质量要求不明时的处理规则

在买卖合同中,当标的物的质量要求不明时应如何处理,这是合同履行过程中必须解决的问题,也是当事人双方关于买卖合同中未约定或约定不明之补充规则。根据《民法典》第 616 条的规定,"当事人对标的物的质量要求没有约

---

① 参见张文显:《法哲学范畴研究》,中国政法大学出版社 2001 年版,第 221 页。

定或者约定不明确,依据本法第五百一十条的规定仍不能确定的,适用本法第五百一十一条第一项的规定”。本条规定是关于买卖合同中标的物的质量要求不明时法定质量担保义务的规定。

确定买卖合同中标的物的质量要求十分重要,无论是大陆法系的瑕疵担保制度,还是英美法系的“默示担保”制度,在处理标的物质量要求不明的情况时,都体现了一定的逻辑自洽。我国民事立法处理标的物质量要求不明的情况的规定,主要体现在以下层层递进的规则。

首先,如果双方当事人有明确约定,则适用《民法典》第 615 条的规定。其次,如果买卖合同双方当事人对标的物的质量要求没有约定或者约定不明,先要根据《民法典》第 510 条的规定加以考量,充分尊重当事人的意思自治,即当事人可以通过签订补充协议的方式来进一步明确买卖合同标的物的质量要求,从而确定买卖合同关于标的物的质量要求,避免当事人之间的争议。但在实践中,并不是当事人之间一定都能达成补充协议,如果当事人之间达不成补充协议,则需要按照合同相关条款或者交易习惯确定,即通过合同解释的方法来确定标的物的质量要求,比如根据合同目的、合同条款的上下文、某一行业领域的交易习惯等对标的物的质量要求加以解释而将其明确化。

在此基础上,如果仍然不能确定标的物的质量要求,那么此时需要适用《民法典》第 511 条第 1 项的规定来解决,即标的物质量要求不明确的,需要先按照强制性国家标准履行(前提是该标的物有强制性国家标准的情形);没有强制性国家标准的,按照推荐性国家标准履行(前提是该标的物有推荐性国家标准的情形);没有推荐性国家标准的,按照行业标准履行(前提是该标的物有行业标准的情形);没有国家标准(包括强制性国家标准和推荐性国家标准)、行业标准的,按照通常标准或者符合合同目的的特定标准履行。上述国际标准、行业标准、通常标准及符合合同目的的特定标准,也是司法实践中法院在处理买卖合同纠纷案件时确定标的物质量要求常常适用的依据。

3. 出卖人违反质量瑕疵担保义务的违约责任

在买卖合同中,质量瑕疵担保义务是出卖人的法定义务,若出卖人违反该义务,买受人有权要求出卖人承担违约责任。根据《民法典》第 617 条的规定,“出卖人交付的标的物不符合质量要求的,买受人可以依据本法第五百八十二条至第五百八十四条的规定请求承担违约责任”。此规定是关于买卖合同中标的物质量不符合要求时,买受人相关权利的规定,是买受人要求出卖人因违反质量瑕疵担保义务承担违约责任的规范基础。

交付符合质量要求的标的物是出卖人的义务,如果出卖人没有履行该义务,则不算是适当地履行了合同义务,应承担违约责任。无论是买卖合同中当事人明确约定的质量要求,还是《民法典·合同编》通则中规定的情形,只要出卖人交付的标的物质量不符合约定或法律规定,买受人均可依此要求出卖人承担违约责任。

4. 瑕疵担保责任减免的效力限制

从私法自治的角度出发,如果双方当事人在买卖合同中对标的物的瑕疵担保责任减免作出了特殊约定,应尊重该契约自由。但是,若标的物有瑕疵出卖人却故意或者因重大过失而不告知买受人,买受人的利益必然受损,出卖人再依据特殊约定来主张减免责任应无权利基础。根据《民法典》第618条的规定,"当事人约定减轻或者免除出卖人对标的物瑕疵承担的责任,因出卖人故意或者重大过失不告知买受人标的物瑕疵的,出卖人无权主张减轻或者免除责任"。该条是关于买卖合同中出卖人瑕疵担保责任减免的特殊约定效力的规定。

依据买卖合同之常理,出卖人对买卖合同的标的物负有瑕疵担保责任,保证买受人获得的标的物不存在瑕疵,是双方签订买卖合同的应有之义。关于减免标的物的瑕疵担保责任的特殊约定,如果出卖人不遵守诚实信用原则,故意不告知或者因重大过失不告知买受人标的物瑕疵之情形,有可能构成契约自由之滥用、交易成本之增加、诚信关系之破坏,[①]此情形下的特殊约定当然不利于保护买受人的合法权益。自由是做法律许可的一切事情的权利,倘若可以做法律所禁止的事情,则无自由可言。[②] 契约自由亦是如此。由此,如果出卖人不遵守诚实信用原则,没有向买受人履行标的物瑕疵的告知义务,即使有特殊约定,也不应产生出卖人瑕疵担保责任减免的效力,这是对出卖人瑕疵担保责任减免的效力限制或者效力排除。

① 参见最高人民法院民法典贯彻实施工作领导小组主编:《中华人民共和国民法典合同编理解与适用(二)》,人民法院出版社2020年版,第970页。

② 参见[法]孟德斯鸠:《论法的精神》(上卷),许明龙译,商务印书馆2015年版,第184页。

二、买受人的义务

（一）买受人支付价款之规则

义务因契约而生者，其义务之履行，应依契约之本旨为之。[①] 在买卖合同中，支付合同价款是买受人最主要的义务，亦是其基本义务。买受人有义务按照合同约定的数额、支付方式、地点、时间向出卖人支付价款，也包括对其接收出卖人多交的部分按照约定的价格支付价款。

首先，买受人应当按照约定的数额和支付方式支付合同价款。根据《民法典》第626条的规定，"买受人应当按照约定的数额和支付方式支付价款。对价款的数额和支付方式没有约定或者约定不明确的，适用本法第五百一十条、第五百一十一条第二项和第五项的规定"。关于合同价款数额，如有约定优先依据约定，充分尊重当事人的意思自治；如果未约定或约定不明确，合同生效后，当事人之间可以签订协议补充；如果双方无法达成补充协议，按照合同相关条款或者交易习惯来确定。如果按照上述方式双方仍不能确定合同价款数额，则按照订立买卖合同时履行地的市场价格来履行；合同价款数额依法应当执行政府定价或者政府指导价的，依照规定履行。总体而言，如果履行方式不明确，则按照有利于实现合同目的、促进民事交易的方式履行。买受人合同价款支付方式的确定，同样采取上述合同价款数额确定的规则。

其次，买受人应当按照约定的地点支付合同价款。《民法典》第627条规定："买受人应当按照约定的地点支付价款。对支付地点没有约定或者约定不明确，依据本法第五百一十条的规定仍不能确定的，买受人应当在出卖人的营业地支付；但是，约定支付价款以交付标的物或者交付提取标的物单证为条件的，在交付标的物或者交付提取标的物单证的所在地支付。"关于买受人支付合同价款的地点，如有约定优先依据约定，充分尊重当事人的意思自治；如果未约定或约定不明确，当事人之间可以签订协议补充；如果双方无法达成补充协议，则按照合同相关条款或者交易习惯来确定，此时双方当事人的意思自治仍然被充分考虑，但若双方无法后续达成合意，则考虑买卖合同的相关条款或交易之习惯。在此基础上，如果仍不能确定支付合同价款的地点，那么买受人应当在

---

① 参见史尚宽：《民法总论》，中国政法大学出版社2000年版，第36页。

出卖人的营业地支付价款，这一立法规定，充分考察了司法实践及国际贸易的通常做法的现实情况。比如，在国际货物买卖中，常常涉及外汇付款的问题，此时确立在出卖人营业地支付是相对合理的，否则其他支付地点既不现实，也可能会违背交易习惯。以上是买卖合同价款支付的一般原则，但仍然可能会有特殊情形。如果约定了支付价款的特殊条件，则要充分考察，以"交货"或"交单"为支付价款之条件的，"交货"或"交单"的所在地则为合同价款的支付地。

再次，买受人应当按照约定的时间支付合同价款。根据《民法典》第628条的规定，"买受人应当按照约定的时间支付价款。对支付时间没有约定或者约定不明确，依据本法第五百一十条的规定仍不能确定的，买受人应当在收到标的物或者提取标的物单证的同时支付"。关于买受人支付合同价款的时间，如有约定优先依据约定，充分尊重当事人的意思自治。

在实践中，交付标的物与支付合同价款同时为之者，可称为"现金买卖"；如果先交付标的物，而后支付价款者，可称为"信用买卖"或"赊账"；先支付合同价款后交付标的物者，可称为"付款定购"或"预约出售"。[①] 一手交钱，一手交货的"现金买卖"，是最普通和常见的支付合同价款的情形；"信用买卖"或"赊账"，也是在交易习惯中常出现的支付合同价款的方式；"付款定购"或"预约出售"，即先支付合同价款的方式也是在特别约定及订单式买卖中经常出现的情形。当然，以上所有情形，都要遵循有约定从约定的规则。

如果关于支付合同价款的时间未约定或约定不明确，当事人之间可以签订协议进行补充；如果双方无法达成补充协议，则按照合同相关条款或者交易习惯来加以确定，此时双方当事人的意思自治仍然被充分考虑，但若双方后续无法达成合意，则考虑买卖合同相关条款或交易习惯。在此基础上，如果仍不能确定支付合同价款的时间，则应遵循公平的同时履行原则，即买受人应当在收到买卖合同标的物的同时即向出卖人支付合同价款，或者在提取买卖合同标的物单证的同时向出卖人支付合同价款，这既符合双方当事人的交易心理，亦符合很多买卖合同中既非"先付款后交货"也非"先交货后付款"的"一手钱一手货"的交易习惯，更充分地体现了民法的公平原则。

买受人未按照合同约定的时间支付合同价款即构成违约，应向出卖人支付

---

① 参见史尚宽：《债法各论》，中国政法大学出版社2000年版，第54页。

逾期付款的违约金。司法实践中需要注意以下规则:其一,当事人在买卖合同中对付款期限作出变更,不影响当事人关于逾期付款违约金的约定,但该违约金的起算点也应当随之变更,这是比较合理的规则。其二,在司法实践中,买卖合同如果已经明确约定了逾期付款违约金,买受人还以出卖人接受价款时未主张逾期付款违约金为由拒绝支付该违约金的,法院不予支持,这是合同有约必守原则的重要体现。其三,买卖合同约定了逾期付款违约金,但对账单、还款协议等未涉及逾期付款责任,出卖人在此情形下根据对账单、还款协议等主张欠款时请求买受人依约支付逾期付款违约金的,法院应予支持,但对账单、还款协议等明确载有本金及逾期付款利息数额或者已经变更买卖合同中关于本金、利息等约定内容的除外。其四,在司法实践中,买卖合同对逾期付款违约金或者该违约金的计算方法常常没有明确约定,在这种情形下,出卖人以买受人违约为由主张赔偿逾期付款损失,要区分具体情形:如果违约行为发生在 2019 年 8 月 19 日之前,法院可以中国人民银行同期同类人民币贷款基准利率为基础,参照逾期罚息利率标准计算;如果违约行为发生在 2019 年 8 月 20 日之后,法院可以违约行为发生时中国人民银行授权全国银行间同业拆借中心公布的一年期贷款市场报价利率[①]标准为基础,加计 30% ~50% 计算逾期付款损失(《买卖合同纠纷司法解释》第 18 条)。可以说,从《民法典 · 合同编》的具体规定到《买卖合同纠纷司法解释》更具可操作性的规定,我国民法关于买受人的付款义务及逾期付款的违约责任的规则随着实践的发展日益完善(包括贷款市场报价利率这种动态的标准适用),已经有了较为详尽的制度规则,有利于司法实践中买卖合同纠纷的良好解决。

最后,买受人有义务对于其接收出卖人多交的标的物按约定的价格支付价款,同时也有权利向出卖人主张代为保管期间的合理费用。根据《民法典》第 629 条的规定,“出卖人多交标的物的,买受人可以接收或者拒绝接收多交的部分。买受人接收多交部分的,按照约定的价格支付价款;买受人拒绝接收多交部分的,应当及时通知出卖人”。这里存在买受人的选择权问题,即买受人对出

① 贷款市场报价利率(loan prime pate,LPR)是由具有代表性的报价行根据银行对最优质客户的贷款利率,以公开市场操作利率(主要指中期借贷便利利率)加点形成的方式报价,由中国人民银行授权全国银行间同业拆借中心计算并公布的基础性的贷款参考利率,各金融机构应主要参考贷款市场报价利率进行贷款定价。

卖人多交的部分标的物选择接收或者拒绝接收,如果买受人拒绝接收出卖人多交的部分,买受人当然也有权利拒绝支付多交部分的价款,但其负有及时通知出卖人的义务;如果买受人接收多交的部分,则必须按照约定的价格向出卖人支付相应的价款;合同数量的多少与合同总价款的多少是相对应的,对于出卖人多交的部分标的物,法律规定了买受人相应权利的同时亦规定了其相应的义务,这对于出卖人而言也是公平的。

在关于买卖合同纠纷的司法实践中,根据《民法典》第 629 条规定的上述情形,如果买受人拒绝接收多交的部分标的物,买受人有权利代为保管多交的部分标的物;同时,如果买受人主张出卖人负担代为保管期间的合理费用,法院应予支持;当然,买受人主张出卖人承担代为保管期间非因买受人故意或者重大过失造成的损失的,法院也应予支持(《买卖合同纠纷司法解释》第 3 条)。这些具体规则包括了在买卖合同纠纷涉及买受人接收出卖人多交的部分标的物时的具体的义务规则及相关权利规则,体现了买受人在上述情形中权利与义务的统一。

(二)买受人检验义务之规则

首先,买受人有义务按约定的期限检验或及时检验。在整个买卖合同的履行过程,一般来说,买受人对出卖人交付的标的物需要进行检验,这既是对买受人自己负责,也是给出卖人的合理回应。根据《民法典》第 620 条的规定,"买受人收到标的物时应当在约定的检验期限内检验。没有约定检验期限的,应当及时检验"。从权利义务的角度分析,一方面,出卖人交付的标的物是否符合合同约定直接关乎买受人的利益,所以,检验标的物体现为买受人的权利;另一方面,如果买受人不及时对标的物进行检验,又可能损害出卖人的利益,所以,检验标的物又体现为买受人的义务。而从我国《民法典》买受人对标的物检验规则中"应当"的表述来看,更侧重于义务层面的理解。诚然,在实践中,特别是在国际贸易中,买受人依约、及时对标的物进行检验,有利于买卖合同的顺利履行、标的物的顺畅流转及商品交易秩序的良好运行。

其次,买受人负有检验期内及未约定检验期情形下的通知义务,并受相应的权利限制。根据《民法典》第 621 条第 1 款的规定,"当事人约定检验期限的,买受人应当在检验期限内将标的物的数量或者质量不符合约定的情形通知出卖人。买受人怠于通知的,视为标的物的数量或者质量符合约定"。如果出卖人交付的标的物存在不符合约定的数量或质量问题,同时又约定了检验期限的,买受人有义务在检验期限内通知出卖人;如果买受人对此不积极通知,则视为标的物没有瑕疵,即买受人丧失了标的物瑕疵的异议权。根据《民法典》第621条第2款的规定,"当事人没有约定检验期限的,买受人应当在发现或者应当发现标的物的数量或者质量不符合约定的合理期限内通知出卖人。买受人在合理期限内未通知或者自收到标的物之日起二年内未通知出卖人的,视为标的物的数量或者质量符合约定;但是,对标的物有质量保证期的,适用质量保证期,不适用该二年的规定"。在未约定检验期限的情形下,如果买受人在"合理期限"内未将标的物存在瑕疵的问题通知出卖人,则视为标的物没有瑕疵,或者出卖人自收到标的物之日起已经超两年却未将标的物存在瑕疵的问题通知出卖人,同样视为标的物没有瑕疵,即视为该标的物符合买卖合同约定。当然,以上二年期限(最长异议通知期限,该"二年"最长的合理期限为不变期间,不适用诉讼时效中止、中断或者延长的规定)的规则适用前提是对标的物没有质量保证期的规定,有质量保证期的要依据质保期之规定。

当然,我国《买卖合同纠纷司法解释》第12条对"合理期限"有进一步阐释:法院具体认定《民法典》第621条第2款规定的"合理期限"时,应当综合当事人之间的交易性质、交易目的、交易方式、交易习惯、标的物的种类、数量、性质、安装和使用情况、瑕疵的性质、买受人应尽的合理注意义务、检验方法和难易程度、买受人或者检验人所处的具体环境、自身技能以及其他合理因素,依据诚实信用原则进行综合判断。这有利于法院在处理买卖合同纠纷中综合认定上述"合理期限",尽管没有明确的时间节点,但提供了一定的判断依据,可操作性增强,当然这也给了司法裁判者一定的自由裁量权。

买受人的通知义务不是绝对的,也应该有一定前提,在特殊情形下可能不受上述通知时间的限制。根据《民法典》第621条第3款的规定,"出卖人知道或者应当知道提供的标的物不符合约定的,买受人不受前两款规定的通知时间的限制"。可以说,这是买受人上述通知义务及通知时间的限制。法律设定的规则均是从买受人角度出发,如果出卖人有过错,即标的物不符合买卖合同约定系出卖人明知或应知,则买受人不受通知规则的限制,这一规定是合理的,否则就会给买受人增加不合理的义务。

再次,检验期限或者质量保证期过短、买受人无法完成检验的并非当然违反检验义务。根据《民法典》第 622 条第 1 款的规定，“当事人约定的检验期限过短，根据标的物的性质和交易习惯，买受人在检验期限内难以完成全面检验的，该期限仅视为买受人对标的物的外观瑕疵提出异议的期限”。所以，此时还需要考虑到买卖合同的交易习惯以及标的物本身的性质，买受人的检验义务也要符合实际要求，且公平合理。约定的检验期限或者质量保证期短于法律、行政法规规定期限的，应当以法律、行政法规规定的期限为准，这种规定比较公平合理。

另外，未约定检验期限时，买受人的相关行为可推定其检验行为完成。根据《民法典》第 623 条的规定，“当事人对检验期限未作约定，买受人签收的送货单、确认单等载明标的物数量、型号、规格的，推定买受人已经对数量和外观瑕疵进行检验，但是有相关证据足以推翻的除外”。也就是说，买受人已经以自己的实际行为履行了检验的义务，此时虽然未约定检验期限，但检验期限已经没有实际意义。当然，推定买受人以自己行为履行了检验义务，有相关证据推翻的除外，这是尊重事实的体现，也是对当事人利益的一种保护。

最后，向第三人交付的检验标准以出卖人和买受人约定的检验标准为准。根据《民法典》第 624 条的规定，“出卖人依照买受人的指示向第三人交付标的物，出卖人和买受人约定的检验标准与买受人和第三人约定的检验标准不一致的，以出卖人和买受人约定的检验标准为准”。当事人的意思自治受法律保护，在买卖合同中应该遵循买卖合同的本意，在出卖人和买受人之间的买卖合同中约定的检验标准优先于买受人和第三人约定的检验标准。

三、标的物的风险负担与利益承受之规则

（一）标的物的风险负担

1. 标的物毁损、灭失的风险负担的基本规则

买卖合同中标的物的风险负担问题极为重要，事关当事人是否承担标的物毁损、灭失造成的法律后果。根据《民法典》第 604 条的规定，“标的物毁损、灭失的风险，在标的物交付之前由出卖人承担，交付之后由买受人承担，但是法律另有规定或者当事人另有约定的除外”。

我国《民法典》第 604 条确立的交付转移风险规则，在《民法典》规范框架内会产生体系联动效应。一方面表现为风险负担配置格局对于物上瑕疵责任可

适用性有决定作用;另一方面表现为风险转移会导致损害向债权人迁移,[①]这充分说明了风险转移对当事人利益的深层次影响。需要强调的是,标的物毁损、灭失风险负担的基本规则所规定的风险,一般是指不可归责于合同双方当事人的风险,常指买卖合同标的物意外毁损、灭失的风险。从比较法的角度分析,风险负担在什么时候从出卖人转移到买受人一方,有不同的立法例。“合同成立主义”强调在买卖合同成立时,风险即转移给买受人;“交付主义”强调在标的物交付时,风险才转移给买受人;“移权主义”强调标的物所有权转移时,风险才转移给买受人。三种立法例似乎是一种递进的关系,出卖人的风险逐渐增大,而买受人的风险逐渐降低。我国《民法典》对买卖合同标的物风险负担规则的确定,以标的物交付为界限,采取的是“交付主义”,符合我国民事活动通常的交易习惯。当然,在买卖合同标的物风险负担规则的确定上,《民法典》也考虑了当事人另有约定和法律另有规定的特殊情况。除此之外,在国际货物买卖中,一般按照货交第一承运人时风险即转移至买受人一方,即出卖人把货物交付给承运人之前,风险仍由出卖人承担,在货物交付给承运人之后,风险转移至买受人。这种安排符合《联合国国际货物销售合同公约》的规定,也符合国际货物买卖的国际惯例。

不过,《民法典》对买卖合同中标的物风险负担问题作了但书规定,具体分两种情况。

其一,法律另有规定的情形。该另有规定是指法律一般规则(交付主义)之外的规定,如《电子商务法》第 51 条规定:“合同标的为交付商品并采用快递物流方式交付的,收货人签收时间为交付时间……”该规定与买卖合同标的物普通的交付情形有区别,是电子商务环境下特殊的表现形式。另外,根据《民法典》第 606 条的规定,“出卖人出卖交由承运人运输的在途标的物,除当事人另有约定外,毁损、灭失的风险自合同成立时起由买受人承担”。可见,此种法律另有约定的运输途中的标的物买卖,风险负担的规则亦不同于买卖合同中标的物风险负担的一般规则(交付主义)。

其二,当事人另有约定的情形。在买卖合同中,标的物风险负担亦可以由

① 参见刘洋:《民法典语境下交付移转风险规则的体系联动效应辨识》,载《财经法学》2022 年第 2 期。

当事人自由约定，且约定优先，如果当事人已经对买卖合同标的物风险负担作了约定，则遵循其约定，不再按买卖合同中标的物风险负担的一般规则（交付主义）处理。

2. 迟延交付标的物的风险负担规则

标的物的风险自交付后从出卖人转移至买受人，为一般规则。但是，若标的物迟延交付系买受人之原因，此时仍适用“交付主义”，显然对出卖人不公平。根据《民法典》第605条的规定，“因买受人的原因致使标的物未按照约定的期限交付的，买受人应当自违反约定时起承担标的物毁损、灭失的风险”。此规定明确了买受人原因导致迟延交付标的物的风险负担规则，即此种情形下由买受人承担风险。

在学理上，合同标的物毁损、灭失风险负担的转移有“交付主义”的一般规则，这是在不可归责于合同双方当事人的情况下的法律规定。而在可归责于合同当事人的情况下，风险负担的规则就有所改变。如果买受人的原因致使出卖人交付标的物产生了迟延，不能按照双方约定的期限交付，由于出卖人本身没有过错，在出卖人没有违约的情形下，未按期交付而导致标的物毁损、灭失的风险自然由买受人承担，买受人应当自违反约定时（一般是指合同约定的标的物交付期限届满后的首日）起承担该风险。这一点非常好理解，否则，买受人原因导致交付迟延却还按照出卖人实际交付的时间来确定风险转移点，必然会对出卖人不公平，即此种情形实际上是对出卖人风险负担期间的变相延长，所以买受人一方的原因或过错带来的不利后果不能让出卖人承担。

3. 路货买卖合同中的标的物的风险负担规则

路货买卖合同是买卖合同中的一种特殊形式。在该类型的买卖中，标的物已在运输途中，即在途标的物因买卖发生所有权转移，此时的风险转移不再是交付时，而是从订立合同时起，风险就转移至买受人，当然，当事人有特别约定的除外。根据《民法典》第606条的规定，“出卖人出卖交由承运人运输的在途标的物，除当事人另有约定外，毁损、灭失的风险自合同成立时起由买受人承担”。这与《联合国国际货物销售合同公约》规定的路货买卖风险负担的规则一致。

从学理上讲，《民法典》关于交由承运人运输的在途标的物的风险转移有特殊规则，特殊在于此种买卖合同标的物毁损、灭失的风险，并非依据“交付主义”，而是自合同成立时起即由买受人承担，除非当事人之间另有约定。出卖人出卖交由承运人运输的在途标的物给买受人,该行为一般称为运输途中的货物买卖,亦称“路货买卖”。在路货买卖合同订立时,买卖合同的标的物处于运输途中,而该标的物在运输途中存在诸多不确定的风险,且标的物是否毁损、灭失,以及若标的物毁损、灭失,该毁损、灭失发生在具体哪一段运输过程等,因标的物在承运人手中,出卖人和买受人均难以直接确定。由此,相对于一般的非运输途中的标的物买卖,路货买卖中的标的物的交付时间及地点均不好确定。由此,法律将交由承运人运输的在途标的物的买卖之标的物毁损、灭失风险负担的转移时间提前,即提前到出卖人和买受人签订的路货买卖合同成立之时。换言之,从路货买卖合同成立之时,就由买受人承担标的物毁损、灭失的风险,风险转移的时间提前到交付之前。该种买卖合同常常发生在国际货物买卖中,特别是在国际海事货物运输当中,出卖人货交承运人即完成了在途货物买卖的风险转移。

除此之外,《民法典》也明确了在路货买卖中,标的物风险转移时间的提前并非法律的强制性规定,如果出卖人和买受人在合同中另有约定,则依双方当事人的约定来确定路货买卖中标的物风险负担的转移时间。

4. 需要运输的标的物的风险负担规则

买卖合同中,如果标的物需要运输,那么在运输途中标的物的风险负担是何种规则?根据《民法典》第 607 条的规定,“出卖人按照约定将标的物送至买受人指定地点并交付给承运人后,标的物毁损、灭失的风险由买受人承担。当事人没有约定交付地点或者约定不明确,依据本法第六百零三条第二款第一项的规定标的物需要运输的,出卖人将标的物交付给第一承运人后,标的物毁损、灭失的风险由买受人承担”。此规定明确了需要运输的标的物的风险负担规则。

在买卖合同中,有的标的物需要运输,特别是跨区域的买卖以及国际货物买卖,运输途中标的物可能面临着各种风险,此时的标的物毁损、灭失的风险负担分两种情况。

第一种情况,如果双方当事人约定由出卖人将标的物送至买受人指定地点并将标的物交付承运人,而出卖人也已经履行了该义务,则标的物毁损、灭失的风险自然转移到买受人一方。需要注意的是,《民法典》第 607 条规定的出卖人履行运输义务,并不是指出卖人自己去运输标的物,而是出卖人依合同约定将标的物送到买受人指定的地点并交付买卖合同当事人之外的承运人的义务,也就是说,这里有一个出卖人和买受人之外的第三人作为承运人。

第二种情况,如果双方当事人对标的物运输的具体问题没有约定或约定不明确,则依据《民法典》第603条第2款第1项的规定,即标的物需要运输的,出卖人应当将标的物交付给第一承运人以运交给买受人。该规定确立了出卖人义务的同时,也明确了出卖人将标的物交付第一承运人后,标的物的毁损、灭失的风险就转移到买受人一方。

5. 买受人不收取标的物的风险负担规则

依买卖合同约定收取标的物是买受人的义务,买受人若不履行该义务,造成买卖合同标的物毁损、灭失,理应承担该风险。根据《民法典》第608条的规定,"出卖人按照约定或者依据本法第六百零三条第二款第二项的规定将标的物置于交付地点,买受人违反约定没有收取的,标的物毁损、灭失的风险自违反约定时起由买受人承担"。此规定明确了因买受人不履行收取标的物义务的风险负担规则,即此种情形由买受人承担风险。

一般情形下,无论是合同的哪一方当事人,都不愿意卷入自己无法履行合同的风险中,①在买卖合同中,出卖人按照约定的地点交付标的物是应有之义。如果买卖合同中的标的物不需要运输,出卖人和买受人订立合同时知道标的物在某一地点的,出卖人应当在该地点交付标的物;不知道标的物在某一地点的,出卖人应当在出卖人订立合同时的营业地交付标的物。当然,这里还需注意一个问题,即出卖人将标的物置于交付地点后,一般应当履行通知买受人收取标的物的义务。出卖人的上述义务履行之后,即已经将标的物放置于交付地点,但出现了可归责于买受人的违反约定没有收取标的物的情况,此时标的物毁损、灭失的风险则由买受人自行承担,买受人应当自违反约定时起承担该风险。因为买受人无正当理由的迟延受领或拒绝受领造成标的物的毁损、灭失的风险如果让出卖人承担,必然会对出卖人不公平,所以,买受人一方的原因或过错带来的不利后果不能让出卖人承担。此处还需强调,迟延受领可能因多种原因而消灭:其一,债权消灭,如果债权已经不复存在,迟延受领则无从谈起;其二,迟延涤除,债权人表示受领时,迟延受领的状态因此而被涤除;其三,因不可抗力

① 参见[德]迪特尔·梅迪库斯:《德国民法总论》,邵建东译,法律出版社2000年版,第269页。

不能履行,债务因不可抗力的发生不能履行时,债务消灭,迟延受领也随之消灭;其四,迟延免除,依当事人的合意或债务人一方的意思,延期受领债务的,迟延受领消灭。[1] 所以,迟延受领并不必然导致买受人承担标的物毁损、灭失的风险,只有买受人违反买卖合同约定迟延受领的,标的物毁损、灭失的风险才自违反约定时起由买受人承担。

6. 出卖人未交付单证、资料不影响风险转移之规则

买卖合同中的出卖人未履行交付单证、资料的从给付义务,标的物的风险转移规则不变。根据《民法典》第 609 条的规定,“出卖人按照约定未交付有关标的物的单证和资料的,不影响标的物毁损、灭失风险的转移”。这一规则有其内在的合理性,亦与国际规则相一致,[2]也符合一般的交易习惯。

在买卖合同中,出卖人除了要向买受人交付标的物外,常常还需要履行交付与标的物有关的单证和资料的义务。前者是出卖人的主给付义务,后者为出卖人的从给付义务。那么,出卖人如果未履行买卖合同中的从给付义务,是否会影响标的物毁损、灭失风险的转移呢?根据《民法典》的规定,出卖人交付有关标的物的单证和资料,系从给付义务,该义务未履行但主给付义务已经履行,并不影响标的物毁损、灭失的风险转移给买受人,也就是说,买受人不能以出卖人未交付有关标的物的单证和资料为由来抗辩其不承担该风险。换言之,出卖人只要按合同约定履行了交付标的物的义务,即使未交付有关标的物的单证和资料,也并不影响由买受人而非出卖人承担标的物毁损、灭失的风险。这一问题在动产买卖合同中体现得更为明显。动产买卖中,只要出卖人交付了标的物,标的物所有权就发生转移,虽然还没有交付有关标的物的单证和资料,但因所有权都发生了转移,标的物毁损、灭失的风险也已转移。

7. 出卖人根本违约的风险负担规则

在学理上分析,出卖人违约与风险负担具有逻辑上的对应关系,出卖人根本违约,合同目的不能实现,标的物毁损、灭失之风险可归责于出卖人。根据《民法典》第 610 条的规定,“因标的物不符合质量要求,致使不能实现合同目的

---

① 参见朱广新:《合同法总则》(第 2 版),中国人民大学出版社 2012 年版,第 632 页。

② 根据《联合国国际货物买卖合同公约》第 67 条的规定,出卖人有权保留控制货物处置权的单据,并不影响风险的转移。

的，买受人可以拒绝接受标的物或者解除合同。买受人拒绝接受标的物或者解除合同的，标的物毁损、灭失的风险由出卖人承担”。此规定明确了因出卖人根本违约的风险负担规则，此情形在司法实践中亦常有发生。[①]

出卖人根本违约的风险负担规则是关于标的物毁损、灭失的风险由出卖人承担的延续性规定。如果出卖人交付的标的物本身不符合质量要求，势必影响买受人的合法利益；如果出卖人交付的标的物本身不符合质量要求，致使合同目的不能实现，构成了根本违约，则买受人接受标的物没有任何意义。所以，买受人可以拒绝接受标的物或者解除与出卖人之间关于该标的物的买卖合同，而由此产生的标的物毁损、灭失的风险，由出卖人承担。这也是买卖合同中因出卖人根本违约，买受人享有拒绝接受权、合同解除权的具体表现。

8. 出卖人违约与买受人承担风险的关系

在买卖合同中，出卖人违约，买受人有权利请求出卖人承担违约责任，尽管此时买受人可能承担着标的物毁损、灭失的风险，但二者并不发生冲突。根据《民法典》第 611 条规定，“标的物毁损、灭失的风险由买受人承担的，不影响因出卖人履行义务不符合约定，买受人请求其承担违约责任的权利”。此规定厘清了出卖人违约与买受人承担风险之间的关系。

出卖人履行了将标的物交付买受人的义务后，标的物的毁损、灭失的风险由买受人承担，但如果出卖人履行的义务并不符合合同约定，即使买受人承担标的物毁损、灭失的风险，买受人仍可以向出卖人主张因其履行义务不符合规定而应承担的违约责任。也就是说，买受人标的物的风险负担与出卖人违约责任承担是两个不同的规则设定，并不因出卖人履行了标的物的交付义务、买受人承担了风险，出卖人就不承担违约责任。

虽然以上是两种不同法律规则的设定，但需要注意的是《民法典》该条所规定的标的物的风险及违约责任可能出现由同一主体承担的情形。当出卖人违约，且该违约行为恰好阻碍了标的物的交付及所有权的转移，此时标的物毁损、灭失的风险由出卖人承担，同时也不影响买受人因出卖人履行义务不符合约定，而请求其承担违约责任，最终出卖人也承担违约责任的法律后果，该种情况下，风险承担主体与违约责任承担主体同为出卖人。

---

① 参见最高人民法院民事裁定书，(2019)最高法民申 1897 号。

（二）标的物的利益承受

买卖合同中标的物的利益承受是指买卖合同订立后标的物所产生的孳息之归属，该问题与买卖合同标的物的风险负担息息相关，利益承受之界限亦与风险转移相同，以交付时间为准，即学理上的交付主义原则。根据《民法典》第630条的规定，“标的物在交付之前产生的孳息，归出卖人所有；交付之后产生的孳息，归买受人所有。但是，当事人另有约定的除外”。这是买卖合同标的物利益承受的基本规则。因孳息与原物相关，所以标的物孳息的归属与标的物的交付不可分割，故交付主义原则下的标的物利益承受规则符合民法理论上风险与利益相一致的理念。当然，该规定的但书条款表明了买卖合同中标的物的利益承受，并不排除当事人意思自治，即孳息的归属可由当事人自由约定。该规则的适用在司法实践中可能遇到一个有争议的问题，即所有权保留买卖中孳息归属如何认定。因为买卖合同中孳息的归属采用交付主义原则，但是所有权保留的买卖合同中，标的物的交付与所有权的转移时间并不相同，故仍采用交付主义原则并不妥帖，当然，在所有权保留的买卖合同中，可以通过当事人之间的约定来确定孳息的归属问题。

四、买卖合同的解除

合同解除是现代合同法律制度才普遍确认的一项制度。追溯民法历史，在罗马法中，有约必守原则被严格要求恪守，合同解除仅仅在买卖合同中有小范围的规定，如在一定期间内，不支付价金的，则契约解除，[①]实则该情形已经构成根本违约，出卖人可解除买卖合同。基于合同必须严守的理念，作为意思自治的产物，合同订立后自当具有强烈的法律约束力，当事人双方均须严格按照合同约定履行各自的义务，以实现对方的权利，进而实现双方的合同目的，故不得轻言解除。[②] 但在特定的情形下，合同解除亦大量存在。买卖合同的解除将导致买卖合同终止的法律效果，买卖合同可基于法律设定的解除的一般规则终止双方当事人的权利和义务，特殊情况除外。

在学理上，主从物的一般原理在买卖合同解除的规则中同样适用。《民法

① 参见史尚宽：《债法总论》，中国政法大学出版社2000年版，第525页。

② 参见刘凯湘：《民法典合同解除制度评析与完善建议》，载《清华法学》2020年第3期。

典》第 631 条规定:“因标的物的主物不符合约定而解除合同的,解除合同的效力及于从物。因标的物的从物不符合约定被解除的,解除的效力不及于主物。”也可以说,解除买卖合同在效力上,标的物的主物及于从物,而从物不能及于主物。

合同解除权实质上是终止既存合同关系的权利,其行使与否完全取决于一方当事人的意思。从交易安全的角度看,该权利实在不宜久存,否则,必然使合同的相对人处于一种不安境地。[①] 同理,合同解除权的行使范围也不应该随意扩张,特别是在合同标的物是数物以及分批交付的情形中,否则,必然也会使合同的相对人处于一种不利的境地。

关于标的物中涉及数物的情形,在买卖合同解除时,基于公平原则设置了相应的解除规则。《民法典》第 632 条规定:“标的物为数物,其中一物不符合约定的,买受人可以就该物解除。但是,该物与他物分离使标的物的价值显受损害的,买受人可以就数物解除合同。”也就是说,在买卖合同的标的物有数物时,一物不符合约定,该物自然不应由买受人接受,买受人可在买卖合同解除中对此物享有解除权;若此物与买卖合同中的他物分离将导致标的物价值受到损害,且为显著受损时,买受人此时的权利扩大,解除合同标的物的范围扩大至数物。

关于买卖合同中标的物涉及分批交付的情形,在合同解除时当事人的权利义务的规则设定原理与买卖合同标的物中涉及数物的情形一致。《民法典》第 633 条第 1 款规定:“出卖人分批交付标的物的,出卖人对其中一批标的物不交付或者交付不符合约定,致使该批标的物不能实现合同目的的,买受人可以就该批标的物解除。”这是针对标的物的单一性情形(某一批)的规定,也是买受人接受的标的物需符合合同约定的最基本要求的体现。《民法典》第 633 条第 2 款规定:“出卖人不交付其中一批标的物或者交付不符合约定,致使之后其他各批标的物的交付不能实现合同目的的,买受人可以就该批以及之后其他各批标的物解除。”从公平的角度出发,如果买卖合同中某一批标的物存在问题,那么实践中问题可能不仅仅限于该批标的物,可能还会影响合同的整体履行,所以,如果该批标的物在买卖合同中可能影响其他各批标的物,买受人亦应该对其他各批标的物享有解除权。由此,我们自然也可以理解《民法典》第 633 条第 3 款

---

① 参见朱广新:《合同法总则》(第 2 版),中国人民大学出版社 2012 年版,第 531 页。

的规定，即“买受人如果就其中一批标的物解除，该批标的物与其他各批标的物相互依存的，可以就已经交付和未交付的各批标的物解除”。该批标的物与其他批标的物存在相互依存的关系，自然影响买受人之利益，买受人亦对其他各批标的物享有解除权，这也是出于合同履行的公平之考虑。

第四节　特种买卖合同

除了一般类型的买卖合同之外，我国《民法典》还设置了特殊类型的买卖合同——特种买卖合同。特种买卖合同是指特殊形态的买卖合同，即具有特殊要件的买卖合同。特种买卖合同的主要特点在于其买卖中的特殊形态，在此类买卖合同的订立方式、履行方式、担保规则和当事人具体的权利义务等方面，法律一般会有特别的规定。对特种买卖来说，在法律有特别规定的情况下，要从其规定；法律没有特别规定的，应当适用一般买卖的规则。[①] 需要注意的是，在《民法典》中，某些特种买卖合同依然是典型合同（有名合同）而非无名合同。特种买卖合同一般包括分期付款买卖合同、凭样品买卖合同、试用买卖合同、所有权保留买卖合同、招标投标买卖合同和拍卖合同等类型。

一、分期付款买卖合同之规则

分期付款买卖合同与普通买卖合同的区别主要在于买受人支付价款的方式。在分期付款买卖合同中，当事人一般可自由约定价款的支付期数，但标的物交付后，买受人至少应支付两期或两期以上价款的买卖合同才是分期付款买卖合同。[②] 相对而言，分期付款的买卖合同是一种特殊的买卖合同形式。在分期付款的买卖合同中，标的物由出卖人先交付给买受人，而合同价款的支付被分为若干金额、若干期（我国司法实践中一般要求在一定期限内至少分三次支付[③]），由买受人按照约定分不同的期数向出卖人支付。其实，这是当事人根据

① 参见王利明：《合同法》（上册），中国人民大学出版社2021年版，第368页。
② 参见郑玉波：《民法债编各论》（上），台北，三民书局1981年版，第101页。
③ 参见《买卖合同纠纷司法解释》第27条。

买卖合同标的具体情况进行的特殊约定，比如，实践中关于商品房的买卖、净水机等特殊商品的买卖，常常采用分期付款的形式。

分期付款买卖合同中涉及当事人具体的权利义务，其中在特定情形下，出卖人享有支付全部价款请求权或合同解除权。根据《民法典》第 634 条的规定，“分期付款的买受人未支付到期价款的数额达到全部价款的五分之一，经催告后在合理期限内仍未支付到期价款的，出卖人可以请求买受人支付全部价款或者解除合同。出卖人解除合同的，可以向买受人请求支付该标的物的使用费”。由此，在分期付款买卖合同中，买受人应该约定支付价款的期限，买受人自然应依约履行合同义务，同时《民法典》还明确规定买受人未支付到期价款的数额达到一定条件，即占全部价款的 1/5 时，经出卖人催告，在合理期限内买受人仍未支付的，出卖人即享有上述概括的请求权，这是从出卖人权利的角度理解。相对而言，从买受人的权利角度理解，分期付款是买受人享有的一种期限利益，为保障买受人的期限利益不因出卖人的规定而丧失，买受人未支付到期价款的金额只有达到全部价款的 1/5，且经催告后在合理期限内仍未支付到期价款的，出卖人才可以要求买受人支付全部价款或者解除合同。[①] 可见，对于分期付款买卖合同，应从双方当事人各自的权利义务角度理解。这里需要强调，此处为法定的适用规则，非双方当事人约定之情形。在此条件下，出卖人解除该分期付款买卖合同的，法院应予以支持，同时买受人也应支付分期付款买卖合同标的物的使用费，买卖合同的当事人没有对标的物的使用费进行约定的，法院可以参照当地同类标的物的租金标准加以确定，[②]这也体现了对分期付款买卖合同双方当事人的公平。

从比较法的角度考量，德国有过《分期付款买卖法案》的特别的债法立法规定（在《德国民法典》之前，后分期付款买卖合同纳入了《德国民法典》）。早在 19 世纪的德国，分期付款是很多并不富有的阶层能够获得日常所需的产品（如缝纫机等家具设备）或谋生必需的机器设备的重要方式。比如，到 19 世纪 80 年代中期，德国每年大概生产 50 万台缝纫机，其中有超过一半都是以分期付款的方式买卖的（这些缝纫机大部分被女性家庭工人所购买），1892～1893 年，这

① 参见魏振瀛主编：《民法》，北京大学出版社、高等教育出版社 2017 年版，第 504 页。

② 参见《买卖合同纠纷司法解释》第 28 条第 2 款。

一比例甚至上升到了 80% ~90% 。总体上,无论是从社会政策还是从国家经济的角度,分期付款买卖在当时的德国都已成为一种非常普遍且受欢迎的销售方式。但是这样的销售方式也具有很大的风险和缺陷,就是分期出售者坚持采用"罚没条款",即如果购买者有 1 期货款未付,那么出售者就有权收回货物并保有全部已付款项,该问题引起了广泛的争论。[①] 我国《民法典》分期付款买卖的规则很好地规避了这一问题。我国《民法典》规定,如果分期付款的买受人未支付到期价款的数额达到全部价款的 1/5,经催告后在合理期限内,买受人仍未支付到期价款,出卖人的救济途径是可以请求买受人支付全部价款或者请求买受人解除合同。这里并不存在"罚没"的问题,对于分期付款买卖的双方当事人都是相对公平合理的。

二、凭样品买卖合同之规则

凭样品买卖合同,是指买卖合同的双方当事人约定一定的样品,出卖人交付的标的物必须要与样品具有相同品质的特种买卖合同,即依一定的样本模型而定的买卖。[②] 在凭样品买卖合同中,样品的重要意义在于出卖人以此担保其所出卖的标的物的品质。根据《民法典》第 635 条的规定,"凭样品买卖的当事人应当封存样品,并可以对样品质量予以说明。出卖人交付的标的物应当与样品及其说明的质量相同"。可见,在凭样品买卖合同中,样品对于双方当事人的重要性,特别是对于买受人的重要性。需要特别说明的是,在凭样品买卖合同中,样品之交付并不是合同成立或生效的条件。凭样品买卖合同因当事人意思一致而成立,在法律性质上属于诺成性合同。如果买受人不是基于看到样品而订立合同,而是基于对出卖人提供的说明书中的说明,甚至有关产品的介绍等产生信赖而决定订立合同,尽管此种情形与凭样品买卖合同具有类似之处,但由于没有依据相关真实的样品而订立合同,故此买卖并不属于凭样品买卖。[③] 所以,在凭样品买卖中,当事人封存样品(法定要求)、对样品质量予以说明(可以选择)都非常重要,这直接决定了出卖人交付的标的物与样品的品质是否相

① 参见[德]莱因哈德·齐默曼:《德国新债法:历史与比较的视角》,韩光明译,法律出版社 2012 年版,第 238 ~240 页。

② 参见史尚宽:《债法各论》,中国政法大学出版社 2000 年版,第 89 页。

③ 参见王利明:《合同法》(上册),中国人民大学出版社 2021 年版,第 384 页。

同的判断,由此涉及双方具体的权利义务,特别是便于出现纠纷时当事人的举证及案件事实的查明。

此处需要进一步强调:合同约定的样品质量虽然明确,但可能和标的物的文字说明有偏差,在此情形下产生纠纷,如果凭样品买卖合同的当事人还无法达成意思表示的一致,那么是以样品为准还是以文字说明为准呢?此时应分两种情形:如果样品封存后,外观和内在品质没有发生变化,法院应该以样品为准;反之,如果发生变化则法院应该以文字说明为准。另外,若当事人对样品外观和内在品质是否发生变化存有争议而又无法查明,法院亦应该以文字说明为准。① 这一规定明确了样品质量和文字说明有偏差而产生纠纷的司法适用规则。

在凭样品买卖合同中,出卖人有义务按样品所确定的品质标准向买受人交付标的物,这是出卖人的法定义务。但是,并非出卖人按照样品所确定的品质标准向买受人交付标的物即履行了其义务,这里还要考察特殊情形,即样品的隐蔽瑕疵情形。根据《民法典》第 636 条的规定,“凭样品买卖的买受人不知道样品有隐蔽瑕疵的,即使交付的标的物与样品相同,出卖人交付的标的物的质量仍然应当符合同种物的通常标准”。从公平原则出发,这一规定有利于在买受人不知样品有隐蔽瑕疵的情形下,保护买受人权益,也在一定程度上对出卖人以次充好的行为的规制,有利于维护凭样品买卖合同领域正常的市场经济秩序。

三、试用买卖合同之规则

试用买卖合同,是买卖合同双方当事人约定,在合同成立时,出卖人将标的物交付买受人试用,并以买受人在约定期限内对标的物的认可为生效要件的一种特种类型的买卖合同。在现代市场经济中,竞争日益激烈,试用买卖也比较常见,特别是在一些商家新产品的初次销售领域,比如市场中常见的净水机试用买卖。

试用买卖合同中,买受人的试用不能没有期限,否则对出卖人不公平。根据《民法典》第 637 条的规定,“试用买卖的当事人可以约定标的物的试用期限。

---

① 参见《买卖合同纠纷司法解释》第 29 条。

对试用期限没有约定或者约定不明确,依据本法第五百一十条的规定仍不能确定的,由出卖人确定”。此处,仍然是一个层层递进的关系,试用买卖的当事人对试用期有约定的从约定;没有约定或约定不明确的,可以协议补充试用期;不能达成补充协议的,按照合同有关条款或交易习惯确定试用期;如仍不能确定的,由出卖人确定。毕竟,长时间的试用对出卖人不公平,也不是出卖人所追求的合同目的。

在理解试用买卖合同的概念时,需要注意其与凭样品买卖合同的差异,否则很容易将二者弄混。虽然试用买卖合同和凭样品买卖合同都是特殊类型的买卖合同,但是二者有本质的区别,主要表现在以下几个方面:其一,两个合同标的物的使用情形不同。在试用买卖合同中,受让人在订立合同之前会使用标的物,而在凭样品买卖合同中,样品并不能进行使用,一般来说必须予以封存。其二,是否可以成为合同标的物不同。在试用买卖合同中,出卖人交付买受人试用的标的物最终将会成为买卖合同之标的物,而在凭样品买卖合同中样品只是合同标的物的参照物,通常并不是买卖合同的标的物。其三,标的物的质量要求不同。在试用买卖合同中,出卖人仅仅保证其所提供的试用的标的物本身符合一定的质量要求即可,而在凭样品买卖合同中出卖人不仅应保证提供的标的物符合样品品质的要求,还应负担隐蔽质量瑕疵担保义务,需要保证其符合合同种类物(样品之外的)的通常标准,即符合标的物的一般品质。[①] 因此,在实践中试用买卖与凭样品买卖虽具有一定的相似性,常常容易混淆,但仔细分析,二者还是有诸多不同及本质上的差异。

试用买卖合同最终能否达成,关键在于买受人试用期内及试用期外的行为。根据《民法典》第 638 条第 1 款的规定,“试用买卖的买受人在试用期内可以购买标的物,也可以拒绝购买。试用期限届满,买受人对是否购买标的物未作表示的,视为购买”。首先,在试用期内,买受人享有选择权,通过试用既可以选择购买,也可以选择拒绝购买,这主要看买受人对试用的标的物是否满意或者是否需要,由买受人自行决定;其次,在试用期届满后,买受人如果没有对是否购买标的物作出意思表示(主要指的是拒绝购买),法律效果上视为买受人选择购买该标的物,该规定系对买受人的约束,意在促使买受人在试用期内作出

---

① 参见王利明:《合同法》(上册),中国人民大学出版社 2021 年版,第 387 页。

明确意思表示。

另外,在试用期内,虽然买受人没有明确表示购买标的物,但有相关行为,亦可视为其同意购买该标的物。根据《民法典》第638条第2款的规定,“试用买卖的买受人在试用期内已经支付部分价款或者对标的物实施出卖、出租、设立担保物权等行为的,视为同意购买”。买受人虽非明示同意购买,但在试用期内出现上述行为,即表明了其对标的物的接受或认可,出卖、出租等行为构成意思实现,[①]应视为其同意购买。综上,在试用买卖合同中,买受人同意、拒绝的意思表示及相关行为至关重要,是判断是否属于试用买卖法律关系的重要判断标准。在司法实践中,买卖合同若存在下列约定情形之一的,均不属于试用买卖合同,买受人主张属于试用买卖合同的,法院应不予支持:其一,约定标的物经过试用或检验符合一定要求时,买受人应当购买标的物;其二,约定第三人经试验对标的物认可时,买受人应当购买标的物;其三,约定买受人在一定期限内可以调换标的物;其四,约定买受人在一定期限内可以退还标的物。上述四种情形均不是试用买卖合同法律关系的体现。

关于试用标的物的费用,一般规定是有约定从约定。如果试用买卖合同的当事人对标的物试用费没有约定或者约定不明确,根据《民法典》第639条的规定,出卖人无权请求买受人支付,亦即由出卖人自行承担。这更为公平,也符合一般的市场交易规则。

关于试用标的物的风险,在试用期内一般规则是由出卖人承担。根据《民法典》第640条的规定,“标的物在试用期内毁损、灭失的风险由出卖人承担”。但这仅为一般规则,还需注意:如果在试用期内买受人拒绝购买标的物,买受人负有向出卖人返还标的物的义务;如果因可归责于买受人的事由,造成标的物毁损、灭失而返还不能,由买受人承担损害赔偿责任。[②] 这是试用买卖合同中买受人风险的一个体现。

四、所有权保留买卖合同之规则

所有权保留买卖合同,是指在买卖合同中买受人虽在事实状态上先占有、

① 参见杨代雄:《法律行为论》,北京大学出版社2021年版,第169页。

② 参见崔建远主编:《合同法》(第7版),法律出版社2021年版,第298页。

使用标的物,即出卖人已将标的物交付[1]买受人,但在买受人未履行双方当事人约定的相关义务之前,出卖人仍保留买卖合同标的物的所有权,待买受人履行相关义务后,再将所有权转移给买受人的一种特殊的买卖合同。

《民法典·合同编》对所有权保留制度作出了重大调整(与原《合同法》相比),所有权的担保功能进一步增强。所有权保留买卖具有多维性,具有担保构成、所有权构成和合同构成的不同面向,这决定了保留的所有权既不是完全功能化的担保物权,也不同于动产所有权。所有权保留在担保功能实现的条件和程序上有别于动产抵押,在适用"正常经营买受人规则"抑或适用动产善意取得制度上也可能存在分歧。保留的所有权属于特定目的所有权,无法依照所有权规则自由处分,即使未产生物权变动仍要求"登记"。所有权保留属于买卖合同的附加条款,但买卖合同的解除权、风险负担规则、物上代位权以及出卖人的所有权移转义务等,都会受到所有权保留特性的影响。无论是内部体系还是外部体系,都不应简单化地将保留的所有权视为担保物权或所有权,而应根据相应制度的不同目的分别考虑所有权保留的何种特性起决定性作用。[2] 根据《民法典》第 641 条第 1 款的规定,"当事人可以在买卖合同中约定买受人未履行支付价款或者其他义务的,标的物的所有权属于出卖人"。所有权保留买卖合同中,所有权之所以保留,是因为当事人之间的约定,同时,也是由于买受人合同价款支付义务或其他义务未履行完毕,出卖人对买受人进行的一种权利限制。另外,需要注意,根据《民法典》第 641 条第 2 款的规定,"出卖人对标的物保留的所有权,未经登记,不得对抗善意第三人"。由此,在所有权保留的买卖合同中,登记是出卖人对抗第三人的法定要件。而在司法实践中,买卖合同的当事人主张关于标的物所有权保留的规定适用于不动产的,不能得到法院的支持。[3] 可见所有权保留买卖合同在司法实践中具有一定的限定。

从体系上看,所有权保留买卖合同的规则位于《民法典·合同编》,标的物

---

① 所有权保留买卖合同中的"交付"一般指现实交付或简易交付,不含占有改定之情形,因前者能使买受人直接占有、使用标的物,符合买卖合同之目的,而后者对于所有权保留买卖合同实践无意义。参见王立栋:《〈民法典〉第 641 条(所有权保留买卖)评注》,载《法学家》2021 年第 3 期。

② 参见周江洪:《所有权保留买卖的体系性反思——担保构成、所有权构成及合同构成的纠葛与梳理》,载《社会科学辑刊》2022 年第 1 期。

③ 参见《买卖合同纠纷司法解释》第 25 条。

的所有权保留之实现受制于动产物权变动的基本规则,这体现出一定的形式主义特征。然而,从《民法典》为被保留所有权之效果、出卖人的权利之实现等设置的规则来看,立法者更倾向于从功能主义的角度规范所有权保留买卖,据此,被保留的所有权实为担保物权。[①] 事实上,我国《民法典》具有自治法与治理法、人文主义与社会主义、市场发展与道德建设的特性,在传统的教义学释意基础上,功能主义释意更加契合民法典价值更新的现代化需求,顺应法典制定后的司法适用需要。[②]

在所有权保留买卖合同中,当事人约定所有权保留,买受人履行相应义务后,所有权最终应转移至买受人。但是,如果买受人在标的物所有权转移前有未履行合同义务的情形,对出卖人造成了损害,除买卖合同双方当事人另有约定外,出卖人享有依法主张取回标的物的权利,根据《民法典》第 642 条第 1 款的规定,具体包括以下几种情形:其一,买受人未按照约定支付价款,经催告后在合理期限内仍未支付;其二,出卖人未按照约定完成特定条件;其三,出卖人将标的物出卖、出质或者作出其他不当处分。当然,根据《民法典》第 642 条第 2 款的规定,出卖人可以与买受人协商取回已经交付买受人的标的物;如果双方协商不成,可以参照适用担保物权的实现程序。具体而言,当事人请求参照《民事诉讼法》"实现担保物权案件"的有关规定拍卖、变卖标的物的,法院应予准许;出卖人请求取回标的物,符合《民法典》第 642 条规定的,法院应予支持;买受人以抗辩或者反诉的方式主张拍卖、变卖标的物,并在扣除买受人未支付的价款以及必要费用后返还剩余款项的,法院应一并处理。[③] 如此,《民法典》和最高人民法院的司法解释较好地衔接了所有权保留买卖合同中出卖人依法享有取回标的物的权利规则。

在上述规则的基础上,出卖人依法取回买卖合同的标的物后,标的物已不再被买受人占有,但买受人仍有可能恢复对标的物的权利状态。依据《民法典》第 643 条的规定,在所有权保留买卖合同中,在当事人双方约定或者出卖人指定的合理回赎期限内,买受人消除了出卖人取回标的物的事由的,可以请求回

---

① 参见王立栋:《〈民法典〉第 641 条(所有权保留买卖)评注》,载《法学家》2021 年第 3 期。

② 参见许中缘:《论〈民法典〉的功能主义释意模式》,载《中国法学》2021 年第 6 期。

③ 参见《民法典担保制度司法解释》第 64 条。

赎标的物,此即学理上的买受人的回赎权。设定如此规则,也符合双方签订买卖合同之目的。正如有学者指出:所有权并非所有者之权利,不过为财货保持者之社会的既能而已。[①] 虽然买受人享有回赎权,但是,如果买受人在回赎期限内没有回赎标的物,则出卖人享有对标的物的处分权,出卖人可以以合理价格将标的物出卖给任何第三人,买受人无权干涉。当然,出于公平考量,出卖人出卖标的物所得价款扣除买受人未支付的价款以及必要费用后仍有剩余的,应当返还买受人;不过,出卖人出卖标的物所得价款扣除相应费用仍不足的部分,买受人负有清偿义务。

五、招标投标买卖合同、拍卖合同之规则

招标投标买卖与拍卖的方式在市场交易中越来越广泛,特别是在一些特定的领域(政府采购、国有企事业单位相关项目必经招投标程序、被执行财产的首采拍卖方式等),招标投标与拍卖程序常常是市场交易的必经程序。招标投标和拍卖都是缔结合同的特殊程序,我国《民法典》对此有原则性的规定,具体相关的招标投标买卖与拍卖中的权利义务及程序,依照我国有关法律、行政法规中更细致的规定。

在学理上,招标投标买卖及拍卖合同属于"竞争缔约"。竞争缔约,是指在想要缔约的多数人之中,选择提供最有利条件者与之缔约的方法。拍卖及招标投标均属于这种情形。最有利条件,有的表现为最高额之给付者,如拍卖的情形;有的表现为最低额之请求者,如招标的情形。[②] 而无论是最低额还是最高额的体现,均是根据招标投标或拍卖的具体情形,合同相对方在竞争者之间最有利缔约条件的体现。

一般来说,招标投标买卖是由招标人公布买卖标的物的出卖条件,投标人参加投标竞买,招标人选定中标人的特殊买卖方式。招标投标买卖的程序,一般包括招标、投标、开标、评标、定标等,招标人发出的招标公告为要约邀请,投标人的投标为要约,中标通知书是承诺(因为在中标通知书发出后,招标人与投标人还要签订书面的合同,这两个程序之间可能有时间差,所以招标投标合同

---

① 参见史尚宽:《民法总论》,中国政法大学出版社2000年版,第20页。
② 参见史尚宽:《债法各论》,中国政法大学出版社2000年版,第97页。

的成立时间是以要约加承诺来认定，还是以签订书面合同的时间为准，常产生争议。从司法实践看，有观点认为：在签订书面合同时成立，中标通知书发出使招标人、投标人之间成立以订立书面合同为义务的预约合同，一方无正当理由不签订书面合同，应承担预约合同的违约责任。[①] 上述观点有一定合理性，且符合《民法典》预约合同的要求）。实践中，有的招标项目需要按照国家有关规定履行项目审批手续的，应当先履行审批手续。招标投标买卖中对招标人和投标人的权利义务均有一些特别规定，例如，招标人不得以不合理的条件限制潜在投标人，不得提前与投标人就投标价格实质性内容进行谈判；投标人不得相互串通投标，不得排挤其他投标人，不得损害国家利益、社会公共利益等。

拍卖是拍卖人以公开竞价的方式，将拍卖的标的物（通常是特定物品）出售给最高应价人的特殊买卖方式。拍卖的财产即拍卖的标的物，包括拍卖的物品和财产权利。禁止流通物不得作为拍卖物。依法需要经审批才能交易的财产，应办理审批手续方可拍卖。当然，在拍卖的法律关系中，包括拍卖人、委托人和买受人三方各自的权利义务，例如，拍卖人有向竞买人说明拍卖标的物瑕疵的义务、拍卖标的物的保管义务、不得直接或间接参与竞买的义务；委托人有向拍卖人说明拍卖标的物来源和瑕疵的义务、有权确定拍卖标的物的底价并要求拍卖人保密、交付拍卖标的物义务等；买受人有一经应价不得撤回的义务、按约定支付拍卖标的物价款的义务等。

根据《民法典》第 644 条和第 645 条的规定，招标投标买卖、拍卖的当事人的权利和义务以及招标投标程序等，依照有关法律、行政法规的规定，故关于招标投标和拍卖的具体规则不在《民法典 · 合同编》的典型合同释论中赘述。

不过，需要进一步强调的是，招标投标买卖合同与拍卖合同在法律适用上具有特殊性。《民法典》首先确认了招标投标买卖和拍卖都是特种买卖的表现形式。鉴于招标投标、拍卖自身的特殊性，我国有专门的《招标投标法》《拍卖法》对招标投标活动进行调整，以规范招标投标、拍卖活动，保护国家利益、社会公共利益和招标投标活动当事人的合法权益，保证项目的质量和程序的合法性。因此，在涉及招标投标、拍卖合同之情形，《招标投标法》《拍卖法》有具体

① 参见最高人民法院民法典贯彻实施工作领导组主编：《中华人民共和国民法典合同编理解与适用（二）》，人民法院出版社 2020 年版，第 1114 ~ 1115 页。

规定的，首先应该适用这些法律的规定；没有规定的，再适用《民法典·合同编》的相关规定。[①] 这是招标投标合同、拍卖合同特殊的法律适用规则。

值得注意的是，随着数字经济的蓬勃发展，数字经济成为国家重大发展战略，拍卖市场正在进行从线下走向线上的动态调整，网上拍卖已经成为一种新的交易形式，受到消费者及广大社会公众的普遍关注。"付费竞价式拍卖"作为一种新型的拍卖方式（拍卖品起拍价通常为0，拍卖具有较短的时限，一旦开始便进入倒计时状态。对于每一次成功的竞价，计时器会重置，拍卖品价格会提升固定的幅度，并且竞拍人需要支付一笔不可退回的竞拍费），随着数字经济在实践中出现，其理论研究的推进具有重要的意义。[②] 对于司法实践中常出现的网络平台的司法拍卖以及运用区块链技术的司法拍卖平台等问题，也值得进一步关注。根据《执行中拍卖、变卖财产解释》第2条的规定，法院对查封、扣押、冻结的财产进行变价处理时，应当首先采取拍卖的方式（法律、司法解释另有规定的除外），所以拍卖在司法实践中非常重要。《执行中拍卖、变卖财产解释》第5条第1款规定，拍卖应当确定保留价，可见上述提及的"付费竞价式拍卖"规则与我国现行拍卖规则相冲突。在数字经济不断发展的今天，相应的法律规则可能还需要随着司法实践的不断丰富而适当调整。《民法典》规范并保障数字经济安全有序发展的同时，数字经济的飞速发展与信息技术的持续创新也在不断延伸拓展《民法典》的适用范围，推动《民法典》吸收、凝练新的内涵，[③]促使法律规则更加符合时代要求与社会发展的现实需要。

六、参考适用买卖合同之规则

参考适用买卖合同之规则系准用性规则，意在概括性规定及弥补立法之可能漏洞。该规则需根据具体情形与其他民事法律规范结合适用，方能产生相应的法律效果。

有偿合同系学理概念，非典型合同之类别。诸如买卖合同、租赁合同、行纪

---

① 参见王利明：《合同法》（上册），中国人民大学出版社2021年版，第391～394页。

② 参见何韵文、郑捷：《拍卖机制与竞价行为：基于付费竞价式拍卖的理论与实验》，载《经济研究》2021年第11期。

③ 参见张荣刚、尉钏：《〈民法典〉之数字经济治理效能论析》，载《北京理工大学学报（社会科学版）》2022年第2期。

合同、运输合同、保理合同及物业服务合同等,均为有偿合同。顾名思义,对价是有偿合同最重要的考量因素。根据《民法典》第646条的规定,法律对买卖合同之外的其他有偿合同有规定的,依照其规定,比如租赁合同等,《民法典》对其设置了具体规则;没有规定的,参照适用买卖合同的有关规定。立法之所以这样规定,有出于立法精炼避免烦冗之考量,也有买卖合同在有偿合同中最具代表性、规则最全面细致、具有有偿合同一定的共通性之考量,故在立法技术上,先适用法律对其他有偿合同之规定,如无相关规定,再参照适用《民法典》及司法解释中关于买卖合同的规定。

有偿合同中也包括互易合同。互易合同,又称以物换物合同、易货贸易或易货交易合同,是双方当事人约定以货币以外的标的物进行交换的协议。[①] 互易是当事人之间相互交换标的物以将自己的标的物所有权转移给对方的行为,互易合同即是在此基础上建立起来的法律关系。人类社会最原始的交易就体现为最简的单物物交换(在传统学理上,可以作为易货交易的标的物只能是有形物,无形物和权利等一般不能作为易货合同的标的物,如双方约定互相以劳务交换,则非互易合同)[②],也可以称为以物易物,即以自己的物品或服务换取他人的物品或服务,这在货币出现之前是唯一的交易模式。在早期人类生产力不高、可以交换的物品或服务有限、效率要求不高的社会形态,易货交易所受到的限制是双方都必须找到各自供需匹配的交易对象。[③] 在原始社会后期,由于社会生产力的发展,人类社会产生了各种形式的分工,不同的部落之间、氏族之间、家庭之间,彼此"以有易无"的情况产生、发展,出现了早期的交易关系。[④] 以物易物的交换,一般除了相互交换生活必需品外,不交换别的东西,它对于满足人们的自然需要来说是必要的,其他形式的交换都是从这种交换中演化出来的。[⑤] 在这种情形下,互易则成为较为现实的需要,其实也为后续买卖合同制度的形成奠定了基础。在货币未作为一般等价物出现的时代,互易是人与人交往

① 参见魏振瀛主编:《民法》,北京大学出版社、高等教育出版社2017年版,第505页。

② 参见马俊驹、余延满:《民法原论》,法律出版社2010年版,第655~656页。

③ 参见吴江水:《完美的合同:合同的基本原理及审查与修改》,北京大学出版社2020年版,第4页。

④ 参见张传玺主编:《中国历代契约粹编》(上册),北京大学出版社2014年版,第3页。

⑤ 参见[古希腊]亚里士多德:《政治学》,颜一、秦典华译,中国人民大学出版社2003年版,第17页。

的基本方式之一,即使在今天,互易行为仍在一定程度上存在,比如在特定的场所、特定的时期以及出于特定的目的,互易行为仍然为当事人所需。

互易行为与买卖行为同为有偿行为,同为将自己的标的物所有权转移给对方的行为。尽管互易行为是物与物的交换,而买卖行为是物与金钱的交换,但这仅仅是对价表现形式上的不同。由于二者极为相似,故在法律适用上参照性极强。根据《民法典》第 647 条的规定,当事人约定易货交易,转移标的物的所有权的,即为互易合同,互易合同产生的当事人的权利义务,可参照适用买卖合同的有关规定。这一规定,无论是从历史发展上考量,还是从现实需要上分析,都既符合情理和法理,也符合社会发展和司法实践之需求。

第二章

供用电、水、气、热力合同

第一节　供用电、水、气、热力合同概述

一、供用电、水、气、热力合同的重要性与概念界定

电、水、气、热力均具有一定的特殊性，可以作为特殊的商品而存在。电、水、气、热力是人民生活、社会生产经营的重要保障，关系着国计民生。供用电、水、气、热力合同不仅关系社会个体的生产生活，而且在整个市场经济建设中也占有非常重要的地位。

供用电、水、气、热力合同从性质上看，也是一种广义的买卖合同。因为提供电、水、气、热力的一方也负有转移标的物所有权的义务，而另一方也需要支付相应的合同价款，只不过此种合同的标的物具有特殊性，[①]与普通买卖合同的标的物有一定差异，常被作为交易的特殊商品。这类商品既是生产、生活中的必需品，又由有关单位垄断供应，因此，为保障人们生产和生活的需要，法律不能不予以特别规制。[②] 供用电、水、气、热力合同，是出卖人一方提供电、水、气、热力供另一方使用，而买受人一方支付相应价款的民事协议。该类合同中，提供电、水、气、热力的一方为出卖人，即供应人，使用电、水、气、热力一方为买受人，即使用人。供用电、水、气、热力合同虽然是市场行为，但具有特殊性，有较强的公共利用性质，是一种提供基本生活资源方面的民事协议，而基本生活资

---

① 参见王利明：《合同法》(上册)，中国人民大学出版社 2021 年版，第 399 页。

② 参见魏振瀛主编：《民法》，北京大学出版社、高等教育出版社 2017 年版，第 505 页。

源、基本生活保障是国家法律必须重视的。因此,民事立法对该类合同加以规定显得十分必要。我国《民法典·合同编》第二分编"典型合同"之下的第十章以"供用电、水、气、热力合同"专章加以规范。不过,在立法技术上,《民法典》依旧沿袭了原《合同法》的体例,仅就供用电合同作出规定,其余几种合同参照供用电合同的规定予以适用。

二、供用电、水、气、热力合同的基本法律特性

(一)供用电、水、气、热力合同体现出较强的公用性和公益性

一方面,供应人提供的电、水、气和热力是合同的标的物,且该合同标的物的买受人,即普通的上述标的物的使用人是一般的社会公众,包括自然人、法人和非法人组织。故供应人对于提出供应要求的使用人,在一定程度上负有强制缔约义务,原则上不得拒绝出售。这主要是该类合同公用性的要求。人们对水、天然气以及其他"流动性"资源的使用涉及有效的资源配置相关的政策性问题,几乎所有的私法,包括合同法在内,对获得市场之社会利益这种公共目的都很重要。由此,供用电、水、气、热力合同的公用性体现得非常明显。[①] 另一方面,这类合同虽然是平等主体之间的市场行为,但因为关系国计民生,主要满足人民生活、生产之需要,而非纯粹的商业行为,所以国家调控也常常体现在这个领域。比如,对收费标准、单位价格常常有一定的限制,供应人收费标准的提高可能要进行听证等,这些都是该类合同公益性的重要体现。

(二)供用电、水、气、热力合同具有较强的长期性或持续性

实践中,对于合同双方当事人来说,无论是电、水、气还是热力的买卖与使用,很少是一次性的,一般是连续的或持续的。继续性合同是一种尤其强调信赖关系的合同,因该种合同关系要长期存在,故信赖关系系该类合同的重要基础,同时亦要求当事人遵守诚实信用原则,[②]由此也导致合同拘束力的持续性。

在学理上,有继续性契约和继续性供给契约之分。继续性契约,是指契约之内容非一次性给付可完成的,而是继续的实现,该契约的基本特色系时间因素在债的履行上居于重要地位,总给付之内容系应为给付时间的长度。继续性

① 参见[美]理查德·A. 波斯纳:《超越法律》,苏力译,中国政法大学出版社 2001 年版,第 266 页。

② 参见陈华彬:《债法分论》,中国政法大学出版社 2018 年版,第 14~15 页。

供给契约,是指当事人约定一方于一定或不定的期限内向他方继续供给定量或不定量的一定种类品质之物(如自来水、瓦斯、报纸等),而由他方按一定的标准支付价金的契约。[①] 供用电、水、气、热力合同在性质上应属于继续性供给契约,在该类合同中,供应人一方无论是在合同订立前还是合同履行过程中,为能向使用人顺利供应电、水、气、热力,需要一定的前期准备工程,如铺设相应的供热管道或架设及检修电线电路等工作,这些工程及相应的工作,均体现出长期性和持续性,非一时之功亦非一时之用。而对该类合同的标的物的使用人来说,无论是普通的社会工作还是企事业单位,也很少短期使用(当然,存在临时用水用电的可能及特殊情形),大多是为了长期生活、生产的便利才使用这类资源,所以长期性或持续性在使用人这一层面也体现得非常明显。

(三)供用电、水、气、热力合同大多采用格式条款

供用电、水、气、热力合同具有较强的公用性和公益性,其具体的合同规则常常已约定俗成。作为供应人的热电厂、电力公司、天然气公司、自来水公司或水务集团等主体不可能也没必要与每个使用主体都对具体合同条款进行协商而分别订立相应的民事协议。同时,供用电、水、气、热力合同的使用人一方也具有广泛性和普遍性。因此供用电、水、气、热力合同最常采用预先拟定好格式条款的方式,因为格式条款既具有广泛性,亦具有持久性。[②] 格式条款具有预先拟定、可以反复多次使用及不与合同相对方协商的特性,其中预先拟定的关键不在于格式条款是合同哪一方主体拟定的及格式条款的具体内容,而在于格式条款并不是与合同对方当事人协商的结果。[③] 所以,运用格式条款可以大大提升效率,减少不必要的程序和交易成本。当然,供应人一方有可能利用其优势地位,特别是电、水、气、热力这些领域的垄断地位设置不合理的格式条款。因此,原《合同法》规定了提供格式条款的一方应当遵循公平原则确定当事人之间的权利和义务,并有义务采取合理的方式提示及进行相关说明。在此基础上,

---

① 参见王泽鉴:《债法原理基本理论 债之发生:契约、代理权授予、无因管理》(第1册),中国政法大学出版社2001年版,第132页。

② 参见崔建远:《合同解释论:规范、学说与案例的交互思考》,中国人民大学出版社2020年版,第253页。

③ 参见[德]卡尔·拉伦茨:《德国民法通论》(下册),王晓晔等译,法律出版社2003年版,第769页。

《民法典》第 496 条第 2 款明确规定了未进行合理说明的法律后果，即“提供格式条款的一方未履行提示或者说明义务，致使对方没有注意或者理解与其有重大利害关系的条款的，对方可以主张该条款不成为合同的内容”。在司法实践中，买卖合同一方主张合同中特定条款系格式条款而要求确认其无效或采取对该方有利的条款解释时，人民法院裁判时需要首先从特定条款的重复性、不特定性和双方交易地位、有无协商等方面综合判定是否属于格式条款，确认为格式条款后再根据条款内容和提请相对人注意等情况认定条款效力。[①] 由此，《民法典》关于格式条款的规定完全适用于供用电、水、气、热力合同。实践中要对提供格式条款一方的提示义务、说明义务等严格加以限定，以免损害此类合同中使用人（常处于无法议价的劣势地位）的合法权益。

第二节　供用电合同

一、供用电合同的概念界定及强制缔约义务

（一）供用电合同的概念界定

人类的生产生活离不开电，在现代社会，电已经成为不可或缺的商品。供用电合同作为一种典型合同类别，在现代市场经济和人民生活中非常重要。供用电合同是供电人（常指供电公司）向用电人（包括自然人、法人和非法人组织等）供电，用电人支付电费的民事协议（《民法典》第 648 条）。供用电合同的法律关系也是一种特殊的买卖合同法律关系，只不过该合同的标的物是电力。

与传统供电模式有别，电力直接交易模式下售电主体与配电主体分离，电网企业只是配电主体，不再参与电力买卖。《民法典》仍沿用供电人的称谓，而未使用配电、售电主体等新型提法。在传统的供电模式下，供用电合同本质上为一种特殊的买卖，但在参与电力直接交易的用户向不拥有配电网运营权的发电企业或售电公司购电的情形下，法律适用者则需要理顺发电企业、售电主体、

① 参见钟莉主编：《买卖合同纠纷案件裁判规则（一）：合同的订立与效力》，法律出版社 2021 年版，第 104 页。

配电主体与“供电人”之间的对应关系。① 对于上述问题的解决，期待未来的立法关注并加以完善或司法解释的具体规定。

一般来说，我国的供用电合同按照使用电的主体、目的的不同，可以分为两种情形：一种是生产经营性供用电合同，另一种是生活消费性供用电合同。在生产经营性供用电合同中，双方一般应就用电的数量、供电质量等有特殊约定，特别是在电力供应紧张的时期，这种用电主体可能还要预先制订相应计划，向供电人申请。而在一般的社会公众领域的生活消费性供用电合同中，由于其标准较一致，无须向供电人作相应的申请或特殊约定。② 但无论哪种情形，供、用双方形成了关于供用电的意思表示，均受该合同约束。

（二）供电人之强制缔约义务

依契约自由理论，当事人是否愿意订立契约或与谁订立契约，均由其自由决定。就一般原则而言，此种缔约自由或者相对人选择自由，确属合理而必要。但倘若不进行任何限制，难免构成自由的滥用，因而产生强制缔约制度。所谓强制缔约，是指个人或企业负有应相对人的请求与其订立契约的义务。易言之，对于相对人的要约，非有正当理由不得拒绝承诺。③ 供用电合同具有公益性和公用性，又因为供电人处于一定的垄断地位，故有必要对其进行适当限制，强制缔约义务就是一个重要体现，即供电人不得拒绝用电人合理的订立合同要求。原《合同法》第 176 条仅规定了“供用电合同是供电人向用电人供电，用电人支付电费的合同”，即《民法典》第 684 条第 1 款的内容。而在此基础上，《民法典》第 684 条第 2 款明确规定，“向社会公众供电的用电人，不得拒绝用电人合理的订立合同要求”。该新规则向供电人施加了一种强制缔约义务。供用电合同本应该也是一种契约自由之体现，但此处《民法典》给作为公共服务者的供电人施加了一个法定义务或者说是权利限制，即要求供电人不得随意拒绝提供合理的订立供用电合同之服务要求。不过，因专营是强制缔约制度适用的前提，此处的强制缔约义务限定在合理范围，合理性可根据供电人的服务区域、能

① 参见王文军：《电力直接交易背景下〈民法典〉供用电合同制度新解》，载《法学杂志》2022 年第 2 期。

② 参见崔建远主编：《合同法》（第 7 版），法律出版社 2021 年版，第 300 页。

③ 参见王泽鉴：《债法原理基本理论　债之发生：契约、代理权授予、无因管理》（第 1 册），中国政法大学出版社 2001 年版，第 77 页。

力等综合判断。[1] 比如,实践中,供电企业通常不得超出核准的供电营业服务区域供电,用户原则上只能向其所处供电营业区内的供电企业要求订立供电合同,不能向供电营业服务区域之外的供电企业提出订立供电合同之要求,供电营业服务区域之外的供电企业对该供电营业服务区域之外的用电人并没有强制缔约义务。

在法律规则的设定上,一定的强制干预与限制更符合实际,也可能相对合理。一般意义上讲,合同当事人本应享有缔约自由的权利,但是在供用电合同这种特定的场合,出于对生存利益的优先保护,供电人负有强制缔约义务,在满足强制缔约的情况下,必须与相对人订立合同。在此种情形下,供电人的缔约自由受到了限制,但法律并不是要求其不作为,而是要求其发出要约或承诺。由此亦可见,人文关怀的理念已经深入交易关系领域,构成对当事人合同自由的限制,这也是合同法律制度重要的发展趋势。[2] 当然,对供电人所要求的强制缔约义务,基于供用电合同具有公益性和公用性的要求限制了供电人的合同自由,是对供电人利益之限制,但该义务的履行也应限定在合理范围内。

二、供用电合同的内容与法律效力

(一)供用电合同的内容与履行地

供用电合同的内容主要通过供用电合同的条款体现出来,供用电合同一般包括供电的方式、质量、时间,用电容量、地址、性质,计量方式,电价、电费的结算方式,供用电设施的维护责任等条款(《民法典》第 649 条)。当然,除了常规的格式条款外,在供用电合同中,当事人还可以根据具体情况,进行特殊的约定。

供用电合同签订后,当事人均要依合同履行。对于电力这种特殊的标的物而言,合同履行地也比较重要。供用电合同的履行地点,按照当事人约定;当事人没有约定或者约定不明确的,供电设施的产权分界处为履行地点(《民法典》第 650 条)。这种规则的设定也是充分考察了电力的特殊性。

在实践中,供电本身是一个较为复杂的问题。电力供应一般包括四个环

---

① 参见于文轩:《论电力法上的强制缔约制度》,载《法治社会》2018 年第 1 期。

② 参见王利明:《论民事权益位阶:以〈民法典〉为中心》,载《中国法学》2022 年第 1 期。

节:发电、输电、配电和零售,而这些环节的生产技术特性对于应多大程度上由一个区域垄断者来经营的要求并不相同。[①] 供电需要考虑传输网络与供电区域、发电能力与电力的生产周期,还有电力较高的储存成本以及其他诸多细节。因此,供电合同履行地的明确约定至关重要。

(二)供电人的义务

供电人的义务包括安全供电的主义务,还包括通知义务、抢修义务等。

1. 安全供电义务

作为供应电力的主体,供电人负有安全供电的义务,应当按照国家规定的供电质量标准和约定安全供电,这是供电人在供用电合同中的主义务。供电人未按照国家规定的供电质量标准和约定安全供电,造成用电人损失的,应当向用电人承担赔偿责任(《民法典》第651条)。在生产生活中,特别是对于商业经营者来说,安全及时供电至关重要,如果使用人不能安全及时使用电,则可能造成重大的损失。所以,在供电人安全供电这一主义务履行不能的情形下,如造成用电人之损失,供电人负有赔偿责任。

2. 通知义务

安全、合格供电是供电人的义务,供电人应按照国家规定的供电质量标准供电和约定供电,但是可能存在供电设施需要检修、电力总量不足需要限电、用电人违法用电等情形导致供电人中断供电。虽然,供电人因供电设施计划检修、临时检修,依法限电或者用电人违法用电等,可能需要中断供电,但中断供电时,法律要求供电人应当按照国家有关规定事先通知用电人,即履行事先通知义务;未事先通知用电人中断供电,造成用电人损失的,应当承担赔偿责任(《民法典》第652条)。供电人的通知义务为《民法典》新增规则,立法目的在于解决现实中用电人未收到通知被停电而导致损失的问题。[②] 因为突然断电而没有事先通知用电人,很可能给用电人造成一定的不利影响或经济损失,或者用电人的给生产生活带来不利,或者导致生产经营不能正常进行,或者造成相应设备损坏,所以供电人事先通知而让用电人有所准备非常有必要。

---

① 参见[美]J. E. 克伍卡、L. J. 怀特编著:《反托拉斯革命——经济学、竞争与政策》,林平等译,经济科学出版社2014年版,第33页。

② 参见黄薇主编:《中华人民共和国民法典合同编释义》,法律出版社2020年版,第432页。

3. 抢修义务

供电应该具有稳定性，但是突发的自然灾害等事故会破坏该稳定性，给用电人造成不利影响。如果因自然灾害等原因断电，供电人为保持供电的稳定性，充分保障用电人的电力使用，应当按照国家有关规定及时抢修，即负有因自然灾害等事故造成电力无法正常继续供应的抢修义务；供电人未及时抢修，造成用电人损失的，应当承担赔偿责任（《民法典》第 653 条），在供电人抢修义务方面，也能体现出供电人及时供电的义务。

（三）用电人的义务

用电人的义务包括支付电费的主义务，还包括安全、节约和计划用电义务等。

1. 支付电费义务

供用电合同是有偿合同，由此，用电人应当按照国家有关规定和当事人的约定及时支付电费。供用电合同处于售电环节，即属于售电主体与电力用户之间特定的买卖法律关系。[①] 可见，用电人支付电费是其最主要的义务。如果用电人逾期不支付电费，应当按照约定支付违约金。这也是用电人不履行合同义务的法律责任的体现。经供电人催告，用电人在合理期限内仍不支付电费及违约金的，供电人可以按照国家规定的程序中止供电（《民法典》第 654 条第 1 款）。供电人依据上述情形中止供电的，应当事先通知用电人（《民法典》第 654 条第 2 款）。此处给供电人新增了一项法定义务，《民法典》第 654 条沿用了原《合同法》第 182 条用电人交付电费义务，逾期不交付电费所应当承担的违约金，即在经过催告后不支付电费和违约金、供电人按规定终止供电规定的同时，特别在该条第 2 款中加入“供电人依据前款规定中止供电的，应当事先通知用电人”。该项法定义务的加入，就是要求供电人在经过核准进行中止供电的情况，亦应当事先通知，如果未事先通知，造成用电人损失的，被中止供电的用电人有权利向用电人主张损失。

2. 安全、节约和计划用电义务

供电人有安全供电的义务，用电人亦有安全用电的义务。用电人应当按照

① 参见谢鸿飞、朱广新主编：《民法典评注：合同编　典型合同与准合同》，中国法制出版社 2020 年版，第 261 页。

国家有关规定和当事人的约定安全用电,这也是用电人对自己负责的表现。相较于原《合同法》中对用电人的安全用电义务的规定,《民法典·合同编》在供用电合同的规定中加入了体现"绿色原则"的条款。这是《民法典》对用电人提出的新要求,不但要求用电人安全用电,还要求用电人尽到节约或计划用电的义务。用电人未按照国家有关规定和供用电合同当事人的约定用电,造成供电人损失的,应当承担赔偿责任(《民法典》第655条),这也是对用电人违反安全、节约和计划用电义务的民事责任规定。

前述供用电合同是供用电、水、气、热力合同的具体类型之一,其规则具有代表性,而供用水、供用气、供用热力合同参照适用供用电合同的有关规定(《民法典》第656条),因为供用水、气、热力合同与供用电合同在规则上具有共通性,参照适用的立法技术简洁清晰。

第三章

赠与合同

第一节　赠与合同概述

一、赠与合同的概念厘定

赠与合同是典型的无偿合同，即赠与人一方将自己的财产无偿给予受赠人，不要求受赠人一方负有对待给付义务，同时受赠人表示接受赠与的民事协议（《民法典》第657条）。赠与合同是《民法典·合同编》中的一种典型合同，也是实践中比较重要的合同类型。

赠与合同虽然与买卖合同一样，同属于转移财产权的合同类型，但赠与合同本身并不创造新的价值，只是将社会财产的一部分从一方转移到另一方，故一般起不到直接促进社会经济发展的作用。不过，赠与合同在社会经济生活中有非常重要的意义。其一，赠与人将一定财产无偿地添加到受赠人的财产之中，可以增强受赠人的经济地位，改善受赠人的现实经济条件，不仅在一定程度上重新分配了财产的归属，而且扩大了社会财富；其二，赠与合同可沟通当事人双方的感情，满足双方感情的需要，甚至减少社会矛盾。① 可以说，相对于买卖等合同，赠与合同虽经济作用较小，但充分体现当事人意思自治。

理解赠与的含义，要对相关行为是否真正为赠与进行考察和判定。在夫妻财产约定法律关系中，可能涉及赠与行为法律性质上的判定。有学者认为，现

---

① 参见崔建远主编：《合同法》（第7版），法律出版社2021年版，第306页。

实中的财产归属约定更多是对夫妻财产的分割与分配，是对家庭财产关系的一种安排，体现了夫妻关系中的家事劳动补偿机能和感情机能，这种家事伦理预示着这种财产归属约定并不属于纯粹的赠与行为。① 但无论是约定共有财产归一方所有，还是约定个人财产归属另一方所有或双方共有，赠与是一条最常见的解释路径。因为一方取得了财产且未支付对价，而无对价的给付行为即为赠与之典型形态，因而夫妻财产归属约定就是一方对另一方的赠与，故应适用赠与合同的有关规定，赠与方享有任意撤销权。在夫妻财产约定法律关系中，不论是"以结婚为条件的赠与"还是"以离婚为条件的赠与"，本质上仍然是赠与，应适用《民法典·合同编》赠与合同之相关规定。② 上述问题在学理上仍有一定争议，但在司法实践中一般判定为赠与合同法律关系。

另外需要厘清一个问题，即普通的赠与与宗教捐献亦不相同。宗教捐献不是单纯的世俗所有权的移转，而是基于对特定宗教和神明信仰的情感，通过世俗财物的奉献，表达内心的虔诚信仰。宗教信仰场合中的捐献行为主要包括神誓与奉献，其主要表征为：通过寺庙"功德箱""功德簿"等奉献；通过特定的宗教仪式向神明允诺将来奉献一定的财物；在特定场合捐献香火钱、特定祭祀物品等。由此，宗教捐献具有宗教性和符号性，不同于民事赠与和公益捐赠。其中，神誓不属于实证法上的法律行为，但可以产生自然法上的效果。奉献是已经现实交付财产的捐献行为，宜界定为单方法律行为。③ 在理解赠与的概念时，需要注意相近概念的区别，以免造成误认及法律关系的混淆。而赠与和遗赠之间的区别，因前者是双方行为但后者为常见的单方行为，故较容易区别开来，此不赘述。

二、赠与合同的法律特性

阐明一个概念，就在于将其特征互相连贯（连续）地表象出来，只要这些特征是通过分析发现的。④ 赠与合同的法律特性是对赠与合同概念的进一步阐

---

① 参见叶名怡：《夫妻间房产给予约定的性质与效力》，载《法学》2021 年第 3 期。

② 参见陈永强：《夫妻财产归属约定的法理明晰及规则适用》，载《中国法学》2022 年第 2 期。

③ 参见吴昭军：《宗教场合中捐献行为的性质界定与财产归属》，载《人大法律评论》2020 年第 1 期。

④ ［德］康德：《逻辑学讲义》，许景行译，商务印书馆 2010 年版，第 138 页。

释，主要体现在以下几个方面：

第一，赠与合同是无偿转移财产所有权的合同。赠与为无偿契约的典型，赠与人以自己的财产无偿给予他方，故赠与是一种“非自利”的行为。[①] 在赠与合同中，法律仅要求赠与人无偿地将自己的财产给予受赠人，而受赠人取得赠与的财产不需要向赠与人支付相应的对价，无偿性是赠与合同的重要法律特性。这也是赠与合同与买卖等有偿合同的主要区别。赠与合同是以赠与人将自己的财产作为标的物给予受赠人为内容的合同，即赠与人转移财产所有权于受赠人的合同，从所有权的角度分析，这是赠与合同与借用合同的主要区别。

第二，赠与合同是单务合同和诺成合同。一般情形下，在赠与合同中，仅由赠与人负有将自己的财产给予受赠人的义务，而受赠人并不负有义务，这也是赠与合同最常见的情形。而在附义务的赠与（亦称附负担的赠与）中，受赠人应当按照约定履行义务（《民法典》第661条），赠与人负有将其财产给付受赠人的义务，受赠人按照合同约定负担某种义务，但这里要强调，受赠人所负担的义务并非赠与人所负义务的对价，两者的义务并不是相互对应的，故从本质上讲，赠与合同仍为单务合同。同时，赠与合同为诺成合同，只要当事人之间意思表示一致，赠与合同即成立，当事人的合意为赠与合同成立的要件。尽管国外立法关于赠与合同是否以交付标的物为成立要件有不同规定，但我国立法及学界通说均表明赠与合同乃诺成合同。虽然赠与合同为诺成合同，当事人意思表示一致即成立，但赠与合同的生效时间却根据赠与是现实赠与还是非现实赠与而有所不同。现实赠与，又称即时赠与，即在赠与合同成立之时，赠与人即将标的物交付受赠人的赠与。现实赠与自标的物交付时生效，赠与人未将标的物交付的，合同不生效。但对于需要办理产权过户手续的赠与标的物，只要办理了过户手续，赠与人即使未将赠与标的物实际交付受赠人，赠与合同也应生效。非现实赠与，是指赠与合同成立后赠与人才按照合同的约定将标的物交付受赠人的赠与。一般情形下非现实赠与合同成立时即生效，但除了具有救灾、扶贫、助残等公益、道德义务性质或者经公证机关公证的赠与合同外，赠与人在赠与标

---

① 参见王泽鉴：《债法原理基本理论　债之发生：契约、代理权授予、无因管理》（第1册），中国政法大学出版社2001年版，第139页。

的物转移之前享有任意撤销权,赠与合同一经撤销亦不发生法律效力。[①] 所以,在理解赠与合同的诺成合同性质的同时,还要关注赠与合同的不同类别、不同情形及法律特别规定下的赠与人与受赠人的具体权利义务规则。

第三,赠与合同是双方法律行为。赠与不仅因赠与人之意思表示而成立,而且必须有受赠人合意之意思表示,即赠与以有当事人之合意为必要,故赠与与"遗赠""债务之免除"不同,[②]即赠与不是单方法律行为。尽管赠与合同是单务合同和无偿合同,但也需有当事人双方的合意,即需要当事人意思表示一致。一方有赠与意愿,而另一方无意接受该赠与的,赠与合同不能成立;一方根本无赠与意愿,而另一方表示接受"赠与"的,也根本不成立所谓的赠与合同。当然,受赠人主动索要而赠与人有同意赠与之意思表示,也可能构成赠与,这均需根据具体情况加以判断,故赠与合同的双方性在实践中仍值得重视。

在赠与合同中,有一个相关的特殊问题值得考虑,即赠与这种双方法律行为是否有效及受赠人利益能否实现。根据《民法典》第145条的规定,限制行为能力可以实施与其年龄、智力、精神健康状况相适应的法律行为和纯获利益的法律行为,超出这两种情况以外的法律行为,还可以基于法定代理人事先的同意或事后的追认而有效。那么,无行为能力人是否就不可以实施任何法律行为呢?是否可以接受纯获利益的赠与呢?接受赠与者不应因其是无行为能力人而与限制行为能力人有别,如此我们必须直面无行为能力人实施纯获利益法律行为的效力问题,并基于纯获利益法律行为的规范目的作出与限制行为能力人同样的回答。此种情形下的赠与合同如认定为无效的很可能是基于误解而作出。因此,有必要诉诸客观的规范目的,以证成有效说的妥当性。除了从常理上理解无民事行为能力人接受纯获利的赠与应该有效之外,事实上,国外诸多立法亦有未成年人有权利依据合同获取相应的权利或者利益的规定,尽管可能有约定限制或者需要满足一定条件,但并未绝对无效。由此,对无民事行为能力人接受赠与的问题,我国《民法典》确定的规则无法完全满足受赠人利益保护的需要,这是实践中值得关注的问题。

---

① 参见魏振瀛主编:《民法》,北京大学出版社、高等教育出版社2017年版,第507~508页。

② 参见史尚宽:《债法各论》,中国政法大学出版社2000年版,第119页。

第二节　赠与合同的法律效力

一、赠与人的任意撤销权及其限制

赠与人的任意撤销权，主要表现在赠与合同成立后，标的物的权利转移之前，赠与人可以根据自己的意愿不再为赠与行为，即赠与人在赠与财产的权利转移之前可以撤销赠与(《民法典》第658条第1款)。法律之所以赋予赠与人任意撤销权，主要在于赠与本身就是一种无偿行为。比如，夫妻一方将个人房产约定为共同所有或按份所有，这是一种赠与行为，赠与人在产权变更登记之前可以行使任意撤销权，[①]即对于不动产还需要考察所有权转移所需的登记情形。而对于动产交付之前赠与人的撤销，理解则更为容易。同时，法律赋予赠与人任意撤销权，也是出于公平之考量，特别是赠与合同订立之初，可能存在赠与人欠考虑、冲动等情形，法律规定该赠与人的撤销权系出于公平考虑，否则可能对赠与人造成不公正之结果。

但是，从社会公序良俗、诚实信用原则及受赠人利益方面考量，如果对赠与人的任意撤销权不进行限制，则等同于赠与合同无法律约束力，赠与可能成为儿戏，故有必要对赠与人的任意撤销权加以限制：

(1)赠与合同订立后经公证机关公证的，赠与人不再享有任意撤销权(《民法典》第658条第2款)。赠与合同订立后，经过公证机关公证，表明赠与人将财产赠与受赠人的意思表示已经非常明确，故赠与人不得任意撤销。赠与的财产已转移其权利的，赠与人不得任意撤销赠与。如果赠与的财产一部分已交付并已转移其权利，那么任意撤销仅限于未交付且未转移其权利的部分，以维护赠与合同当事人双方权利义务关系的稳定。

(2)依法不得撤销的具有救灾、扶贫、助残等公益、道德义务性质的赠与合同，无论当事人以何种形式订立，无论是否经过公证，也不管赠与的财产是否已

---

① 参见最高人民法院民一庭编:《夫妻财产约定与夫妻之间的赠与》，载最高人民法院民事审判第一庭编:《民事审判指导与参考》，人民法院出版社2021年版，第142～145页。

转移其权利,赠与人均不享有任意撤销权(《民法典》第658条第2款)。以救灾、扶贫、助残等为目的的赠与,均具有一定的社会公益性质。此类赠与的公益性质,决定了赠与人不享有任意撤销权。而具有道德义务性质的赠与合同也不能任意撤销,如果允许赠与人任意撤销,则与道德义务相冲突,更与社会主义核心价值观相违背。当然,《民法典》不可能对未来发生的案件作出事无巨细的规定,作为《民法典》内在体系集中体现的社会主义核心价值观必然会对《民法典》的条文解释发挥重要作用。[①] 因此,期待在司法实践中对赠与合同不能任意撤销进行更加具有操作性的规定,也使该规定更能进一步落实社会主义核心价值观的要求。

二、赠与物的交付与违约责任

赠与合同中,赠与人的最主要义务是要依照约定将赠与的财产移转给受赠人,如此受赠人的利益才能真正得到保护,也真正符合赠与合同之目的。需要办理登记或其他手续才能发生财产移转效力的,应当办理有关手续(《民法典》第659条),赠与人与受赠人办完相关手续之后,赠与行为才完成。这主要是针对特殊的赠与物,如不动产,而专门作出的规定。例如,赠与的财产是房产的,应当向房产管理部门申请房产权属变更登记。

如前所述,将赠与的财产按照赠与合同约定转移给受赠人是赠与人的义务,那么如果赠与人不交付赠与财产,将产生什么法律责任呢?赠与人不交付赠与财产是否构成违约,并承担违约责任,应当根据具体情况分析。一般的赠与合同中,赠与人在转移赠与财产的权利之前享有任意撤销权,由此,赠与人不交付赠与财产的,受赠人无请求权基础,赠与人不承担违约责任。而在有救灾、扶贫、助残等社会公益、道德义务性质的赠与合同或者经过公证的赠与合同中,因赠与人不享有任意撤销权,在赠与人不履行交付赠与财产的义务时,受赠人有权利请求其交付。在这个过程中,如果应当交付的赠与财产系因赠与人故意或者重大过失致使毁损、灭失,赠与人应当承担赔偿责任(《民法典》第660条)。也就是说,此时赠与人已经构成违约,受赠人享有请求权,即学理上的受赠人给

---

① 参见方新军:《社会主义核心价值观融入〈民法典〉解释的意义和方法》,载《苏州大学学报(法学版)》2022年第1期。

付请求权。同时,赠与人有故意或重大过失致使标的物毁损、灭失的,受赠人还有权向赠与人主张民事赔偿责任。该违约责任的设定,也是基于平衡赠与人与受赠人利益之考量。

三、赠与人的瑕疵担保责任

转移赠与财产是赠与人的义务,由此,赠与人对赠与财产的瑕疵应承担担保责任。赠与的财产有瑕疵,赠与人不承担瑕疵担保责任(《民法典》第662条第1款第1句)。因为赠与合同为无偿合同,赠与是赠与人为了受赠人利益的单方面付出,因而赠与人对赠与财产的瑕疵担保责任,与买卖合同等有偿合同的规则应有所不同。除此之外,在附义务的赠与(附负担的赠与)中,如果赠与的财产有瑕疵,赠与人需承担与出卖人相同的瑕疵担保责任,但该瑕疵担保责任限于受赠人所附义务的限度内(《民法典》第662条第1款第2句)。这一规则虽为赠与人瑕疵担保责任原则之例外,但究其实质,该规则较为公平合理,亦是利益平衡规则的体现。在许多情形下,选择一种价值的同时,并不一定要放弃其他价值,而是要尽量在冲突利益之间寻找平衡,并使法律应优先保护的利益获得优先保护。[①] 在附义务的赠与(附负担的赠与)中,受赠人虽获得利益,但又需承受一定负担,如果赠与的财产有瑕疵而赠与人不在一定范围内担责,那么必然导致受赠人利益减损,这与赠与合同的目的相违背。类比而言,此处的受赠人如同买卖合同中的买受人,赠与人如同买卖合同中的出卖人。因此,赠与人在受赠人所附义务的限度内,承担与买卖合同中的出卖人相关的瑕疵担保责任,充分体现了赠与人与受赠人在附义务的赠与中的利益平衡。

赠与人故意不告知受赠人其赠与的财产有瑕疵,即主观上有恶意,或者赠与人保证其赠与的财产无瑕疵,最终造成受赠人损失的,赠与人应当承担赔偿责任(《民法典》第662条第2款)。当然,退一步讲,如果赠与人虽有上述行为或瑕疵担保责任,但最终没有给受赠人造成损失,则不会因此瑕疵担保责任而承担赔偿责任。从比较法的角度分析,德国对赠与人故意不告知其赠与的财产有瑕疵而给受赠人带来损害的情形,规则基本一致,均规定应承担赔偿责任;而赠与人保证其赠与的财产无瑕疵是否承担责任,并不是都有规定。

---

① 参见王利明:《法律解释学导论——以民法为视角》,法律出版社2017年版,第761页。

四、赠与的法定撤销权

（一）赠与人的法定撤销权

与赠与人的任意撤销权不同，赠与合同成立后，赠与人只有在具备法律规定的情形时，才可以行使法定撤销权。

从情感上讲，赠与本是赠与人无偿使受赠人获利的行为，若受赠人严重侵害赠与人利益或违反赠与合同义务等，赠与人撤销对受赠人的赠与是符合情理的。从法律上讲，赠与人行使法定撤销赠权，也是法律对赠与人权利保护的体现。赠与人可以行使法定撤销权的法定情形有以下三种：

其一，受赠人严重侵害赠与人或者赠与人的近亲属的合法权益（《民法典》第663条第1款第1项）。这里要求受赠人的行为达到严重侵害的程度，非普通侵害；受赠人侵害的对象不限于赠与人本人，还包括赠与人的近亲属。

其二，受赠人对赠与人有扶养义务而不履行（《民法典》第663条第1款第2项）。这种现象常发生在家庭内部，法定要求受赠人对赠与人有扶养义务；同时限定受赠人对赠与人有扶养能力而不履行对赠与人的扶养义务，即有能力而不履行，若受赠人没有扶养能力而不履行抚养义务则不受此限。

其三，受赠人不履行赠与合同约定的义务（《民法典》第663条第1款第3项）。这种现象发生在附义务的赠与合同中，赠与人已将赠与的财产转移给受赠人，但受赠人却有违诚信，不履行该约定的义务，赠与人可以依法行使撤销权。

由此，当受赠人有上述三种法律规定的情形之一，赠与人即可以行使法定撤销权，撤销其与受赠人之间的赠与合同。当然，即使符合上述法定情形，赠与人的法定撤销权也应当依法及时行使，法律规定赠与人行使法定撤销权的期间为1年，自赠与人知道或者应当知道撤销事由之日起计算（《民法典》第663条第2款）。在性质上，该1年期间属于除斥期间，不存在中止、中断和延长的问题。由此，赠与人的该法定撤销权，如未在1年内行使，即归于消灭。

（二）赠与人的继承人或法定代理人的撤销权

受赠人的违法行为导致赠与人死亡或使其丧失民事行为能力时，赠与人自己无法行使法定撤销权，此时，由其继承人或法定代理人行使撤销权，才能实现赠与人撤销赠与的权利与目的，由此，赠与人的继承人或法定代理人可依法行使撤销权(《民法典》第664条第1款)。也就是说，受赠人的违法行为导致赠与人死亡或使其丧失民事行为能力并阻碍了赠与撤销权的行使，与法律的公平原则相悖，而此时赠与人的继承人或法定代理人即为赠与撤销权的实现者。

赠与人的继承人或法定代理人行使的撤销权亦是形成权，该法定撤销权的除斥期间为6个月，自知道或者应当知道撤销事由之日起计算(《民法典》第664条第2款)。赠与人的继承人或法定代理人行使撤销权的期间比赠与人行使法定撤销权的期限少6个月，其目的在于敦促继承人或法定代表人及时行使权利，以维护合同关系和社会秩序的稳定。[①] 毕竟，赠与人的继承人和法定代理人都不同于赠与人本人，而此时，赠与人已无能力行使法定撤销权，从权利主张的急迫性角度分析亦可以理解。

五、撤销的法律后果及穷困抗辩权

无论是任意撤销权还是法定撤销权的行使，撤销权人撤销赠与的，都可以向受赠人请求返还赠与的财产(《民法典》第665条)，这里的撤销权人包含赠与人本人及其继承人和法定代理人。撤销权为形成权，撤销权人一旦行使即发生效力，将产生赠与合同关系消灭的法律后果。具体而言，在赠与的财产未转移交付之情形，撤销权人可以拒绝履行赠与行为；在赠与的财产已转移交付之情形，撤销权人有权利向受赠人主张返还赠与的财产。

出于对赠与人基本利益保障的考量，在赠与合同订立后未履行转移财产之前或者赠与人已经部分履行赠与义务后，赠与人的经济状况显著恶化，严重影响其生产经营或者家庭生活的，赠与人可以不再履行赠与义务，包括不再履行赠与合同约定的赠与义务和不再履行赠与合同约定的但尚未履行的部分赠与义务(《民法典》第666条)。赠与人可不再履行赠与义务的语境应限于赠与人经济状况显著恶化发生在赠与合同成立之后，而不是成立之前，若合同尚未成立，赠与人自然不需要履行赠与义务。当然，此处仍要强调，如果赠与合同已经全部履行完毕，即使赠与人有上述法定情形，亦无法行使穷困抗辩权，即无返还

---

① 参见最高人民法院民法典贯彻实施工作领导小组主编：《中华人民共和国民法典合同编理解与适用(二)》，人民法院出版社2020年版，第1208页。

赠与物的请求权，否则可能对受赠人不公平，而且返还难度较大。[①] 一个现实的问题是，在救灾、扶贫、助残等情形下的赠与合同中，若赠与人有经济状况达到显著恶化之情形，拒绝履行赠与义务，是否可以不再履行赠与义务？答案应该是肯定的，这也符合法律不强人所难的一般理念。当然，赠与人需要对其经济状况显著恶化，严重影响生产经营或者家庭生活这一事实负举证责任，这也是赠与人行使穷困抗辩权的前提条件。

① 参见黄薇主编：《中华人民共和国民法典合同编解读》（上册），中国法制出版社2020年版，第693页。

第四章

借款合同

第一节　借款合同的一般原理

一、借款合同的概念厘定

借款合同，是指借款人向贷款人借款，到期返还借款并且支付利息的合同。其中出借人称贷款人，借用人称借款人，借款人可以是自然人、法人和非法人组织。

许多国家的民法并未把借款合同当作一个有名合同单独规范，通常在以"借贷合同"为章名的法律条文中有关于借贷合同内涵的具体规定，如《德国民法典》视使用借贷与消费借贷为各自独立的合同而分别予以规定。前者为供使用而不毁损物品的借贷，即使用借贷或者无偿出借；后者为因利用而消费物品的借贷，称为消费借款，或简称借贷。[①]《日本民法典》则把使用借贷与消费借贷区分开，在第587条规定了消费借贷，即因当事人之一协议以品种、品质及数量相等之物归还并从相对人处受取钱财或他人之物，而产生法律效力；第593条规定了使用借贷，即"使用性借贷，由当事人任何一方经协议于无偿使用或获利之后归还，或从相对人处受取某物时，而产生之法律效力"[②]。学者史尚宽认为："借贷合同包括使用借贷与消费借贷合同。使用借贷是双方当事人规定将某一物无偿借给对方所有，对方利用后清偿其物；消费借贷是指当事人规定某

---

① 参见《德国民法典》(第5版)，陈卫佐译注，法律出版社2020年版，第269～272页。

② 《日本民法典》，王爱群译，法律出版社2014年版，第97页。

种无偿转让金钱或其替代物之权利给他方,由他方将类型、质量、总量均相等之物返还。”①学术界普遍认为,使用借贷与消费借贷合同是两种不同的合同,使用借贷合同通常称借用协议,而仅将消费借贷合同称为借贷合同。在我国实体法上,“借贷”的含义并不明确,原《民法通则》也只是在第90条提到合法的借贷关系受法律保护,并未具体说明其中“借贷”的具体含义。现在,人们习惯将使用借贷作为借用,将消费借贷称为借贷。在《民法典》颁布之前,原《合同法》基于现实的需要,将以金钱为标的的货币借贷合同规定为借款合同,并没有区分银行借贷合同(又称银行信贷合同)与民间借贷合同,对借用合同与以实物为标的的实物借贷(消费借贷)没有作具体的规定。

我国《民法典》第667条规定:“借款合同是借款人向贷款人借款,到期返还借款并支付利息的合同。”从司法解释的相关规定来看,我国的借款合同分为民间借贷合同和金融贷款合同。根据《民间借贷规定》第1条的规定,民间借贷合同是指自然人、法人和非法人组织之间进行资金融通所订立的借款合同,而金融贷款合同则是指经金融监管部门批准设立的从事贷款业务的金融机构及其分支机构向借款人发放贷款所订立的合同。金融贷款合同具备三个特征,一是贷款对象是不特定的社会公众,即公众性;二是以发放贷款为营业目的并获取利润,即营利性;三是贷款人经营贷款业务须经金融主管部门批准,即特许性。

二、借款合同的特征

(一)借款合同的标的是货币

借款合同中借款合同的标的为货币,贷款人给付货币,借款人接受货币。借款人在合同到期后返还本金并支付双方约定的利息。

(二)借款合同转让的是货币所有权

根据货币“所有即占有”的特点,货币一旦出借,所有权即为债权人拥有。此为借款合同与借用合同的一个重要区别,借用合同是转让标的物使用权的合同。在中国传统的民法理论上,消费借贷本身以转让标的物的所有权为目的,借款合同自然也不例外。我国有学者认为,贷款人所负主要义务是按照合同约定数额、期限及时拨付款项给借款人,借款人所负主要义务是按照约定期限归

---

① 参见史尚宽:《债法各论》,中国政法大学出版社2000年版,第261、275页。

还相同数额款项，并支付利息。[①]《德国民法典》第607条规定："因物的消费借贷合同，贷与人有义务将所约定的可替代物交给借用人，借用人有义务支付消费借贷的报酬，并在清偿期到来时以种类、品质和数量相同的物予以偿还。"[②]《法国民法典》第1893条规定："由于消费借贷的结果，借用人成为借用物的所有人，借用物不论以任何方式发生的损失，均由借用人负担。"[③]

（三）借款合同既可以是诺成合同，也可以是实践合同

根据《民法典》第679条的规定，借款的实际交付是自然人之间借款合同的成立要件，可见，自然人之间的借款为实践合同。但以非自然人，如金融机构等为一方当事人的借款合同，并不以实际交付金钱为成立要件，合同自各方当事人签订时即告成立，为诺成合同。非自然人之间的借款合同多具有商业性质，正如罗斯科·庞德所言，"在商业时代里，财富多半是由许诺构成的"[④]，因而在商业领域的借款合同具有诺成性特征。

（四）借款合同既可以是双务合同，也可以是单务合同

如前文所述，金融借款合同不以贷款的实际发放为合同的成立要件，金融借款合同为诺成合同。金融借款合同签订之时，合同虽成立，但贷款人还没有发放贷款，作为贷款人，应当按照借款合同约定向借款人提供借款，否则给借款人造成损失的应当负赔偿责任；作为借款人，应当按照借款合同约定使用借款，到期向贷款人还本付息。金融贷款合同等诺成合同中，贷款人和借款人都必须履行合同中规定的义务，此时借款合同为双务合同。

而对于自然人之间的借款合同，我国《民法典》第679条规定："自然人之间的借款合同，自贷款人提供借款时成立。"该规定将借款合同中提供借款由原合同生效要件调整为合同成立要件，更符合实践中对自然人借贷合同为实践合同的认知。该规定说明，双方当事人之间存在借款的合意并且已经签订了书面合同，并不使自然人之间的借款合同成立，必须要有借款的实际交付行为，即贷款人实际向借款人提供了借款，借款人也实际收取了借款，借款合同才成立。此时，贷款人已经完成了借款的交付，不负其他合同义务，只有借款人负有返还借

① 参见王家福主编：《民法债权》，中国社会科学出版社2015年版，第572页。
② 《德国民法典》（第5版），陈卫佐译，法律出版社2020年版，第271页。
③ 《法国民法典》，罗结珍译，北京大学出版社2010年版，第449页。
④ 李永军：《合同法》（第5版），中国人民大学出版社2020年版，第12页。

款本息等义务,所以自然人之间的借款合同为单务合同。正如萨维尼所言:"法律并无什么可得自我圆融自洽的存在,相反,其本质乃为人类生活本身。"①我国《民法典》的这一规定恰恰是自然人之间借款合同的真实写照。

(五)借款合同既可能是要式合同,也可能是不要式合同

我国《民法典》第668条规定:"借款合同应当采用书面形式,但是自然人之间借款另有约定的除外。"可见,自然人之间的借款另有约定的为不要式合同,即自然人之间借款可以采取书面形式也可以采取口头形式。金融借款等非自然人之间的借款则应采用书面形式。

自然人之间的借款当事人可以根据实际情况选择具体签订合同的形式。自然人之间的借款多发生在关系较密切的亲朋好友之间,基于信任,不签订书面协议是自然人之间借款的常见情形。因而,对于自然人之间的借款是否签订书面协议完全是自然人建立在自由意志之上对于自身利益的处分,法律不应强制干预。因为"不可制定无用的法律,它们会损害那些真正有用的法律"②。

按照《民法典》的规定,非自然人之间的借款应当采用书面形式。金融借款等非自然人之间的借款采取书面形式的法律作用有:(1)降低当事人的违约风险。签署书面合同可以让当事人更加理性地思考违约成本,对将来可能会发生的风险进行预估;守约方在对方违约时也可更好维护自身权益;有利于促使当事人更加理性地解决纠纷,降低违约风险。(2)为纠纷解决提供充分的证据。书面形式的合同中的条款比较完备,便于明确各方的权利义务,如果后续牵扯诉讼,举证的成本较低,所以对应的救济成本也会降低。在审判实务中,对于金融借款纠纷,法院多依据书面合同的明确约定进行裁判。

当然,《民法典》关于借款合同形式的规定也仅是管理性规定,对于实践中没有签订书面合同的借款行为,只要当事人有充分证据证实借款存在,即便没有书面协议,其借款合同法律关系也会被认可。但因证据欠缺,实践中也不乏贷款人维权失败遭受损失的案例。

---

① [德]萨维尼:《论立法与法学的当代使命》,许章润译,中国法制出版社2001年版,中译本序言。转引自王利明、黄文艺:《论法学学科的发展规律和发展前景》,载《大学与学科》2020年第1期。

② 王利明:《论民法典时代的法律解释》,载《荆楚法学》2021年第1期。

三、借款合同的主要内容

(一)种类

自然人之间的借款通常不涉及借款种类的问题。借款合同的种类主要是指金融机构作为贷款人的情况下,按照国家经济管理和银行信贷管理的要求,对贷款作出的具体分类。根据贷款经营属性可以分为自营贷款、委托贷款和特定贷款;根据贷款期限可以分为短期贷款和中、长期贷款;根据贷款信用程度可以分为信用贷款、担保贷款和票据贴现,其中担保贷款又可细分为保证贷款、抵押贷款和质押贷款。金融贷款的内在属性即风险性、复杂性和信息的不对称性决定了必须对其进行分类。

(二)币种

借款合同的币种主要是指借款合同的标的物是人民币还是其他国家的货币。

(三)用途

借款合同应当明确约定借款用途,尤其是商业银行贷款等金融贷款合同。我国《商业银行法》第35条规定:"商业银行贷款,应当对借款人的借款用途、偿还能力、还款方式等情况进行严格审查。商业银行贷款,应当实行审贷分离、分级审批的制度。"由此可见,金融借款应当作为专款使用。

(四)数额

借款合同的数额,是指借款本金的具体额度,这是借款合同的必备条款。如果没有具体的借款数额,借款合同主要条款欠缺,借款利息也无法计算,当事人之间的权利义务关系也就无法确定。尤其是在我国《民法典》明确规定借款利息不得预先在本金中扣除的情况下,明确约定借款本金就更为重要。

(五)利率

借款合同的利率,是指贷款人和借款人双方在借款合同中约定的借款到期应收的利息与本金的比率。

我国民间借贷利率的立法变迁如下:(1)1990年最高人民法院《关于贯彻执行〈民法通则〉若干问题的意见(修改稿)》第139条规定:"公民之间的借贷利率,生活性借贷利率不得高于国家银行同类贷款利率的二倍,生产经营性借贷利率不得高于国家银行同类贷款利率的四倍,国家银行贷款利率发生变化的,当事人之间有约定的,按照约定办理;没有约定的,按照出借时国家银行的贷款利率计算。因利率发生纠纷,应当根据当地的有关规定和实际情况,本着保护合法借贷关系,有利于生产和稳定经济秩序的原则处理。”(2)1991 年《关于人民法院审理借贷案件的若干意见》规定,民间借贷的利率可以适当高于银行的利率,各地人民法院可根据本地区的实际情况具体掌握,但最高不得超过银行同类贷款利率的 4 倍(包括利率本数);超出此限度的,超出部分的利息不予保护。(3)原《民间借贷规定》(2015 年)第 30 条规定,出借人与借款人既约定了逾期利率,又约定了违约金或者其他费用,出借人可以选择主张逾期利息、违约金或者其他费用,也可以一并主张,但总计超过年利率 24% 的部分,人民法院不予支持。上述条款规定的是民间借贷的逾期利息问题。(4)中国人民银行在 2019 年 8 月 17 日发布公告,决定从 2019 年 8 月 20 日起,中国人民银行授权全国银行间同业拆借中心于每月的 20 日 9 时 30 分公布贷款市场报价利率。在 2020 年 8 月 20 日实施的《民间借贷规定》(2020 年修正)中,将原来第 30 条中的 24% 都改为了一年期贷款市场报价利率的 4 倍,即 4LPR。此举大幅降低了民间借贷利率的保护上限,以适应当前积极发展的需要。2021 年 1 月 1 日施行的《民间借贷规定》(2020 年第二次修正)也沿用了这一规定。

(六)期限

借款合同具有期限性特征,合同各方应明确约定借款的期限。自然人之间的借款期限由当事人双方自由约定。对于金融借款,通常自营贷款的期限最长不超过 10 年,超过 10 年的应当报中国人民银行备案。票据贴现期限一般最长不超过 6 个月,贴现期限为从贴现之日起到票据到期之日止。

(七)还款方式

还款方式,是指借款人采用何种方式将借款归还贷款人。还款方式须在合同中具体注明。如果是分期偿还,要明确载明每次偿还的贷款金额和具体时间。

第二节　借款合同的效力

一、贷款人的权利与义务

（一）贷款人的权利

1. 贷款自由权

在合同法律关系中，当事人的地位平等，有权自主决定是否订立合同，与谁订立合同以及合同的内容，并享有不受非法干预的权利。这一原则体现在《商业银行法》第4条①。同时贷款人根据贷款条件和贷款程序自主审查和决定贷款，除国务院批准的特定贷款外，贷款人有权拒绝任何单位和个人强令发放贷款。

2. 贷款检查、监督权

根据《民法典》第672条的规定，贷款人按照约定可以检查、监督借款的使用情况。借款人应当按照约定向贷款人定期提供有关财务会计报表或者其他资料。本条将原《合同法》第202条末尾的“等”字换成了“或者其他”，用词更加严谨。用“等”字在实践中往往产生“等内”“等外”的歧义。例如，根据某个条文，张三、李四等人可以去主张某些权利，此时如果将“等”理解成“等内”，则只有张三、李四可以依据该条主张权利，如果将“等”理解成“等外”，则张三、李四之外的第三人也可以依据该条主张权利。将“等”改为“或者其他”，用词更加准确，避免了后续法律适用的争议。

贷款检查、监督权是贷款人保障其债权安全的必要手段，借款人拒绝贷款人按照合同约定对其使用借贷资金情况进行检查、监督的，将构成违约。

3. 收取利息

按照借款合同约定收取利息，是贷款人在借款合同中的一项基本权利。

4. 要求借款人提供担保

原《合同法》第198条规定：“订立借款合同，贷款人可以要求借款人提供担

① 《商业银行法》第4条第2款规定：“商业银行依法开展业务，不受任何单位和个人的干涉。”

保,担保依照《中华人民共和国担保法》的规定。"此条现在并入《民法典》第 387 条,该条规定债权人在借贷、买卖等民事活动中,为保障其实现债权,需要担保的,可以依照本法和其他法律的规定设立担保物权。对于金融机构贷款,金融机构需要按照国家有关法律法规,要求借款人提供担保。例如,根据《商业银行法》的有关规定,商业银行提供贷款,借款人应当提供担保。对于自然人之间的借款,当事人则可以自主协商确定是否需要担保以及担保的具体方式。

(二)贷款人的义务

1. 提供借款

按照借款合同约定向借款人提供、发放借款,是贷款人的一项基本义务。《民法典》第 671 条规定,贷款人未按照约定的日期、数额提供借款,造成借款人损失的,应当赔偿损失。但是由于自然人之间的借款合同是自借款交付时成立,因此自然人之间的借款不适用该条规定。

上述赔偿金是贷款人承担违约责任的形式,那么借款人此时是否有单方解除权呢?对于这个问题,代表性的观点有两种:一种观点认为,借款合同的单方解除权是指贷款人的单方解除权,借款人并无单方解除权;另一种观点认为,借款合同的单方解除权并非贷款人独有,借贷双方均可能成为行使这一权利的主体。本书认为第二种观点更容易被接受,主要理由为:(1)借贷双方均可行使单方解除权于法有据。虽然原《合同法》分则中并未出现借款人可单方行使解除权的规定,但原《合同法》第 94 条第 4 项规定,当事人一方迟延履行债务或者有其他违约行为致使不能实现合同目的的,当事人可以解除合同。该条被《民法典》第 563 条[①]继受,内容有所变动。(2)借贷双方均可行使单方解除权符合平等原则。由于借款合同具有附合合同的性质,当事人双方的权利义务并非完全对等,但从法律上来讲应尽量使双方享有平等的权利,尤其在违约救济方面。虽然在贷款人违约时,借款人考虑到借款的难度未必采取单方解除的形式予以救济,但法律还是应该赋予借款人单方解除权。

---

① 《民法典》第 563 条第 1 款规定:"有下列情形之一的,当事人可以解除合同:(一)因不可抗力致使不能实现合同目的;(二)在履行期限届满之前,当事人一方明确表示或者以自己的行为表明不履行主要债务;(三)当事人一方迟延履行主要债务,经催告后在合理期限内仍未履行;(四)当事人一方迟延履行债务或者有其他违约行为致使不能实现合同目的;(五)法律规定的其他情形。以持续履行的债务为内容的不定期合同,当事人可以随时解除合同,但是应当在合理期限之前通知对方。"

2. 利息不得预先扣除

《民法典》第670条规定："借款的利息不得预先在本金中扣除。利息预先在本金中扣除的，应当按照实际借款数额返还借款并计算利息。"《民间借贷规定》第26条规定："借款、收据、欠条等债权凭证载明的借款金额，一般认定为本金。预先在本金中扣除利息的，人民法院应当将实际出借的金额认定为本金。"在实践中，可能存在两种情况：一是在借款合同中有预先从本金中扣除利息的约定，那么这种约定本身就因违法而无效，违反这一规则并不导致借款合同的无效，但本金应当按照实际的数额计算。二是贷款人在提供借款之时，预先从本金中扣除了相应的利息，这实际上是减少了借款的数额，改变了借款合同中的借款数量，对借款人不利，损害了借款人的合法权益，是一种违约行为。面对"砍头息"的情况，可以采取两种做法：一是"按照实际借款数额返还借款并计算利息"；二是要求贷款人补足借款数额并按照合同约定承担其他违约责任。

一旦进入诉讼，基于法律的明确规定，预先在本金中扣除利息争议的关键问题是举证问题。表面看起来是谁主张谁举证，既然借款人主张利息已经在本金中扣除，那么借款人就应当就此承担证明责任。但实际上，无论双方是否就预扣发生争议，贷款人都需要对已经足额出借款项承担证明责任。在金融借款中，金融机构只有借出了一笔款项，才能就该笔款项主张还本付息。在个人借贷中，只有借出了一笔款项，合同关系才成立生效。所以首先应由贷款人对其履行了提供借款的义务进行举证。我国关于借款的法律在保护债权人和债务人动态平衡的基础上，现在出现了略微倾向于债务人的情况。在这种情况下，是否足额出借，在具体案件中必然是债权人应当充分举证证明的先决事实。例如，在杜某、张某民间借贷纠纷案①中，杜某在给张某的150,000元借款中扣除8000元作为预付利息，后双方发生纠纷诉至法院。法院认为，杜某与张某形成的借贷关系合法有效，但利息预先在本金中扣除的，应当按照实际借款数额返还借款并计算利息。杜某借款给张某的本金中已扣除8000元，故杜某借给张某的实际金额为142,000元。

3. 禁止高利放贷

《民法典》第680条规定："禁止高利放贷，借款的利率不得违反国家有关规

---

① 参见江西省井冈山市人民法院民事判决书，(2022)赣0881民初86号。

定。借款合同对支付利息没有约定的,视为没有利息。借款合同对支付利息约定不明确,当事人不能达成补充协议的,按照当地或者当事人的交易方式、交易习惯、市场利率等因素确定利息;自然人之间借款的,视为没有利息。”有学者认为:“该条第2款改变了《合同法》以来的表达,将‘没有约定利息’的法律效果规定为‘视为没有利息’。这样的否定性表达可以直接理解为贷款人处并未发生利息请求权。”①

《民间借贷规定》第24条也规定,借贷双方没有约定利息,出借人主张支付利息的,人民法院不予支持。自然人之间借贷对利息约定不明,出借人主张支付利息的,人民法院不予支持。除自然人之间借贷外,借贷双方对借贷利息约定不明,出借人主张利息的,人民法院应当结合民间借贷合同的内容,并根据当地或者当事人的交易方式、交易习惯、市场报价利率等因素确定利息。就还款期限而言,法院一般认为如果双方当事人未就还款期限进行约定,一般推定双方借款的最后期日为原告起诉之日,即在起诉之日后,被告仍不还款的话需支付相应利息,例如邱某娇诉吴某坚民间借贷纠纷案②。

值得注意的是,《民法典》第680条中的高利不仅包括明确约定的高额借款利息。“实务中出现了把本为高利贷而分拆为若干部分,一部分以利率称之,不超出法定的利率上限,另外的部分以‘顾问协议’‘咨询协议’‘委托协议’等形式约定‘顾问费’‘咨询费’‘服务费’等费用,实为利息的一部分,总计起来可能形成高利贷。于此场合,应把‘顾问协议’‘咨询协议’‘委托协议’等协议认定为虚假的意思表示,适用《民法典》第146条第1款,令其无效;而将隐藏的法律行为挖掘出来,适用《民法典》第680条第1款前段和第153条第1款正文的规定,对实为高利贷的约定认定其为无效。”③

4. 借款人提前偿还借款时,应当按照规定减收利息

根据我国《民法典》第677条的规定,借款人提前返还借款的,除当事人另有约定外,应当按照实际借款的期间计算利息。加快资金的周转有利于市场经济的健康发展和市场环境的良性循环,借款方能够提前偿还贷款符合提高资金

---

① 刘勇:《〈民法典〉第680条评注(借款利息规制)》,载《法学家》2021年第1期。

② 参见邱某娇诉吴某坚民间借贷纠纷案,广东省潮州市枫溪人民法院(2018)粤5191民初56号民事判决书。

③ 崔建远:《论利息之债》,载《中州学刊》2022年第1期。

利用效率的要求,应予支持。

二、借款人的权利与义务

(一)借款人的权利

借款人的权利通常是依约定的期限、数额取得借款。在诺成性借款合同中,借款人取得借款的权利是其主要的合同请求权;在实践性借款合同中,由于借款的交付是合同成立的前提条件,借款受领前合同尚未成立,因此该合同属于单务合同,借款人并不享有请求交付借款的债权。

(二)借款人的义务

1. 提供自身的真实情况

《民法典》第 669 条规定,订立借款合同,借款人应当按照贷款人的要求提供与借款有关的业务活动和财产状况的真实情况。《商业银行法》第 35 条第 1 款规定,商业银行贷款,应当对借款人的借款用途、偿还能力、还款方式等情况进行严格审查。

借款人应当提供借款及保证人的基本情况。借款人提供真实情况义务的内容主要包括以下两点:

(1)业务活动,主要是指借款人的资格情况。例如:借款人为法人、其他组织和个体工商户的是否已经完成核准登记;借款人为自然人的是否具有完全民事行为能力等情况。

(2)财产状况,是指借款人应当向贷款人提供其所有的开户行、账号及存款余额等情况。某些重大财产有权利负担如被抵押、质押也应当如实告知贷款人,有利于贷款人全面评估借款人的资产情况和还款能力,保障借款的安全,尽量避免后期不必要的纠纷。

如果借款人未履行这一忠实义务,对贷款人来说将构成欺诈。贷款人可以此为由解除合同。此时借款如果已经提供,贷款人可以收回借款,有损失的可以请求借款人予以赔偿。

2. 依照约定收取借款

《民法典》第 671 条第 2 款规定:"借款人未按照约定的日期、数额收取借款的,应当按照约定的日期、数额支付利息。"借款合同签订后,如果借款人不按照合同约定的日期、数额收取借款，将导致贷款人已按合同约定准备好的借款滞留在手中，不能发挥作用，贷款人还会因此遭受一定的利息收益损失。借款人未按照约定收取借款属于其自身的过错，借款人仍然要按照约定的借款期间计算与支付利息，但借款人提前还款的，原则上按照实际借款期间计算利息，这不仅鼓励提前还款，也体现了对占用资金成本的计算。

3. 按照合同约定的用途使用借款

《民法典》第673条规定："借款人未按照约定的借款用途使用借款的，贷款人可以停止发放借款、提前收回借款或者解除合同。"对于分期给付的借款，贷款人可以不再向借款人发放借款并可以单方解除合同。对于一次性给付的借款，贷款人可以提前收回借款并且解除合同。这里的合同解除权是法定权利，因为贷款人在审批贷款时，是根据借款用途来确定借款人是否具有相应的还款能力，继而作出是否同意放贷的决定。如果借款人擅自改变借款用途，可能会导致贷款人到期不能收回贷款。同时该合同解除权是以借款人存在违约使用借款行为为前提，需要说明的是，贷款人必须有足够的证据证明借款用途被借款人擅自改变，才能行使上述权利。那么贷款人因借款人未按照约定使用借款而解除合同时是否可以同时主张损害赔偿呢？司法实践中通常认为，合同因贷款人违反约定的用途使用借款被解除后，贷款人以合同解除给其造成损失为由要求借款人承担赔偿责任的，应当提供有效证据证明因合同解除给其造成实际损失。①

一般而言，作为借款一方应该提高履约意识，明确认识到应该按照合同约定的用途使用借款，不得随便挪用或者改变借款用途，这是借款人应当严格履行的义务。如果在履行合同过程中情况发生变更，借款人可以及时向贷款方提出变更合同的请求。

4. 按期归还借款和支付利息

《民法典》第674条规定了利息的支付期限。除非由于法定事由或者当事人双方协商而使借款合同发生变更或解除，借款人一律应依照约定还本付息。如果借款人不按期归还借款，则构成违约，贷款人可以追究借款人的违约责任。

---

① 参见孙某诉中国工商银行股份有限公司固原支行金融合同借款合同纠纷案，宁夏回族自治区固原市中级人民法院(2019)宁04民终660号民事判决书。

《民法典》第 676 条规定："借款人未按照约定的期限返还借款的，应当按照约定或者国家有关规定支付逾期利息。"

借款人不按期归还借款是常见的违约行为之一，究其原因，不外乎两种情况：第一种是借款人主观上不想还债；第二种是借款人客观上不能还债。前者是指借款人有清偿能力却拒不归还借款；后者是指借款人虽然有还款意愿，但是由于经营不善等而无力偿还借款。对于第一种情况，借款人应当承担违约责任；对于第二种情况，应当具体加以分析：如果借款人并未被宣告破产，尚有恢复生机的能力，可以给予借款人一定的宽展期，而后再要求其还本付息。我国《民法典》第 678 条中也规定了借款人可以在还款期限届满前向贷款人申请展期，贷款人同意的，可以展期。

对于逾期利息的数额，《民间借贷规定》第 28 条规定，如果双方对逾期利息有约定，从其约定，最高不得超过 4 倍贷款市场报价利率。在约定不明的情况下，如果双方约定了借期利息但没约定逾期利息，出借人可以要求借款人自逾期还款之日起参照贷款市场报价利率支付逾期利息；如果既未约定借期利息也未约定逾期利息，出借人可以要求借款人按照借期内的利息承担逾期还款的责任，但最高不得超过 4 倍贷款市场报价利率。

第五章

保证合同

第一节　保证合同的一般原理

一、保证合同的概念厘定

我国《民法典》第681条规定："保证合同是为保障债权的实现，保证人和债权人约定，当债务人不履行到期债务或者发生当事人约定的情形时，保证人履行债务或者承担责任的合同。"与原《担保法》第6条①相比，《民法典》第681条对于保证合同的定义更加全面、完善。首先，《民法典》第681条更加注重保证合同"为保障债权实现"的目的，体现了保证合同的担保性质和作用。其次，《民法典》第681条明确了保证人履行债务或承担责任的前提是其所担保的债务已届清偿期，或者是发生了当事人约定的情形，相比原《担保法》第6条，增加了发生保证合同约定情形这一保证人承担保证责任的条件。《民法典》的这一变化，更加充分地尊重保证合同当事人的意思自治。最后，《民法典》将保证合同作为典型合同之一进行明确规定，将保证合同纳入《民法典》体系。因保证合同不仅适用于借款合同的担保，而且适用于其他合同之债以及各种债的担保，所以《民法典·合同编》关于典型合同的规定在一定程度上也发挥了债法总则的功能。②通常情况下，保证人承担保证责任的前提是债务履行期限届满，但因实践中债

① 原《担保法》第6条："本法所称保证，是指保证人和债权人约定，当债务人不履行债务时，保证人按照约定履行债务或者承担责任的行为。"

② 参见王利明：《论民法典合同编发挥债法总则的功能》，载《法学论坛》2020年第4期。

权、债务情况复杂，保证人提供担保的背景各异，当事人可以在平等协商、意思一致的情况下对保证人履行债务或承担保证责任的情形进行自由约定，该约定如果不违反法律的强制性、禁止性规定，则为有效约定，各方当事人应当遵守。

二、保证合同的特征

（一）保证合同的从属性

《民法典》第682条规定："保证合同是主债权债务合同的从合同。主债权债务合同无效的，保证合同无效，但是法律另有规定的除外。保证合同被确认无效后，债务人、保证人、债权人有过错的，应当根据其过错各自承担相应的民事责任。"本条诠释了保证合同的从属性特征。保证合同从属于主债权债务合同，是主债权债务合同的从合同。在主债权债务合同因违反法律的效力性强制性规定等而无效的情况下，保证合同无效。例如，基于赌博发生的赌债，因主债务的违法性，为赌债而签署的保证合同因赌债的无效而无效。但是，保证合同的无效却不会导致主债权债务合同无效。例如，在银行信贷业务中，曾存在为办理贷款冒名出具保证合同的情况，冒用他人名义签署的保证合同，因非名义保证人的真实意思表示而无效，但是通常情况下银行贷款的主债权债务合同却不因保证合同的无效而无效，当然，提供贷款的银行可基于借款人的欺诈行为而主张撤销贷款。另外，保证合同无效的情况下，无论保证合同是自身无效，还是因主债权债务合同无效而无效，均不代表各方无须承担民事责任，根据《民法典》第682条第2款的规定，保证合同被确认无效后，根据过错责任原则确定债务人、保证人、债权人各方的民事责任。该责任的具体形式按照《民法典》第157条的规定，应包括财产返还、折价补偿、赔偿损失等。

（二）保证合同的人身属性

保证合同的订立以保证人的信誉为基础，具有人身属性。通常债权人对保证人的身份及偿债能力有一定的要求，债权人大多选择资产状况良好、信誉良好的人作为保证人。保证人对其所担保的债务以个人全部财产承担无限责任，其承担责任的范围不以保证人的个别财产为限，而是保证人的所有财产。

（三）保证合同的补充性

保证合同为保障主债权债务合同的债务履行为目的，具有补充性特征。主债权债务合同履行期限届满债务未能履行或当事人约定的情形出现,保证人才需履行其偿债义务。

(四)保证合同的单务性

保证合同具有单务性特征,在债权人和保证人之间不存在对价问题。保证人在保证合同中仅负担义务(清偿义务),不享有权利;债权人在保证合同中仅享有权利(接受清偿),不承担给付对价的义务。

三、保证合同的立法模式

各国、各地区对物的担保与保证的规定存在较大差异,理论界对此也争议不断。对物的担保与保证关系的立法典型模式大致包括:保证人绝对优先模式、保证责任的相对有限模式、平等模式。

(一)保证人绝对优先模式

保证人绝对优先模式认为,保证人的利益处于优先地位,保证人仅对物的担保之外的被担保债权余额承担保证责任。此种模式下,保证人享有在法律上优先于物保的担保人的抗辩权,在债权人未通过法律途径向担保人实现全部或者部分债权的情况下,不能直接向保证人主张权利。

(二)保证责任的相对有限模式

保证责任的相对有限模式又称保证人相对优待原则,是指人保与物保并存时,债权人放弃物保的情况下,保证人可在债权人放弃物保的范围内予以抗辩。比如依照《德国民法典》①的规定,在担保法律关系中,当物保与人保并存时,无论人保成立先于物保还是后于物保,只要债权人在行使债权的过程中放弃了本来就存在的质权、抵押权等担保物权,而保证人本来可以从债权人放弃的权利中得到实惠,那么就可以相应地免除保证人在相关问题上的责任。

(三)保证合同的平等模式

我国在原《物权法》实施以前,原《担保法》第28条规定:"同一债权既有保证又有物的担保的,保证人对物的担保以外的债权承担保证责任。债权人放弃物的担保的,保证人在债权人放弃权利的范围内免除保证责任。"从原《担保法》

---

① 《德国民法典》(第5版),陈卫佐译,法律出版社2020年版,第370页。

的这一规定可看出我国原《担保法》兼采了保证人的绝对优先模式和保证责任的相对有限模式。根据《民法典》第 392 条①的规定，原债权债务关系中的债权人有权利选择先让物的担保人承担担保责任或者先让保证人承担保证责任。这种立法上的安排充分说明了《民法典》在对物的担保人和保证人之间的关系上采取了二者平等的立法模式。

第二节　保证合同的主要规则

一、保证合同的主体资格

（一）保证人的积极资格

《民法典》第 681 条规定："保证合同是为保障债权的实现，保证人和债权人约定，当债务人不履行到期债务或者发生当事人约定的情形时，保证人履行债务或者承担责任的合同。"《民法典》并未对保证人的积极资格作出特别规定。具备完全民事行为能力的民事主体，没有法律所禁止的担任保证人的情形（保证人的消极资格）的，均具有作为保证人的资格。

原《担保法》第 7 条规定，保证人须具有代偿能力。此规定性质上属于指导性条款，不具有强制效力，其设立的目的在于敦促债权人选择保证人的时候注意保证人的清偿能力，使债权得到充分的保障。从保护债权人的角度出发，《担保法解释》第 14 条还规定，不具有完全清偿能力的法人、其他组织或者自然人，以保证人身份订立保证合同后，又以自己没有代偿能力要求免除保证责任的，人民法院不予支持。上述两项规定在最新的《民法典担保制度司法解释》中已被删除。

"法律来源于社会生活，产生于交易实践，是对生活经验和社会规律的概括

---

① 《民法典》第 392 条："被担保的债权既有物的担保又有人的担保的，债务人不履行到期债务或者发生当事人约定的实现担保物权的情形，债权人应当按照约定实现债权；没有约定或者约定不明确，债务人自己提供物的担保的，债权人应当先就该物的担保实现债权；第三人提供物的担保的，债权人可以就物的担保实现债权，也可以请求保证人承担保证责任。提供担保的第三人承担担保责任后，有权向债务人追偿。"

和提炼。"[①]从社会实践来看,保证人的代偿能力不应作为保证人的资格要件,原因如下:首先,代偿能力是一项涉及多项考察指标的能力,必须综合考虑保证人的资产状况、信用程度、技术力量以及拥有的相关知识产权的情况。企业作为保证人时,还应当审查开办单位的注册资金到位情况,投入资金是否满足法律关于法人成立注册资本的规定,以及保证人财产状况等。如果将具备代偿能力作为保证人的资格要件,将增大当事人的缔约成本,为保证合同的订立增设障碍,不利于交易便利。在实践中,调查保证人的代偿能力对于债权人而言并不都具有现实可能性。其次,代偿能力具有不确定性,有可能签订保证合同时保证人有代偿能力,而实际履行时丧失了代偿能力。因而,不适宜将代偿能力作为保证人的资格要件。

(二)保证人的消极资格

《民法典》第683条规定:"机关法人不得为保证人,但是经国务院批准为使用外国政府或者国际经济组织贷款进行转贷的除外。以公益为目的的非营利法人、非法人组织不得为保证人。"本条合并了原《担保法》第8条、第9条的规定。由此可见,民事主体不得作为保证人的情形有以下两种:

1.未经国务院批准的国家机关不得为保证人

原《担保法》规定国家机关原则上不得为保证人,主要基于以下原因:(1)国家机关不具有作为保证人的权利能力或行为能力。国家机关以行使国家权力为本职,其运作效率关乎国家利益和公共利益。大多数学者认为,国家机关只有以维护自身生存为目的时,才能作为民事主体参与民事活动并承担相应的民事责任。而为第三方债务提供保证的行为显然与维持国家机关自身的生存无关,所以国家机关不能作为保证人。(2)国家机关作为保证人不利于履行公务。国家机关的活动经费源于国家的预算拨款,这种拨款一般只能用于行使国家权力。如果允许国家机关担任保证人,其承担保证责任时,须以预算经费进行清偿,这势必会影响国家机关正常公务的履行。《民法典》第97条还规定,有独立经费的机关和承担行政职能的法定机构从成立之日起,具有机关法人资格,可以从事为履行职能所需要的民事活动。据此,机关法人通常从事为履行职能所需要的民事活动,显然,为第三方债务提供担保不属于为履行职能所需要的民

① 王利明:《彰显时代性:中国民法典的鲜明特色》,载《东方法学》2020年第4期。

事活动。

但在特定情况下，国家机关也可以作为保证人，即国家机关经国务院批准为使用外国政府或者国际经济组织贷款进行转贷的，可以担任保证人。外国政府或者国际组织的贷款一般数额巨大，且用于交通、能源、环境保护、城市基础设施建设等周期长、见效慢的项目。对于这种贷款，一般个人和单位不愿意也没有能力为其提供保证。“经国务院批准”是国家机关担任保证人的决定性条件，否则，即使是外国政府或者国际经济组织提供的贷款，国家机关也不得作为保证人。

2. 以公益为目的的非营利法人、非法人组织不得为保证人

《民法典》第 76 条①、第 87 条②、第 102 条分别明确了营利法人、非营利法人、非法人组织的含义。《民法典》第 683 条规定，以公益为目的的非营利法人、非法人组织不得为保证人。这是因为，保证不属于“公益”，如果以公益为目的的非营利法人、非法人组织从事了保证这类非“公益”的民事活动，则违背了设立这类法人的初衷，而且保证责任的承担会增大此类主体的风险，影响其从事“公益”活动的能力，故应予禁止。

二、保证合同的形式

《民法典》第 685 条规定：“保证合同可以是单独订立的书面合同，也可以是主债权债务合同中的保证条款。第三人单方以书面形式向债权人作出保证，债权人接收且未提出异议的，保证合同成立。”本条规定与原《担保法》第 13 条的规定相比，除强调书面形式外，还增加了两个方面的内容：(1)主债权债务合同中的保证条款也可以认定为保证合同；(2)第三人可单方以书面形式向债权人作出保证，债权人接收且未提出异议的，保证合同就此成立。《民法典》第 469 条对书面形式有较为宽泛的规定：“当事人订立合同，可以采用书面形式、口头形式或者其他形式。书面形式是合同书、信件、电报、电传、传真等可以有形地表现所载内容的形式。以电子数据交换、电子邮件等方式能够有形地表现所载

---

① 《民法典》第 76 条：“以取得利润并分配给股东等出资人为目的成立的法人，为营利法人。营利法人包括有限责任公司、股份有限公司和其他企业法人等。”

② 《民法典》第 87 条：“为公益目的或者其他非营利目的成立，不向出资人、设立人或者会员分配所取得利润的法人，为非营利法人。非营利法人包括事业单位、社会团体、基金会、社会服务机构等。”

内容,并可以随时调取查用的数据电文,视为书面形式。”由此可见,保证合同除了常见的书面合同书,还有以下几种形式:

(一)以保证人身份在合同上承诺

此种形式认定的关键在于保证人是否有明确承担保证责任的意思表示。只有具备该意思表示,保证合同才能成立。对于如何确定这种意思,英美法系认为,在解释的标准上应当更加倾向保证人,作有利于保证人的推定,如果合同的内容约定不明确,则保证不能轻易成立。大陆法系则认为,保证应当明示,保证合同的成立需要保证人有明确承担保证责任的意思表示,如果没有,则不能成立保证合同,对保证不能作出推定。如果保证人在债权债务的主合同上签字盖章,即使主合同对保证人如何承担、何时承担以及承担多大的保证责任没有明确的约定,保证人与债权人之间的保证合同仍然成立,此时保证合同的成立便存在一定的推定成分,此为大陆法系所禁止。

实务中,判断当事人是否有承担保证责任的意思表示,一般通过客观和主观两个方面来判断。从客观上看,如果合同书中设置了保证人一栏,或者主合同上设置有保证人签字盖章栏,当事人在该合同上签字盖章,无论当事人是否知道该签字的具体后果,都表明当事人有确定的承担保证责任的意思表示。从这一点上看,我国对保证的意思表示采用的是客观标准说。从主观上看,保证人作为第三方在主合同上签字盖章,明确表示愿意承担保证责任,或者主合同当事人有其他证据证明保证人在签字盖章时承诺承担保证责任的,可以认定该当事人属于保证人。反之,如果主合同上只有债权债务当事人的签字盖章栏,没有列明保证人栏,即使第三方当事人在该主合同上签字盖章,也不能当然地将该签字盖章行为解释为保证。因为对该签字盖章行为不止有一种解释,还可以解释为当事人对债权人、债务人签订合同的见证或者当时只是充当主合同当事人的介绍人等。我国《民间借贷规定》第20条也规定:“他人在借据、收据、欠条等债权凭证或者借款合同上签名或者盖章,但是未表明其保证人身份或者承担保证责任,或者通过其他事实不能推定其为保证人,出借人请求其承担保证责任的,人民法院不予支持。”

(二)保证人单方出具保证承诺书

保证人自己制作书面形式的承诺书,明确地表达对欠款人履行合同债务负有保证责任，并向债权人提供该承诺书的，该承诺书可以认定为保证合同。保证承诺书有的由保证人直接向债权人出具，也有的通过债务人转交，如商业银行采用的还款担保书、银行保函等。法律对债权人接受承诺书的方式并没有详细的规定。从合同要约、承诺的形式多样性角度看，债权人接受保证承诺书除了用语言、文字的方式表示外，也可以用行为的方式表示。比如债权人收到保证承诺书后履行主合同的行为，可以认为是债权人接受保证承诺书的形式。以借款合同为例，贷款银行收到当事人的保证承诺书后，即按照借款合同向借款人发放贷款，应视为银行接受保证承诺书。

当然，第三人向债权人提供的承诺文件性质上也可能为债务加入。对于第三人向债权人提供的承诺文件，其性质是否是债务加入，可以结合多项要素进行综合评判。首先，看承诺文件是否有明确的加入债务或者与债务人共同承担债务的内容，如有，则考虑为债的加入；反之，如果承诺文件明确记载有保证的内容，则显然不属于债务加入，而属于保证。其次，看承诺文件中是否有关于保证期间的约定，如果有，基本可以认定为保证。最后，看承诺文件中是否有主债务人应当先承担责任的约定，如有，则为一般保证。① 此外，《民法典担保制度司法解释》第 36 条规定，第三人向债权人提供差额补足、流动性支持等类似承诺文件作为增信措施，具有提供担保的意思表示，债权人请求第三人承担保证责任的，人民法院应当依照保证的有关规定处理。第三人向债权人提供的承诺文件，具有加入债务或者与债务人共同承担债务等意思表示的，人民法院应当认定为《民法典》第 552 条规定的债务加入。前两款中第三人提供的承诺文件难以确定是保证还是债务加入的，人民法院应当将其认定为保证。例如，在刘某诉李某、肖某等民间借贷纠纷案②中，被告肖某为李某向刘某的借款提供保证并向刘某出具承诺书，承诺对被告李某拖欠原告的 13,000 元承担同等法律责任。法院认为其书写的承诺书内容应系债务加入，故被告肖某应对 13,000 元承担连带责任，对于被告肖某辩称的书写承诺书系帮助原告要账让其放心无事实及法律依据，法院不予采纳。

---

① 参见杨永清：《〈新担保司法解释〉中有关保证合同的几个问题》，载《法律适用》2021 年第 2 期。

② 参见河南省西峡县人民法院民事判决书，(2022)豫 1323 民初 428 号。

(三)适格的数据电文

对于保证合同能否采用数据电文的形式,各地的法院认定不一。有的法院认可当事人以线上点击方式出具的担保保证书,当事人的行为符合在线平台的签约流程,符合《电子签名法》的相关规定,例如殷某某、山东信茂非融资性担保有限公司追偿权纠纷上诉案[①]。有的法院认为,双方当事人通过微信聊天方式达成承担担保责任的合意,应当认定双方之间通过数据电文形式成立保证合同,例如张某某等保证合同上诉案[②]。也有的法院认为,双方当事人在微信记录中承担保证责任的合意不满足法律规定的保证合同书面形式要件,对当事人没有拘束力,例如张某某、庄某某合同纠纷上诉案[③]。

笔者认为,如果通过数据电文形式订立的保证合同已经载明了合同的必要内容,如保证期间、保证金额、保证方式等,并且合同中有保证人真实的电子签名,就应当认定双当事人之间成立保证合同。无论是基于同等评价之法理,还是出于保持现行法规范协调的考虑,都应当认可此种电子合同书的效力。

三、保证方式

(一)一般保证

《民法典》第687条规定:"当事人在保证合同中约定,债务人不能履行债务时,由保证人承担保证责任的,为一般保证。一般保证的保证人在主合同纠纷未经审判或者仲裁,并就债务人财产依法强制执行仍不能履行债务前,有权拒绝向债权人承担保证责任,但是有下列情形之一的除外:(一)债务人下落不明,且无财产可供执行;(二)人民法院已经受理债务人破产案件;(三)债权人有证据证明债务人的财产不足以履行全部债务或者丧失履行债务能力;(四)保证人书面表示放弃本款规定的权利。"

本条明确了一般保证的含义,同时为了保障债权人的利益,实现利益均衡,

---

① 参见殷某某、山东信茂非融资性担保有限公司追偿权纠纷上诉案,广东省深圳市中级人民法院(2019)粤03民终字第8691号民事判决书。

② 参见张某某等保证合同上诉案,北京市第一中级人民法院(2021)京01民终第11158号民事判决书。

③ 参见张某某、庄某某合同纠纷上诉案,福建省泉州市中级人民法院(2020)闽05民终字第4351号民事判决书。

法律还特别规定了行使先诉抗辩权的例外情形，在上述情形中，一般保证人的先诉抗辩权因法定事由消失，不得拒绝承担保证责任。我国《民法典担保制度司法解释》第 26 条也体现了一般保证人的先诉抗辩权，该条列明三点：(1) 债权人起诉时既可以单诉债务人，也可以列债务人和一般保证人为共同被告，但是不能单独起诉一般保证人，否则法院应当驳回起诉；(2) 列债务人与一般保证人为共同被告的，法院判决书主文必须明确"保证人仅对债务人财产依法强制执行后仍不能履行的部分承担保证责任"的字样，以在实体上落实一般保证人的先诉抗辩权利益；(3) 在财产保全环节，债权人也应该先就债务人的财产申请保全，否则不允许先行申请保全一般保证人的财产。

一般保证中"债务人应当先承担责任，而后保证人才承担责任"，而"债务人不能履行债务"主要包括主债务人到期未履行债务、债权人已对主债务人起诉或者仲裁、债权人已申请强制执行主债务人的财产、强制执行后主债权仍未全部实现等几种情形。

(二) 连带责任保证

《民法典》第 688 条规定："当事人在保证合同中约定保证人和债务人对债务承担连带责任的，为连带责任保证。连带责任保证的债务人不履行到期债务或者发生当事人约定的情形时，债权人可以请求债务人履行债务，也可以请求保证人在其保证范围内承担保证责任。"可见在连带责任保证中，保证人的责任重于一般保证的保证人的责任。

在连带责任保证中，债权人有权选择要求主债务人或者保证人对其承担责任。连带责任保证与连带债务相似，但连带责任保证人与债务人之间不存在连带债务关系。首先，连带责任保证是负担他人债务的债务，而连带债务人中各债务人须承担同等的债务。连带责任保证人为从属的债务人，其债务具有从属性，须以主债务的存在为前提，因主债务之变更而受到影响。其次，在连带责任保证中，主债务人的抗辩，保证人也可以援用，但保证人自身的抗辩，主债务人不能援用。而在连带债务中，债务人一人所主张抗辩，其他债务人也得主张该抗辩。连带责任保证人与主债务人并无内部分担之说，连带责任保证人承担保证责任后可以向主债务人追偿，而连带债务原则上是内部平均分担。

(三) 约定不明的推定

《民法典》第 686 条规定："保证的方式包括一般保证和连带责任保证。当事人在保证合同中对保证方式没有约定或者约定不明确的,按照一般保证承担保证责任。”

原《担保法》第19条①规定,没有约定或约定不明时推定为连带责任保证,而《民法典》将没有约定或约定不明推定为一般保证,这是《民法典》关于保证的一大改变。将“推定为连带保证”改为“推定为一般保证”曾产生巨大的立法争鸣。有学者认为,保证方式应当根据当事人的利益设定,对于债权人而言,约定不明时推定为连带保证,有助于债权人实现利益最大化,省去先向债务人追索的程序,这样直接向保证人追索,也提高了诉讼效率,在一定程度上缓解了法院的压力。对于保证人而言,保证人最初提供保证是基于对债务人还款能力的信任,债务人后期不还款只能说明保证人当时存在判断错误,但完全民事行为能力人理应具有契约精神,为其行为承担风险。那么,保证方式没有约定或约定不明究竟应如何推定?实践中,个人和企业因相互担保或者连环担保而资不抵债或者破产的情形大量存在,对正常的生活和经营秩序产生了较大影响。《民法典》最终从法的公平正义理念出发,充分考虑保证的单务性和无偿性,在主债权有保证的情况下,倾向于保护保证人的权益。对保证方式没有约定或者约定不明确的推定为一般保证,不仅有利于保障保证人的权益,也有利于防止债务风险的扩散,有利于防控金融风险、维护经济社会稳定。②

针对当事人在保证合同中既有债务人应当先承担责任的约定,又有债务人不应当先承担责任的约定的情况,有学者认为,“根据《民法典》第686条第2款关于减轻保证人责任的精神,应当认定该约定属于该款规定的当事人在保证合同中对保证方式‘约定不明确’,从而认定为一般保证”③。例如,在韶关市法院首个适用《民法典》第686条审理的民间借贷纠纷案④中,张某将其对冯某享有的债权转让给陈某并与其签订债权转让协议书,后来通过微信通知了保证人高某。法院经审理认为,高某在借款条中以担保人身份签名确认,未明确担保方式及担保期限,高某按照一般保证承担保证责任,但陈某未在保证期间内提起

---

① 原《担保法》第19条:“当事人对保证方式没有约定或者约定不明确的,按照连带责任保证承担保证责任。”

② 参见石宏:《合同编的重大发展和创新》,载《中国法学》2020年第4期。

③ 杨永清:《〈新担保司法解释〉中有关保证合同的几个问题》,载《法律适用》2021年第2期。

④ 参见广东省韶关市武江区人民法院民事判决书,(2020)粤0203民初33570号。

诉讼,高某不再承担保证责任。

从国外立法例来看,《德国民法典》第 771 条[①]、《法国民法典》第 2298 条[②]均规定了相似的内容,即保证人和债权人没有约定承担何种保证责任的,推定为一般保证。由于德国奉行“民商分立”,在民法领域,如果保证人与债权人就保证方式约定不明,推定为一般保证;但是在商法领域,则推定为连带保证。《德国商法典》第 349 条规定:“保证对保证人构成商行为的,保证人不享有先诉抗辩权。在所称的要件之下,对于因信用委托而作为保证人负责的人,适用相同规定。”[③]这是因为德国法认为在商事领域,商事主体具备专业性,应当承担较高的注意义务。而我国坚持“民商合一”的立法模式,所以没有对保证方式约定不明时如何推定的问题,在民事、商事领域予以分别规定,而是进行了统一的规定。

第三节　保 证 责 任

一、主合同变更的保证责任

(一)主债权转让时的保证责任

《民法典》第 696 条规定:“债权人转让全部或者部分债权,未通知保证人的,该转让对保证人不发生效力。保证人与债权人约定禁止债权转让,债权人未经保证人书面同意转让债权的,保证人对受让人不再承担保证责任。”本条规定从实质上看,并没有对原《担保法》第 22 条作修改,仅在第 2 款吸收了《担保法解释》第 28 条[④]的规定,将保证人与债权人的特别约定明确列举出来。

《民法典》第 546 条第 1 款规定:“债权人转让债权,未通知债务人的,该转让对债务人不发生效力。”第 696 条是第 546 条的具体体现。保证人因与债务

---

① 《德国民法典》(第 5 版),陈卫佐译注,法律出版社 2020 年版,第 368 页。

② 《法国民法典》,罗结珍译,北京大学出版社 2010 年版,第 502 页。

③ 《德国商法典》,杜景林、卢谌译,法律出版社 2010 年版,第 212 页。

④ 《担保法解释》第 28 条:“保证期间,债权人依法将主债权转让给第三人的,保证债权同时转让,保证人在原保证担保的范围内对受让人承担保证责任。但是保证人与债权人事先约定仅对特定的债权人承担保证责任或者禁止债权转让的,保证人不再承担保证责任。”

人之间的信任关系而为债务人提供保证,债权人属于相对人,只要债务人没有变化,由谁享有债权对保证人没有影响,其结果对保证人也不产生实质损害。因保证合同产生的保证债权具有从属性,主债权转让的,保证债权也同时转让。保证人如约定仅对特定的债权人承担保证责任或者禁止债权转让,反映了保证人仅愿意与特定债权人之间发生固定的担保关系,法律应当予以尊重。例如,在沈阳市沈河区人民法院审理的张某诉孙某等民间借贷纠纷一案①中,钟某将其对被告一的债权转让给张某,并通过短信的形式通知了被告二、三、四。法院认为,因原告受让债权后,原债务人以短信形式将债权转让事宜告知三被告,且借款合同亦对债权转让事宜进行明确约定,且原告在保证期间内主张权利,所以支持原告的诉讼请求。

保证人与债权人约定禁止债权转让,并不真正发生阻止债权转让的法律效力,债权人依法转让债权的,仍然发生法律效力,保证人或者受让人均不得以债权人与保证人有禁止债权转让的约定而宣称转让无效,但保证人因此获得免除保证责任的抗辩权。

(二)主债务转让时的保证责任

《民法典》第 697 条第 1 款规定:"债权人未经保证人书面同意,允许债务人转移全部或者部分债务,保证人对未经其同意转移的债务不再承担保证责任,但是债权人和保证人另有约定的除外。第三人加入债务的,保证人的保证责任不受影响。"相较于原《担保法》第 23 条②,本条第 1 款将该条内容进行整合,该变动更能表达立法本意,避免适用异议;增加"债权人和保证人另有约定的除外"的规定,该变动规定了债务承担对保证责任影响的意定情形,是当事人意思自治原则的体现。同时该条增设了第 2 款,规定了保证人的保证责任不因第三人加入债务而受影响。

(三)主合同内容变更时的保证责任

《民法典》第 695 条规定:"债权人和债务人未经保证人书面同意,协商变更主债权债务合同内容,减轻债务的,保证人仍对变更后的债务承担保证责任;加

① 参见辽宁省沈阳市沈河区人民法院民事判决书,(2021)辽 0103 民初 13595 号。

② 原《担保法》第 23 条:"保证期间,债权人许可债务人转让债务的,应当取得保证人书面同意,保证人对未经其同意转让的债务,不再承担责任。"

重债务的，保证人对加重的部分不承担保证责任。债权人和债务人变更主债权债务合同的履行期限，未经保证人书面同意的，保证期间不受影响。”

本条是关于在债权人和债务人私自变更主合同内容的情况下，保证人如何承担保证责任的规定。在当事人变更主合同内容，并增加主债务的数额或强度时，如果未经保证人同意，对超过原债额或强度的部分，径行要求保证人承担保证责任，那么这一方面会使债权人获得保证人允诺以外的利益，另一方面当然也就使保证人蒙受了其允诺外的损害，对保证人不公平。因此本条规定，主合同变更加重了保证人债务的，保证人对加重的部分不承担保证责任。主合同的变更减轻了保证人债务的，该变更没有超出保证人允诺的责任范围，没有损害保证人的任何利益，因此该情况下保证人仍对变更后的债务承担保证责任。但对于主债权债务合同履行期限，无论债权人和债务人限缩还是延长，只要未经保证人书面同意，该变更就对保证人没有影响，即保证人仍按照变更前的主合同确定保证期间的起算点，依法律规定或双方当事人约定确定保证期限。法院通常认为，当事人双方变更合同后，债权人要求保证人承担合同变更后的保证责任的，应当提供证据证明该变更经过了保证人的同意，否则将承担不利后果，例如吴某诉洪某、周某民间借贷纠纷案①。

二、保证期间

（一）保证期间的性质

1. 诉讼时效说

关于保证期间性质的讨论，起初大部分学者认为保证期间与诉讼时效相同，如此认定的原因是：其一，众多学者根据我国原《担保法》中规定的保证期间可以“中断”，认为保证期间就是诉讼时效；②其二，保证期间与诉讼时效都是限制请求权行使的时间段，也都是义务的存续期间；其三，两者的立法目的相似，即两者均是以维护社会经济关系稳定，督促权利人及时行使权利为目的。综合上述原因，认定保证期间就是诉讼时效，理应适用诉讼时效的规定，发生与诉讼

---

① 参见吴某诉洪某、周某民间借贷纠纷案，浙江省景宁畲族自治县人民法院(2022)浙1127民初22号民事判决书。

② 王世贤：《论保证期间的性质》，载《河北法学》2003年第1期。

时效相同的法律后果。

2. 除斥期间说

《担保法解释》第31条[1]的规定使诉讼时效说备受质疑，一些学者也据此开始对诉讼时效说提出不同意见，认为《担保法解释》中的规定正是为了消除原《担保法》第25条造成的误解，而保证期间与除斥期间的特征匹配度更高，故应将其认定为除斥期间。首先，两者均为不变期间，不像诉讼时效可以中止、中断、延长；其次，两者在某种程度上都是权利的行使期间，有利于维护交易的稳定；最后，除斥期间的对象可以是形成权也可以是请求权，而保证期间限制的对象是债权人的请求权，故保证期间与除斥期间的本质是有重合的，不过是除斥期间的范围更广而已。[2]

3. 或有期间说

所谓的或有期间，是指行为人是否能在期限内获得某种请求权，在这一期间内，行为人依法或依约完成某一行为即可获得相应请求权。或有期间制度首先出现于我国《民法典（草案）》，后在第三稿时被删除，最终我国《民法典》并未规定或有期间。当然，也有一些学者赞同其独立价值，认为或有期间与现有的期间制度不同，有自己的特色，例如保证期间，保证人担保债权人之债务设置一定保证期间，在此期间如果债权人满足一定的条件则获得由保证人偿还债务的权利，如保证期间届满不符合法定条件，保证关系消灭，保证人免除保证责任。[3]另外，当事人在或有期间内取得或行使其权利后，如果该权利是一般的请求权则由诉讼时效来调整，例如债权人在保证期间内要求保证人承担保证责任，此保证之债就由诉讼时效来调整；如果该权利是形成权则由除斥期间来调整。所以或有期间与诉讼时效、除斥期间等是各自独立的，因此，或有期间完全有存在的必要和空间。还有学者认为或有期间制度的设立可以适当限制处于优势地位的债权人，进而寻求保证关系中利益的平衡。[4] 但是，对于或有期间的独立存在，大多数学者并不赞同，主要原因是将或有期间确立为独立的期间制度并不能减轻我们的思维负担，而且不能将其作为一个概括性的制度进行大范围的适

① 《担保法解释》第31条："保证期间不因任何事由发生中断、中止延长的法律后果。"

② 耿林：《论除斥期间》，载《中外法学》2016年第3期。

③ 参见夏沁：《或有期间三论》，载《北方法学》2017年第1期。

④ 参见程啸：《保证合同研究》，法律出版社2006年版，第37页。

用；或有期间也并不能包含保证期间、异议期间在实践中的所有存在形态。

（二）我国保证期间的立法选择

《民法典》第 692 条将保证期间定义为保证人承担保证责任的期间，同时第 693 条对此条进行了呼应，规定了无论是一般保证还是连带责任保证，如果债权人未在保证期间按照规定的方式行使权利，那么保证人将不再承担保证责任。其中，一般保证的债权人应当在保证期间对保证人提起诉讼或者仲裁；连带保证的债权人需在保证期间向保证人提出明确的履约请求。例如，在朱某诉盛某等民间借贷纠纷一案[①]中，盛某向原告借款 100 万元并签订一份借款协议书，约定借款到期后，如果盛某不能偿还或无力偿还，由被告粮油公司从盛某借给粮油公司的款项中支付本金和利息。如果粮油公司不能偿还，则承担本协议中盛某应承担的责任和义务。法院认为，借款协议中粮油公司的义务符合一般保证的特征，故被告粮油公司应承担一般保证责任，而非共同还款责任。本案中双方未约定保证期限，故保证期间为主债务履行期限届满之日起 6 个月。根据《民法典》第 693 条的规定，由于原告在主债务履行期限届满之日起 6 个月内未对债务人提起诉讼或申请仲裁，故保证期间已过，应免除被告粮油公司的保证责任。

《民法典担保制度司法解释》第 34 条[②]明确规定了人民法院在审理保证合同纠纷案件时，主动查明债权人是否在保证期间行使权利的职责，又进一步规定了债权人未在保证期间内依法行使权利的不利后果。实践中存在保证期间经过后，债权人书面通知保证人要求保证人承担保证责任，保证人在通知书上签字、盖章或者按指印的情况。针对上述情况，该条明确规定，除双方就成立新的保证合同达成合意，否则保证责任消灭后，债权人请求保证人继续承担保证责任的，人民法院不予支持。另外，根据《民法典担保制度司法解释》第 33 条的规定，债权人未在保证期间内依法行使权利，保证人的赔偿责任也归于消灭。

---

① 参见辽宁省康平县人民法院民事判决书，(2021)0123 民初 4154 号。

② 《民法典担保制度司法解释》第 34 条："人民法院在审理保证合同纠纷案件时，应当将保证期间是否届满、债权人是否在保证期间内依法行使权利等事实作为案件基本事实予以查明。债权人在保证期间内未依法行使权利的，保证责任消灭。保证责任消灭后，债权人书面通知保证人要求承担保证责任，保证人在通知书上签字、盖章或者按指印，债权人请求保证人继续承担保证责任的，人民法院不予支持，但是债权人有证据证明成立了新的保证合同的除外。"

三、保证债务的诉讼时效期间

关于保证债务诉讼时效期间,学界一直存在多种观点。一种观点认为,保证合同的诉讼时效本质上与保证期间的性质不相容。之所以不相容就是因为无论是诉讼时效还是保证期间,指向的对象都是债权人对保证人的请求权,而诉讼时效和保证期间对待债权人的请求权的处理方式并不相同,从而不可能发生两者并行不悖的情形,只能选择其一。既然法律为保护保证人而选择了保证期间制度,就不可能再在保证合同上适用诉讼时效制度。[①] 另一种观点认为,保证合同的保证期间与保证合同的诉讼时效期间,都是要求债权人行使权利的期间。两者虽然处于不同的阶段,但是两者相互衔接。在一般保证的情况下,只要债权人在合同约定的保证期间或者法律规定的保证期间,对债务人提起诉讼或者提起仲裁,保证期间的作用就已结束,诉讼时效制度开始发生作用,债权人只要遵守诉讼时效制度的规定,就可以依法保证自己的权利。

我国《民法典》第 694 条规定:"一般保证的债权人在保证期间届满前对债务人提起诉讼或者申请仲裁的,从保证人拒绝承担保证责任的权利消灭之日起,开始计算保证债务的诉讼时效。连带责任保证的债权人在保证期间届满前请求保证人承担保证责任的,从债权人请求保证人承担保证责任之日起,开始计算保证债务的诉讼时效。"有学者认为:"《民法典》综合考量了'先诉抗辩权消灭之日'与'执行终结之日'的观点,'权利消灭之日'应被理解为债权人向债务人提起诉讼或者仲裁,且经强制执行无果之时。需要注意的是,依据《民法典》第 687 条的但书条款,在特定情形下,诉讼时效的起算点可以提前。"[②]《民法典担保制度司法解释》第 28 条对《民法典》第 694 条中的"从保证人拒绝承担保证责任的权利消灭之日起"作出了更加具体的规定:(1)一般从法院作出的对主债务人执行程序终结裁定送达债权人之日起计算;(2)如果法院收到执行申请书之日起 1 年内未作出终结执行裁定,则自法院收到申请执行书满 1 年之日起计算,保证人有证据证明债务人仍有财产可供执行的除外;(3)在一般保证人不享有先诉抗辩权的情形下,自债权人知道或者应当知道该情形之日起开始

---

① 参见孔祥俊:《保证期间再探讨》,载《法学》2001 年第 7 期。

② 包晓丽、司伟:《民法典保证期间规定理解适用中的几个问题》,载《法律适用》2021 年第 1 期。

计算。

就保证期间与保证债务诉讼时效的关系而言,“保证期间与保证债务诉讼时效虽然都是权利行使的期限,但事实上前者是决定是否产生保证债务的期限,后者则是债权人行使保证债权的期限”①。依据我国《民法典》第 693 条、第 694 条的规定,通常情况下,一般保证的债权人在保证期间向债务人提起诉讼或者仲裁,则保证期间将失去意义,在保证人先诉抗辩权消灭后,开始起算保证债务的诉讼时效。因而,保证期间与保证债务的诉讼时效不能同时计算。而连带责任保证的债权人则必须在保证期间向保证人主张保证责任。如果连带责任保证的债权人在保证期间向连带保证人提出承担保证责任的请求,那么保证期间即失去效力,此时,若保证人拒绝履行保证债务,则开始起算保证债务的诉讼时效。

四、保证人的追偿权

(一)追偿权的概念厘定

保证人的追偿权或称求偿权,是指保证人在履行保证债务后享有的向主债务人请求偿还的权利。就保证人和主债务人之间的关系而言,保证人实质上是清偿了他人的债务,所以追偿权是以主债务人为相对人的债权,该债权以保证人履行了保证责任为前提。我国《民法典》第 700 条规定:“保证人承担保证责任后,除当事人另有约定外,有权在其承担保证责任的范围内向债务人追偿……”保证人的追偿权使保证人从主债务人处获得补偿,实现了主债务人与保证人之间的利益平衡。对于保证人追偿权的范围,我国有学者认为应区分保证属于委托契约、适法的无因管理还是不适法的无因管理而分别处理。在保证基于委托契约而出具的情况下,保证人可向主债务人请求其所清偿的本金、利息及必要费用;在保证基于适法的无因管理而成立的情况下,即保证人承担保证责任符合债务人的意思且有利于债务人的,保证人可以向主债务人请求其所清偿的本金、利息及必要费用,有损害的可以请求其赔偿损害;在保证基于不适法的无因管理的情况下,即保证人承担保证责任违背主债务人的意思,保证人

① 王利明:《我国〈民法典〉保证合同新规则释评及适用要旨》,载《政治与法律》2020 年第 12 期。

则仅能请求主债务人偿还所得利益。[1]

（二）追偿权与代位权

应当注意的是，保证人的追偿权和代位权是两个概念，后者是指保证人代债务人清偿债务后，取代债权人的地位对债务人享有债权，属于人的代位。保证人的代位权为法定的权利，无论保证人与债务人的内部关系如何，保证人均享有法定的代位权，根据《民法典》第700条后段的规定，保证人享有的追偿权不得损害债权人的利益。

不同国家在保证人追偿权和代位权的关系上有不同的规定。例如，《法国民法典》第2305条规定："不论在提供保证时主债务人是否已经知悉，已经进行清偿的保证人对主债务人有求偿权，如有必要，保证人对损害赔偿也有求偿权。"第2306条规定："已经清偿的保证人，代位债权人取得其对债务人享有的所有权利。"[2]由此可见，《法国民法典》中同时规定了保证人的追偿权和代位权。

从《民法典》第700条的规定来看，我国同时规定了保证人追偿权和代位权。保证人承担保证责任后，对债务人享有追偿权。通常观念认为，债权因得到清偿而消灭，既已消灭，无从代位。但法律为保障保证人的利益，此处通过法律拟制的方式使债权继续存在，进而，承担了保证责任的保证人可以代债权人之位向债务人追偿。"这种权利虽被称为'法定代位权'，但其实质是债权的法定转移，是依据清偿代位而获得的。"[3]这些权利包括但不限于债权人对债务人享有的抵押权、支付本息请求权、支付违约金请求权。

对于承担保证责任的保证人能否对其他保证人行使追偿权的问题，《民法典》没有作出规定。王利明教授认为："在连带共同保证中，各个保证人之间应当享有追偿权。"[4]而在个案中，有的法院认为，如果同一债务有多个保证人，保证人应当按照保证合同约定的保证份额承担保证责任。没有约定保证份额的，债权人可以请求任何一个保证人在其保证范围内承担保证责任。履行保证义

---

① 参见黄立主编：《民法债编各论》（下），中国政法大学出版社2003年版，第872页。

② 《法国民法典》，罗结珍译，北京大学出版社2010年版，第503页。

③ 谢鸿飞：《连带债务人追偿权与法定代位权的适用关系——以民法典第519条为分析对象》，载《东方法学》2020年第4期。

④ 王利明：《我国〈民法典〉保证合同新规则释评及适用要旨》，载《政治与法律》2020年第12期。

务的保证人只能向债务人进行追偿,无权向其他未履行保证义务的保证人追偿,但保证人在担保合同中约定可以相互追偿的除外。例如,在华商公司诉安迈公司、赵某等追偿权纠纷案[①]中法官裁判即采用了上述观点。

(三)追偿权的成立要件

1. 保证人向债权人履行了债务

虽然保证人的追偿权一般在向债权人承担保证责任后才能行使,但是为了进一步保障保证人的利益,如果保证人在承担保证责任之前债务人破产且债权人未申报债权,尚未承担保证责任的保证人可预先行使追偿权,有权申报破产债权,参与破产财产的分配[②]。《破产法》第51条规定,如果债务人破产,那么保证人可以破产财产债权人的身份参加破产程序,并以其对主债务人的追偿权为破产债权,从破产财产中获得清偿。《民法典担保制度司法解释》中也有在债务人破产时,如果因为债权人的过错导致保证人不能预先行使追偿权,则保证人免除相应保证责任的规定。[③]

2. 主债务人因保证人承担保证责任而免责

如果主债务人的免责并非保证人履行债务所引起,保证人就没有追偿权。例如,主债务人自己早已清偿,或者债权人免除主债务人的债务,债权人的债权早已消灭,保证人却仍为之清偿,此时保证人对主债务人无求偿权,只能向债权人主张非债清偿的不当得利返还请求权。[④]

3. 保证人履行保证债务无过错

追偿权不论是基于与债务人之间的委托关系还是无因管理关系而产生,保证人在履行债务时都应当负有相当的注意义务,如果违背这种义务,就可认定为有过错。保证人在债权人请求其承担保证责任时,应当行使主债务人的抗辩,未行使抗辩权致使其承担本不应负担的责任时,应当认定保证人存在过错,保证人在此范围内丧失对主债务人进行追偿的权利。我国2020年修正的《民

---

① 参见华商公司诉安迈公司、赵某等追偿权纠纷案,北京市第三中级人民法院(2020)京03民终1038号民事判决书。

② 原《担保法》第32条。

③ 《民法典担保制度司法解释》第24条:"债权人知道或者应当知道债务人破产,既未申报债权也未通知担保人,致使担保人不能预先行使追偿权的,担保人就该债权在破产程序中可能受偿的范围内免除担保责任,但是担保人因自身过错未行使追偿权的除外。"

④ 参见林诚二:《民法债编各论》(下),中国人民大学出版社2007年版,第246页。

法典诉讼时效解释》①和《民法典担保制度司法解释》②均从主债务与从债务的诉讼时效和保证人的追偿权等方面作出了规定,即“保证人知道或者应当知道主债权诉讼时效期间届满仍然提供保证或者承担保证责任”“保证人承担保证责任后向债务人追偿的,人民法院不予支持”。

4. 保证人无赠与的意思

保证人如果出于赠与的意思承担保证责任,那么他人就无法对主债务人行使追偿权。但保证人清偿时无赠与意思的举证责任由主债务人承担,保证人行使追偿权时不必就此负举证责任。③

① 《民法典诉讼时效解释》第18条:“主债务诉讼时效期间届满,保证人享有主债务人的诉讼时效抗辩权。保证人未主张前述诉讼时效抗辩权,承担保证责任后向主债务人行使追偿权的,人民法院不予支持,但主债务人同意给付的情形除外。”

② 《民法典担保制度司法解释》第35条:“保证人知道或者应当知道主债权诉讼时效期间届满仍然提供保证或者承担保证责任,又以诉讼时效期间届满为由拒绝承担保证责任或者请求返还财产的,人民法院不予支持;保证人承担保证责任后向债务人追偿的,人民法院不予支持,但是债务人放弃诉讼时效抗辩的除外。”

③ 参见林诚二:《民法债编各论》(下),中国人民大学出版社2007年版,第246页。

第六章

租赁合同

第一节 租赁合同的一般原理

一、租赁合同的概念厘定

租赁,作为一种自古就有的民事交易活动,其充分发挥了物的使用价值与用益价值,促进了人类社会的生产,便利了人们的生活。租赁存在与发展的历史源远流长。《说文解字》中记载,在我国古代,租作动词用时有两层含义,或指征收作为赋税的谷物,或指出借、借用,多与田地、赋税相关;赁作动词用时则指给人做雇工或租借,多与人力或劳务有关。在现代,租赁被作为一个统一的用语合并使用,泛指民事主体之间的财产租让活动,不包含劳务的内容。租赁作为一种以支付租金的形式对他人财物进行使用和收益的活动,具有较强的经济作用和较高的实用价值。一方面,承租人无须通过大量的资金去购买租赁物,避免了租赁物陈旧过时的风险;另一方面,租赁给出租人提供了融通资金、盘活资产的可能,是在不丧失对物所有权的前提下对物使用价值的充分利用。

租赁合同是一种常见的典型合同,各国(地区)租赁合同的范畴各有不同。在罗马法时代,租赁(locationconduction)不仅涵盖当代的使用租赁、用益租赁,还包含雇佣合同和承揽合同。[①] 当代很多国家(地区)承袭了罗马法的理念和精神,对租赁合同的范畴规定得也较为广泛。例如,根据《法国民法典》第 1708

① 参见[德]马克斯·卡泽尔、罗尔夫·克努特尔:《罗马私法》,田士永译,法律出版社 2018 年版,第 464 页。

条,租赁契约有两种,分别为物的租赁契约以及劳动力的租赁契约。《法国民法典》第1709条进一步明确了“物的租赁契约”的概念,即一方当事人承担义务,在一定期限内让他方当事人享用某物并获得收益,他方当事人承担支付租金义务的契约。[①]《法国民法典》中劳动力的租赁契约则主要指劳动力的雇佣。也有许多国家的租赁合同并不包含劳动力的内容。例如,根据《瑞士债务法》第253条,租约是指承租人支付租金而出租人保证向承租人转让租赁标的物之使用权的合同。[②]《日本民法典》第601条规定:“租赁,通过约定当事人一方以某物供相对人使用及收益,租赁人对其支付租金,而发生效力。”[③]

在我国,关于租赁合同的定义,《民法典》相较于已经废止的原《合同法》并无二致。《民法典》第703条规定:“租赁合同是出租人将租赁物交付承租人使用、收益,承租人支付租金的合同。”显然,从概念上《民法典》所规定的租赁合同主要包含使用租赁、用益租赁,并将二者不加区分地统一规定,并未像《瑞士债务法》那样将租赁区分为使用租赁和用益租赁。同时,《民法典》的租赁合同仅指物的租赁,并未像《法国民法典》那样规定租赁契约既包含物的租赁契约又包含劳动力的租赁契约(雇工)。“当前我国的主要租赁形式是住房民事租赁和商事营利租赁两种形式,在具体规制层面并未分而治之,而是合二为一。”[④]

在租赁合同关系中,租赁物是指租赁合同的标的物,租赁物既可以是动产,也可以是不动产。租赁物的种类繁多,不动产诸如房屋、土地,动产诸如花鸟鱼、交通工具、机械设备、办公用品、生活用品等都可以成为租赁物。租金是指承租人为对租赁物进行使用、收益而向出租人支付的对价,实践中租金并不一定体现为现金形式,也可能体现为劳务、产品等形式。出租人是指依据双方约定将租赁物交付承租人使用、收益的当事人。承租人是指依据双方约定向出租人交付租金,并对租赁物进行使用、收益的当事人。值得注意的是,租赁物的出租人不一定局限于租赁物的所有人,租赁物的用益物权人、担保物权人以及承租人等权利人,都可能成为租赁物的出租人,但前提是其出租行为合乎法律的规定,并符合当事人之间的约定。

---

① 参见《法国民法典》,罗结珍译,北京大学出版社2010年版,第404页。

② 参见《瑞士债务法》,戴永盛译,中国政法大学出版社2016年版,第81、104页。

③ 《日本民法典》,王爱群译,法律出版社2014年版,第100页。

④ 刘练军、王佳:《商事租赁优先承租权之解释与适用》,载《江淮论坛》2021年第4期。

二、租赁合同的特征

（一）租赁合同是转移财产使用权的合同

租赁合同最终实现的是租赁物使用、收益权的转移，与所有权无关。出租权的取得与所有权无必然联系，对一定财产拥有所有权的主体可能无权对该财产进行出租，例如房屋所有权人无法出租设定了居住权的房屋；而对一定财产没有所有权的主体则可能获得该财产的出租权，例如转租的情况，当然转租需要经过出租人的同意，同意分为明示的同意和默示的同意。《民法典·合同编》第718条新增了出租人对承租人转租的默示同意。该条规定："出租人知道或者应当知道承租人转租，但是在六个月内未提出异议的，视为出租人同意转租。"也就是说，对于承租人擅自转租的，《民法典》赋予出租人6个月的异议期，自出租人知道或应当知道承租人擅自转租之日起6个月内，出租人可以提出异议，出租人提出异议的，转租合同无效，否则视为出租人默示同意转租。该条规定系将2009年《城镇房屋租赁司法解释》（已被修改）第16条第1款的规定纳入《民法典》，将原本仅适用于城镇房屋租赁合同的司法解释上升为法律并适用于所有的租赁合同。

因为租赁合同转移的是物的使用权，承租人对租赁物仅仅享有使用、收益的权利而无权对租赁物进行处分（这是租赁合同与借贷合同最主要的区别），所以承租人不能用租赁的财产来偿还债务，并且在承租人破产时也不能将租赁财产列为破产财产，此时出租人有取回权，而承租人也负有在租赁期限届满后归还租赁物的义务。应当注意的是，我国《民法典》第704条①所称的"租赁物"应为特定物或者特定化的种类物，无体物如知识产权不能成为租赁合同的标的物，知识产权的使用权需通过其他类型的合同如专利使用许可合同等取得。另外，以法律禁止流通物如枪支弹药、淫秽光盘等出租的，租赁合同应为无效。对于"租赁合同的标的物能否为物的一部分"这一问题，学界有不同的观点。一种观点认为，物之一部分，亦得为租赁之标的。此在租赁为当事人间之关系，固无问题。然在得对抗第三人之关系，则不免发生利用关系划分不明之情形，立法

---

① 《民法典》第704条："租赁合同的内容一般包括租赁物的名称、数量、用途、租赁期限、租金及其支付期限和方式、租赁物维修等条款。"

上应予考虑。[①] 另一种观点认为,租赁合同的标的物可以是财产的整体,也可以是财产的一部分。[②] 我国实践中更倾向于第二种观点。例如房屋租赁中,出租人可将房屋分成多间分别出租给不同的承租人。但以物的一部分出租的,当事人应当明确使用的范围,并且仅限于该物的部分可以单独使用的情况。

(二)租赁合同是诺成、双务、有偿合同

租赁合同为诺成合同而非实践合同。租赁合同的成立不以合同双方当事人交付租赁物或给付租金为标准,只要出租人与承租人关于租赁物的租赁达成一致的意思表示,租赁合同即可成立。

租赁合同为双务合同而非仅有一方主体承担义务的单务合同。各国民法典均明确规定了租赁合同中出租人、承租人的权利及义务。在租赁合同中,当事人双方互负合同义务。出租人承担向承租人交付租赁物,在一定期限内让渡租赁物的占有、使用、收益权,确保租赁物满足租赁合同约定的条件,按租赁合同约定对租赁物予以管护维修等义务;承租人承担向出租人给付对价即租金,妥善使用租赁物以及其他租赁合同明确约定的义务。

租赁合同为有偿合同,承租人取得租赁物的使用、收益权需要以向出租人支付租金为对价。各国民法典或债法典均将租金支付作为承租人最重要的义务予以规定,并明确赋予出租人在承租人逾期支付租金的情况下,在合理期限内催告请求支付租金的权利。相较于借用合同,有偿性是租赁合同区别于借用合同的主要特征。借用合同同样由出借人向借用人交付出借物,在一定期限内让渡出借物的占有、使用等权利,但借用合同却具有无偿性特征,即借用人无须向出借人基于借用行为给付对价。

(三)租赁合同具有期限性

租赁合同具有期限性的特征,租赁关系无法永续存在,各国法律均禁止"永久性租约"。法国最高法院早在20世纪90年代就宣布租约因具有永久性质而无效。[③] 根据租赁期限是否确定,租赁合同又分为定期租赁和不定期租赁两种。定期租赁中当事人双方明确约定了租赁期限。不定期租赁的情况较为复杂,包

---

① 参见史尚宽:《债法各论》,中国政法大学出版社2000年版,第160页。

② 参见王家福主编:《民法债权》,中国社会科学出版社2015年版,第557页。

③ 参见《法国民法典》,罗结珍译,北京大学出版社2010年版,第1285页。

括:(1)当事人双方对于租赁期限没有明确约定;(2)因未采用书面形式而无法确定租赁期限;(3)租赁期限届满后,承租人继续对租赁物进行占有、使用、收益,而出租人没有提出异议,此时租赁合同继续有效,租赁期限由定期变为不定期。对于不定期租赁,当事人双方可以随时解除合同,但是应在合理期限之前通知对方。各国家及地区对于租赁最长期限一般都有规定,日本规定租赁期限不能超过20年。《民法典》第705条也规定:"租赁期限不得超过二十年。超过二十年的,超过部分无效。租赁期限届满,当事人可以续订租赁合同;但是,约定的租赁期限自续订之日起不得超过二十年。"

(四)租赁合同为非要式合同

要式合同必须具备法律所要求的形式,否则合同不成立或无效。非要式合同则无须拘泥于法律所要求的特定形式,不因合同的形式问题而影响合同的成立或合同的效力。关于租赁合同,各国基本都未通过立法方式强制性要求其满足何种形式,通常权利主体意思表示一致即可成立租赁合同。虽然我国《民法典》第707条规定了租赁期限为6个月以上的租赁合同应当采用书面形式,但该条规定并非效力性强制性规定,即便当事人双方未通过书面形式订立租赁期限为6个月以上的租赁合同,也不会导致该租赁合同无效。同时,关于未采用书面形式订立的租赁期限为6个月以上的租赁合同,我国《民法典》第707条进一步明确,只有在"无法确定租赁期限"的情况下,才视为不定期租赁。该条在原《合同法》第215条的基础上,增加了"无法确定租赁期限"的表述以强调推定为不定期租赁的关键在于无法确定租赁期限,而非未采用书面形式。此次修改给当事人的意思自治留出足够的空间,实为法治进步表现。在司法实践中,有的法院认为,如果双方当事人在录音、微信聊天记录中有关于租赁期限的合意,应当按照该合意认定,例如周某某诉陈某某房屋租赁合同纠纷案。[①] 因而,《民法典》第707条确认了租赁合同为非要式合同,租赁期限在6个月以上的口头租赁合同,只要双方当事人确认租赁期限,或者有合法有效的证据能够证明、确定租赁期限,该租赁合同都属于定期租赁,唯有无法确定租赁期限的情况下,未经书面签订的租赁合同才会被视为不定期租赁合同。在司法实践中,有法院认

---

① 参见周某某诉陈某某房屋租赁合同纠纷案,北京市丰台区人民法院(2021)京0106民初23146号民事判决书。

为,根据《民法典》第734条的规定,租赁期届满,承租人继续使用租赁物且出租人未提出异议的,双方之间就形成事实上的租赁关系,此时该合同系属不定期租赁合同,出租人有权随时解除合同,例如贵州宝恒建材城置业有限公司诉韦某某租赁合同纠纷案①。可见,根据我国《民法典》的规定,租赁合同不必须具备一定的法律形式,是否具备相应法律形式也并不会影响合同的成立以及生效。当然,根据相关法律、法规的规定,特殊种类的租赁合同需要办理登记备案手续。例如,《城市房屋租赁管理办法》要求房屋租赁实行登记备案制度,《船舶登记条例》要求光船租赁权的设定、转移和消灭应当向船舶登记机关登记。对此,我国《民法典》新增第706条进一步明确:"当事人未依照法律、行政法规规定办理租赁合同登记备案手续的,不影响合同的效力。"这一规定通过立法方式明确赋予未办理登记备案的租赁合同以确定的法律效力,避免了实务中因登记备案事宜所引发的租赁合同效力的争议。

第二节　租赁合同的效力

一、出租人的权利与义务

(一)出租人的权利

1. 租赁物毁损、灭失时的损害赔偿请求权

租赁物作为租赁合同的标的物在租赁合同存续期间由承租人占有、使用,因管理不善、犯罪、意外等,租赁物存在毁损、灭失的可能。租赁物毁损、灭失的原因可归结为:出租人原因、承租人原因、第三方原因(第三方侵权行为或犯罪行为)、意外事件。如果租赁物毁损、灭失是出租人过错造成,例如租赁物本身存在瑕疵,或因出租人未履行维修管护义务等过错导致租赁物处于危险状态,则相应责任由出租人承担。如果租赁物毁损、灭失是第三人侵权行为或犯罪行为导致,则应根据法律规定及租赁合同约定确定各方责任。如果租赁物毁损、

① 参见贵州宝恒建材城置业有限公司诉韦某某租赁合同纠纷案,贵州省黔东南苗族侗族自治州中级人民法院(2021)黔26民初84号民事判决书。

灭失系承租人原因,则应由承租人承担损害赔偿责任,即承租人原因导致租赁物毁损、灭失时,出租人享有损害赔偿请求权。

《民法典》第 714 条规定了因承租人保管不善造成租赁物毁损、灭失的,应当由承租人承担赔偿责任。《民法典》第 715 条第 2 款进一步规定:“承租人未经出租人同意,对租赁物进行改善或者增设他物的,出租人可以请求承租人恢复原状或者赔偿损失。”上述两个条款均为因承租人过错导致租赁物毁损灭失,出租人享有的损害赔偿请求权。特殊情况下,承租人虽无过错,但出租人仍有损害赔偿请求权。例如,根据《民法典》第 716 条,在承租人转租的情况下,第三人原因造成租赁物损失的,出租人仍有权要求承租人承担损害赔偿责任。

2. 租金支付请求权

租赁合同作为一种双务合同,出租人有权要求承租人按照租赁合同的约定给付租金,根据《民法典》第 722 条的规定,“承租人无正当理由未支付或者迟延支付租金的,出租人可以请求承租人在合理期限内支付”。世界上很多国家都有颇为相似的规定。例如,根据《瑞士债务法》第 257d 条的规定,“承租人在受领租赁物后拖欠已届清偿期的租金或从费用者,出租人得定相当期限,以书面催告承租人支付”。可见,租金支付请求权是租赁合同中出租人最基本的权利之一,获取租金也是租赁合同中出租人一方的合同目的。

(二) 出租人的义务

1. 交付符合约定用途的租赁物的义务

我国《民法典》第 708 条前半句规定,“出租人应当按照约定将租赁物交付承租人”。这是出租人的基本义务,此与一般的使用借贷合同不同,后者以物的实际交付为成立要件,而租赁合同是诺成合同,双方意思表示达成一致合同即成立,所以交付租赁物即是出租人合同成立后的首要义务。

《民法典》第 708 条后半句规定,出租人应“在租赁期限内保持租赁物符合约定的用途”。由此可见,出租人还负有在整个租赁期间保持租赁物符合约定的使用、收益状态的义务,不得妨害承租人的使用、收益权。如果第三人妨害承租人的使用、收益权,出租人有义务排除或者协助承租人排除。租赁物出现不能使用、收益的状态时,出租人亦有义务修复,恢复租赁物原来的状态。出租人未尽到此项义务致使合同目的不能实现的,承租人有权解除合同。例如,在彭某诉刘某房屋租赁合同纠纷案[①]中,案外人转租给彭某一房屋并与彭某约定刘某将案涉房屋出租给彭某,签订房屋租赁合同。租房时彭某明确要求是两房,后因房间不符合要求发生纠纷。法院认为原告与刘某之间的房屋租赁合同系各方真实意思表示,合法有效,各方均应依约履行。现双方均确认案涉房屋的小房间不能居住、仅有一个房间可以居住。故彭某的合同目的无法实现,彭某有权解除合同。合同解除后,尚未履行的,终止履行;已经履行的,根据履行情况和合同性质,当事人可以请求恢复原状或者采取其他补救措施,并有权请求赔偿损失。法院最终判决刘某返还彭某押金及房租。

2. 租赁物的瑕疵担保义务

(1)物的瑕疵担保义务

物的瑕疵担保义务是指出租人应当担保其所交付的租赁物符合约定的用途以及能够依约正常使用、收益。如果存在承租人不能正常使用、收益的瑕疵,承租人可以解除合同或者请求减少租金;如果租赁物在合同订立时已经成为特定物且在合同成立或者交付租赁物时,租赁物发生损坏,出租人应当承担租赁物的瑕疵担保责任;如果租赁物在合同订立后、交付之前发生损坏,出租人需要承担物的瑕疵担保和给付不能的双重责任。《日本民法典》第 611 条规定,承租物的一部分并非由于承租人的过失而灭失的,承租人可以按其灭失部分的比例,请求减少租金,在前款情形下仅有残存部分则承租人不能达到承租目的的,承租人可以解除合同。[②] 我国《民法典》第 729 条[③]也规定了类似情形下承租人的合同解除权。如果承租人明知租赁物有瑕疵仍然与出租人签订租赁合同,此时出租人可以免责。这里的“明知”既包括租赁合同中有明确排除瑕疵担保责任条款的情况,也包括虽然合同中没有此类条款,但是出租人有确切的证据证明承租人在订立合同时知晓租赁物瑕疵的情况。有的国家进一步规定了除外条款,即使承租人收取租赁物时知道瑕疵,出租人也不免除责任。如《德国民法典》第 536b 条规定:“承租人虽知道瑕疵,仍收取有瑕疵的租赁物的,仅在承租

---

① 参见浙江省杭州市萧山区(市)人民法院民事判决书,(2022)浙 0109 民初 625 号。

② 参见《日本民法典》,王爱群译,法律出版社 2014 年版,第 102 页。

③ 《民法典》第 729 条:“因不可归责于承租人的事由,致使租赁物部分或者全部毁损、灭失的,承租人可以请求减少租金或者不支付租金;因租赁物部分或者全部毁损、灭失,致使不能实现合同目的的,承租人可以解除合同。”

人在收取时保留其各项权利时，始得主张因第536条和第536a条而发生的各项权利。”[1]第569条规定，如果租赁的住房存在瑕疵以致会危害健康的，即使承租人在订立合同时已知道引起危险的性质或者已放弃主张其因这一性质而享有的权利，承租人也可以即时通知出租人解除合同。[2] 我国《民法典》第731条也规定：“租赁物危及承租人的安全或者健康的，即使承租人订立合同时明知该租赁物质量不合格，承租人仍然可以随时解除合同。”关于举证责任，有的法院认为承租人必须就“已将房屋出现危及健康的情况告知出租人”进行举证，否则将承担举证不能的不利后果，例如徐某诉祁某房屋租赁合同纠纷案[3]。

（2）权利的瑕疵担保义务

权利的瑕疵担保义务是指出租人应当担保其所交付的租赁物不能因为第三人向承租人对租赁物主张权利而使承租人不能够依约正常使用、收益。出租人未尽到瑕疵担保义务，导致承租人因第三人向其主张权利而不能就租赁物行使使用、收益的权利的，出租人应负瑕疵担保责任，承租人可以要求解除合同或者请求减少租金。《意大利民法典》第1585条规定：“出租人，对于主张在租赁物上有权利的第三人提起的其物的使用或享有减少的障碍，负保障承租人的责任。对于不能主张有权利的第三人的障碍，不负保障承租人的责任。但不妨碍承租人以自己名义对其障碍采取行动的权能。”[4]我国《民法典》第723条规定：“因第三人主张权利，致使承租人不能对租赁物使用、收益的，承租人可以请求减少租金或者不支付租金。第三人主张权利的，承租人应当及时通知出租人。”同时，我国《民法典》第724条[5]还规定了如果租赁物权属发生争议，承租人可以解除合同。

对权利瑕疵应当注意以下三点：①权利瑕疵应当发生在租赁物交付之前，若发生在交付之后，因为承租人是基于租赁合同占有租赁物，属于有权占有，所

---

① 《德国民法典》（第5版），陈卫佐译注，法律出版社2020年版，第219页。

② 参见《德国民法典》（第5版），陈卫佐译注，法律出版社2020年版，第245页。

③ 参见徐某诉祁某房屋租赁合同纠纷案，广东省东莞市第一人民法院（2021）粤1971民初35873号民事判决书。

④ 《意大利民法典》，陈国柱译，中国人民大学出版社2010年版，第283页。

⑤ 《民法典》第724条：“下列情形之一，非因承租人原因致使租赁物无法使用的，承租人可以解除合同：（一）租赁物被司法机关或者行政机关依法查封、扣押；（二）租赁物权属有争议；（三）租赁物具有违反法律、行政法规关于使用条件的强制性规定情形。”

以承租人的权利本身就具有对抗第三人的效力，第三人的权利不影响承租人对租赁物的使用、收益，也就无所谓出租人的担保责任。在个案中有法院认为，因为承租人的原因，未及时通知出租人致使出租人能够救济而未救济的，则出租人对承租人的损失不负赔偿责任，反之如果承租人及时通知了出租人，出租人未积极协助承租人排除权利障碍导致承租人损失，则出租人承担与其过错相当的赔偿责任，例如肖某、肖某裕等诉桂阳县农业农村局租赁合同纠纷案[①]。②承租人在订立合同时不知道租赁物上存在权利瑕疵。如果承租人知道租赁物上存在瑕疵仍然订立合同，应当视为承租人自愿接受第三人可能向其主张权利的风险，此时出租人免责。此处的出租人免责，仅是指免除出租人对承租人因第三人主张权利而受到的损失进行赔偿的责任，并不代表合同不能解除。即使承租人明知有权利瑕疵仍订立合同，当第三人向其主张权利时，承租人对租赁物不能继续使用、收益，合同履行不能，合同目的不能实现，承租人仍然可以解除合同，不再承担支付租金的义务。③《民法典》第 506 条规定，因故意或者重大过失造成对方财产损失的免责条款无效。即使租赁合同中约定了免除出租人的权利瑕疵担保责任，但出租人因故意或者重大过失不告知承租人致使承租人遭受损失的，出租人仍应承担权利瑕疵担保责任。例如，在张某诉朱某租赁合同纠纷案[②]中，朱某将餐厅转让给张某并签订转让协议和租赁合同，后该县人民法院下发执行通知要求腾房，同时二房东孟某亦要求腾房，张某无法继续经营，张某随后起诉朱某请求解除合同并要求其赔偿损失。法院认为，原被告签订的转让协议书与房屋租赁合同是互相依附的关系，现因第三方提出权利主张，涉案房屋已被强制拆除，原告购买被告资产的目的已完全不能实现。因此，原告主张解除转让协议的请求于法有据，予以支持。协议解除后双方互负返还义务。庭审查明原告已将案涉房屋内物品提存，被告有权取回。被告需返还原告转让款，但应扣除原告占有饭店期间的使用费。

3. 租赁物的维修义务

《民法典》第 712 条规定："出租人应当履行租赁物的维修义务，但是当事人

① 参见肖某、肖某裕等诉桂阳县农业农村局租赁合同纠纷案，湖南省桂阳县人民法院（2022）湘1021 民初 140 号民事判决书。

② 参见山东省齐河县人民法院民事判决书，（2021）鲁 1425 民初 4468 号。

另有约定的除外。”租赁物的维修义务是物的瑕疵担保义务派生出的一项义务，因为出租人不仅应担保其交付的标的物无瑕疵，还要担保在租赁期间租赁物符合约定用途，以满足承租人使用、收益的需要。但是，在承租人占有租赁物期间，如果租赁物需要修缮，承租人应当向出租人发出修缮通知，承租人应通知而未通知的，出租人不负修缮义务。另有一个值得探讨的问题是，如果租赁物的损毁与出租人之间不存在因果关系，此时出租人是否负有维修义务？对此，各国立法例各有不同。依照《德国民法典》以及《瑞士债务法》的解释，此时出租人不负修缮义务；依日本学界通说，此时出租人负有修缮义务，另外，承租人因违反保管义务或因侵权行为，而负损害赔偿义务。[①] 我国学者王家福认为，出租财产在出租期间出现的故障，只有不是承租人的过失所引起的，出租人才负有维修义务。[②] 我国《民法典》采纳此类观点。我国《民法典》第 713 条规定：“承租人在租赁物需要维修时可以请求出租人在合理期限内维修。出租人未履行维修义务的，承租人可以自行维修，维修费用由出租人负担。因维修租赁物影响承租人使用的，应当相应减少租金或者延长租期。因承租人的过错致使租赁物需要维修的，出租人不承担前款规定的维修义务。”本条在原《合同法》第 221 条的基础上新增第 2 款即出租人维修义务的除外情形。由此可见，出租人的维修义务应当建立在租赁物正常使用损耗的基础上，如果因承租人的过错导致租赁物毁损，依据《民法典》第 1165 条的规定，承租人可能构成侵权，享有所有权的出租人可以向承租人主张恢复原状。[③]

二、承租人的权利与义务

（一）承租人的权利

1. 承租人的使用、收益权

《民法典》第 720 条规定：“在租赁期限内因占有、使用租赁物获得的收益，归承租人所有，但是当事人另有约定的除外。”租赁物的使用、收益权是承租人基于租赁合同享有的最重要的权利，也是订立租赁合同的目的所在。

---

① 参见史尚宽：《债法各论》，中国政法大学出版社 2000 年版，第 166 页。

② 参见王家福主编：《民法债权》，中国社会科学出版社 2015 年版，第 559 页。

③ 《民法典》第 1165 条：“行为人因过错侵害他人民事权益造成损害的，应当承担侵权责任……”

2. 共同使用人的承租权

《民法典》第732条规定:“承租人在房屋租赁期限内死亡的,与其生前共同居住的人或者共同经营人可以按照原租赁合同租赁该房屋。”该条较原《合同法》增加了“共同经营人”的情形,理由是房屋除了有居住用途还有经营用途。

(二)承租人的义务

1. 支付租金的义务

《民法典》第721条规定:“承租人应当按照约定的期限支付租金……”支付租金是承租人的主要义务,承租人支付租金应当按照与出租人约定的数额及期限进行支付,承租人迟延支付租金的应负相应的责任。我国《民法典》第722条规定:“承租人无正当理由未支付或者迟延支付租金的,出租人可以请求承租人在合理期限内支付;承租人逾期不支付的,出租人可以解除合同。”另外,租金并非一成不变,我国《民法典》规定了特殊情况下承租人可请求减少或者免除支付租金的义务,如在租赁物的剩余部分不能实现合同目的时。一些国家也规定了在租赁期间当事人可以变更租金,如《德国民法典》第557条第1句规定:“在使用租赁关系存续期间,双方当事人可以约定提高租金。”①

对于支付租金的期限,《民法典》第721条规定:“……对支付租金的期限没有约定或者约定不明确,依据本法第五百一十条的规定仍不能确定,租赁期限不满一年的,应当在租赁期限届满时支付;租赁期限一年以上的,应当在每届满一年时支付,剩余期限不满一年的,应当在租赁期限届满时支付。”

2. 以适当方法使用租赁物的义务

《民法典》第709条规定:“承租人应当按照约定的方法使用租赁物。对租赁物的使用方法没有约定或者约定不明确,依据本法第五百一十条的规定仍不能确定的,应当根据租赁物的性质使用。”承租人是否依照约定的方法使用租赁物关系到租赁物是否是正常的损耗。以租赁物是否正常损耗为标准,又会划分出承租人和出租人的责任。《民法典》第710条规定:“承租人按照约定的方法或者根据租赁物的性质使用租赁物,致使租赁物受到损耗的,不承担赔偿责任。”反之,如果承租人不按照约定的用途使用租赁物,就构成违约,应对出租人承担违约责任。《德国民法典》第543条规定,承租人因未尽其应尽的注意而显

---

① 《德国民法典》(第5版),陈卫佐译注,法律出版社2020年版,第233页。

著地危害租赁物，出租人可以解除合同。[①] 同时，我国《民法典》第711条规定了承租人不按照约定的方法或者未根据租赁物的性质使用租赁物的后果，即上述行为致使租赁物受到损失的，出租人可以解除合同并且请求赔偿损失。

3. 妥善保管租赁物的义务

《民法典》第714条规定："承租人应当妥善保管租赁物，因保管不善造成租赁物毁损、灭失的，应当承担赔偿责任。"所谓妥善保管，是指承租人应当尽到自己作为善良管理人的义务。承租人在租赁期间，如果发现租赁物损坏或者第三人对租赁物行使权利，应当及时通知出租人。合同约定由承租人负修缮义务的，承租人应及时维修。承租人未尽到通知或者修缮义务，导致租赁物损害扩大的，应当承担扩大部分的赔偿责任。

第三节　租赁合同的特殊问题

一、买卖不破租赁

《民法典》第725条规定："租赁物在承租人按照租赁合同占有期限内发生所有权变动的，不影响租赁合同的效力。"依照原《合同法》第229条的规定，承租人是否占有租赁物不影响买卖不破租赁规则的适用，《民法典》加大了对第三人的保护，在一定程度上有利于避免倒签或者伪造租赁合同的情况。但实践中存在房屋所有权人在向买方交房之前与他人串通订立租赁合同并制造承租人占有房屋假象的可能，此时第三人也会有入住不能的风险。所以，第三人与所有权人在订立买卖合同前应当实地调查，并在订立买卖合同后及时占有房屋，避免此类风险的发生。对此，有的国家法律规定租赁要经过登记才能对抗第三人。例如，《意大利民法典》第1599条规定，已经在公共登记簿中登记的租赁合同，可以产生对抗第三人的效力，未登记的不动产财产的租赁，自租赁开始起非在9年的限制内，不得对抗第三取得人[②]。我国也有类似规定，如2010年9月

---

① 参见《德国民法典》（第5版），陈卫佐译注，法律出版社2020年版，第222页。

② 参见《意大利民法典》，陈国柱译，中国人民大学出版社2010年版，第285页。

17 日修改的《上海市房屋租赁条例》第 15 条规定："房屋租赁合同及其变更合同由租赁当事人到房屋所在地的区、县房产登记机构办理登记备案手续。房屋租赁合同未登记备案的，不得对抗第三人。"《民法典》第 706 条规定："当事人未依照法律、行政法规规定办理租赁合同登记备案手续的，不影响合同的效力。"《民法典》没有加入登记对抗第三人条款，究其根本是为了保障租房群体的利益。

值得注意的是，《民法典》第 405 条抵押不破租赁的规则基于《民法典》第 725 条相同的考虑也增加了"在先租赁优于在后抵押要以承租人占有租赁物为前提"的要件。有学者认为《民法典》第 725 条体现了租赁权"债权物权化"的性质。所谓"债权物权化"，是指本为债权的租赁权因为其自身的某些特性而拥有了物权的性质。也就是说，租赁权的本质属性仍为债权，但因其具有公示、占有等特征而被物权化了。对此，司法实践中也有所讨论。在信德佳（厦门）实业有限公司诉厦门金达昌科技有限公司等案外人执行异议之诉纠纷案[①]中，最高人民法院作出如下评述，简要阐述了租赁权的物权化问题：租赁权作为一种特殊的债权，受到了物权化的特殊保护。基于租赁合同，承租人主要享有两种权利：一是依据租赁合同，要求出租人按照约定的标准交付租赁物的权利；二是占有租赁物后，对于租赁物占有、使用的权利。我国立法对上述两种权利并未明确予以区分，但这两种权利的性质并不相同。前一种权利是纯粹债权性的权利，适用债权的相对性及平等原则；后一种权利具备"占有"这一公示性表征，会产生物权化与特殊保护的问题，是真正意义上的租赁权。由此可见，最高法对"买卖不破租赁"规则体现了债权的物权化这一观点持肯定态度。

我国《民法典》没有对"买卖不破租赁规则"的适用范围作出必要限制，动产和不动产皆可适用，而比较法上一般都将该规则限于住宅或者不动产。2020 年修正的《城镇房屋租赁司法解释》第 14 条[②]和《民法典担保制度司法解释》第

---

① 参见最高人民法院民事判决书，(2016)最高法民申 3536 号。

② 《城镇房屋租赁司法解释》第 14 条："租赁房屋在承租人按照租赁合同占有期限内发生所有权变动，承租人请求房屋受让人继续履行原租赁合同的，人民法院应予支持。但租赁房屋具有下列情形或者当事人另有约定的除外：(一)房屋在出租前已设立抵押权，因抵押权人实现抵押权发生所有权变动的；(二)房屋在出租前已被人民法院依法查封的。"

54 条第 2 项[①]还规定了适用“买卖不破租赁”的除外情形：(1) 在租赁房屋出租前设定抵押权的情况下，抵押权人能够证明承租人知道或者应当知道抵押权的设定；(2) 租赁房屋出租前已被依法采取强制措施。

二、转租

转租是指承租人将租赁物再次出租给次承租人使用、收益，在承租人和次承租人之间形成一个新的租赁关系，出租人与承租人原有的租赁关系继续存在。对于转租，各国有不同的立法例：第一种，承租人转租必须经出租人同意否则不得转租。其理由是出租人是所有权人，转租涉及对出租人所有物的处分，因此必须经其同意。第二种，区分动产转租和不动产转租。《意大利民法典》第 1954 条规定：“承租人，除有相反的场合外，虽有将其租赁的物转租的权利，但如果没有出租人的同意不能将其契约转让。其关于动产转租应由出租人许可或者依习惯而被承认。”[②]第三种，承租人均可转租，但当事人有相反约定的除外。其理由为转租转移的是使用、收益权而非所有权，转租并不以所有权的转移为生效要件，所以承租人可以转租。我国采用的是第一种立法例，《民法典》第 716 条规定：“承租人经出租人同意，可以将租赁物转租给第三人。承租人转租的，承租人与出租人之间的租赁合同继续有效；第三人造成租赁物损失的，承租人应当赔偿损失。承租人未经出租人同意转租的，出租人可以解除合同。”该条第一款的后半段是《民法典》第 593 条[③]在租赁合同中的具体应用，可见转租分为有权转租和无权转租两种。

(一)有权转租

有权转租即经出租人同意的转租，承租人和次承租人之间的租赁合同也对出租人发生效力，因承租人拖欠租金导致合同解除的，次承租人作为第三人享

---

① 《民法典担保制度司法解释》第 54 条第 2 项：“抵押人将抵押财产出租给他人并转移占有，抵押人行使抵押权的，租赁关系不受影响，但是抵押权人能够举证证明承租人知道或者应当知道已经订立抵押合同的除外。”

② 《意大利民法典》，陈国柱译，中国人民大学出版社 2010 年版，第 284 页。

③ 《民法典》第 593 条：“当事人一方因第三人的原因造成违约的，应当依法向对方承担违约责任。当事人一方和第三人之间的纠纷，依照法律规定或者按照约定处理。”

有代为履行权。《民法典》第719条[①]规定次承租人可以代替承租人支付拖欠的租金和违约金，此时出租人不得以承租人未支付租金为由解除合同。《日本民法典》第613条也有类似规定，即“出租人合法转租承租物的，转租人直接对出租人负担义务。这种情形下，不得以租金的预付对抗出租人。前款的规定，不影响出租人对承租人行使其权利”。[②] 由此可见，出租人对于租金的问题，可以同时向承租人和次承租人行使支付请求权。例如，在孙某诉石某房屋租赁合同纠纷案[③]中，法院认为，超出原租赁合同期间后，出租人继续按原租金标准向次承租人催要房租，可以认定出租人与次承租人之间形成事实上的房屋租赁合同关系，次承租人依法应给付出租人房租。次承租人经出租人同意将房屋再次转租给他人，该转租行为合法有效，次承租人有权取得转租费，但其向出租人给付租金的义务仍应履行。另外，如果出租人与承租人的合同解除，则次承租人负有腾房义务，因为此时次承租人占有房屋没有法律依据，属于无权占有，根据《城镇房屋租赁司法解释》第13条的规定，次承租人迟延履行腾房义务的，应当向出租人支付逾期腾房的房屋使用费。

（二）超期转租

《民法典》第717条规定：“承租人经出租人同意将租赁物转租给第三人，转租期限超过承租人剩余租赁期限的，超过部分的约定对出租人不具有法律约束力，但是出租人与承租人另有约定的除外。”本条将2009年《城镇房屋租赁司法解释》（已被修改）第15条的“超期部分无效”吸收更改为“对出租人不具有法律约束力”，看似是表述的改变，实则是将原来的绝对无效变为了相对无效，即在承租人和次承租人之间有效，如果出租人收回房屋，此时承租人应当向次承租人承担违约责任，相比2009年《城镇房屋租赁司法解释》规定的合同无效时承担的缔约过失责任更为严重。

（三）无权转租

我国《民法典》第716条第2款规定：“承租人未经出租人同意转租的，出租

---

① 《民法典》第719条：“承租人拖欠租金的，次承租人可以代承租人支付其欠付的租金和违约金，但是转租合同对出租人不具有法律约束力的除外。次承租人代为支付的租金和违约金，可以充抵次承租人应当向承租人支付的租金；超出其应付的租金数额的，可以向承租人追偿。”

② 《日本民法典》，王爱群译，法律出版社2014年版，第102页。

③ 参见江苏省睢宁县人民法院民事判决书，（2021）苏0324民初9268号。

人可以解除合同。”《德国民法典》第540条也有类似规定，“非经出租人许可，承租人无权将租赁物交给第三人使用，尤其无权将租赁物转租”[①]。承租人的无权转租行为系违约行为，出租人不仅可以解除合同，而且可以要求承租人赔偿出租人因此遭受的损失。在出租人既没有解除合同也没有明确同意转租的情况下，租赁合同关系和转租关系得以继续履行。我国《民法典》第718条规定：“出租人知道或者应当知道承租人转租，但是在六个月内未提出异议的，视为出租人同意转租。”此种情况下，出租人未提出异议视为追认，将无权转租变为有权转租。在出租人提出异议的情况下，转租行为造成租赁物损坏的，出租人可以请求承租人承担违约责任或者请求次承租人承担恢复原状并赔偿损失等侵权责任，也可以要求次承租人将房屋返还给承租人。如果出租人选择与承租人解除合同，也可以要求次承租人搬出并收回租赁房屋，承租人拒不履行《民法典》第733条[②]的返还义务且继续收取租金的，该租金构成不当得利。

三、优先购买权

《民法典》第726条规定：“出租人出卖租赁房屋的，应当在出卖之前的合理期限内通知承租人，承租人享有以同等条件优先购买的权利；但是，房屋按份共有人行使优先购买权或者出租人将房屋出卖给近亲属的除外。出租人履行通知义务后，承租人在十五日内未明确表示购买的，视为承租人放弃优先购买权。”承租人优先购买权的性质是债权，不能对抗第三人。出租人委托拍卖租赁房屋的，应当在拍卖5日前通知承租人；承租人未参加拍卖的，视为放弃优先购买权。如果出租人未通知承租人或者有其他妨害承租人行使优先购买权的情形，承租人可以请求出租人承担赔偿责任。但是，出租人与第三人订立的房屋买卖合同的效力不受影响。此外，《城镇房屋租赁司法解释》第15条规定：“出租人与抵押权人协议折价、变卖租赁房屋偿还债务，应当在合理期限内通知承租人。承租人请求以同等条件优先购买房屋的，人民法院应予支持。”例如，在张某诉王某房屋租赁合同纠纷案[③]中，王某将房屋出租给张某并签订房屋租赁

---

① 《德国民法典》(第5版)，陈卫佐译注，法律出版社2020年版，第221页。

② 《民法典》第733条：“租赁期限届满，承租人应当返还租赁物。返还的租赁物应当符合按照约定或者根据租赁物的性质使用后的状态。”

③ 参见山东省嘉祥县人民法院民事判决书，(2021)鲁0829民初3138号。

合同,租期3年。原告缴纳第4年租金后,被告无故将涉案房屋出卖给他人,原告认为被告出卖涉案房屋的行为侵犯了其优先购买权,遂诉至法院。法院认为,原告缴纳了第4年租金并实际租赁,应当认定其为承租人。被告作为出租人,在出售房屋时应尽到全面、充分的告知义务,对此被告没有充分的证据证明。所以,原告张某在涉案房屋出售时,基于房屋租赁关系享有同等条件下的优先购买权。

对于《民法典》第726条规定的"但是房屋按份共有人行使优先购买权或者出租人将房屋出卖给近亲属的除外"条款,有学者认为,"可以理解为新增加一种优先购买权类型——共有房屋转让时按份共有人的优先购买权,即按份共有房屋经2/3以上共有人同意转让时,按份共有人(不论是否同意出售共有物)享有的优先购买权。该优先购买权虽然效力优先于房屋承租人优先购买权,但并不以房屋承租人行使优先购买权为前提。换言之,只要按份共有房屋被决定出售,即发生按份共有人的优先购买权,因为第726条明确规定,出租房屋出售时,'房屋按份共有人(可以)行使优先购买权'"[①]。

四、优先承租权

《民法典》第734条规定:"租赁期限届满,承租人继续使用租赁物,出租人没有提出异议的,原租赁合同继续有效,但是租赁期限为不定期。租赁期限届满,房屋承租人享有以同等条件优先承租的权利。"双方当事人可在租赁期限届满时续订合同。续订合同又称为期限更新,不同于一般合同中履行期限的变更,它相当于在原租赁合同结束之后双方当事人之间订立了一个全新的租赁合同。续订合同情况下存在两个合同关系,而期限的变更仅是在原租赁合同中变更,其只存在一个合同关系。租赁双方当事人续订合同有约定更新和法定更新两种方式:约定更新是指当事人于租赁期限届满后另订一个合同,约定延长租赁期限;法定更新是指当事人用行为表明其租赁关系将持续存在,如承租人继续使用租赁物,出租人继续收取租金等。由于在法定更新中当事人对租赁期限没有重新约定,所以原定期租赁更改为不定期租赁,任何一方当事人均可以随

---

① 张鹏:《民法典背景下我国优先购买权制度内涵——兼评最高人民法院实施民法典相关司法解释的修订》,载《东方法学》2022年第1期。

时解除合同。

《民法典》第734条新增第2款，落实“租购同权”，加强了对承租人的保障。但是对于以下几点问题，法律并没有作出具体的规定：(1)优先承租权是否可以事先排除？与优先购买权的事先放弃不同，对于租房群体来说，有足额资金购买房屋的毕竟是少数，如果承租人根本没有购房的能力，优先购买权是否放弃对其影响不大。而优先承租权有实现的可能，对承租人影响较大。(2)优先承租权的权利性质如何？是形成权还是请求权？对此问题，学界主流观点认为优先承租权是形成权。如果出卖人向第三人出卖房屋，只要出租人有继续承租的意思表示，就可以直接与出租人成立租赁合同。(3)优先承租权如何保障？有观点认为，可类比优先购买权，事先通知承租人。(4)优先承租权该不该受到期限的限制？有观点认为，如果优先承租权不受限制，会损害出租人的利益。(5)优先承租权受侵害，承租人是否有权主张出租人与第三人合同无效？一般认为优先承租权只有债权效力，无法请求确认出租人与第三人的合同无效，可类比适用优先购买权的规定。

另外，《民法典》第734条中的“同等条件”要根据具体案件进行判断，如果第三人曾维修过租赁物而原承租人未维修，也不属于同等条件，原承租人对该租赁物不享有优先承租权。例如，在王某诉湖南省沅江市粮油购销总公司等租赁合同纠纷案[①]中，粮油总公司将1、2号仓库出租给原告。原告租赁经营期间，粮油总公司对涉案仓库进行了维修，维修款150万元由被告福安村委会支付。原告租赁期限届满后，粮油总公司即分别与福安村委会和被告贺某辉签订新的租赁合同，将1、2号仓库分别出租给福安村委会和贺某辉。原告要求行使优先承租权，遂诉至法院。法院认为，对于承租人的优先承租权，已从合同约定权利上升为法定权利。优先承租权隐含以下几个方面的含义：一是需满足同等条件。优先权必须在同等条件下才能行使，承租人行使该权利时续租的租赁条件应当与第三人的条件同等。二是需在合理期限内主张。三是需存在合法有效的租赁关系。《民法典》规定的优先承租权性质上是一种形成权。在本案中，原告是合法有效的租赁合同的承租人，享有合同约定的优先承租权。关于涉案1号仓库，粮油总公司对其进行了维修改造，由福安村委会负担维修款。在福安

① 参见湖南省沅江市人民法院民事判决书，(2021)湘0981民初2027号。

村委会要求承租的情况下,原告行使优先权要求续租的租赁条件与福安村委会的条件不同等,原告也未明确表示要达到与福安村委会承租的相同条件,应视为原告未满足同等条件,故原告已丧失对涉案1号仓库的优先承租权。关于涉案2号仓库,原告行使优先权要求续租的条件与被告贺某是同等的,所以法院确认粮油总公司与原告之间成立与粮油总公司、贺某辉之间合同条件一致的租赁合同,对原告行使优先承租权的诉讼请求予以支持。

第七章

融资租赁合同

第一节　融资租赁合同的一般原理

一、融资租赁合同的概念阐释

融资租赁是“二战”后在传统租赁交易基础上发展起来的一种集融资、租赁于一体的复杂的商业交易方式。融资租赁合同是融资租赁交易的法律表现形式。广义的融资租赁合同包括三方当事人:出卖人、出租人、承租人,包含买卖合同关系与租赁合同关系两种法律关系。狭义的融资租赁合同仅指出租人与承租人之间的融资租赁合同。有一些国家认为融资租赁合同是租赁合同的一种特殊形式,因而在立法上并没有把融资租赁合同列为专章进行规范。例如,《德国民法典》[①]《瑞士债务法》[②]都分别规定了使用租赁合同、用益租赁合同,但并没有对融资租赁合同进行单独规定;再如,《法国民法典》将租赁契约分为物的租赁、雇工与劳务雇佣、牲畜租养,但未单独提及融资租赁。[③] 有的国家虽然在实践中认可融资租赁合同这种租赁形式,但对融资租赁的概念并没有进行立法上的明确。例如,英国融资租赁多由判例法调整,英国《会计实务准则21号》认为融资租赁中承租人承担了租赁物的未来支付义务;[④]再如,“日本融资租赁

① 参见《德国民法典》,陈卫佐译注,法律出版社2020年版,第218页。

② 参见《瑞士债务法》,戴永盛译,中国政法大学出版社2016年版,第81、104页。

③ 参见《法国民法典》,罗结珍译,北京大学出版社2010年版,第404页。

④ See Statement of standard accounting practice No. 21.

合同主要以日本租赁事业协会制定的《租赁标准合同书》作为参照范本，其中体现了融资租赁的一些基本交易规则，同时日本尊重当事人意思自治，允许当事人根据各自要求调整其中的绝大部分条款。日本租赁业界通常认为'融资租赁合同就是一种以借贷为核心，包含融资和服务的新型合同'"①。也有一些国家对融资租赁合同进行了单独立法，从定义上看，普遍采取广义的概念。例如，《美国统一商法典》第2A.103条定义和定义索引将"融资租赁"定义为："出租方不挑选、制造或供应货物；出租方系为租赁目的取得货物或取得货物的占有权和使用权；承租方在签订租赁合同前，收到了出租方据以取得货物或货物占有权和使用权之合同的副本；承租方对出租方据以取得货物或货物占有权和使用权之合同的批准，是租赁合同生效的前提条件；承租方在签订租赁合同前，对于提供货物之人向出租方就货物所规定的下列条件，收到了准确和完整的说明：承诺和担保，以及对担保的排除，对救济的限制或修改，或对损害赔偿的约定。前述条件也可以来自第三方，如货物的制造商。前述条件可以包含在出租方据以取得货物或货物占有权和使用权的合同之内，也可以基于该合同另行提供。"②

我国《民法典·合同编》第十五章将融资租赁合同作为典型合同进行专门规定，用26个条文全面系统地规定了融资租赁合同的定义、内容、形式、效力以及合同各方当事人的权利和义务。《民法典》第735条规定："融资租赁合同是出租人根据承租人对出卖人、租赁物的选择，向出卖人购买租赁物，提供给承租人使用，承租人支付租金的合同。"显然，从定义上看，我国《民法典》也采用广义的融资租赁合同的概念。虽然广义的融资租赁合同关系中通常存在三方当事人，即出卖人、出租人、承租人，但2020年修正的《融资租赁司法解释》第2条却明确规定："承租人将其自有物出卖给出租人，再通过融资租赁合同将租赁物从出租人处租回的，人民法院不应仅以承租人和出卖人系同一人为由认定不构成融资租赁法律关系。"该规定实质上明确了售后回租型融资租赁的法律地位，该规定曾作为《民法典（草案）》第735条第2款，后恐造成融资租赁合同与借款合同的混淆而终被删除。鉴于售后回租型的融资租赁在司法实践中普遍存在，

① 张雪松：《日本融资租赁及其立法情况》，载李鲁阳主编：《融资租赁若干问题研究和借鉴》，当代中国出版社2007年版，第293页。

② 《美国统一商法典》，潘琪译，法律出版社2018年版，第114页。

《融资租赁司法解释》对该种类型的融资租赁合同进行了补充规定，为实践中售后回租型融资租赁合同的司法认定提供了更加充分的依据。

二、融资租赁合同的特征

根据《民法典》、《融资租赁司法解释》、《商务部、国家税务总局关于从事融资租赁业务有关问题的通知》和《金融租赁公司管理办法》等的规定，融资租赁合同具有如下法律特征：

（一）三方主体，两个合同

融资租赁合同通常具有三方当事人，即出卖人、出租人以及承租人。涉及的合同法律关系一般为两个，即买卖合同法律关系与租赁合同法律关系。根据《民法典》对融资租赁合同的定义，在融资租赁合同中，租赁物是连接各方当事人的核心与纽带，出租人根据承租人的要求及选择购买租赁物，承租人租用租赁物并进行占有、使用，出租人收取租金。供货人与出租人之间订立的是关于租赁物的买卖合同，出租人与承租人之间订立的是关于租赁物的租赁合同。融资租赁合同中，虽然存在买卖及租赁两个合同，但是这两个合同并非割裂的关系，而是紧密关联，共同制约着三方当事人。例如，融资租赁的出卖人往往直接向承租人交付标的物，承租人享有买受人权利，并且承租人可在一定条件下向逾期交付货物的出卖人主张赔偿损失。同时，按照《民法典》第 744 条的规定，“出租人根据承租人对出卖人、租赁物的选择订立的买卖合同，未经承租人同意，出租人不得变更与承租人有关的合同内容”。

（二）出租人需适格

虽然《民法典》并没有对融资租赁合同的出租人资格作出限定，但根据商务部、国家税务总局《关于从事融资租赁业务有关问题的通知》和《金融租赁公司管理办法》的规定，融资租赁合同的出租人应为满足一定的资质条件的融资租赁公司或金融租赁公司，普通的自然人、法人及其他组织不具备融资租赁合同的出租人资格。

（三）融资租赁合同兼具融资与融物双重特征

融资租赁合同的标的物通常为价值较高的机械设备，承租人购置该等设备往往需要一次性支出大额资金，而融资租赁方式则可以缓解承租人的资金压力,因而融资租赁合同兼具融资与融物双重特征。融物性特征是融资租赁合同区别于借款合同的最基本特征。我国《民法典》第737条规定:“当事人以虚构租赁物方式订立的融资租赁合同无效。”原《合同法》及司法解释中均没有这项规定,这一规定与《民法典·总则编》第146条规定的“行为人与相对人以虚假的意思表示实施的民事法律行为无效”的基本精神一致。融资租赁合同兼具融资与融物双重特征,当事人虚构租赁物,使“融资租赁合同”仅存在融资性而丧失了融物性,因欠缺融物性特征,该等“融资租赁合同”的效力不被法律认可。当然,如该虚构租赁物行为背后隐藏的是合法的民间借贷法律关系,则应依照民间借贷的法律规定处理。

(四)融资租赁合同租金的特殊性

《民法典》第746条规定:“融资租赁合同的租金,除当事人另有约定外,应当根据购买租赁物的大部分或者全部成本以及出租人的合理利润确定。”可见,因融资租赁合同具有融资性特征,所以在融资租赁合同法律关系中,承租人支付给出租人的租金并非简单的租赁物占有、使用的对价,而是包含了租赁物价款及出租人利润的融资的对价。

三、融资租赁合同法律关系辨析

融资租赁作为一种新型的交易形式,有其独有的特征,但其与租赁合同、买卖合同、借款合同等典型合同又存在诸多相似之处。因而,融资租赁合同纠纷案件中,案涉法律关系的性质是法庭审判中常见的争议焦点。根据2020年修正的《融资租赁司法解释》第1条的规定,对是否构成融资租赁法律关系的认定应结合标的物的性质、价值、租金构成、当事人的权利义务综合认定。厘清融资租赁合同与相关合同的区别对于准确认定融资租赁合同法律关系具有重要意义。

(一)与租赁合同的区别

融资租赁合同与租赁合同虽然都含有“租赁”二字,但在合同主体各方的权利、义务、责任,租金的对价基础,租赁物来源等方面却存在根本的不同。

1. 租赁物的来源不同

在租赁合同中,租赁物多为出租人自有,或为长期反复向不特定人出租而购买，租赁物的选定由出租人决定。在融资租赁合同中，出租人通常依据承租人的选定或者按照承租人的要求来购买租赁物。当然，也存在承租人依赖出租人的技术选择租赁物或出租人干预租赁物选择的情况，但承租人选择租赁物是融资租赁合同的常态。

2. 租金的对价基础不同

在租赁合同中，租金的对价基础是承租人对租赁物的占用、使用、收益；在融资租赁合同中，租金的对价基础相当于承租人购买租赁物的对价，该对价不仅包含出租人购买租赁物的大部分或者全部成本，还包含出租人可获得的合理利润以及其他可以列入租金的费用。融资租赁合同中租金的对价基础本质上是承租人对出租人资金的占有、使用，具有融资性特征。

3. 租赁物的瑕疵担保责任以及维修义务主体不同

在租赁合同中，通常情况下租赁物的瑕疵担保责任、维修义务均由出租人承担。融资租赁合同中，根据《民法典》第 747 条的规定，除非承租人依赖出租人的技能确定租赁物或者出租人干预选择租赁物，否则，出租人不承担租赁物的质量瑕疵担保责任。同时，根据《民法典》第 750 条的规定，融资租赁合同中，承租人占有租赁物期间应当履行租赁物的维修义务。

4. 租赁物毁损、灭失的法律后果不同

在租赁合同中，《民法典》第 729 条规定："因不可归责于承租人的事由，致使租赁物部分或者全部毁损、灭失的，承租人可以请求减少租金或者不支付租金；因租赁物部分或者全部毁损、灭失，致使不能实现合同目的的，承租人可以解除合同。"在融资租赁合同中，根据《民法典》第 751 条的规定，承租人占有租赁物期间，租赁物毁损、灭失的，除非法律另有规定或者当事人另有约定，否则，出租人有权请求承租人继续支付租金。

（二）与保留所有权的分期付款买卖合同的区别

分期付款买卖合同是一种特殊的买卖合同，在分期付款买卖合同中，买受人将应支付的总价款分批向出卖人支付，通常约定出卖人收取全部价款前，保留对标的物的所有权。我国《民法典》第 634 条第 1 款规定："分期付款的买受人未支付到期价款的数额达到全部价款的五分之一，经催告后在合理期限内仍未支付到期价款的，出卖人可以请求买受人支付全部价款或者解除合同。"保留所有权的分期付款买卖合同与融资租赁合同在形式上颇为相似，如融资租赁合同的出租人和保留所有权的分期付款买卖合同的出卖人均不让渡标的物的所有权。但二者在实质上是不同的，主要有以下区别：

1. 合同主体不同

融资租赁合同中通常存在三方主体：出卖人、出租人、承租人；分期付款买卖合同只有两方主体：出卖人、买受人。当然，实践中存在融资租赁合同的出卖人与承租人为同一人的情况。例如，典型的售后回租型的融资租赁中，承租人将其自有物出卖给出租人，再通过融资租赁合同将租赁物从出租人处租回。

2. 标的物的最终归属不同

保留所有权的分期付款买卖合同是一种特殊的买卖合同，适用《民法典·合同编》第九章买卖合同及《买卖合同纠纷司法解释》的规定。出卖人并不当然享有标的物的所有权与取回权，除非当事人另有约定，标的物的所有权理应归买方所有，在买受人已支付标的物大部分价款时，出卖人无权取回标的物。在融资租赁合同中，租赁物的所有权通常归出租人所有，即使租赁期限届满，出租人对租赁物的所有权也不发生转移。当然，租赁期限届满，租赁物的所有权也可以由当事人约定归承租人所有，实践中也存在承租人让渡租赁物所有权后又回租的情况。租赁物所有权归属往往成为实践中区分融资租赁合同与分期付款买卖合同的重要标准。

3. 合同价款的性质不同

分期付款买卖合同中，买受人支付的款项是标的物的价款；而融资租赁合同中，承租人支付的款项属于租金性质。①

(三)与借款合同的区别

1. 合同主体不同

融资租赁合同通常具有相互关联的三方当事人，即出卖人、出租人、承租人，并存买卖关系与租赁关系两种法律关系。借款合同仅仅涉及出借人与借款人两方当事人，一种法律关系。

2. 合同目的不同

在融资租赁合同中，承租人多以对大型设施设备占有、使用、收益为目的，在承租人选择出卖人、租赁物的情况下，由出租人出资购买租赁物，承租人既有

---

① 参见王利明：《合同法研究》(第3卷)，中国人民大学出版社2015年版，第358页。

融资目的,又有融物目的。融物性是融资租赁合同区别于借款合同的最根本特征。实现融资租赁合同的目的,必须存在出租人按照承租人的选择购买租赁物的买卖合同关系,买卖行为是实现融资租赁的前提,融资租赁合同必须具有融物的目的和内容。借款合同则直接以资金借贷为目的,其标的是货币资金,资金借贷用途多种多样,不具有融物性的特征。司法实践中,法院一般认定仅具有融资性,不具有融物性特征的合同关系为借款合同,而非融资租赁合同。有的法院进一步明确,融物具有真实性是认定融资租赁法律关系的基础,如果租赁物无法起到对融资债权的担保作用,且租赁清单所列租赁物与实物不符,也不能对租赁物进行检视,不能证明租赁物客观存在,则应当认定出租人与承租人之间存在借款关系而非融资租赁关系,如广州澳视互动传媒有限公司诉深圳保千里电子有限公司融资租赁合同纠纷上诉案①。

四、融资租赁合同的内容与形式

(一)融资租赁合同的内容

根据我国《民法典》第736条的规定,融资租赁合同的内容一般包括:

1. 租赁物的名称

租赁物的名称应明确其厂家、型号、产地等具体信息。

2. 租赁物的数量

融资租赁的标的物有时是单一的,有时基于租赁物的特定及承租人生产经营需要而具有多数性特征,在融资租赁合同中需明确租赁物的数量,以防止约定不明发生争议。

3. 租赁物的规格

融资租赁合同的标的物具有特定性特征,一般由承租人选择或指定,租赁物的规格是承租人选择租赁物的重要标准,也是融资租赁合同应明确约定的主要内容。

4. 租赁物的技术性能、检验方法

租赁物是否存在产品质量瑕疵是决定承租人签订融资租赁合同的目的最

---

① 参见广州澳视互动传媒有限公司诉深圳保千里电子有限公司融资租赁合同纠纷上诉案,河南省高级人民法院(2020)豫民终392号民事判决书。

终是否能够顺利实现的主要因素。虽然通常出卖人直接向承租人交付租赁物，但是租赁物的技术性能、检验方法一般由融资租赁合同明确约定，该标准是确认出卖人是否全面履行合同义务、交付符合合同约定的标的物的重要参考因素。

5. 租赁期限

融资租赁合同具有期限性特征，当事人各方需在融资租赁合同中明确约定租赁期限及期限顺延等内容。

6. 租金构成及其支付期限和方式、币种

融资租赁合同具有融资性特征，出租人获取收益的唯一方式是收取承租人的租金。租金构成通常为出租人购买租赁物的成本及出租人的合理利润。对租金构成等的明确约定有利于保障出租人的合同权益，实现合同目的。

7. 租赁期限届满租赁物的归属

当事人可以约定租赁期限届满租赁物归出租人或归承租人所有，并可以具体约定租赁物所有权转移的其他条件。如果当事人没有约定或约定不明的，则租赁期限届满，租赁物归出租人所有。

(二)融资租赁合同的形式

融资租赁合同涉及三方当事人，两种合同关系，合同标的额通常较大，租赁期限一般较长，各方当事人权利义务关系较为复杂。因而，必须以书面方式确定各方当事人的权利、义务。根据我国《民法典》的规定，融资租赁合同应当采用书面形式，为要式合同。

第二节 融资租赁合同的效力

一、出卖人的权利与义务

(一)出卖人的权利

在融资租赁合同中，出卖人的权利主要体现在出卖人与出租人订立的买卖合同中，适用买卖合同的相关规定，出卖人最主要的权利为合同价款支付请求权。当然，所有权保留买卖合同中规定的出卖人取回权等特殊权利，在融资租赁合同中并不适用。

(二)出卖人的义务

1.按约定交付标的物

出卖人应当按照各方合同约定交付标的物,包括:(1)出卖人按合同约定直接向承租人交付标的物;(2)标的物的品牌、型号、规格、质量、数量等需符合合同约定的标准;(3)交付时间、地点、方式应符合合同约定。

2.转让标的物所有权

出卖人应基于其与出租人之间的买卖合同向出租人转让买卖合同标的物(租赁物)的所有权,并保证标的物所有权无瑕疵,不被第三人追索或主张。标的物所有权转让需办理相应登记手续的,出卖人应按照法律规定或者各方约定协助办理。

3.违约时的损害赔偿义务

出卖人违反合同约定义务,承租人可按约定向出卖人主张索赔,出租人应给予必要协助。

二、出租人的权利与义务

(一)出租人的权利

1.租赁物的所有权

在融资租赁合同法律关系中,出租人按照承租人的选择购买租赁物而取得租赁物的所有权,除非当事人之间存在其他约定,否则,租赁物归出租人所有。出租人对租赁物的所有权并非必然、绝对的。按照《民法典》第758条的规定,出租人对租赁物的所有权可以在租赁期限届满时由当事人约定归承租人所有。同时,出租人的所有权可能因承租人的擅自处分行为受到损害,而根据《民法典》第745条的规定,出租人对租赁物享有所有权,但该所有权未经登记,不得对抗善意第三人,因而,出租人为更好地维护其租赁物所有权,应及时按照法律规定办理相应登记手续。“如果承租人在出租人尚未就租赁物所有权进行登记之前便将其抵押给第三人并办理了抵押权登记,有的学者认为此时应当准用‘价金超级优先权’规则,因为出租人保有的所有权担保的是由租赁物的价金及合理利润构成的租金,所以出租人只要在租赁物交付后十日内补办所有权登记,就能享有优先于抵押权人受偿的权利”。[①] 价金超级优先权[②]也是此次《民法典担保制度司法解释》中的一大亮点。

2. 租金支付请求权

根据《民法典》第752条的规定,承租人未按合同约定支付租金的,出租人可进行催告,并要求承租人在合理期限内补交租金,承租人经催告后在合理期限内仍不支付租金的,出租人可以请求承租人支付到期和未到期的全部租金。并且,按照《融资租赁司法解释》第9条的规定,承租人逾期支付租金时,出租人还可要求承租人支付逾期利息及相应违约金。对于售后回租型融资租赁合同中的扣费,有的法院认为,如果出租人在支付承租人的款项时以收取服务费、代收保险费为名扣收费用,后续发生纠纷,出租人未能举证证明其扣收的服务费具体提供了何种服务,也未能举证证明其代收保险费后缴纳了相应保险项目费用,法院应当认定此种情况为变相高息,属于增加承租人的融资成本,因此对出租人收取的变相利息不予支持,如广州市雪宇制冷设备有限公司诉刘某某等融资租赁合同纠纷上诉案[③]。

3. 合同解除权

出租人在下列情形中享有法定的单方合同解除权:(1)根据《民法典》第753条的规定,未经出租人同意,承租人擅自处分租赁物的,出租人有权单方解除融资租赁合同。(2)按照《民法典》第752条及《融资租赁司法解释》的规定,承租人违反租金支付义务,经出租人催告后在合理期限仍不支付的,出租人可以选择单方解除合同。(3)承租人有其他违约行为致使合同目的不能实现的,

---

① 刘保玉、张烜东:《论动产融资租赁物的所有权登记及其对抗效力》,载《中州学刊》2020年第6期。

② 体现于《民法典担保制度司法解释》第57条:“担保人在设立动产浮动抵押并办理抵押登记后又购入或者以融资租赁方式承租新的动产,下列权利人为担保价款或者租金的实现而订立担保合同,并在该动产交付后十日内办理登记,主张其权利优先于在先设立的动产浮动抵押的,人民法院应予支持:(一)在该动产上设立抵押权或者保留所有权的出卖人;(二)为价款支付提供融资租赁而在该动产上设立抵押权的债权人;(三)以融资租赁方式出租该动产的出租人。买受人取得动产但未付清价款或者承租人以融资租赁方式占有租赁物但是未付清全部租金,又以标的物为他人设立担保债权,前款所列权利人为担保价款债权或者租金的实现而订立担保合同,并在该动产交付后十日内办理登记,主张其权利优先于买受人为他人设立的担保物权的,人民法院应予支持。同一动产上存在多个价款优先权的,人民法院应当按照登记的时间先后确定清偿顺序。”

③ 参见广州市雪宇制冷设备有限公司诉刘某某等融资租赁合同纠纷上诉案,广东省广州市中级人民法院(2021)粤01民终12896号民事判决书。

出租人有权单方解除合同。出租人解除合同时,有权请求收回租赁物并请求承租人赔偿损失。该损失赔偿范围为承租人全部未付租金及其他费用与收回租赁物价值的差额。合同约定的租赁期间届满后租赁物归出租人所有的,损失赔偿范围还应包括融资租赁合同到期后租赁物的残值。

4. 租赁物意外毁损、灭失的损失补偿请求权

根据《民法典》第 756 条的规定,当租赁物交付承租人且在承租人占有、支配之下时,因不可归责于任何一方当事人的意外情况导致租赁物毁损、灭失致使融资租赁合同解除的,出租人可请求承租人按租赁物折旧情况予以补偿。

(二) 出租人的义务

1. 租赁物价款支付义务

出租人依照承租人的选择与出卖人签订买卖合同,基于买卖合同的法律关系,出租人应当向出卖人支付租赁物的价款。否则,买卖合同目的无法实现,融资租赁合同目的也无法实现。

2. 租赁物的观念交付义务

在融资租赁合同中,虽然通常情况下,租赁物由出卖人直接向承租人交付,但实质上,出租人也通过观念交付的方式完成了租赁物的交付义务。

3. 特定情况下租赁物的瑕疵担保义务

通常情况下,在融资租赁合同中,出卖人、租赁物由承租人选择,因而出租人无须承担租赁物的瑕疵担保责任。但依据《民法典》第 747 条的规定,在承租人依赖出租人的技能确定租赁物或者出租人干预选择租赁物的情况下,租赁物不符合约定或者不符合使用目的的,出租人需要承担租赁物质量瑕疵担保责任。同时,根据《融资租赁司法解释》的规定,出租人瑕疵担保义务承担的前提是其对租赁物的选定起了决定性的作用或擅自变更承租人已经选定的租赁物。另外,即便租赁物并非依赖出租人的技能确定或在出租人干预下选择,如果出租人明知租赁物有质量瑕疵而不告知承租人,且承租人向出卖人索赔失败,则承租人有权要求出租人承担相应责任。

4. 协助承租人索赔的义务

在融资租赁法律关系中,买卖合同的当事人双方为出卖人和出租人,通常在出卖人违约时由出租人进行索赔。但因融资租赁合同具有三方主体、两个合同的特性,承租人事先选定出卖人及租赁物,出卖人直接向承租人交付租赁物,

因而,各方可以约定在出卖人违反买卖合同义务时,由承租人行使索赔权。《民法典》第 741 条明确规定:“出租人、出卖人、承租人可以约定,出卖人不履行买卖合同义务的,由承租人行使索赔的权利。承租人行使索赔权利的,出租人应当协助。”如出租人未及时提供必要协助的,承租人有权请求出租人承担相应的责任。出租人怠于行使只能由出租人对出卖人行使的索赔权,造成承租人损失的,出租人也有义务向承租人承担赔偿责任。

5. 保证承租人占有和使用租赁物的义务

融资租赁合同中,租赁物虽由承租人占有、使用,但所有权却归属于出租人,出租人的任意处分行为可能严重侵害承租人对租赁物的占有、使用权。因而《民法典》第 748 条明确规定,出租人应当保证承租人对租赁物的占有和使用。出租人无正当理由收回租赁物,妨碍干扰承租人占有、使用租赁物,因出租人原因致使第三人对租赁物主张权利,以及其他不当影响承租人对租赁物占有、使用的行为都将导致出租人向承租人承担损害赔偿责任。同时,出租人与出卖人订立的买卖合同中与承租人有关的合同条款未经承租人同意,出租人不得随意变更。实践中,有的法院认为,如果融资租赁合同约定租赁设备的交付不影响承租人履行融资租赁合同项下的租金支付义务,法院一般认为承租人不能以未占有使用租赁设备、不能实现合同目的为由要求解除合同和返还租金,如阳信县人民医院诉世云伟业国际融资租赁有限公司等融资租赁合同纠纷上诉案[①]。

三、承租人的权利与义务

(一)承租人的权利

1. 对租赁物以及出卖人的选择权

按照我国《民法典》第 735 条的规定,在融资租赁合同中,租赁物以及出卖人由承租人选择,这是融资租赁合同与传统租赁合同最显著的区别。当然,也存在承租人依赖出租人的技能确定租赁物或出租人干预选择租赁物的情况,但是在该种情形下,出租人将面临更多的义务及责任。

---

① 参见阳信县人民医院诉世云伟业国际融资租赁有限公司等融资租赁合同纠纷上诉案,山东省济南市中级人民法院(2019)鲁 01 民终 4934 号民事判决书。

2. 与受领标的物有关的买受人的权利

根据《民法典》第739条的规定，出卖人应按照约定向承租人交付标的物，同时，承租人享有与受领标的物有关的买受人的权利。买受人具体的权利可根据《民法典》关于买卖合同的规定及当事人之间的约定来确定。

3. 拒绝受领租赁物的权利

根据《民法典》第740条的规定，承租人在标的物严重不符合约定，或者出卖人未按照约定交付标的物，经承租人或者出租人催告后在合理期限内仍未交付的情形下可以拒绝受领标的物。承租人拒绝受领标的物的，应当及时通知出租人。可见，承租人行使拒绝受领租赁物的权利，必须有正当的理由，且必须通知出租人。按照《融资租赁司法解释》第3条，承租人无正当理由拒绝受领租赁物或未及时通知出租人给出租人造成损失的，承租人应承担损害赔偿责任。

4. 租赁物占有、使用、收益权

承租人基于融资租赁合同对租赁物当然享有占有、使用以及通过对租赁物的使用获取收益的权利。对于承租人而言，这应是其签订融资租赁合同的根本目的。

5. 索赔权

承租人可在下列情形中行使索赔权：(1)承租人可以依据约定在出卖人不履行合同义务时行使索赔权，承租人行使索赔权时，出租人应当协助。在承租人依赖出租人的技能确定租赁物或者出租人干预选择租赁物的情况下，承租人还可以请求减免相应租金。(2)出租人怠于行使其向出卖人的索赔权造成承租人损失的，承租人可享有向出租人的索赔权。

6. 合同解除权

《民法典》第754条规定了承租人单方解除融资租赁合同的情形：(1)出租人与出卖人订立的买卖合同解除、被确认无效或者被撤销，且未能重新订立买卖合同；(2)租赁物因不可归责于当事人的原因毁损、灭失，且不能修复或者确定替代物；(3)因出卖人的原因致使融资租赁合同的目的不能实现。

(二)承租人的义务

1. 租金支付义务

承租人向出租人支付租金以获得对租赁物的占有、使用、收益的权利，该租金通常根据租赁物的成本及出租人的合理利润确定。作为承租人的主要合同义务,承租人违反该义务将对承租人带来较为不利的后果。按照《民法典》第752条的规定,承租人应当按照约定支付租金,在承租人逾期支付租金的情况下,出租人可以催告承租人在合理期限内支付租金,如果承租人仍不履行租金支付义务,则将面临一次性支付全部租金,即租金的加速到期或被出租人解除合同、收回租赁物的风险。因为出卖人、租赁物由承租人自行选择,所以承租人的租金支付义务较难获得免除,即便出现出卖人违约的情况,承租人可向出卖人索赔,但却仍然需要履行向出租人支付租金的义务。承租人只有在依赖出租人技能选择租赁物或出租人干预选择租赁物的情况下,才能够请求减免相应的租金。另外,除非法律另有规定或当事人另有约定,承租人占有租赁物期间租赁物毁损灭失的,承租人仍需继续履行租金支付义务。

2. 租赁物的保管维修义务

传统租赁合同中租赁物的维修义务一般由出租人承担。与传统租赁合同不同,融资租赁合同因租赁物、出卖人由承租人选定,因而在承租人占有租赁物期间,除了需妥善保管、使用租赁物之外,承租人还要承担租赁物的维修义务。

3. 损害赔偿义务

承租人在下列情况下需承担损害赔偿责任:(1)按照《民法典》第749条的规定,承租人占有租赁物期间,租赁物造成第三人人身损害或者财产损失的,出租人不承担责任。具体而言,租赁物造成第三人损失,如果该损失系承租人过错造成,则承租人应承担损害赔偿责任;如果该损失是因为租赁物自身存在质量问题,则出卖人应承担相应责任。当然,存在租赁物依赖出租人的技能确定或出租人干预选择租赁物、出租人怠于行使索赔权、出租人明知租赁物存在瑕疵而不告知承租人的情况时,出租人也需因其过错向承租人承担相应责任。(2)按照《民法典》第755条的规定,在由承租人选择出卖人、租赁物的情况下,如果买卖合同非因出租人的原因而被解除、撤销或被确认无效,且出租人的损失不能在买卖合同被解除、撤销或被确认无效时获得赔偿,则承租人要向出租人承担损害赔偿责任。原《合同法》对此没有规定,本条是《民法典》吸纳借鉴2014年《融资租赁司法解释》(已被修改)第16条的规定确立的新规则。(3)按照《民法典》第756条的规定,在承租人占有、使用租赁物期间,租赁物因不可归责于当事人的原因毁损、灭失致使融资租赁合同解除的,承租人也有义务按照租赁物折旧的情况给予出租人补偿。(4)按照《民法典》第760条的规定,因承租人原因致使合同无效,出租人不要求返还租赁物或返还后会显著降低租赁物效用的,租赁物的所有权归承租人,但承租人负有给付出租人合理补偿的义务。

4. 不得擅自处分租赁标的物

融资租赁期间,租赁物的所有权属于出租人,承租人仅有占有、使用、收益的权利,不能擅自处分租赁物,否则将构成无权处分,出租人可请求解除合同。

第三节　融资租赁合同的有效与终止

一、融资租赁合同的有效要件

(一)主体适格

融资租赁合同的主体适格,包括出卖人、出租人、承租人适格。其中出卖人应为对租赁物拥有合法所有权的民事主体。如果出卖人对标的租赁物无合法所有权,其处分标的租赁物的行为则属于无权处分行为,无权处分行为未经权利人追认的,该处分行为无效。出租人应为满足一定资质条件的融资租赁公司或金融租赁公司,普通的自然人、法人及其他组织不具备融资租赁合同的出租人资格。承租人可以为具备完全民事行为能力的自然人、法人及其他组织。

(二)意思表示真实

《民法典·总则编》第146条第1款规定:"行为人与相对人以虚假的意思表示实施的民事法律行为无效。"因而,意思表示真实是一切合同生效的前提条件。同时,《民法典·合同编》第737条规定:"当事人以虚构租赁物方式订立的融资租赁合同无效。"该规定主要为了排除实践中以融资租赁为名、实为非法融资的违法行为。该等行为因各方不具有融资租赁的真实意思表示,因而"融资租赁合同"自始无效。"该条并未明确'当事人'系单方抑或双方,导致实践中对于承租人一方单独虚构融资租赁物并与出租人订立融资租赁合同的效力认定产生疑惑。从立法本意来看,该条是在强调融资租赁物必须真实存在,合同当事人不能合谋假借融资租赁之名作为其他交易的外衣。从体系解释的视角,对于单方欺诈的行为,适用《民法典》关于欺诈的规定即可,显然不能为第七百三十七条所涵盖。”①

（三）不违反法律、行政法规的强制性规定，不违背公序良俗

融资租赁合同违反法律、行政法规的效力性强制性规定会产生合同无效的法律后果。如果仅违反法律、行政法规的管理性强制性规定则不必然发生合同无效的法律后果。例如，《民法典》第738条规定：“依照法律、行政法规的规定，对于租赁物的经营使用应当取得行政许可的，出租人未取得行政许可不影响融资租赁合同的效力。”该规定为《民法典》吸纳借鉴司法解释的新增规则。该规定最大限度地尊重了融资租赁合同交易各方的意思自治，出租人未取得行政许可不影响合同效力，融资租赁合同对各方均具有拘束力。

二、融资租赁合同无效的法律后果

根据我国《民法典》第760条的规定，融资租赁合同无效，当事人就该情形下租赁物的归属有约定的，按照其约定；没有约定或者约定不明的，租赁物应当返还出租人。但是，因承租人原因致使合同无效，出租人不请求返还或者返还后会显著降低租赁物效用的，租赁物的所有权归承租人，由承租人给予出租人合理补偿。

三、融资租赁合同的终止

（一）融资租赁合同因解除而终止

1. 出租人的法定解除权

对于合同的解除权，我国《民法典》第562条以及第563条分别规定了约定解除权和法定解除权。融资租赁合同的法定解除权则规定在《民法典》第752条、第753条、第754条当中。对于融资租赁合同的法定解除，应当遵循特殊优于一般原则，优先适用《民法典》关于融资租赁合同的特殊规定。融资租赁合同的出租人在下列情况下享有法定解除权：（1）承租人未履行支付租金的义务。根据我国《民法典》第752条的规定，承租人违反支付租金的义务，经催告后在合理期限内仍不支付的，出租人可以要求解除合同。《融资租赁司法解释》第5条进

① 梅夏英、王剑：《后〈民法典〉时代的融资租赁法律治理》，载《烟台大学学报（哲学社会科学版）》2021年第5期。

一步明确了当事人可以对于欠付租金解除合同的情形进行进一步约定，没有约定的，欠付租金达到两期以上，或者欠付数额达到全部租金的15%以上，出租人催告后可以要求解除合同。在融资租赁合同纠纷中，出租人行使解除权最常见的原因是承租人未履行合同约定的支付租金的义务。(2)承租人擅自处分租赁物。根据《民法典》第753条，承租人擅自处分租赁物的，如未经出租人许可，将租赁物转让、抵押、质押、投资入股或以其他方式处分的，出租人可以解除合同。值得注意的是，2014年《融资租赁司法解释》(已被修改)第12条第1项中提到承租人擅自转租租赁物，出租人请求解除融资租赁合同的，法院予以支持。然而，《民法典》第753条删除了承租人擅自转租租赁物的表述。承租人对租赁物的擅自处分是否必然构成根本违约，从而使出租人可行使法定解除权呢？鉴于承租人对租赁物的擅自处分，并不必然对出租人的债权构成影响，也就未必一定构成根本违约。"为了平衡出租人与承租人之间的利益，应对该条款进行限缩解释：承租人擅自处分租赁物，造成租金债权无法实现的情形时，出租人可以行使法定解除权。"①(3)租赁物毁损、灭失。租赁物因不可归责于当事人的原因毁损、灭失，且不能修复或者确定替代物的，出租人可以要求解除融资租赁合同。由于融资租赁合同属于继续型合同，解除不具有溯及力，合同解除后承租人仍应支付解除前已经产生的租金，不必支付解除后的租金。但是，承租人应当按照《民法典》第756条的规定对出租人予以补偿。如果出租人不解除合同，则与《民法典》第751条关于"租金风险负担"的规定发生竞合，出租人仍有权请求承租人继续按照约定支付租金。(4)承租人违反合同约定，致使合同目的不能实现。按照《民法典》第563条及《融资租赁司法解释》第5条的规定，当承租人出现根本违约致使合同目的无法实现时，出租人享有法定解除权。

2. 承租人的法定解除权

承租人在下列情况下享有法定解除权：(1)融资租赁合同中存在买卖合同关系与租赁合同关系两种法律关系，买卖合同的成立及生效是融资租赁合同得以存在的前提。如果融资租赁关系中的买卖合同因无权处分、出卖人或买受人违约、欺诈、重大误解等而被解除、被确认无效或者被撤销，融资租赁合同无法继续，且未能重新订立买卖合同的情况下，承租人可请求解除融资租赁合同。

---

① 李芷君：《论融资租赁中出租人救济制度的优化》，载《江汉论坛》2021年第6期。

(2)融资租赁合同兼具融资与融物双重特征,承租人为占有、使用租赁物而与出租人订立融资租赁合同。但租赁物可能因为意外、不可抗力、不可归责于当事人的原因发生毁损、灭失,并且不能修复或者以他物替代,此种情况下,融资租赁合同已经不具有继续履行的现实可能性,承租人可请求解除融资租赁合同。(3)融资租赁合同中租赁物所有权在向出租人转移前归属于出卖人,当出卖人违反合同约定将租赁物抵押、转让,或因出卖人负债而使租赁物在向承租人交付前被强制执行等,基于对善意第三人的法律保护,租赁物的所有权可能转移给第三人,此时融资租赁合同的目的将无法实现。这种情况下,承租人可因出卖人的原因致使融资租赁合同的目的不能实现而行使合同的法定解除权。

(二)融资租赁合同因期限届满而终止

"债权系法律世界中之动态因素,含有死亡之基因,目的已达,即归消灭。"[①]合同作为债的发生原因之一,合同关系具有期限性特征,不会永久存续,通常合同目的达成,合同期限届满,合同即归于消灭。融资租赁合同的期限由当事人各方根据租赁需求而约定,融资租赁合同期限届满,各方没有续期的,融资租赁合同即告终止。

(三)融资租赁合同终止的法律后果

1. 融资租赁合同解除时出租人的取回权

关于取回权的性质,理论界有不同的观点:有学者认为取回权是返还原物请求权;[②]有学者认为,取回权是债权请求权;[③]还有学者认为前述观点存在瑕疵,取回权实际是合同解除后对动产转移占有之合同条款的溯及力和所有权的处分权能的结合体,当出租人取回租赁物而承租人拒不返还时,才产生原物返还请求权。[④]

根据《民法典》第 752 条、第 753 条的规定,在承租人不按照约定支付租金、擅自处分租赁物的情况下,出租人可以要求解除合同。融资租赁合同解除的,

---

① Radbruch, Rechtsphilosophie, 1963, S. 243. 转引自王泽鉴:《民法债编总论 · 基本理论 · 债之发生》(总第 1 册),台北,三民书局 1993 年版,第 52 页。

② 参见史树林、乐沸涛:《融资租赁制度概论》,中信出版社 2012 年版,第 157 页。

③ 参见郝秀辉、张纳川:《论航空器融资租赁出租人的违约取回权》,载《西南石油大学学报(社会科学版)》2016 年第 1 期。

④ 参见李芷君:《论融资租赁中出租人救济制度的优化》,载《江汉论坛》2021 年第 6 期。

出租人通常基于其对租赁物的所有权，有权收回租赁物。但是，根据《民法典》第745条的规定，出租人对租赁物享有的所有权，未经登记，不得对抗善意第三人。也就是说，在承租人擅自处分租赁物的情况下，如果出租人的所有权未经登记，且第三人已经善意取得了租赁物的所有权，则出租人丧失了对租赁物的所有权，无法任意收回。此时，出租人仅能就承租人违约给出租人带来的损失主张损害赔偿。《民法典》第745条的规定较原《合同法》第242条增加了"未经登记，不得对抗善意第三人"的新规定，并删除了"承租人破产的，租赁物不属于破产财产"的规定。《民法典》第745条的规定能够敦促出租人积极履行租赁物的登记手续，维护自身合法权益，毕竟法律不保护权利上的"睡眠者"。同时，该规定也能更好地保护善意第三人，维护交易秩序。有的法院在判决书中明确写道，如果出租人和承租人仅在合同中约定了租赁物归出租人所有，但未履行登记手续，此时出租人可以在合同中约定承租人以租赁物向出租人提供抵押担保并办理抵押登记，来防止他人依据善意取得制度对租赁物主张权利，从而避免出现《民法典》第745条的风险，如山东益鲁汽车销售服务有限公司诉顾某融资租赁合同纠纷案①。

2. 融资租赁合同到期后租赁物的归属

融资租赁合同到期后，租赁物的归属存在以下几种情况：

（1）在当事人没有约定或约定不明的情况下，租赁物归出租人所有。根据《民法典》第757条的规定，出租人和承租人可以约定租赁期限届满租赁物的归属；对租赁物的归属没有约定或者约定不明确，依据《民法典》第510条的规定仍不能确定的，租赁物的所有权归出租人。（2）当事人可以约定租赁物归承租人所有。根据《民法典》第758条的规定，当事人约定租赁期限届满租赁物归承租人所有，承租人已经支付大部分租金，但是无力支付剩余租金，出租人因此解除合同收回租赁物，收回的租赁物的价值超过承租人欠付的租金以及其他费用的，承租人可以请求相应返还。另外，根据《民法典》第759条的规定，当事人约定租赁期限届满，承租人仅需向出租人支付象征性价款的，视为约定的租金义务履行完毕后租赁物的所有权归承租人。（3）当事人可以约定租赁物归出租人

① 参见山东益鲁汽车销售服务有限公司诉顾某融资租赁合同纠纷案，山东省淄博市高新技术产业开发区人民法院（2021）鲁0391民初2812号民事判决书。

所有。《民法典》第758条第2款规定："当事人约定租赁期限届满租赁物归出租人所有，因租赁物毁损、灭失或者附合、混合于他物致使承租人不能返还的，出租人有权请求承租人给予合理补偿。"第758条第2款是一条吸纳借鉴司法解释的新增规定，该规定明确了出租人收回租赁物的权利受到损害时请求补偿的权利。

第八章

保理合同

第一节 保理合同的一般原理

一、保理合同的相关概念阐释

保理(factoring),全称保付代理,又称托收保付。保理合同的概念源于西方,是舶来品,而非我国本土的法律概念。保理活动最早起源于古巴比伦王朝,当时从事商业活动的商人为了能够获取商业交往急需的交易资本而将自己享有的债权转让给他人,以换取货币资金。在当时的商业环境下,保理本质上是一种债权转让行为。到了18世纪,随着资本主义商业的迅速发展,保理在欧洲资本主义国家盛行起来。保理制度之所以在这一时期能够在欧洲盛行,原因在于以赊销、赊购为代表的新的商业交易模式的兴起。商人们利用债权获取融资的需求大幅增加,同时市场对于这种交易模式予以认可。19世纪时,近代意义上的保理制度逐步确立下来。这一时期,保理制度发展的中心由欧洲转移到了美国。在美国,保理制度首先在纺织业得到应用并迅速扩展至其他行业。进入21世纪,保理制度在全球范围内得到认可并被广泛应用,成为一种具有相当普遍性的商业交往工具。

对于保理这一概念,各个国家因在地区文化、商业交往方面存在一定差异,因而理念有所不同。在英国,英国学者弗雷迪将保理定义为"(债权承购人)向债权出售人以便利资金流通、代为债权管理、降低坏账风险中任意两种或全部为目的而承购(未到期)债权的行为"[①]。这一定义中,债权的转让是保理合同的本质,但是从受让人的权利义务来看,其不仅受让债权,而是要支付相应的对价并以便利资金流通、代为债权管理、降低坏账风险中任意两种或全部为目的获得债权。在德国,理论上认为保理是一个企业(下游之顾客)将他对他的买主的债权(应收款项)让与给一个代理商(大多数是银行或者类似银行的让与债权贷款公司),然后该代理商将该债权作为自己的债权进行收取,该企业因此失去了应收簿记以及催告事宜。[②] 由此可见,在德国,保理概念所要强调的是由企业充当交易主体的交易模式。在保理交易模式中,债权的受让方必须为保理代理人,其受让债权的目的没有太多的限制,保理代理人取得债权转让人的地位,可以通过自己的名义收取债权。由此可见,各个国家针对保理合同在商业实践中的广泛出现,均将其纳入法律规制的轨道。

在我国,保理商业交易模式兴起于 20 世纪 80 年代,初创时期的保理业务主要集中在银行催收贷款方面。随着我国商业活动范围的不断扩大以及商业交易模式的不断创新,保理业务范围早已不限于银行业务而向其他行业发展。2012 年以后,我国保理商业交易模式呈现更加迅猛发展的趋势,从初创期进入成长期。[③] 我国作为世界第二大经济体,保理这一新兴的商业交易模式必将在我国未来的商业活动中发挥更加重要的作用。但是《民法典》出台之前的法律没有对保理作出明确而具体的规定。普通的贸易形式,无论是先交货后付款还是先付款后交货,都如同由一方向另一方提供无息短期贷款,还要冒着不能收取"本金"的风险。保理这种贸易架构则在买卖双方间加入了第三方,即保理人,一方面对出卖人提供现金,另一方面不影响买受人享有原先的信用付款等权利,使贸易更安全、结算更迅速、资金融通更便捷、保理人的业务空间更广阔。商家们知晓了保理的优点,加上政策的承认,保理业务在中国自 2012 年试点以来迅猛发展,但也存在虚构应收账款、伪造应收账款通知、保理融资预扣利息等

---

① Salinger, F. R., *Factoring-A Guide to Factoring Practice and Law*, Tolley's, 1986.

② 参见[德]鲍尔、施蒂尔纳:《德国物权法》(下册),申卫星、王洪亮译,法律出版社 2006 年版,第 649 页。

③ 参见陈彦蓉:《我国商业保理进入成长期》,载搜狐网 2019 年 4 月 24 日,http://www.sohu.com/a/310012600_818225。

问题,亟待法律规制。① 虽有《商业银行保理业务管理暂行办法》等法律文件,但尚不敷使用,且法律位阶较低,《民法典》新设保理合同一章确有必要。2018 年 12 月,全国人民代表大会宪法和法律委员会在充分调研并广泛听取社会各界意见后认为,保理合同在我国商业交易实践中已经广泛存在,其在合同订立、合同内容等方面已经形成成熟的商业规则,将其纳入《民法典》规制范畴对于完善我国民事法律规定、为保理提供明确的法律指引具有重要而现实的意义。② 2020 年 5 月 28 日,第十三届全国人民代表大会第三次会议通过的《民法典》第十六章对于保理合同作出明确规定,标志着保理合同正式纳入我国民法规制范畴。"《民法典》将保理合同典型化不仅是对商事交易习惯的简单归纳吸收,而且明显带有制度创新的色彩,包括对实体法和程序法两个方面的影响。"③

二、保理合同的法律性质

(一)保理法律关系的复合性

保理合同引发保理法律关系,包括保理人和债权人之间的关系、保理人和债务人之间的关系、基于债权人和债务人之间的基础法律关系。当然,第一种法律关系是保理合同法律关系的核心。

保理合同形成复合法律关系,表现为:应收账款债权转让,加上应收账款管理或催收;或是应收账款债权转让,加上保理人提供资金融通;或是应收账款债权转让,加上应收账款债务人付款担保的服务;或是应收账款债权转让和几种服务叠加。只要不是单一的债权转让关系,而是两种以上的法律关系,就是复合的法律关系。④

这种复合性显示出保理合同法律关系异于普通的债权转让法律关系:(1)如果说普通的债权转让法律关系如同一部手机的买卖关系,价款系该手机

① 参见黄和新:《保理合同:混合合同的首个立法样本》,载《清华法学》2020 年第 3 期。

② 参见倪弋:《完善合同和侵权责任制度》,载新浪财经网 2018 年 12 月 27 日,http://finance.sina.com.cn/roll/2018 - 12 - 27/doc-ihqfskcn1571579.shtml;朱勇:《国际保理及其法律性质》,载《法学杂志》1994 年第 4 期。

③ 王聪:《〈民法典〉保理合同的功能主义构造》,载《社会科学》2021 年第 8 期。

④ 参见崔建远:《保理合同探微》,载《法律适用》2021 年第 4 期。

的合理价格,纯为钱货交换关系,那么保理合同法律关系中的对价不但有价款,而且伴有服务。即使此“价款”,也并非受让应收账款债权的等价,只是被保理人扣除服务佣金之后的款额,不是受让应收账款债权的等价。在无追索权保理中,还能体现出分配保理风险的考量和决策。(2)在普通的债权转让法律关系中,基础法律关系中的债务人满足债权受让人的清偿请求,问题即得以解决,债务人在一定程度上是履行辅助人;但在无追偿权保理关系、为债务人提供融资的保理关系中,债务人至少是“主角”之一,保理人与债权人商洽、成立保理时十分重视债务人的信用。(3)在普通的债权转让法律关系中,钱货两清后买卖双方便分道扬镳,关系相对单纯;但保理关系具有一定的持续性,保理人要负担较多的服务事宜。上述因素决定了:相对于普通的债权转让制度,保理规则极具特殊性,机械地套用普通的债权转让规则解决保理问题,会导致不适当的后果,因而应优先适用保理规则以满足特殊情形的需要,只有在保理规则有欠缺时才适用普通的债权转让规则。

(二)标的的复合性

在保理合同中,应收账款债权转让行为是一面,保理人提供金融服务等行为是另一面。有学者认为,“无应收账款转让的,不构成保理合同;但是,仅仅只是规定应收账款转让的,同样不构成保理合同”①。“事实上,应收账款转让只是叙做保理的基础,而非保理的功能;仅有应收账款转让,不提供相应的金融服务,便不称其为保理。”②正是这种“应收账款转让+”的标的将保理合同与其他典型合同进行了区分。

(三)受基础法律关系的影响相对微弱

保理合同的标的物系应收账款债权,《民法典》第761条等条款所称的“现有的应收账款”,属于现实基础法律关系中的应收账款债权;所谓“将有的应收账款”,包括必然成为现实的基础法律关系中的应收账款债权和必然不会成为现实的基础法律关系中的应收账款债权。在本书的视域下,所谓“将有的应收账款”,可能是债权人和债务人虚构的标的物及其债权债务关系。虚构的,也可

① 王轶等:《中国民法典释评·合同编·典型合同》,中国人民大学出版社2020年版,第5页。
② 黄和新:《保理合同:混合合同的首个立法样本》,载《清华法学》2020年第3期。

以说是子虚乌有的,根据罗马法[1]、英国法(1979 年《货物买卖法》第 6 条)[2]和《意大利民法典》(第 1325 条、第 1346 条、第 1347 条)的规定,这种虚构的合同是不成立的。合同如果不成立,则谈不上合同有效,但是在一定意义上可以称作合同无效。这种理念及规则在中国法上也有体现,《合同法司法解释(二)》第 1 条曾明确把标的作为合同的成立要件之一,《民法典》第 737 条也规定“当事人以虚构租赁物方式订立的融资租赁合同无效”。不过,《民法典》却不沿用此种理念及逻辑,不令保理合同因应收账款纯属虚构而不成立、无效,而是于第 763 条规定:“应收账款债权人与债务人虚构应收账款作为转让标的,与保理人订立保理合同的,应收账款债务人不得以应收账款不存在为由对抗保理人,但是保理人明知虚构的除外。”

所谓“应收账款债务人不得以应收账款不存在为由对抗保理人”,从保理合同的效力层面看,保理合同不因虚构应收账款债权在实际上(逻辑上)欠缺标的物而归于无效,保理人可以基于此种保理合同请求债务人清偿本为虚构但法律拟制存在的应收账款债权。之所以如此,是优先保护无辜的保理人的立法政策使然,而非标的之于合同成立的逻辑必然。明知虚构应收账款的保理人,则不享受此等优先保护,[3]债务人有权以应收账款债权不存在为由对抗保理人的清偿请求。

三、保理合同的分类

(一)国际保理与国内保理

国际保理,又称国际付款保理或保付代理,是指保理商通过收购债权而向出口商提供信用保险或坏账担保、应收账款的代收或管理、贸易融资中至少两种业务的综合性金融服务业务,其核心内容是通过收购债权方式提供出口融资。与国际保理不同的是,国内保理的保理商、保理申请人、商务合同买方均为国内机构。

---

① 参见[意]桑德罗·斯契巴尼选编:《契约之债与准契约之债》,丁玫译,中国政法大学出版社 1998 年版,第 393 页。

② 参见董安生等编译:《英国商法》,法律出版社 1991 年版,第 99 ~ 100 页。转引自杨桢:《英美契约法论》(第 4 版),北京大学出版社 2007 年版,第 204 ~ 205 页。

③ 《民法典》第 763 条的“但书”。

（二）公开型保理与隐蔽型保理

公开型保理，又称明保理，是指将应收账款债权转让的事实通知债务人。通知方式包括但不限于向债务人提交规定格式的通知书、在发票上加注规定格式的转让条款。①

隐蔽型保理，又称暗保理，是指保理合同签订后的合理期限内，未将应收账款债权转让的事实通知债务人。在此种情形下，即便保理人已经预付保理融资款，在正常情况下，也仍由债权人或者通过债权人的名义去继续实现债权，保理融资款项仅在债权人和保理人之间清算；再由债权人将相关付款转付保理人，另以保理人控制收款账户等方式确保保理人对应收账款收益的控制，为债权人设立违约责任方式阻遏债权人另行收取债权。此种方式固然存在债务人另行向债权人给付的风险，但同时具有便于应收账款管理和催收、利于维系债权人和债务人的合作关系等优势，故在实务中常被应用。②

（三）单保理与双保理

单保理，是指仅涉一方保理人，而非买受人和出卖人均有保理人的保理方式。在这种方式中，只有保理人与出卖人签订保理协议，并对出卖人的应收账款承作保理业务。单保理方式主要适用于出卖人的所在国（地区）没有保理人的情况。当买受人、出卖人双方经过协商谈判决定采用保付代理结算方式后，出卖人即向买受人所在国（地区）的保理人提出申请，签订保付代理协议，并将需确定信用额度的买受人名单提交给保理人。进口国（地区）的保理人对买受人进行资信调查评估，将确定的买受人信用额度通知出卖人，并承担买受人信用额度内100%的收取货款风险担保。出卖人依据由保理人确定的买受人信用额度决定签约，在信用额度内签约发货后，将发票和货运单据直接寄交买受人，将发票副本送至进口国（地区）的保理人，进口国（地区）的保理人负责催收账款。如果出卖人在发货后、收款前有融资要求，保理人将在收到发票副本后以预付款方式提供不超过发票金额80%的无追索权短期货款融资。买受人在付款到期时将全部货款支付给进口国（地区）的保理人，保理人再将全部货款扣除相关费用及预付货款后转入出卖人的银行账户。

---

① 参见王轶等：《中国民法典释评·合同编·典型合同》，中国人民大学出版社2020年版，第6页。

② 参见王轶等：《中国民法典释评·合同编·典型合同》，中国人民大学出版社2020年版，第6页。

双保理,是指买受人和出卖人双方都有保理人。这种方式主要适用于出卖人和买受人双方所在的国家(地区)都有保理人的情况。出卖人与本国(地区)的出口保理人签订保付代理合同,然后与买受人磋商订立买卖合同并约定采用保付代理的结算方式。在签约前,出卖人向出口保理人提出确定买受人信用额度申请,出口保理人再从进口国(地区)的保理人中挑出进口保理人,同时将需要核定信用额度的买受人名单提交买受人进行信用调查评估,将确定的买受人信用额度通知出口保理人,出口保理人将买受人信用额度通知出卖人,并承担买受人信用额度内100%的收取货款风险担保。出卖人依据由保理人确定的买受人信用额度决定是否签约,在信用额度内签约发货后,将发票和货运单据直接寄交买受人,将发票副本送至出口保理人,出口保理人负担催收账款管理的义务。如果出卖人在发货后、收到货款前有融资要求,出口保理人将在收到发票副本后以预付款方式提供不超过发票金额80%的无追索权短期货款融资。出口保理人同时将应收账款清单提交给进口保理人,委托其协助催收货款。买受人在付款到期时将全部货款付给进口保理人,如果买受人在发票到期日90天后仍未付款,进口保理人充任担保付款,进口保理人收款后,立即将全部款项转给出口保理人,出口保理人在扣除相关费用及预付货款后转入出卖人的银行账户。一旦买受人按照原定合同及时付清了货款,这单保理业务就算完成。买受人的信用额度在保理合同所约定的期限内可以多次使用。

(四)融资保理与非融资保理

融资保理,是指保理人以应收账款转让为前提,提供贸易融资服务的保理。它分为预付保理和到期保理。预付保理,是指保理人在受让债权人转让的应收账款债权时,立即以预付款方式向出卖人提供不超过应收账款80%的融资,剩余20%的应收账款待保理人向买受人收取全部货款后,再行清算。到期保理,又称定期保理,是指保理人在受让债权人转让的应收账款时不向债权人提供融资,而是在按期收到债务人付款后向债权人支付账款,或者由于债务人发生信用风险,保理人在一定期限内进行担保付款的保理,即无融资功能的无追索权保理。换言之,到期保理是一种到期承购应收账款业务,出卖人将应收账款单据转让给保理人,保理人确认在票据到期时无追索地向出卖人支付票据金额,而不在出卖人提交票据时立即向出卖人支付现金。这两种是比较典型的保理方式。

非融资保理,是指保理人不向债权人提供贸易融资,只提供销售分户账管理、客户资信调查与评估、应收账款管理与催收、信用风险担保等服务的保理。

(五)有追索权保理与无追索权保理

有追索权保理,又称回购型保理,是指出卖人将应收账款的债权转让给保理人,出卖人在得到款项之后,如果买受人拒绝付款或无力付款,保理人有权向出卖人进行追索,要求偿还预付的货币资金。有追索权的保理人拥有债权实现方式上的选择权。[①] 银行(保理人)基于谨慎原则,为了降低日后可能发生的损失,在大多数情况下会为客户提供有追索权的保理。在这种类型的保理中,保理人不承担为债务人核定信用额度和提供坏账担保的义务,仅提供包括融资在内的其他金融服务,在应收账款债权到期无法从债务人之处收回时,保理人可以向债权人反转让应收账款债权,或者要求债权人回购应收账款债权、归还融资。《民法典》第 766 条规定了这种类型的保理。[②]

无追索权保理,又称买断型保理,是指由保理人独自承担买受人拒绝付款或无力付款的风险的保理。在这种类型的保理中,保理人根据债权人提供的债务人核准信用额度,在信用额度内承购债权人对债务人的应收账款并提供坏账担保,在债务人因发生信用风险未按基础合同约定按时足额支付应收账款时,保理人不能向债权人追索。《民法典》第 767 条规定了这种类型的保理。[③]

四、保理合同的内容和形式

(一)保理合同的内容

《民法典》第 762 条第 1 款列举了保理合同的内容,包括如下几项:(1)业务类型,例如,究竟为单保理还是双保理,是公开型保理还是隐蔽型保理,是融资保理还是非融资保理,是其中一项还是数项等;(2)服务范围,例如,提供资金融通、应收账款管理或催收或应收账款债务人付款担保等;(3)服务期限,首先是保理人履行保理义务的期限,也时常是保理合同的存续期限;(4)基础交易合同情况,如合同的效力状况,以及债权人和债务人的情况,特别是债务人的信用

① 参见魏冉:《保理的概念及其法律性质之明晰》,载《华东政法大学学报》2021 年第 6 期。
② 参见王轶等:《中国民法典释评 · 合同编 · 典型合同》,中国人民大学出版社 2020 年版,第 6 页。
③ 参见王轶等:《中国民法典释评 · 合同编 · 典型合同》,中国人民大学出版社 2020 年版,第 6 页。

等;(5)应收账款信息,如应收账款债权的数额、履行期限、有无担保等负担,特别是有无虚构应收账款的情形;(6)保理融资款,如款项的数额、支付和返还的时间点等;(7)服务报酬及其支付方式、时间点;(8)其他条款,如抵销及其限制、有关抗辩等条款。

(二)保理合同的形式

《民法典》第 762 条第 2 款明确保理合同应当采取书面形式。书面形式有利于举证证明保理合同的存在以及具体约定,行业人士也注意采取书面形式,但书面形式并非保理合同的效力性强制性规定,只要当事人能够举证证明双方对订立保理合同达成合意,如当事人一方已经履行了主要义务且对方予以接受,即使当事人没有采取书面形式,也应认定保理合同成立。

第二节　保理合同的效力

一、保理人的权利与义务

(一)保理人的权利

1. 受让应收账款债权的权利

无论是哪种类型的保理关系,保理人均享有自债权人处受让应收账款债权的权利,不然,就无所谓保理。

2. 请求债务人清偿应收账款债务的权利

保理人自债权人处受让应收账款债权后,成为债权人,在适当履行通知义务之后,于应收账款债务的履行期限届至时,有权请求债务人予以清偿。[①]

3. 保理人享有追索权

在有追索权保理中,保理人享有追索权,可表现为于债务人拒绝保理人的给付请求或无力满足此种请求时,请求债权人返还保理融资款本息,也可以表现为请求债权人回购应收账款债权。[②]

---

① 《民法典》第 766 条、第 767 条及第 764 条。
② 《民法典》第 766 条。

4. 保理人在应收账款债权重复转让的情形下享有清偿顺序权

《民法典》第768条重构了保理合同中债权转让的对外效力规则。[①] 应收账款债权人就同一应收账款订立多个保理合同,致使多个保理人主张权利的,已经登记的先于未登记的取得应收账款;均已经登记的,按照登记时间的先后顺序取得应收账款;均未登记的,由最先到达应收账款债务人的转让通知中载明的保埋人取得应收账款;既未登记也未通知的,按照保理融资款或服务报酬的比例取得应收账款。[②]

5. 保理人不受基础交易合同被协商变更、终止的不利影响

债权人和债务人协商变更基础交易合同,致使应收账款债权的数额降低、负担增加、清偿期限延长、抵销应收账款债权、抛弃应收账款债权等,保理人受偿此类债务的清偿往往存在障碍。债权人和债务人协议终止基础交易合同,如协议解除,就会将保理人置于更加不利的地位。基于合同的相对性,此种变化不应该约束债权人,除非债权人表示同意此种变化。《民法典》第765条对此予以规定,同时设置了保理人不受此种不利影响的条件:(1)债权人和债务人协商变更或终止基础交易合同不得发生在债务人已经收到应收账款债权转让的通知之后。其实,只要保理合同生效,债权人就不再享有处分应收账款债权的权利,即使未将应收账款债权转让的事实通知债务人,债权人也无权与债务人协商变更或终止基础交易合同。(2)债权人和债务人有正当理由协商变更、终止基础交易合同的,保理人应承受其后果。此处所谓正当理由,例如,按照法律规定基础交易合同应当变更或终止,债务人享有法定解除权,基础交易合同约定的变更事由、终止事由出现,保理人同意等。法律规定变更、终止的,至少在理论上推定保理人知晓且应受其约束,故保理人订立保理合同应承受此类后果。基础交易合同约定的变更、终止事由,属于保理合同条款中的组成部分,保理人也应承受此类后果。

《民法典》第765条规定的上述变更、终止"对保理人产生不利影响的,对保理人不发生效力",符合合同的相对性。把决定权赋予保理人比较机动灵活:保

---

① 参见朱晓喆、冯洁语:《保理合同中应收账款多重转让的优先顺序——以〈民法典〉第768条为中心》,载《法学评论》2022年第1期。

② 《民法典》第768条。

理人有权不认可基础交易合同的变更、终止,并基于受让时的应收账款状态请求债务人进行清偿,债务人不得以基础交易合同已经变更或终止为由抗辩,至于由此遭受的损失,债务人可随后向债权人主张权利;保理人也有权放弃《民法典》第 765 条的赋权,转向债权人主张权利,视个案情况,或是援用《民法典》第 582 条及第 621 条的规定请求债权人承担物的瑕疵担保责任,或是在保理合同约定债权人不得擅自变更、终止基础交易合同的情况下援用《民法典》第 577 条等条款的规定请求债权人承担一般的违约责任,或是援用《民法典》第 1165 条的规定请求债权人承担侵权责任,甚至援用《民法典》第 1168 条的规定请求债权人和债务人承担共同侵权责任。

(二)保理人的义务

1. 通知义务

债务人向债权人进行清偿,该债权人应为基础交易合同中的债权人,除非有确凿的证据证明债权人已经转换成保理人。如此,保理人是否为应收账款债权的受让人,便成为非常重要的问题。债权人通知债务人,称应收账款债权已经让与保理人,债务人不再向债权人进行清偿,而是向保理人进行清偿,进而发生债务消灭的结果。这种方式对债务人最为有利。即使债权人编造债权转让的事实,法律仍然支持债务人向保理人进行清偿便消灭其债务的主张,这符合法律不保护恶意之人的信条。接下来的问题由债权人和保理人去处理即可。作为应收账款债权受让人的保理人可否向债务人发出债权转让的通知?《民法典》第 764 条作出肯定回答,这也符合实务操作的惯例。但该条要求“保理人向应收账款债务人发出应收账款转让通知的,应当表明保理人身份并附有必要凭证”。之所以作出这样规定,是因为必须要有充分、确凿的证据来证明保理人确实为应收账款的债权人,以达到避免债务人非债清偿带来麻烦、造成浪费的目的。此处的“必要凭证”,仅有书面的保理合同或债权转让合同或债权人签字、盖章的书面转让通知是不够的,因为目前伪造凭证的现象并非鲜见,需要结合其他具体因素加以判断,债务人审核上述凭证的真伪所需要的时间和技术手段尚难达到目的。有观点认为,保理人提交经过公证的保理合同或债权转让合同或转让通知等,因公证书的证明力较强,债务人对此十分信赖,无须进行其他方面的审核。①

2. 注意义务

《民法典》第762条第1款明确规定保理合同的条款包括“基础交易合同情况”,《民法典》第768条规定重复让与的情况下保理人取得应收账款债权的顺序、《民法典》第445条设置的应收账款债权出质的规则,都显现出保理人应当适度地调查应收账款债权及其处分的状况,即保理人负有一定的注意义务。

3. 提供服务的义务

保理人提供服务是保理合同的基本构成要素之一,系保理人的一种主要义务。至于提供服务的种类,究竟是为提供资金融通还是管理或催收应收账款,抑或为应收账款债务人的付款提供担保,甚至兼而有之,需看保理合同的约定。② 享有这些服务的债权人是基础交易合同的债权人。其实,也不排除享有保理人提供的服务的债权人为基础交易合同的债务人。例如,基础交易合同的债务人支付基础交易合同项下的对价所需要的资金由保理人支付,基础交易合同中的债权人通过转移应收账款债权作让与担保。

4. 退还余额义务

在有追索权保理中,保理人向应收账款债务人主张应收账款债权,在扣除保理融资款本息和相关费用后有剩余的,剩余部分应当返还给应收账款债权人。③ 不过,在无追索权保理中,保理人取得超过保理融资款本息和相关费用的部分,无须向应收账款债权人返还。④

二、债权人的权利与义务

(一)债权人的权利

1. 享受保理人提供保理服务的权利

债权人基于保理合同享受保理人提供资金融通或其他类型的保理服务,系债权人的主要权利。具体的服务范围取决于保理合同的约定。⑤

① 王轶等:《中国民法典释评·合同编·典型合同》,中国人民大学出版社2020年版,第15页。
② 《民法典》第761条。
③ 《民法典》第766条后段。
④ 《民法典》第767条。
⑤ 《民法典》第761条。

2. 合同变更请求权

在有正当理由时，债权人有权与债务人协商变更、终止基础交易合同。[①]

3. 余额返还请求权

在有追索权保理中，保理人向应收账款债务人主张应收账款债权，在扣除保理融资款本息和相关费用后有剩余的，债权人有请求保理人返还余额的权利。[②]

（二）债权人的义务

1. 向保理人转移应收账款债权的义务

应收账款债权转让系保理合同的核心要素，债权人的主要义务是将其基础交易合同项下的应收账款债权转移给保理人。

2. 诚实守信义务

诚实守信义务遍及民法的各项制度及规则之中，《民法典》在保理合同领域更加强调债权人和债务人不得虚构应收账款，[③]否则，将承担民事责任。

3. 不得擅自变更、终止基础交易合同的义务

按照《民法典》第 765 条的规定，应收账款债务人接到应收账款转让通知后，应收账款债权人与债务人无正当理由不得协商变更或终止基础交易合同，除非保理人同意。

4. 协助义务

保理人基于保理合同向基础交易合同的债务人请求清偿应收账款义务，需要债权人提供协助的，如提供债务人的相关信息、确认应收账款债权已经发生转移，债权人应当提供协助。在有追索权保理中，计算应收账款债权在扣除保理融资款本息和相关费用后有无剩余时需要债权人协助的，债权人亦应予以协助。

三、债务人的权利与义务

（一）债务人的权利

1. 合同变更请求权

在有正当理由时，债务人有权与债权人协商变更、终止基础交易合同。[④]

---

① 《民法典》第 765 条。
② 《民法典》第 766 条。
③ 《民法典》第 763 条。
④ 《民法典》第 765 条。

2. 对抗保理人请求的权利

在有证据证明保理人明知应收账款系虚构的却未提出异议的前提下，保理人请求债务人清偿应收账款债务时，债务人有权以该应收账款债务不存在为由拒绝保理人的清偿请求。①

3. 抵销权

债务人接到债权转让通知时，债务人对债权人享有债权，且债务人的债权先于转让的应收账款债权到期或同时到期；或者债务人的债权与转让的应收账款债权基于同一基础交易合同产生，在符合抵销的构成要件时，债务人有权向保理人主张抵销。②

（二）债务人的义务

1. 向保理人清偿债务的义务

在保理人基于保理合同请求基础交易合同的债务人清偿应收账款债务时，已经接收债权转让通知的债务人有义务满足保理人的该项请求。③

2. 诚信义务

债务人负有诚信义务，按照《民法典》的规定，债权人和债务人不得虚构应收账款，倘若虚构，应收账款债务人不得以应收账款不存在为由对抗保理人，除非保理人明知虚构。④

3. 不得擅自变更、终止基础交易合同

不得擅自协商变更或终止基础交易合同，这不仅是债权人的义务，也是债务人的义务。⑤

---

① 《民法典》第763条“但书”。

② 《民法典》第549条。

③ 《民法典》第766条、第509条。

④ 《民法典》第763条。

⑤ 《民法典》第765条。

第九章

承揽合同

第一节　承揽合同的一般原理

一、承揽合同的概念厘定

承揽合同的立法在古罗马时就已有之,并随着人类社会生产生活的发展,成为当今各国民事法律中的一大类合同。在承揽合同立法的发展中,不同时期各国法律规定不尽相同。法国法将承揽视为租赁的一种,《法国民法典》第1708条将租赁契约分为物的租赁契约和劳动力的租赁契约即雇工契约。[①]《法国民法典》第1710条规定:"劳动力的雇佣(雇工)是指一方当事人承担义务为他方完成某种事务并由该他方向其支付经双方约定之报酬的契约。"德国民法则是将承揽独立于租赁契约与劳动契约,专门对承揽合同作了规定。《德国民法典》第631条规定:"因承揽合同,承揽人有义务完成所约定的工作,定作人有义务支付所约定的报酬。承揽合同的标的,既可以是某物的制造或变更,也可以是其他由劳动或劳务给付引起的结果。"[②]日本和意大利民法也将承揽作为一类独立的合同。《日本民法典》第632条规定:"承揽,因约定当事人一方完成某工作,相对人就其工作成果付与报酬,而发生效力。"[③]《意大利民法典》第1655条规定:"承揽是当事人的一方由自己负担危险以必要的手段进行组织及管理,

---

① 参见《法国民法典》,罗结珍译,北京大学出版社2010年版,第404页。

② 《德国民法典》(第5版),陈卫佐译注,法律出版社2020年版,第284页。

③ 《日本民法典》,王爱群译,法律出版社2014年版,第104、105页。

对于金钱的对价，承担完成某种工作或者某种义务的契约。”①

我国《民法典》第770条第1款规定：“承揽合同是承揽人按照定作人的要求完成工作，交付工作成果，定作人支付报酬的合同。”由此可见，承揽合同的当事人包括承揽人和定作人，其中承揽人是按照要求完成工作并交付工作成果的一方；定作人是接受工作成果并给付报酬的另一方。承揽人和定作人可以是自然人、法人或者非法人组织。

二、承揽合同的特征

（一）承揽人须按照定作人的要求完成工作并交付工作成果

承揽人必须按照定作人的要求完成一定的工作，即以劳务形成一定的成果。与单纯提供劳务的合同不同，在承揽合同中，定作人需要的不是承揽人单纯提供劳务，而是要有一定的成果。对于定作人而言，承揽人的劳务只有通过成果体现出来才具有意义。这一工作成果可以是有形的，也可以是无形的，如演讲、舞蹈表演等。对于后者来说，“交付工作成果”没有实现的可能，因而“交付工作成果”仅适用于特定的情形而并非所有的承揽情形。另外，承揽合同属于结果之债，债务人的义务是按照要求实现特定的成果及作为，不作为不能成为承揽合同的标的。如果承揽人提供了劳务但是没有形成特定的成果，承揽人不但不能要求定作人支付报酬，还应当承担相应的违约责任。所以承揽合同是以提供一定的劳务或服务为内容的一种服务合同。此前有学者建议在将重要的服务合同类型作为典型合同的同时，构建各类服务合同的一般性规定。②《民法典》并未采取此种方案，而仅仅是将重要的服务合同类型作为典型合同予以规定。这主要是考虑到服务合同内部也需要再类型化：第一种是“以物为中心”的承揽性服务合同，包括承揽合同、建设工程合同、运输合同；第二种是保管性服务合同，包括保管合同和仓储合同；第三种是委托性服务合同，包括委托合同、物业服务合同、行纪合同、中介合同。承揽合同是承揽性服务合同最基本的类型，③因此其规定也构成了这一类合同的基础，在对这一类合同没有特别规定

---

① 《意大利民法典》，陈国柱译，中国人民大学出版社2010年版，第292页。

② 参见周江洪：《服务合同在我国民法典中的定位及其制度构建》，载《法学》2008年第1期。

③ 参见周江洪：《服务合同研究》，法律出版社2010年版，第48页。

时,可以参照适用承揽合同的相关规则。例如,就建设工程合同,《民法典》第808条规定,“本章没有规定的,适用承揽合同的有关规定”。

(二)承揽合同具有有偿性

定作人应当按照约定向承揽人支付报酬。承揽人、定作人双方可以就如何支付报酬、报酬形式、支付数额、支付期限等自由约定。在对有偿或者无偿没有作出约定或者约定不明时,如果承揽方没有获得报酬就不为定作方完成工作并且交付成果的,应当认定承揽关系存在。也就是说,只要双方存在建立承揽关系的合意,承揽合同就成立。外国法也有类似规定,《德国民法典》第632条第2款规定:“报酬额不确定的,有价目表时,必须视为已约定合于价目表的报酬,无价目表时,必须视为已约定通常的报酬。”①

(三)承揽合同是诺成、双务、不要式合同

诺成合同是指合同的成立仅需双方意思表示一致,由于承揽合同仅需双方当事人意思表示一致即可成立,因此承揽合同为诺成合同。承揽合同一经成立,当事人双方均负有一定的义务。一方的义务同时系对方的权利,因此承揽合同为双务合同。无论是采用书面形式抑或是口头形式均不影响承揽合同的成立。所以承揽合同为不要式合同。

三、承揽合同的内容

承揽合同的内容,是指承揽合同的一般条款。《民法典》第771条规定:“承揽合同的内容一般包括承揽的标的、数量、质量、报酬,承揽方式,材料的提供,履行期限,验收标准和方法等条款。”

(一)标的

承揽合同的标的是承揽合同的权利、义务所指向的对象,也就是承揽人按照定作人要求所应进行的承揽工作。《民法典》第770条第2款规定:“承揽包括加工、定作、修理、复制、测试、检验等工作。”对于具体从事哪一类工作,应当在合同中加以明确。当事人在承揽合同中就合同的标的进行特别约定时,不仅要规定承揽的类型,还需要对具体成果的名称、规格、性能、款式、成分以及标的

① 《德国民法典》(第5版),陈卫佐译注,法律出版社2020年版,第285页。

色泽、图案、式样、时尚等特性，味道、触感、音质、新鲜度等内容作出特别约定。由此可见承揽合同的标的具有特定性，倘若定作人需要的标的物可以从市场上随意买到，那么定作人也就没有通过订立承揽合同要求承揽人来完成之必要。

（二）数量

承揽合同的标的通常具有复杂性。所以，当事人应当明确规定标的的数量，确认双方共同接受的计算单位和双方认可的计算方法等。数量是承揽合同的必要条款之一，倘若当事人对标的数量未作出约定或者约定不明，则承揽合同不成立。

（三）质量

标的质量需详细、具体约定，如标的的技术指标、质量要求、规格、型号等，都应尽量明确。当事人在签订合同时，应当详尽写明质量要求，既可以以样货确定，也可以以标准市货确定，还可以采取其他方式确定。

（四）报酬

报酬主要是指定作人应当支付承揽人为完成承揽工作所付出的技能以及劳务的酬金。当事人可以对报酬的具体数额和报酬的计算方法进行约定。

（五）承揽方式

承揽方式，是指承揽工作应该是由承揽人独立完成还是可以转承揽。通常而言，倘若对于采用何种承揽方式双方没有作出明确约定，则主要的承揽工作应该由承揽人亲自、独立完成，未经定作人同意，不得擅自转承揽。

（六）材料的提供

材料是指完成承揽工作所需的原料。当事人应当约定材料是由承揽人提供还是由定作人提供抑或是双方当事人共同提供，并且应当对提供材料的时间、地点，材料的数量和质量等作出明确约定。

（七）履行期限

承揽合同中的履行期限，主要是指承揽人和定作人履行义务的时间。就承揽人而言，履行期限是指承揽人完成工作并且交付工作成果的时间；就定作人而言，履行期限是指定作人给付报酬或者材料款等价款的时间。

（八）验收标准和方法

任何一方依约定交付材料时，对方应当进行及时验收，以确定是否符合合同要求。另外，在工作成果交付时，也应当及时验收。在验收时，还应当对验收的标准和具体的验收方法作出约定。倘若没有作出规定，则应当按照交易习惯或者同类产品或服务的通常标准来加以确定。

需要指出的是，上述所列条款只是承揽合同一般所须包含的条款，但是缺少这些条款除法律明确规定外并不必然导致承揽合同的不成立。另外，按照合同意思自治原则，当事人也可以约定这些条款以外的条款，如果当事人作出了特别约定，这些约定也可以成为合同的条款。

四、承揽合同与买卖合同辨析

承揽合同和买卖合同的区分一般是清晰的，买卖合同当事人的权利、义务以交付和所有权的移转为中心展开，而承揽合同当事人的权利、义务以完成一定工作为中心展开。《民法典》第 646 条规定："法律对其他有偿合同有规定的，依照其规定；没有规定的，参照适用买卖合同的有关规定。"承揽为劳务性合同，买卖为财产性合同，在适用该条处理承揽纠纷时，不可毫无保留地直接适用买卖合同的规定，只能是参照适用，应根据两者的性质差异作出调整。[①] 此外，《民法典》第 774 条规定了承揽人提供材料的情形，似乎可以解释为此时绝对是承揽合同，但如此解释对当事人的权利、义务安排未免有失妥当。单纯通过是定作人还是承揽人提供全部或者主要材料来作为是否为承揽合同的区分标准，不能适应现代社会承揽的经济环境，而且对当事人的权利、义务安排并非完全妥当。"法学学科应通过其严谨分类的众多学科，用理性之光照亮法律大厦的每个房间、凹角、拐角，穿透法律现象的杂多性、流变性、迷惑性。"[②]基于意思自治的基本考量，一般应当根据当事人的意思加以判断。当事人的意思侧重于制作物财产权移转的，为买卖合同；当事人的意思侧重于制作物完成的，为承揽合同。但是，当事人的意思又过于抽象，因此考虑的重点是合同内容而非合同名称。[③] 实践中一般从以下几点考虑：

（一）是否明确约定制作方自己完成主要工作

承揽合同中，定作人选择承揽人通常是基于对承揽人的能力、设备、技术等

---

① 参见易军：《买卖合同之规定准用于其他有偿合同》，载《法学研究》2016 年第 1 期。

② 王利明、黄文艺：《论法学学科的发展规律和发展前景》，载《大学与学科》2020 年第 1 期。

③ 王利明：《合同法研究》（第 3 卷），中国人民大学出版社 2015 年版，第 412 ~ 413 页。

方面的考虑并决定是否签订合同。买卖合同中的买方一般只根据卖方现有的标的物的性能、条件来衡量是否满足自己的需要,即主要基于标的物之现有性能来考虑并进行买卖。如果合同内容规定制作方必须以自己的设备、技术和劳力完成制作物的主要部分,则一般可以认定为承揽合同。买卖合同中,买受人的主要目的是取得标的物所有权,而不要求标的物一定由卖方制作完成。因此,该标的物是否可以转交第三人生产、制作,也成为司法实践中认定合同性质的一个重要标准。

(二)是否明确约定对制作方工作的监督、检查权,或者随时变更权

如果约定在不影响制作人工作的情况下对制作人的制作过程进行监督、检查的,一般可以认定为承揽合同。买卖合同的买受人仅有权请求出卖人按约定的条件交付标的物,而无权过问对方的生产经营或标的物的取得情况。如果合同约定对制作人的要求可以随时调整、修改,则更类似于承揽合同。

(三)合同中是否含有图纸或者定作要求

合同中如果包含图纸或者定作要求,则更可能构成承揽合同,否则更倾向于买卖合同。

(四)标的物是否具有特定性

如果标的物具有较强的特定性,在市场上不易被买到即流通性差,并且需要定作人的协助才能完成,此时可以适用承揽合同的规则。该因素一般不宜单独作为决定性因素,需要结合其他因素综合判断。需要注意的是,即使合同被认定为承揽合同,也不妨碍在承揽合同未作特殊规定的情况下,依据《民法典》第 646 条,参照适用买卖合同的有关规定。

第二节　承揽合同的效力

一、承揽人的主要义务

(一)亲自完成主要工作的义务

《民法典》第 772 条第 1 款规定:“承揽人应当以自己的设备、技术和劳力,完成主要工作,但是当事人另有约定的除外。”据此,承揽人负有完成约定工作

的义务，其所负担的给付必须对定作人发生效力才能构成合同的履行。[1] 该义务包括两方面内容：(1) 承揽人应当以自己的设备、技术和劳力完成主要工作。所谓"自己的设备"不仅包括承揽人自己所有的设备，也应当包括承揽人租用的设备。承揽人租赁他人的设备，或者雇佣他人也符合法律的要求。(2) 承揽人必须自己完成"主要工作"。所谓"主要工作"，是指完成承揽合同约定中的主体性、基础性和大部分的工作。主要工作一般对工作成果的质量起决定性作用，通常来说，主要工作的技术要求也相对较高。例如，在定制西服时，量体裁剪和整体裁剪是承揽人的主要工作。当然，在具体的合同类型中，还要根据合同的性质和当事人的约定来确定主要工作的具体内容。就承揽人所负亲自完成主要工作的义务而言，双方当事人也可以另行作出约定。

根据《民法典》第 773 条，承揽人可以不经定作人同意而将辅助工作交由第三人完成。所谓"辅助工作"，是相对于"主要工作"而言的，它是指承揽工作中主要工作之外的部分，一般而言，辅助工作只是对主要工作起协助和完善作用的工作，其并不构成承揽工作的主要内容，可以协助承揽工作的完成。例如，在加工产品的承揽合同中，定作人完成产品的加工之后，将包装工作交给第三人完成，则第三人的工作就属于辅助工作。当然，如果承揽人将其承揽的辅助工作交由第三人完成，应当就该第三人完成的工作成果向定作人负责。

(二) 按照约定选定材料，并接受定作人检验的义务

承揽合同应当对由哪一方提供材料作出明确约定。如果合同约定承揽人提供材料，依据《民法典》第 774 条，承揽人应当按照约定选用材料，并接受定作人检验。承揽人对其提供的材料负有瑕疵担保义务。承揽人以次充好或者故意隐瞒材料瑕疵而造成工作成果质量不符合约定的，应当承担违约责任。为了保证承揽人提供的材料符合合同约定，承揽人在选定材料后，必须要接受定作人的检验，以确定材料是否符合约定的要求，以及是否满足承揽工作的需要。

(三) 检验和受领定作人提供的材料的义务

在定作人提供材料的情况下，《民法典》第 775 条规定，承揽人负有检验和保管定作人提供的材料的义务，具体包括：(1) 及时检验定作人提供的材料。如

---

① 参见黄喆：《民法典背景下承揽合同验收制度的教义学展开》，载《苏州大学学报（哲学社会科学版）》2020 年第 4 期。

果经过承揽人检验,定作人提供的原材料符合合同约定,那么承揽人应当对此作出确认并通知定作人。材料不符合约定的,承揽人有权拒绝,并且可要求定作人替换。(2)承揽人发现材料质量不符合合同约定时,应当及时通知定作人更换、补齐或者采取其他补救措施。所谓采取其他补救措施,包括提供资金、由承揽人代为购买等其他方式。(3)不得擅自更换定作人提供的材料。例如,在修理电脑时,修理人员不得将定作人电脑中的贵重零部件偷换成廉价的零部件。在此种情况下义务的履行既是诚实信用原则的具体要求,也为维护定作人的合法权益所必需。

(四)及时通知义务

《民法典》第776条规定:"承揽人发现定作人提供的图纸或者技术要求不合理的,应当及时通知定作人。因定作人怠于答复等原因造成承揽人损失的,应当赔偿损失。"在承揽合同中,承揽人应当按照定作人提供的图纸进行加工,才能保证工作成果符合合同的要求。因此,一旦承揽人发现提供的图纸或技术要求不合理,应当及时通知定作人。定作人在收到承揽人的通知之后,应在规定期间或合理期间内给予答复,并采取措施。因定作人怠于答复,致使承揽人工期延误或者重新修改或返工等,由此造成承揽人损失的,应当由定作人承担赔偿责任。例如,在阮某诉张某学承揽合同纠纷案[①]中,被告张某学作为承揽人,应该对原告阮某提供的材料进行检验,发现材料不符合约定时,应当及时通知定作人更换、补齐或者采取其他补救措施。并且被告应该以明确的方式通知原告,若未及时通知,致使合同目的不能实现,被告张某学要承担违约责任。

(五)接受定作人监督检验的义务

《民法典》第779条规定:"承揽人在工作期间,应当接受定作人必要的监督检验……"这就确定了承揽人工作期间,对承揽人的工作进行必要的检查、监督,对材料的使用是否符合图纸和技术的要求等进行必要的检验。所谓必要,是指为了实现合同目的而必需的监督检验。"必要的监督检验",应当依据合同的性质和工作的难度等因素具体确定。同时《民法典》第779条规定,定作人在监督检验承揽人的工作时,不得妨碍承揽人的正常工作,也不能将其在监督检验过程中获知的承揽人的商业秘密透露给他人。

---

① 参见贵州省六盘水市钟山区人民法院民事判决书,(2019)黔0201民初4184号。

（六）完成工作并交付工作成果的义务

在承揽合同中，承揽人所应履行的义务在性质上属于结果性债务，承揽人完成定作人交付的工作并交付工作成果，这是承揽人所负担的基本义务。依据《民法典》第780条[①]，交付工作成果的义务主要包括如下三项内容：

1. 承揽人负有按期交付工作成果的义务。如果工作成果的迟延交付是承揽人自身原因造成的，则承揽人就应当承担违约责任。如果承揽人没有在约定的期限内交付工作成果，定作人应当有权请求承揽人继续履行，但继续履行会过分加重承揽人负担的除外。

2. 承揽人应当按照合同规定的质量交付。承揽人交付的工作成果应当与合同的约定相一致，非经定作人同意，不得擅自修改或变更，更不能偷工减料、粗制滥造、以次充好。未按合同约定的质量交付定作物或完成工作，定作人同意利用的，应当按质论价；定作人不同意利用的，承揽人应当负责修改或调换，并承担由此造成的逾期交付的责任。经过修改或调换，仍然不符合合同约定的，定作人一方有权拒绝接受并可要求承揽人赔偿损失。除此之外，承揽人还应当提交必要的技术材料和相关的质量证明。

3. 承揽人应当按照合同规定的数量交付。承揽人未按规定的数量交付的，应照数补齐，少交部分定作人不再需要的，定作人有权解除合同或要求赔偿损失。例如，承揽人按照他人的要求定作20套西装，则承揽人最终应当交付定作人20套西装，若承揽人交付给定作人15套西装，则承揽人应当补齐缺少的5套西装；如果少交的5套西装定作人不再需要，则定作人有权解除合同或者要求承揽人赔偿损失。承揽人未按合同规定包装标的物的，应负责返修或重新包装，并承担因此而支付的费用。

（七）妥善保管定作人提供的材料的义务

《民法典》第784条规定，“承揽人应当妥善保管定作人提供的材料以及完成的工作成果，因保管不善造成毁损、灭失的，应当承担赔偿责任。”依照本条规定，承揽人对定作人提供的材料和完成的工作成果有妥当保管的义务。规定此种保管义务不仅是为了定作人的利益，而且有助于承揽合同目的的实现。因为

---

① 《民法典》第780条：“承揽人完成工作的，应当向定作人交付工作成果，并提交必要的技术资料和有关质量证明。定作人应当验收该工作成果。”

如果定作人提供的材料，尤其是承揽工作的对象灭失，承揽人可能就无法完成承揽工作，无法获得报酬，甚至要承担违约责任，因此承揽人的保管义务有助于承揽人和定作人双方的利益。[①] 之所以如此，是因为承揽人能够最有效地采取保管措施。

（八）保密义务

《民法典》第785条[②]确立了承揽人所负的保密义务。承揽人在订立和履行承揽合同的过程中，可能会了解定作人的一些商业秘密和技术秘密，一旦这些秘密泄露出去，将会给定作人造成损失。所以，在工作期间，承揽人应当妥善保管定作人的技术资料、信息和文件等。在承揽合同终止后，承揽人应当将有关定作人的信息资料返还给定作人，承揽人不得私自复制和保留这些技术信息资料。保密义务不仅适用于合同订立前，在合同关系结束后，此项义务也仍然存在。

二、定作人的主要义务

（一）依照合同提供材料的义务

依照《民法典》第775条的规定，合同约定由定作人提供材料的，定作人应当按合同规定的时间、数量、质量、规格提供材料。同时，定作人应当提供必要的资料。在合同未对材料的提供作出约定的情况下，确定定作人提供材料义务的范围一般应当考虑完成承揽工作的需要。定作人如果未按合同规定的时间和要求向承揽人提供原材料、技术资料、包装物等或未完成必要的辅助工作和准备工作，承揽人有权解除合同，定作人应当赔偿承揽人由此造成的损失；承揽人不要求解除合同的，除交付定作物的日期得以顺延外，定作人应当偿付承揽人停工待料的损失。

（二）接受并验收工作成果的义务

定作人应及时接受工作成果，基于承揽合同债务的性质，此应当为结果性债务，因为订立合同之目的就是要交付工作成果。所以，在工作成果完成之后，

---

① 参见谢鸿飞：《承揽合同》，法律出版社1999年版，第115页。

② 《民法典》第785条："承揽人应当按照定作人的要求保守秘密，未经定作人许可，不得留存复制品或者技术资料。"

承揽人应当及时向定作人发出通知,并向定作人完成工作成果的交付。与此同时,定作人有义务接受工作成果。《民法典》第780条规定:"……定作人应当验收该工作成果。"从字面解释来看,该条包含了要求定作人在合理期限内验收之义务。定作人经检验发现承揽标的物不符合合同约定或存在明显瑕疵的,应当在接收后向承揽人立即发出通知,以便双方能够及时进行核实并对责任进行划分。

(三)支付报酬的义务

在承揽合同中,支付报酬是定作人的主给付义务。依据《民法典》第782条的规定,定作人负有支付报酬的义务。如果定作人无故拒绝或迟延给付承揽报酬,则应负不履行或迟延履行合同的责任。在这种情况下,承揽人有权拒绝交付承揽标的物,以保护自己的债权。依照《民法典》第782条的规定,工作成果部分交付的,定作人应当相应支付。也就是说,如果工作成果不是一次性整体交付,而是分批交付,则在报酬支付期限既没有明确作出约定也无法确定的情况下,承揽人每交付一部分工作成果,都有权主张定作人支付对应部分的报酬。此外,如果是承揽人提供的材料,定作人在支付报酬的同时,还应当支付材料的价款。

(四)协助义务

在承揽过程中,承揽工作的顺利进行可能需要定作人的协助,如需要定作人提供相关的图纸、技术信息等资料。《民法典》第778条规定,承揽工作需要定作人协助的,定作人有协助的义务。定作人不履行协助义务致使承揽工作不能完成的,承揽人可以催告定作人在合理期限内履行义务,并可以顺延履行期限;定作人逾期不履行的,承揽人可以解除合同。

三、承揽合同中的风险负担

(一)承揽合同中风险负担的概念

承揽合同中的风险负担,是指在双方当事人均无过错的前提下,谁来承担工作成果或原材料在承揽工作完成过程中毁损、灭失的责任。在承揽合同中,风险负担的判断标准既有所有人主义,也有交付主义。在承揽合同中,确定工作成果的归属要考虑合同的具体情况,并非一概归属于承揽人或定作人。

（二）承揽合同中的风险负担规则

1. 承揽材料的风险负担

承揽材料的风险，是指承揽原材料由定作人提供、由承揽人保管而意外毁损、灭失的风险。该风险负担的规则是：定作人提供的材料在承揽人占有期间意外毁损、灭失的，除非有不可抗力事件发生，否则承揽人负有不可推卸的责任，应当由承揽人承担风险。

2. 工作成果的风险负担

工作成果的风险，是指承揽人完成承揽工作，工作成果仍由承揽人占有时意外毁损、灭失的风险。该风险负担的规则是：工作成果须实际交付的，在工作成果交付前发生风险的，由承揽人负担；交付后发生风险的，由定作人负担。但工作成果的毁损、灭失发生于定作人受领迟延后的，则应由定作人承担该风险。

工作成果无须实际交付的，工作完成即视为交付。在工作完成前发生的风险由承揽人负担；在工作完成后发生的风险则由定作人负担。

3. 报酬的风险负担

报酬的风险负担，当事人另有约定的，依照其约定。没有约定的，按照如下规则处理：（1）如果工作成果的所有权自始归定作人享有，此时承揽人完成的工作成果非因双方当事人的过错毁损、灭失，承揽人只能依照定作人承担风险的比例主张报酬的支付。因为工作成果包括定作人提供材料所形成的价值和承揽人提供劳务所形成的价值两部分。（2）如果工作成果的所有权自始归承揽人享有，此时承揽人完成的工作成果非因双方当事人的过错毁损、灭失，承揽人不能向定作人交付工作成果并转移该成果的所有权，所以报酬的风险由承揽人负担，承揽人不得向定作人主张报酬。

第三节　承揽合同的终止

一、承揽合同终止的原因

（一）承揽合同因协议而终止

当事人可以约定承揽合同的期限，期限届至合同当然终止。当事人双方也可以协议解除合同，合同因当事人达成协议而解除。

（二）承揽合同因行使解除权而终止

《民法典》第787条规定："定作人在承揽人完成工作前可以随时解除合同，造成承揽人损失的，应当赔偿损失。"依据这种合同解除权的规定，定作人于合同成立后因各种原因不再需要承揽人继续完成工作的，可以及时以赔偿承揽人的损失为代价而解除合同，避免更多浪费。定作人的任意解除权仅存在于承揽人完成工作之前，在承揽人没着手开始工作之前，定作人自然能解除合同，但若果承揽人已完成工作，即使工作成果尚未交付，也不能解除合同。[①]

当事人均可行使合同解除权的这种情况主要包括：(1)承揽人未依约按时完成合同约定的工作义务而使其工作于定作人已无意义的；(2)承揽人未经定作人同意将承揽合同的主要工作转由第三人完成的；(3)定作人在检验监督中发现承揽人工作中存在问题，向承揽人提出，而承揽人拒不更改的；(4)定作人未尽到协助义务，经承揽人通知仍不履行的；等等。以上各种情况出现时，当事人均可行使合同解除权，有损害存在的可同时请求损害赔偿。[②]

二、承揽合同终止的法律效果

合同终止以后，当事人之间的债的关系消灭。当然，合同终止的原因不同，相应的法律后果不同。例如，在合同解除的情形下，当事人可能基于此而负有恢复原状的义务，甚至可能要承担损害赔偿的责任。就合同履行而言，合同终止后，承揽人合法地取得报酬，定作人获得工作成果。

在承揽合同终止后，应当明确定作物所有权的归属。如果当事人在承揽合同中约定了定作物所有权的归属，则应当按照当事人的约定予以确定。如果当事人没有在合同中约定定作物所有权的归属，在定作物交付后，其所有权应当归属于定作人；在定作物交付前，则应当区分不同情形分别加以判断。在定作物交付前，原则上材料的提供者应当享有定作物的所有权；如果定作物的材料是双方共同提供的，则定作物的所有权应当归属于主要材料的提供者。

---

① 参见宁红丽：《〈民法典〉中定作人任意解除权的适用要件与法律效果》，载《浙江工商大学学报》2020年第6期。

② 崔建远主编：《合同法》（第7版），法律出版社2021年版，第380、381页。

合同终止以后,基于诚实信用原则双方当事人还应当负担一定的后合同义务,如保护和保密义务。在承揽合同履行过程中,承揽人可能基于定作人的协助义务而掌握定作人相关的技术资料,此时按照诚实信用原则,即使合同终止,承揽人也应对该技术资料保密。

第四节　违反承揽合同的责任

一、承揽人的违约责任

(一)工作成果不符合质量要求的责任

依据合同规定的质量交付工作成果是承揽人的主给付义务,违反该义务自然应当承担违约责任。《民法典》第781条规定:"承揽人交付的工作成果不符合质量要求的,定作人可以合理选择请求承揽人承担修理、重作、减少报酬、赔偿损失等违约责任。"这一规定确立了承揽人违反约定的质量要求应当承担违约责任。此种责任的承担必须符合如下条件:

1. 承揽人交付的工作成果不符合质量要求

通常来说,承揽合同中的质量要求都是在合同中明确约定的。凡是不符合合同约定的质量要求的,都构成违约。如果合同没有特别约定质量标准和要求,则应当符合工作成果的通常效用。例如,没有按照定作人指定的材料施工,将定作人提供的材料偷换,或者不按照合同约定的技术要求、技术条件和图纸进行工作,违反规定的技术规程等。

2. 工作成果经验收不合格

承揽人完成了工作成果之后,应当由定作人验收。如果经验收确定不符合约定的,定作人应当通知承揽人。定作人在承揽人提出验收的要求后,在合理期限内没有验收,或者超出合理期限没有提出异议,视为工作成果合格。

当然,如果工作成果不合格是定作人的原因造成的,则承揽人不承担瑕疵履行的责任。尽管承揽合同所确立的债务属于结果性债务,但是,在确定责任时必须要考虑不能实现特定的给付结果的原因。如果确实是定作人的原因,承揽人则不应当负责。

依据《民法典》第781条的规定，在承揽人完成的工作成果不符合质量要求的情况下，定作人可以要求承揽人承担修理、重作、减少报酬、赔偿损失等违约责任。例如，因交付的工作成果不合格，导致定作人未能履行其他的合同义务，定作人对其他人承担的赔偿也属于此处所说的损失。

（二）不按期交付工作成果的责任

承揽人交付工作成果，既要达到质量要求，也要在合同约定的期限内完成交付。承揽人如果在规定的期限内不能交付工作成果，则要负违约责任。但如果承揽人能够证明是定作人的原因造成延迟，或者能够证明是不可抗力致使定作物或原材料的毁损、灭失，承揽人在作出证明后，可免于违约责任的承担，但应当采取积极措施，尽量减少损失。

（三）因保管不善造成损害的责任

《民法典》第784条规定："承揽人应当妥善保管定作人提供的材料以及完成的工作成果，因保管不善造成毁损、灭失的，应当承担赔偿责任。"承揽人的保管义务包括两个方面，一是对于定作人提供的材料负有保管义务，二是对工作成果负有保管的义务。违反这两项义务，都可能构成违约。另外，定作人提供的材料因承揽人的过错毁损灭失的，还可能构成侵权。

二、定作人的违约责任

（一）定作人未按照约定支付报酬的责任

在承揽人交付工作成果之后，定作人应当支付报酬，这是定作人的主给付义务。因而，定作人未按照约定支付报酬的，应当承担违约责任。但是，在未支付报酬的情况下，承揽人享有留置权，由此产生两个问题：(1)在承揽人不行使留置权的情况下，其是否可以请求定作人承担违约责任？毫无疑问，即使承揽人不行使留置权，其也可以请求定作人承担违约责任。承揽人不行使留置权，只不过使其无法获得物权性的担保而已。(2)在承揽人行使留置权的情况下，其是否可以请求定作人承担违约责任？原合同义务和违约责任具有同一性，留置权的担保范围既包括原合同义务也包括违约责任，因此，行使留置权之后，如果还不能使承揽人的报酬等债权实现的，承揽人仍然有权要求定作人履行支付报酬的义务和承担违约责任。

（二）因提供材料、图纸等不合格造成损害的责任

《民法典》第776条规定："承揽人发现定作人提供的图纸或者技术要求不合理的，应当及时通知定作人。因定作人怠于答复等原因造成承揽人损失的，应当赔偿损失。"依据该条规定，定作人提供的材料或者图纸不合格，造成承揽人损失的，承揽人有权请求定作人承担违约责任。

（三）中途变更承揽工作要求造成损害的责任

根据《民法典》第777条的规定，在承揽人履行合同义务的过程中，定作人有权变更承揽工作要求，但因此造成承揽人损失的，承揽人有权请求定作人赔偿。据此，定作人可以中途对承揽工作的要求进行变更，但定作人中途对承揽工作的要求进行变更，造成承揽人损失的，应当对此进行赔偿。若承揽人已经按照原要求完成了部分工作，则定作人应当支付该部分工作的报酬。由承揽人提供材料的，定作人应当支付完成该部分工作所耗费材料的价款和保管费。

第十章

建设工程合同

第一节　建设工程合同的一般原理

一、建设工程合同的概念厘定

我国早在1950年9月制定的《机关、国营企业、合作社签订合同契约暂行办法》(已失效)中,就已确认修缮建筑合同,正式确认了作为基本建设合同的两类基本合同——勘察设计合同、建筑工程承包合同,并在以后成为我国经济合同中的主要合同,一直被运用于基本建设中。1979年4月20日,原国家基本建设委员会在总结了新中国成立以来推行基本建设合同制经验的基础上,制定了《建筑安装工程合同试行条例》和《勘察设计合同试行条例》,第一次提出了"基本建设合同"这一概念,作出了推行合同制的安排,使基本建设合同趋向完善。1981年12月13日,第五届全国人民代表大会第四次会议通过的《中华人民共和国经济合同法》(已失效)第18条正式对"建设工程承包合同"作出了相应的规定。1983年8月8日,国务院又制定并发布了《建设工程勘察设计合同条例》(已失效)和《建筑安装工程承包合同条例》(已失效),这样,基本建设合同就有了较完善的法律调整基础。

建设工程合同,通常又称为基本建设工程合同,是指承包人进行工程建设,发包人支付价款的合同。对"建设"一词虽然存在不同的理解,但一般认为主要是指从事建筑的活动,包括建筑工程的勘察、设计、施工等活动。建设工程合同有广义和狭义之分,广义的建设工程合同包括建筑物的勘察、设计、建造、装修、改进、修缮等各种合同,而狭义上的建设工程合同仅仅是指建设工程的勘察、设计和施工合同。德国法将承揽合同和建设工程合同规定在一章,《德国民法典》第650a条规定,建设工程承揽合同是关于建造、重新建造、除去或改建某一建筑工作物、某一外部设施或其一部分的合同;工作对设计、存在或合于用途的使用具有重要意义的,关于保养某一建筑工作物的合同是建设工程承揽合同。[①]我国《民法典》第788条规定:"建设工程合同是承包人进行工程建设,发包人支付价款的合同。"可见,我国《民法典》采纳了狭义的建设工程合同概念,并在规定了承揽合同之后,单设一章专门规定建设工程合同,将其从承揽合同中分离出来,适应了建设工程管理的特殊需要。

二、建设工程合同的特征

《民法典》关于建设工程合同的规定,不仅对全面规范建设工程合同、保障建设工程的质量具有重要意义,而且为解决因建设工程引发的各种争议提供了基本的法律依据。建设工程合同的法律特征主要是:

(一)合同标的的特殊性

建设工程合同的标的物主要是作为基本建设工程的各类建筑物、地下设施附属设施的建筑,以及对线路、管道、设备进行的安装建设。正是因为建设工程合同规制的是基本建设工程,而基本建设工程对国家和社会有特殊的意义,工程建设对合同双方当事人有特殊的要求,这才使建设工程合同成为与一般承揽合同不同的一类合同。

(二)合同主体存在限制

发包人一般为建设工程的建设单位(甲方),即投资建设该项工程的单位。承包人只能是具有从事勘察、设计、建筑、安装资格的法人。另外,承包人按其拥有的注册资本、专业技术人员、技术装备和完成的建筑业绩等资质条件,分为不同的资质等级,只有取得相应的资质等级,才能在其资质等级许可的范围内承包相应的工程。根据2020年12月29日发布的《建工合同司法解释(一)》第1条第1款的规定,承包人未取得建筑施工企业资质或超越资质等级的,或者没有资质的实际施工人借用有资质的建筑施工企业名义的,建设工程施工合同无

---

① 参见《德国民法典》(第5版),陈卫佐译注,法律出版社2020年版,第293页。

效。当然,《建工合同司法解释(一)》第 4 条还规定,承包人超越资质等级许可的业务范围签订建设工程施工合同,在建设工程竣工前取得相应资质等级,当事人请求按照无效合同处理的,人民法院不予支持。

(三)建设工程合同具有较强的国家管理性

因建设工程合同的标的物为不动产,且工程建设对国家和社会生活的多方面影响较大,所以建设工程合同的订立和履行具有强烈的国家干预的色彩。例如,《民法典》第 792 条规定:“国家重大建设工程合同,应当按照国家规定的程序和国家批准的投资计划、可行性研究报告等文件订立。”

(四)建设工程合同具有程序性

由于基本建设工程建设周期长、质量要求高、涉及面广,各阶段的工作之间有一定的严密程序,尤其是采取土木工程施工合同条件的建设工程合同,通知、签收、异议等环节更是必不可少,且程序要求严格。因而,建设工程合同具有程序性的特点。

(五)建设工程合同具有要式性

根据我国《民法典》第 789 条、第 792 条的规定,建设工程合同应当采用书面形式,而且国家重大建设工程合同应当按照国家规定的程序和国家批准的投资计划、可行性研究报告等文件订立。另外,根据我国《招标投标法》第 3 条的规定,在中华人民共和国境内进行下列工程建设项目包括项目的勘察、设计、施工、监理以及与工程建设有关的重要设备、材料等的采购,必须进行招标:(1)大型基础设施、公用事业等关系社会公共利益、公众安全的项目;(2)全部或者部分使用国有资金投资或者国家融资的项目;(3)使用国际组织或者外国政府贷款、援助资金的项目。

(六)建设工程合同为有偿、诺成、双务合同

建设工程合同的双方当事人都负担合同义务,因此为双务合同。建设工程合同的一方当事人进行工程建设,而另一方当事人需要支付相应的价款,因此为有偿合同。由于建设工程合同不以完成任何标的物的交付为生效条件,即“一诺即成”,因此为诺成合同。

三、建设工程合同与一般承揽合同辨析

建设工程合同在承揽合同的基础上发展起来,两者具有一定相同的特征:

两者均为诺成合同、双务合同及有偿合同;两者都是当事人一方按照另一方的要求完成一定工作成果,并由另一方支付报酬的合同。建设工程合同与承揽合同相比较仍有其特殊之处,表现在以下几点:

(一)建设工程合同的标的是建设工程项目

建设工程合同的标的只能是基本建设工程,如建筑物、地下设施、附属设施的建筑,以及对线路、管道、设备进行的安装建设等,不能是其他的事物。正因基本建设工程本身有特殊的要求和意义,建设工程合同才成为与承揽合同不同的一类合同。

(二)建设工程合同的主体应具备相应的条件

建设项目通常具有建设投资多、工作量大、技术复杂,综合性强等特点,因而建设工程合同的双方当事人的主体资格是有限制的。发包人只能是经过批准的建设工程的法人,承包人也只能是具有从事勘察、设计、建筑、安装资格的法人。承揽合同的主体则没有限制,既可以是公民个人,也可以是法人。因此,个人为建设个人住房而与其他公民或建筑队签订的合同,不属于建设工程合同,而是承揽合同。例如,在李某林与谭某于等建设工程施工合同纠纷案①中,李某林与谭某于签订了施工协议,合同标的是李某林别墅楼的屋面陶瓦和空顶铜瓦的安装工程,并非房屋的基本建设工程,且谭某于作为自然人没有建设工程相关资质,所以该施工协议不符合建设工程合同的法律特征,应认定为承揽合同。

(三)建设工程合同具有较强的计划性和国家管理性

国家重大建设工程合同,应当按照国家规定的程序和国家批准的投资计划、可行性研究报告等文件订立。建设工程因涉及基本建设规划,承包人所完成的工作成果大多数为不动产,而且须长期存在和发挥效用,事关国计民生,因此国家实行严格的监督和管理。对于承揽合同国家一般不予特殊的监督和管理。

(四)建设工程合同的要式性和程序性

建设工程合同应当采用书面形式,这决定了建设工程合同具有要式性特征。建设工程合同应按照国家规定的程序进行,未经立项,没有计划任务书,则

---

① 参见北京市第一中级人民法院民事判决书,(2018)京01民终2611号。

不能进行签订勘察、设计合同的工作,没有完成勘察、设计工作也不能签订施工合同。

第二节　建设工程合同的订立

一、建设工程合同订立概述

对于建设工程合同的订立,当事人虽可协商,但必须是在遵守国家规定程序的基础上进行。例如,一个工程项目的确定,首先要立项,即由有关业务主管部门和建设单位提出项目建议书,报经有关计划机关批准。立项后进行可行性研究,编制计划任务书,选定工程地址。只有在计划任务书获批准后,才可根据计划任务书签订勘察、设计的合同。只有在勘察、设计合同履行后,才能根据批准的初步设计、技术设计、施工图和总概算等签订施工合同。

建设工程合同一般应当采取招标方式订立。《建筑法》(2019 年修正)第 19 条规定:"建筑工程依法实行招标发包,对不适于招标发包的可以直接发包。"此外,我国《招标投标法》也规定了强制招投标的情形。国家发展和改革委员会于 2018 年颁布的《必须招标的工程项目规定》又进一步限缩了强制招投标建设工程项目的范围,规定民营投资的科技、教育等事业及社会福利、商品住宅项目不再属于强制招标的范围。《民法典》第 790 条也规定,建设工程的招标投标活动,应当依照有关法律的规定公开、公平、公正进行。国家重大建设合同,应当按照国家规定的程序和国家批准的投资计划、可行性研究报告等文件订立。

二、建设工程合同的主体资格

建设工程合同的当事人必须是法人。自然人、合伙组织、个体工商户及其他非法人组织不得作为发包人和承包人。对于承包人的资格,法律要求得更为严格。《建筑法》第 12 条规定,从事建筑活动的建筑施工企业、勘察单位、设计单位和工程监理单位,应当具备下列条件:(1)有符合国家规定的注册资本;(2)有与其从事的建筑活动相适应的具有法定执业资格的专业技术人员;(3)有从事相关建筑活动所应有的技术装备;(4)法律、行政法规规定的其他条件。

三、建设工程合同的内容

按照《民法典》第 794 条的规定，勘察、设计合同的内容一般包括提交有关基础资料和概预算等文件的期限、质量要求、费用以及其他协作条件等条款。

对于施工合同的主要条款，《民法典》第 795 条借鉴了我国在建筑、安装合同方面的立法，并在施工合同发展实践的基础上，将该类合同的主要内容概括为如下几项：(1)工程范围。对一项施工合同，必须明确约定具体的施工工程范围，一般应附上工程项目一览表及工程量，主要包括工程名称及地点，建筑物的栋数、结构、层数、面积等。(2)建设工期。建设工期是施工人完成施工工程的时间或期限。建设工期的长短，直接影响当事人双方的权利、义务，是双方应明确约定的重要条款。(3)中间交工工程的开工和竣工时间。(4)工程质量。对于质量标准，国家制定了一系列建筑、安装工程的质量标准，并制定了专门的《建设工程质量监督管理规定》，由建设主管部门对工程质量进行监督。这应成为施工合同的条款。(5)工程造价。工程造价因采用不同的定额计算方法，会产生巨大的价款差额，施工合同有必要予以选定。(6)技术资料交付时间。(7)材料和设备的供应责任。(8)拨款和结算。施工合同中工程价款的结算方式和付款方式因采用不同的合同形式而有所不同，建筑安装合同中需双方根据具体情况来协商和约定结算的方式。(9)竣工验收。对建设工程的验收方法、程序和标准，国家制定了相应的行政法规予以规范。(10)质量保修范围和质量保证期。(11)相互协作条款。施工合同的顺利实施不仅需要当事人积极履行义务，还需要当事人相互协作，协助相对方履行义务，如在施工过程中及时提交相关技术资料、通报工程情况，在完工时及时检查验收等。

第三节　建设工程合同的效力

一、承包人的权利与义务

(一)亲自完成工作的义务

按照我国《民法典》第 791 条规定的基本精神，承包人原则上应当自己完成承包工程。未经发包人同意，不得将工程的部分分包给第三人，更不允许将整个工程转包给第三人，或者将其承包的全部建设工程支解以后以分包的名义分别转包给第三人。

即使经发包人同意，承包人可以将自己承包的部分工作交由第三人完成，承包人也要与第三人就其完成的工作成果或者勘察、设计、施工向发包人承担连带责任。

（二）通知义务

隐蔽工程在隐蔽以前，承包人应当通知发包人检查。因为许多隐蔽工程可能需要在整体工程开工前完成，如地下管线等，如果不对这些地下工程进行提前验收，一旦就地下工程发生争议，则纠纷解决成本将会很高。因此，需要在隐蔽工程隐蔽前进行验收。为了让发包人能够及时验收，在隐蔽工程完成而隐蔽前，承包人应当通知发包人。

（三）承包人（包括勘察、设计、施工人）的赔偿责任

勘察、设计的质量不符合要求或者未按照期限提交勘察、设计文件拖延工期，给发包人造成损失的，勘察人、设计人应当继续完善勘察、设计，减收或者免收勘察、设计费并赔偿损失。因施工人的原因致使建设工程质量不符合约定的，发包人有权要求施工人在合理期限内无偿修理或者返工、改建。修理或者返工、改建造成逾期交付的，施工人应当承担违约责任。在建设工程合理使用期限内，因承包人的原因造成人身和财产损害的，承包人应当对此承担赔偿责任。

（四）工程价款优先权

我国《民法典》为保护建设工程承包人的价款切实得到支付，特别于第807条规定：发包人未按照约定支付价款的，承包人可以催告发包人在合理期限内支付价款。发包人逾期不支付的，除根据建设工程的性质不宜折价、拍卖外，承包人可以与发包人协议将该工程折价，也可以请求人民法院将该工程依法拍卖。建设工程的价款就该工程折价或者拍卖的价款优先受偿。关于这一优先权的规定，学者之间有不同见解，最高人民法院也颁布了司法解释。关于这些见解及司法解释将在下面专门讨论。

（五）承包人不得将工程转包或者违法分包

“转包”，是指建设工程的承包人将其承包的建设工程倒手转让给第三人，

使该第三人实际上成为该建设工程新的承包人。转包与分包的根本区别在于：转包行为中，原承包人将其工程全部倒手转给他人，自己并不实际履行合同约定的义务；而在分包行为中，承包人只是将其承包工程的某一部分或某几部分再分包给其他承包人，承包人仍然要就承包合同约定的全部义务的履行向发包人负责。承包人将建设工程转包、违法分包的，发包人可以解除合同。《民法典》第806条[①]规定了发包人和承包人在特定情形下的解除权以及合同解除的后果。有的法院认为，此处的解除既包括法定解除也包括协议解除。双方当事人协议解除合同后，已经完成的建设工程质量合格的，发包人应当按照约定支付相应的工程价款，例如，大连筑成建设集团有限公司诉德州市天宇房地产开发有限公司建设工程施工合同纠纷案[②]。

二、发包人的权利与义务

（一）检查的权利

为了保障建设工程的质量，《民法典》第797条规定，发包人在不妨碍承包人正常作业的情况下，可以随时对作业进度、质量进行检查。发包人对工程作业的检查一般有两种方式：一种是委派具体管理人员作为工地代表。发包人委派工地代表后，应当及时向承包人发出通知；另一种是发包人委托监理人实施对工程建设过程中的检查。国家规定强制监理的工程，发包人应当委托监理人对工程实施监理。除此之外，发包人也可以自愿委托监理人对工程进行监理。根据本条的规定，发包人可以对工程作业的进度和质量随时进行检查，但发包人的检查行为要合理，不能给承包人的正常作业带来不正当的妨碍。

（二）及时验收义务

1. 对隐蔽工程的验收义务。隐蔽工程是指在建筑工程内部的，如电气管线、供水供热管线、排水管道等需要覆盖、掩盖的工程。由于隐蔽工程在隐蔽后

---

① 《民法典》第806条规定："承包人将建设工程转包、违法分包的，发包人可以解除合同。发包人提供的主要建筑材料、建筑构配件和设备不符合强制性标准或者不履行协助义务，致使承包人无法施工，经催告后在合理期限内仍未履行相应义务的，承包人可以解除合同。合同解除后，已经完成的建设工程质量合格的，发包人应当按照约定支付相应的工程价款；已经完成的建设工程质量不合格的，参照本法第七百九十三条的规定处理。"

② 参见大连筑成建设集团有限公司诉德州市天宇房地产开发有限公司建设工程施工合同纠纷案，山东省德州市中级人民法院（2021）鲁14民初83号民事判决书。

如果发生质量问题需要重新拆除覆盖和返工掩盖，会造成非常大的损失，所以隐蔽工程在隐蔽以前承包人应当通知发包人检查。发包人没有及时检查的，承包人可以顺延工程日期，并有权请求赔偿停工、窝工等损失。

2. 对主体工程的验收义务。根据《民法典》第 799 条的规定，建设工程竣工经验收合格后，方可交付使用；未经验收或者验收不合格的，不得交付使用。因此，建设工程竣工后，发包人应当根据施工图纸及说明书、国家颁布的施工验收规范和质量检验标准及时进行验收。验收合格的，发包人应当按照约定支付价款，并接受该建设工程。

(三) 赔偿义务

1. 因发包人的原因致使工程中途停建、缓建的赔偿义务。因发包人的原因致使工程中途停建、缓建的，发包人应当采取措施弥补或者减少损失，赔偿承包人因此造成的停工、窝工、倒运、机械设备调迁、材料和构件积压等损失和实际费用。

2. 因发包人变更计划的费用增补义务。因发包人变更计划，提供的资料不准确，或者未按照期限提供必需的勘察、设计工作条件，而造成勘察、设计的返工、停工或者修改设计，发包人应当按照勘察人、设计人实际消耗的工作量增付费用。

(四) 支付价款的义务

支付建设工程价款是发包人最基本的义务，如果发包人未按照合同约定对工程价款及时完成支付，承包人可以催告其在合理期限内支付。经过催告后，发包人仍然逾期不支付的，承包人可以行使《民法典》第 807 条规定的优先权。

(五) 按照约定或者需要提供合格建材的义务

发包人提供的主要建筑材料、建筑构配件和设备不符合强制性标准或者不履行协助义务，致使承包人无法施工，且在催告的合理期限内仍未履行相应义务的，承包人可以解除合同。合同解除后，已经完成的建设工程质量合格的，发包人应当按照约定支付相应的工程价款；已经完成的建设工程质量不合格的，参照《民法典》第 793 条①的规定处理。

---

① 《民法典》第 793 条规定："建设工程施工合同无效，但是建设工程经验收合格的，可以参照合同关于工程价款的约定折价补偿承包人。建设工程施工合同无效，且建设工程经验收不合格的，按照以下情形处理：(一) 修复后的建设工程经验收合格的，发包人可以请求承包人承担修复费用；(二) 修复后的建设工程经验收不合格的，承包人无权请求参照合同关于工程价款的约定折价补偿。发包人对因建设工程不合格造成的损失有过错的，应当承担相应的责任。"

第四节　建设工程合同中承包人的优先受偿权

一、优先受偿权的性质

我国原《合同法》第286条虽然规定了承包人就建设工程价款的法定优先权,但这种优先权究竟是什么性质一直存在争议。大致有以下三种观点:第一种观点认为,它是一种留置权,即在不动产上的留置权。第二种观点认为,它是一种优先权或者优先受偿权。该观点指出:建设工程承包人的优先受偿权既不是留置权,也不是抵押权。因为留置权的对象是动产,而建设工程是不动产;不动产的抵押权必须办理抵押物登记才有效,而承包人的优先受偿权不需要登记。第三种观点认为,它是一种法定抵押权。其理由主要是:(1)将这种权利解释为留置权是错误的,因为我国原《担保法》第82条明确规定了留置权的对象仅仅限于动产,而建设工程为不动产;(2)从立法背景看,《民法典》第807条(原《合同法》第286条)从设计、起草讨论、修改、审议直到正式通过,始终是指法定抵押权,没有任何人对此提出异议,也没有人提出过规定承包人的优先权的建议。因此,有人说该条采取优先权的说法是不符合事实的臆测。[①]

我们可以从对该条文本身的客观解释得出法定抵押权这样的结论,而不是从所谓立法过程或者背景来解释。这是因为立法者的初始意思与实际条文的意思可能存在差别,对法律的解释应当以客观解释为主。从优先权的性质看,民法中在动产上的优先权可能是质权也可能是留置权。在不动产上的优先权,根据我国《民法典》的规定,一般不能解释为留置权或者质权,只能解释为抵押权。然而抵押权在我国《民法典》上仅有约定抵押权,我们可以将这种优先权视为特别法上的法定优先权。这种优先权不仅在《民法典·合同编》中存在,在我国《海商法》[②]中也存在。

① 参见梁慧星:《为中国民法典而斗争》,法律出版社2002年版,第241~242页。

② 《海商法》第21条规定:“船舶优先权,是指海事请求人依照本法第二十二条的规定,向船舶所有人、光船承租人、船舶经营人提出海事请求,对产生该海事请求的船舶具有优先受偿的权利。”

二、《民法典》第 807 条的具体适用

(一)适用条件

建设工程承包人的工程价款优先受偿权的适用条件:(1)发包人与承包人之间成立建设工程施工合同或者装饰装修施工合同,根据《建工合同司法解释(一)》第 37 条①的规定,承包人就装饰装修施工合同行使优先受偿权的客体仅为该装饰装修工程。(2)优先受偿权的适用对象是承包人为建设工程应当支付的工作人员报酬、材料款等实际支出的费用,即建设工程价款,不包括承包人因发包人违约所造成的损失。《建工合同司法解释(一)》第 40 条第 2 款明确规定,承包人就逾期支付建设工程价款的利息、违约金、损害赔偿金等主张优先受偿的,人民法院不予支持。(3)发包人到期不支付工程价款,经承包人催告后,在合理期间发包人仍未支付。(4)优先受偿权的标的物须不属于"不宜折价、拍卖的"建设工程。所谓的"不宜折价、拍卖的"建设工程范围包括违章建筑、修复后的建设工程经验收不合格、建设工程属于事业单位及其他社会公益设施、建设工程属于国家机关已投入使用的办公用房或者军事建筑、建设工程属于设备安装的附属工程。(5)建设工程经竣工验收合格,②或者虽未竣工但工程经验收质量合格。③ 不过,优先受偿权的适用,也要兼顾发包人、其他债权人的利益,避免承包人权利范围被无限扩大,冲击交易安全。④

需要注意的是,这种优先受偿权根据法律规定产生,不需要办理抵押登记,也不需要当事人订立抵押合同。

(二)优先受偿权与其他权利的冲突

1. 优先受偿权与约定抵押权

根据我国《民法典》及《民法典担保制度司法解释》的规定,在建工程可以

---

① 《建工合同司法解释(一)》第 37 条规定:"装饰装修工程具备折价或者拍卖条件,装饰装修工程的承包人请求工程价款就该装饰装修工程折价或者拍卖的价款优先受偿的,人民法院应予支持。"

② 《建工合同司法解释(一)》第 38 条规定:"建设工程质量合格,承包人请求其承建工程的价款就工程折价或者拍卖的价款优先受偿的,人民法院应予支持。"

③ 《建工合同司法解释(一)》第 39 条规定:"未竣工的建设工程质量合格,承包人请求其承建工程的价款就其承建工程部分折价或者拍卖的价款优先受偿的,人民法院应予支持。"

④ 参见李建星:《〈民法典〉第 807 条(建工价款的优先受偿权)评注》,载《南京大学学报(哲学·人文科学·社会科学)》2021 年第 4 期。

抵押,因此许多发包人为筹集资金将在建工程向银行或者其他债权人抵押,进而就会发生承包人的优先受偿权与约定抵押权的冲突。在这种情况下,承包人的优先受偿权优先于约定抵押权。《建工合同司法解释(一)》第36条明确规定:"承包人根据民法典第八百零七条规定享有的建设工程价款优先受偿权优于抵押权和其他债权。"

2. 优先受偿权与商品房购买人的房屋期待权

虽然根据上述解释第36条的文义,消费者享有的债权属于其他债权的范畴,存在认定优先受偿权优先于购房者(消费者)享有债权的可能性。但是根据《执行异议和复议司法解释》(2020年修正)第29条规定,金钱债权执行中,买受人对于登记在被执行的房地产开发企业名下的商品房提出异议,符合下列情形且其权利能够排除执行的,人民法院应予支持:(1)在人民法院查封之前已签订合法有效的书面买卖合同;(2)所购商品房系用于居住且买受人名下无其他用于居住的房屋;(3)已支付的价款超过合同约定总价款的50%。由此可见,在建设工程优先受偿权案件进入执行阶段后,满足上述条件的购房者(消费者)可以对抗建设工程价款优先权的执行,会实际上使承包人丧失相应部分的优先受偿权。①

(三)承包人优先权的行使期限及放弃

《建工合同司法解释(一)》第41条规定:"承包人应当在合理期限内行使建设工程价款优先受偿权,但最长不得超过十八个月,自发包人应当给付建设工程价款之日起算。"其中的"合理期限"由法官自由裁量。

《建工合同司法解释(一)》第42条规定:"发包人与承包人约定放弃或者限制建设工程价款优先受偿权,损害建筑工人利益,发包人根据该约定主张承包人不享有建设工程价款优先受偿权的,人民法院不予支持。"该条与原《建工合同司法解释(二)》第23条一样,均采用了效力待定学说的关联标准,肯定了建设工程价款优先受偿权的放弃以有效为原则,以无效为例外。例外情形为,发包人与承包人约定放弃或者限制建设工程价款优先受偿权损害建筑工人利益等特定法益。如果承包人允诺放弃建设工程价款优先受偿权,其建设工程价款债权失去对抗效力,不能对抗发包人、发包人的债权人、建设工程的抵押权人

---

① 参见林某、庄某某诉福建省永泰建筑工程公司、福建省霞浦县北方房地产开发有限公司执行异议纠纷案,福建省宁德市中级人民法院(2021)闽09民初329号民事判决书。

和受让人。如果承包人允诺限制建设工程价款优先受偿权,则其建设工程价款债权在其允诺的范围内失去上述效力。

第五节　建设工程合同的无效

一、建设工程合同无效的原因

建设工程合同作为合同的一种,自然适用《民法典》第146条第1款[①]、第153条[②]、第154条[③]等条款关于合同无效的规定。除此而外,建设工程合同还有一些特殊的无效原因,《建工合同司法解释(一)》第1条至第3条等条款对此进行了若干规定,经梳理,主要有如下无效的原因:

(一)承包人资质欠缺

承包人未取得建筑施工企业资质或超越资质等级的,建设工程合同无效;没有资质的实际施工人借用有资质的建筑施工企业名义,与发包人签订建设工程合同的,建设工程合同无效;建设工程必须进行招标而未招标或中标无效的,建设工程合同无效。不过,承包人超越资质等级许可的业务范围签订建设工程施工合同,在建设工程竣工前取得相应资质等级,当事人请求按照无效合同处理的,人民法院不予支持。

(二)非法转包分包

承包人非法转包、违法分包建设工程的建设工程合同无效。不过,具有劳务作业法定资质的承包人与总承包人、分包人签订的劳务分包合同,当事人以转包建设工程违反法律规定为由请求确认无效的,人民法院不予支持。

(三)发包人审批手续欠缺

发包人未办理完成建设工程规划许可证等规划审批手续,却订立建设工程施工合同,此种合同应当无效,除非发包人在起诉前办理完成建设工程规划许

---

① 《民法典》第146条第1款:"行为人与相对人以虚假的意思表示实施的民事法律行为无效。"

② 《民法典》第153条:"违反法律、行政法规的强制性规定的民事法律行为无效。但是,该强制性规定不导致该民事法律行为无效的除外。违背公序良俗的民事法律行为无效。"

③ 《民法典》第154条:"行为人与相对人恶意串通,损害他人合法权益的民事法律行为无效。"

可证等规划审批手续。发包人能够办理审批手续而未办理,并以未办理审批手续为由请求确认建设工程施工合同无效的,人民法院不予支持。

(四)背离中标合同实质

招标人和中标人在中标合同之外就明显高于市场价格购买承建房产、无偿建设住房配套设施、让利、向建设单位捐赠财物等另行签订合同,变相降低工程价款,一方当事人以该合同背离中标合同实质性内容为由请求确认无效的,人民法院应予支持。

二、建设工程合同无效的后果

(一)关于工程款的结算依据

当事人就同一建设工程另行订立的建设工程施工合同与经过备案的中标合同实质性内容不一致的,即所谓"黑合同",应当以备案的中标合同即"白合同"作为结算工程价款的根据。① 要注意区分"阴阳合同"与"黑白合同":(1)在"阴阳合同"的"阳合同"中,双方当事人的意思表示是该合同在双方之间不发生效力,属于双方虚假行为,应当按照《民法典》第 146 条第 1 款的规定认定该合同无效,而"阴合同"属于隐藏行为,应当按照《民法典》第 146 条第 2 款的规定认定其效力。(2)对于建设工程领域的"黑白合同",双方当事人的意思表示是该合同在双方当事人之间发生效力,所以"黑合同"与"白合同"既非双方虚假行为也非隐藏行为,究其本质,是双方当事人重新达成协议,通过"黑合同"对"白合同"进行变更。

《建工合同司法解释(一)》第 22 条规定,当事人签订的建设工程施工合同与招标文件、投标文件、中标通知书载明的工程范围、建设工期、工程质量、工程价款不一致,一方当事人请求将招标文件、投标文件、中标通知书作为结算工程价款的依据的,人民法院应予支持。

"黑白合同"造成了"名"与"实"的脱节,助长了"明招暗定"的不良风气,架空了公开招投标的意义,扭曲了建筑市场的竞争秩序。②《建工合同司法解释

① 《建工合同司法解释(一)》第 2 条第 1 款:"招标人与中标人另行签订的建设工程施工合同约定的工程范围、建设工期、工程质量、工程价款等实质性内容,与中标合同不一致,一方当事人请求按照中标合同确定权利义务的,人民法院应予支持。"

② 参见石佳友:《〈民法典〉建设工程合同修订的争议问题》,载《社会科学辑刊》2020 年第 6 期。

(一)》第 23 条规定,发包人将依法不属于必须招标的建设工程进行招标后,与承包人另行订立的建设工程施工合同背离中标合同的实质性内容,当事人请求以中标合同作为结算建设工程价款依据的,人民法院应予支持,但发包人与承包人因客观情况发生了在招标投标时难以预见的变化而另行订立建设工程施工合同的除外。该条是非强制招投标建设工程中"黑白合同"的特别规则。

(二)关于工程款、有关费用的支付

按照《民法典》第 793 条的规定,建设工程施工合同无效,但建设工程经验收合格的,承包人请求参照合同关于工程价款的约定折价补偿的,应予支持;建设工程施工合同无效,且建设工程经验收不合格的,按照以下情形处理:(1)修复后的建设工程经验收合格的,发包人可以请求承包人承担修复费用;(2)修复后的建设工程经验收不合格的,承包人无权请求参照合同关于工程价款的约定折价补偿。其中,折价补偿的标准是以主观价值为主,客观价值为辅。[①] 发包人对因建设工程不合格造成的损失有过错的,也应承担相应的责任。

《民法典·合同编》第 793 条有关建设工程合同的规定是新增条款,主要是 2014 年《建工合同司法解释》(已失效)第 2 条、第 3 条整合修改而来,其中最重要的改变应该是第 793 条第 1 款,该款主要是对于在建设工程施工合同无效情形下,如何处理工程价款问题的规定。《民法典》第 793 条删除了原《建工合同司法解释》第 2 条中"经竣工验收合格"里的"竣工"二字,虽然只删去了两个字,但法律意义却大不相同。依据该司法解释的规定,在建设工程施工合同无效的情形下,只有"已竣工工程"经验收合格后,承包人才能请求发包人参照合同约定支付工程价款,《民法典》删去"竣工"二字后,实际上是扩大了可以请求发包人参照合同约定支付工程价款的工程范围,即只要经验收合格,单项工程、阶段性工程的承包人也可以请求发包人支付一定比例的工程价款,防止发包人不当得利。此时发包人不得以工程未验收合格、未到付款节点、工程存在质量问题并造成损失等为理由拒绝支付工程款。这也彰显了《民法典》第 6 条[②]规定的"公平原则"。

---

① 参见刘力、禄劲松、杨劭禹:《论无效建设工程施工合同的折价补偿——〈民法典〉第 793 条第 1 款评释》,载《法律适用》2022 年第 2 期。

② 《民法典》第 6 条:"民事主体从事民事活动,应当遵循公平原则,合理确定各方的权利和义务。"

第十一章

运输合同

第一节　运输合同概述

一、运输合同的定义

《民法典》第809条规定:“运输合同是承运人将旅客或者货物从起运地点运输到约定地点,旅客、托运人或者收货人支付票款或者运输费用的合同。”该条延续了原《合同法》第288条的内容,规定了运输合同的基本定义。

生产力的发达和社会分工的发展使交通运输业成为一个独立的生产部门。马克思在《剩余价值学说史》中论述:“除了开采业、农业和加工制造业,还有第四个物质生产的部门,那也通过了手工业经营、手工制造业经营和机器经营这些不同的阶段。这就是运输业。那或是运输人,或是运输商品。”[①]在《资本论》中,马克思又反复指出真正的运输业和运送业事实上是和商业完全不同的独立的产业部门。[②] 在法制史上,运输业作为一种商事活动,最初仅仅作为商品买卖的重要辅助活动,运输人一般由从事商品买卖的商人充当。这种现象被称为“商运合一”。随着商品经济的不断发展,商品买卖活动与商品运输活动逐渐分化,产生了独立的运输营业活动,有了专门从事运输业的商人。运输合同开始

---

① [德]马克思:《剩余价值学说史》(第1卷),郭大力译,人民出版社1975年版,第466页。

② 参见[德]马克思:《资本论》(第2卷),郭大力、王亚南译,人民出版社1975年版,第65、170页;[德]马克思:《资本论》(第3卷),郭大力、王亚南译,人民出版社1975年版,第322页。

成为一种独立的有名合同。①

二、运输合同的特征

(一)运输合同原则上为双务、有偿、诺成合同

在运输合同关系中,承运人负有将旅客或货物运送到约定地点或将货物交付指定收货人的义务,而旅客或托运人负有向承运人支付票款或运费的义务,二者互为对待给付义务,因此运输合同为典型的双务合同。如上所述,现代运输业作为一种独立的商事活动,运输合同在本质上属于典型的商事合同,有偿性是其应有之义。无偿搭乘、好意同乘等行为在实践中也大量存在,但是其无偿性决定了其不属于运输合同的范畴,而应当由侵权责任法等其他法律规范予以调整。但是基于交通运输的公共属性和政策性,客运合同存在对于儿童等优待对象的免费承运行为,但是并不影响运输合同整体上的有偿性。运输合同通常由承运人与旅客或托运人意思表示一致即可成立,不以交付标的物或完成运输行为为必要。更何况,公共运输中存在强制缔约性,仅旅客或托运人一方意思表示作出即可与承运人缔结运输合同。不过,需要注意的是,我国曾有相当长的时期将货物运输合同作为实践合同。时至今日,民间某些货物运输在当地的交易习惯或当事人的明确约定中仍为实践合同,对此应尊重其习惯或约定。②

(二)在本质属性上运输合同为承揽合同的特殊类型

关于运输合同本质属性的认识,对于认定运输标的以及承运人运输义务完成与否关系重大。大陆法系传统上认为,运输合同特别是货运合同为承揽合同的特殊类型,运输合同的标的不仅为运输行为本身,还应当包括运输行为的成果即运输货物的交付。德国学者卡纳里斯(Carnaris)认为,因为货物承运人对运送和交付本身负有责任,并且不能仅仅对此作出努力即可,所以其给付义务并非关乎行为,而是以成功的结果有关,因此货物运输合同在法教义学上可以界定为《德国民法典》第631条意义上的承揽合同。③ 在日本,通常认为运输合同是货运承运人受托将受托物品从某固定地点运输至指定场所的兼具承揽性

① 参见谭启平:《中国民法学》,法律出版社2018年版,第629页;崔建远主编:《合同法》(第7版),法律出版社2021年版,第393页。

② 参见崔建远主编:《合同法》(第7版),法律出版社2021年版,第393页。

③ 参见[德]C. W. 卡纳里斯:《德国商法》,杨继译,法律出版社2006年版,第730页。

质的合同。[①] 另外一部分观点认为,运输合同属于劳务合同或服务合同。黄茂荣教授认为运送契约以物品或旅客之运送为给付内容,故此运送契约属于劳务之债。[②] 崔建远教授也认为运输合同以运输行为为标的。[③] 此种观点无法解释为何在货运合同中承运人需要将运输货物交付收货人,因为承运人仅仅完成运输行为而未交付货物并未消灭其债务;也无法解释为何货物运输过程中因不可抗力灭失,未收取运费的承运人不得请求支付运费,已收取运费的托运人可以请求返还,因为承运人并未实现成果之交付故而使托运人存在解除的空间。

(三)运输合同在规范上存在法源的多样性

以运输工具类型的不同为区分标准,可以将运输合同分为路上运输合同、水上运输合同和航空运输合同。其中,路上运输又可以细分为公路运输合同、铁路运输、市内交通运输等。在法源意义上,不同运输工具所对应的运输合同存在《民法典》之外的"特别法"规制。例如,国内法上存在《铁路法》《民用航空法》《海商法》《道路运输条例》《国内水路运输管理条例》等,在《民法典》之外规定了不同类型运输合同的具体规范。此外,实践中国际条约对于国内运输法律规范的制定也有一定影响。无论是《民法典》"运输合同"还是《海商法》等的立法,均在不同程度上吸收了大量的国际法或国际惯例,如《国际公路运输公约》(TIR)、《国际铁路货物运输公约》(CIM)、《国际铁路货物联运协定》(CMГC)、《国际民用航空公约》(《芝加哥公约》)、《统一国际航空运输某些规则的公约》(《蒙特利尔公约》或新《华沙公约》)、《统一提单的若干法律规定的国际公约》(《海牙规则》)等。

第二节　运输合同的立法体例

如前文所述,运输合同是在商品经济发展以及社会分工的基础上出现的独立的商事合同。因而,其立法体例与大陆法系各国(地区)民商事法律制度相

① 参见刘成杰:《日本最新商法典译注详解》(第2版),中译出版社2021年版,第179页。
② 参见黄茂荣:《债法分则之二:劳务之债》,厦门大学出版社2020年版,第389页。
③ 参见崔建远主编:《合同法》(第7版),法律出版社2021年版,第393页。

关,存在不同的规范模式。在民商分立的国家(地区)中,运输合同作为典型的商事合同,通常规定在商法典之中。例如,《德国商法典》第四编第四章“货运营业”规范无论何种运输方式的营业性货物运输,第 407 条以下规定了陆上、内陆水道中和使用航空器的货物运输营业,第 453 条以下规定了运输代理营业,第 467 条以下规定了仓储营业,第 556 条以下规定了海上运输营业。[①] 与此同时,理论上认为《德国民法典》中承揽合同的标的范围相当广泛,如公共汽车、出租汽车等将旅客运送到某一地点的旅客运输均可以包含在内。[②] 因此,《德国民法典》第二编第八章第九节“承揽合同和类似合同”对于非营业性的货物运输以及一切人员的运送仍有适用空间,[③]但仍应当优先适用不同交通工具所对应的特别法规范。日本的情况类似,同样承认运输的承揽合同属性,[④]将承接运输货物或旅客的行为定性为营业性商行为,规定在《日本商法典》第二编第八章“运输营业”之中,将运输界定为货运与客运两种类型;在第七章中规定了“货运行纪营业”;在第三编“海商”中规定了海上运输的相关规则。[⑤]

在民商合一的国家,则无须特别考虑运输合同的商事性质而统一规定在民法典债编分则或各种合同之中。《瑞士债法典》第二编“各种合同”中规定的“运输合同”是指货物运输,不包括旅客运输,同时该法典在第 440 条第 2 款明确规定运输合同适用委任合同规则,因此可以认为旅客运输可直接适用委任合同的相关规定。[⑥] 类似地,《意大利民法典》在债编“各种契约”中“承揽”一节之后规定了“运送”,包括旅客运送和货运。《荷兰民法典》则较为独特,其将原规定在商法典中并受到国际条约强烈影响的“运输法”单独成编,从而与人法、物

---

① 参见[德]C. W. 卡纳里斯:《德国商法》,杨继译,法律出版社 2006 年版,第 728 页。

② Vgl. Medicus/Lorenz, Schuldrecht Ⅱ, Bewondered Teil, 2012, S. 248; Der Brockhaus Recht, 2012, S. 803 - 805. 转引自《德国民法典》,陈卫佐译注,法律出版社 2015 年版,第 249 页注释。同时关于德国法上承揽给付多样性,参见[德]迪特尔・梅迪库斯:《德国债法分论》,杜景林、卢谌译,法律出版社 2007 年版,第 283 ~ 284 页。

③ 参见[德]迪特尔・梅迪库斯:《德国债法分论》,杜景林、卢谌译,法律出版社 2007 年版,第 329 页。

④ 参见[日]我妻荣:《民法讲义・债权各论》(中卷二),周江洪译,中国法制出版社 2008 年版,第 69、78 页。

⑤ 参见[日]近藤光男:《日本商法总则・商行为法》,梁爽译,法律出版社 2016 年版,第 140 页;《日本最新商法典译注》,刘成杰译注,中国政法大学出版社 2012 年版,第 192 页。

⑥ 参见《瑞士债法典》,于海涌、[瑞士]唐伟玲译,法律出版社 2018 年版,第 211 页。

权法、债法等并列。“运输法”一编包含了运输合同总则、海商法、内陆水路航行法、铁路运输法。[①] 可见其运输法体系较其他立法例更系统与完善。

作为欧盟私法一体化成果的《欧洲示范民法典草案》(DCFR),致力于民事与商事合一,以及大陆法系和英美法系、德国法系和法国法系的交汇与融合。但是该草案并未在第四卷“有名合同及其权利义务”中规定运输合同,反而在第四卷第三编“服务合同”中的第4.3-1:102条中明确规定服务合同的规则不适用于运输合同。[②] 原因在于,运输合同具有特殊性,需要受欧盟统一规定调整。[③] 由此可见,在运输合同的法律适用上,特别法、专门法与国际法具有特殊的重要意义。

第三节　运输合同的一般规则

运输合同的特点之一就是运输工具的多样性导致的合同履行方式的多样性。立法和理论上通常又以运输对象的不同,将运输合同区分为客运合同与货运合同,进而适用不同的法律规则。无论是原《合同法》第十七章还是《民法典·合同编》第十九章,均以区别客运合同与货运合同的方式阐述各方当事人的权利义务关系。即便如此,仍然可以从各类不同工具、不同对象的运输合同中抽象和提取出此类合同的一般规则。《民法典·合同编》“运输合同”一章承继了原《合同法》的内容,在第一节中规定了能够普遍适用于各种运输合同的一般规则。

一、公共运输承运人承担强制缔约义务

民商事法律,特别是合同法,通常奉行意思自治与契约自由原则。私法主

---

① 参见《荷兰民法典》(第3、5、6编),王卫国主译,中国政法大学出版社2006年版,“译序”第3页、“导论”第8页。

② 参见欧洲民法典研究组、欧盟现行私法研究组编著:《欧洲示范民法典草案:欧洲私法的原则、定义和示范规则》,高圣平译,中国人民大学出版社2012年版,第244页。

③ 参见[德]克里斯蒂安·冯·巴尔、埃里克·克莱夫主编:《欧洲私法的原则定义与示范规则:欧洲示范民法典草案(第四卷·有名合同及其产生的权利义务)》,于庆生等译,法律出版社2014年版,第343页。

体之间是否缔结合同、与谁缔结合同、以何种方式缔结合同等，均依照当事人的意愿自由选择。然而与此同时，出于维护公共秩序、保护公共利益的目的，民法也对私法主体的这一自治原则加以限制和约束。这些限制体现在运输合同中就是法律规定的公共运输承运人的强制缔约义务。《民法典》第810条规定，从事公共运输的承运人不得拒绝旅客、托运人通常、合理的运输要求。其原因首先在于，公共运输是向全社会开放、为大众提供运输服务的事业，无论是公路、铁路还是民航等，都具有极强的公共利益属性。其次，公共运输的公益属性通常又导致其在客观上具有垄断属性。[①] 如果允许公共运输的承运人享有完全的缔约自由，则可能会出现旅客或托运人没有选择余地的情形，导致旅客或托运人无法充分享有接受公共服务的权利，与“公共”自身的性质相抵牾。

在司法实践中，首先需要判断的是“公共运输”的含义和范围。最高人民法院在“马士基（中国）航运有限公司及其厦门分公司与厦门瀛海实业发展有限公司、中国厦门外轮代理有限公司国际海上货运代理经营权损害赔偿纠纷再审案”中，对于“公共运输”进行了如下的阐述：“公共运输是指为社会提供公用事业性服务并具有垄断地位的运输。基于公共运输履行着为社会公众提供运输服务的社会职能，具有公益性、垄断性等特征，为维护社会公众利益，我国法律法规除对公共运输规定较严格的市场准入条件和价格管制等监管措施外，还对从事公共运输的承运人规定了强制缔约义务。”[②]

二、承运人应当依约将旅客、货物运输到目的地

在运输合同的履行过程中，当事人应遵循适约履行原则，即应当按照合同的约定履行义务，具体表现为按照运输期限、运输方式以及约定地点，由特定运输主体履行。根据《民法典》第811条、第812条的规定，承运人在运输合同中的主要义务是在约定期限或者合理期限内，按照约定的或者通常的运输路线，

---

① 参见中国审判理论研究会民事审判理论专业委员会编著：《民法典合同编条文理解与司法适用》，法律出版社2020年版，第558页；龙卫球主编：《中华人民共和国民法典合同编释义》（下册），中国法制出版社2020年版，第820～821页。

② 参见马士基（中国）航运有限公司及其厦门分公司与厦门瀛海实业发展有限公司、中国厦门外轮代理有限公司国际海上货运代理经营权损害赔偿纠纷再审案，载《最高人民法院公报》2011年第10期。

将旅客、货物运输到约定的地点。

(一)承运人在运输期限内履行运输的义务

这一义务被称为“速遣义务”,即承运人应当采用适当速度、适当运输路线,运用良好运输技术在尽可能短的时间内将旅客或者货物运送至目的地。[①] 这是承运人履行义务的时间要求。时间对旅客或托运人具有重要影响,承运人超出特定期限履行运输义务有可能导致运输合同的目的无法实现。“运输期限”是指将旅客或货物运送到目的地所需的时间。《民法典》第 811 条在条文表述上将原《合同法》第 290 条中的运输“期间”修改为运输“期限”,以寻求用语的准确性以及与其他相关条文表述的一致性,并没有改变原条款的含义。[②] 承运人在运输期限的适当履行,表现为按照运输合同约定的期限履行其义务以及在合理的期限内履行运送义务两种情况。所谓按照“约定期限”履行,是指承运人应当在运输合同约定的期限内实施运输。但在运输行业的实践中,影响承运人按照约定期限履行运输义务的因素有很多,特别是天气等不可抗力、意外事故等,而且不同的运输工具受到上述因素影响的程度也均不同,如航空运输、海上运输受天气因素的影响大于公路运输、铁路运输。实践中火车、飞机、汽车、船舶晚点时有发生,如果均需承运人承担违约责任,则未免过于严苛。因此,无论是原《合同法》还是《民法典》均规定因特殊原因不能在约定期限运送的,应在合理期限履行运送义务。此外,在日常运输合同中还存在大量未约定运输期限的情形。

“合理期限”如何界定需要裁判者根据运输工具或运输方式、运输路线、安全运输速度、运输货物自身特性等相对客观的事实加以综合判断。[③] 如果承运人未能按照约定期限或合理期限履行完成运输义务,则应当向旅客或托运人承担违约责任。在“江阴市友好旅行社有限公司与韩某全、无锡市锦江旅游客运

---

① 参见最高人民法院民法典贯彻实施工作领导小组主编:《中华人民共和国民法典合同编理解与适用(四)》,人民法院出版社 2020 年版,第 2067 页。

② 《民法典》第 165 条、第 173 条同样将旧法中的“期间”修改为“期限”。参见最高人民法院民法典贯彻实施工作领导小组主编:《中华人民共和国民法典合同编理解与适用(四)》,人民法院出版社 2020 年版,第 2066 页。

③ 参见最高人民法院民法典贯彻实施工作领导小组主编:《中华人民共和国民法典合同编理解与适用(四)》,人民法院出版社 2020 年版,第 2067 页;龙卫球主编:《中华人民共和国民法典合同编释义》(下册),中国法制出版社 2020 年版,第 824 页。

有限公司运输合同纠纷案”中,法院认为乘客前往目的地机场乘坐航班,根据生活常识,乘客应提前留出足够的时间进行检票、按时登机,承运人应在飞机起飞前的合理时间内将旅客运送到指定地点,对此承运人完全明知。但是,本案中承运人将乘客运送至目的地机场时,乘客按预订机票登机已成为事实上的不可能,因而承运人构成违约。因旅客自身原因未能登机不能全额退票款是行业惯例,由此产生机票损失属承运人能预见的范围,因此承运人应予赔偿。[①]

(二)承运人将旅客、货物安全运输到约定地点的义务

1. 安全运输义务

当事人之间签订运输合同的目的,不仅是要求承运人完成特定的运输行为,更是期待承运人能够安全地将旅客、货物运送至目的地。正所谓“道路千万条,安全第一条”。因此,安全运输义务构成承运人最核心的义务之一。根据《民法典》第811条规定的内涵,承运人对于运输对象负有的安全运输义务,即承运人应尽合理、审慎的注意义务,采取必要的措施、设施、设备,保护旅客人身、健康安全,保管托运的货物。[②] 在客运合同中,承运人在运输过程中对患有疾病、分娩、遇险的旅客负有尽力救助义务。如果旅客或货物的安全受到侵害,则由承运人举证证明存在免责事由,承运人未能举证证明存在免责事由的,应依法承担赔偿责任。

2. 按约定地点履行的义务

按照约定地点履行,是指承运人应当将旅客、货物安全运输到约定地点。《民法典》第811条、第812条均强调按约定地点为承运人履行运输合同的必要义务。约定地点是运输合同中载明或旅客、托运人指定并经承运人认可的运输目的地。在客运合同中,在旅客所持有的票证或承运人出具的运输单据、提货单据上,均明确载明了旅客及其托运货物的到达地点。同时,承运人将货物运送到约定地点后,还负有将货物交付合同载明或指示交付的收货人的义务。如果承运人交付对象错误,托运人的运输目的落空,对由此造成的损失承运人需承担相应责任。

---

① 参见江苏省江阴市人民法院民事判决书,(2006)澄民二初字第178号;江苏省无锡市中级人民法院民事判决书,(2006)锡民二终字第304号。

② 参见龙卫球主编:《中华人民共和国民法典合同编释义》(下册),中国法制出版社2020年版,第825页。

3. 承运人按约定或通常路线运输的义务

运输路线是承运人承担运输业务所需经过的路线。《民法典》第812条规定，承运人应当按照约定的或者通常的运输路线将旅客、货物运输到约定地点。在运输业实践中，运输路线的选择不仅影响着客货的运输时间，而且通常还关系到票款或运输费用的计算，故承运人负有按照约定的或者通常的运输路线履行合同的义务。一般客运合同、货运合同中的票证和运输单据上不会对运输路线进行明确约定，但是在铁路、航空、海运等领域，运输主管部门和运输企业为了运输安全、便利和快捷，对运输路线往往都有统筹的计划和安排，因而运输路线是确定不变的。[①] 较易发生争议的往往存在于公路运输特别是城市公路交通运输等领域，此时通常的运输路线的确定较为重要。

三、旅客、托运人或者收货人支付票款或运费的义务

运输合同在性质上为双务、有偿合同。在承运人适约履行运输义务的同时，旅客、托运人或者收货人按照约定支付票款或者运费为当然的对价义务。《民法典》第813条第1句规定，旅客、托运人或者收货人应当支付票款或者运输费用。通常票款或者运费应当在运输合同中进行约定，如果该约定不违反法律法规关于运输价格的强制性规范，则旅客、托运人或者收货人应当按照约定予以支付。此外，对于运输中的杂费，如改签费、退票费、装卸费、过称费等，也属于旅客、托运人、收货人应支付款项之列。此外，《民法典》第813条第2句规定，承运人未按照约定路线或者通常路线运输增加票款或者运输费用的，旅客、托运人或者收货人可以拒绝支付增加部分的票款或者运输费用。结合《民法典》第812条关于运输路线的规定，承运人应在根据约定或通常的运输路线收取票款或者运费，特别是对于铁路、公路、航空等公共运输价格有行政法规、规章强制性规定的，旅客、托运人或者收货人有权拒绝承运人的不合理的收费要求。

---

① 参见龙卫球主编：《中华人民共和国民法典合同编释义》（下册），中国法制出版社2020年版，第827页；最高人民法院民法典贯彻实施工作领导小组主编：《中华人民共和国民法典合同编理解与适用（四）》，人民法院出版社2020年版，第2073～2074页。

第四节　客运合同中的权利与义务关系

一、客运合同概述

客运合同,即承运人将旅客从起运点运送到约定地点,旅客支付票款的合同。客运合同为承运人在约定期限或合理期限内,将旅客安全运送至约定地点,旅客支付相应对价的合同。故此,客运合同的标的是运送旅客的行为。在客运实践中,为了便于旅客出行、提高运输效率,客运合同大多为采用票证形式的格式合同,如车票、机票、船票等。也就是说,运输方式、运输路线、运输费用标准等均为根据行政规章、行业惯例事先确定,旅客一经决定目的地即可确定票款费用。因此,旅客仅仅有权选择购票与否,而没有议价空间。

根据《民法典》第814条的规定,客运合同自承运人向旅客出具客票时成立,但是当事人另有约定或者另有交易习惯的除外。由此可见,客运合同以要式为原则,以不要式为例外。《民法典》第814条规定了客运合同的要式性,客运合同在实践中多为以票证形式订立的格式合同。然而,客运合同的订立除"先买票、后上车"之外,还存在大量的"先上车、后买票"的情形,例如,铁路运输中存在补票、公路运输中存在下车时支付票款以及非公共客运合同中当事人自由支付票款等。因此,《民法典》第814条亦承认可以由当事人约定或根据交易习惯订立不要式的客运合同。

二、客运合同的效力

(一)旅客按照客票记载乘运的义务

旅客不仅应当按照约定支付票款,还应当按照客票记载的时间、班次与座位号乘坐。客票既是客运合同的书面形式或书面载体,也是旅客乘运的唯一有效凭证,因此旅客按照客票记载乘运是当然的义务,承运人可对于违反该义务的旅客行使抗辩权。《民法典》第815条第1款在明确旅客按照客票记载乘运义务的同时,还规定承运人对于旅客无票乘坐、超程乘坐、越级乘坐或者持不符合减价条件的优惠客票乘坐的,有权要求旅客补交票款或加收票款,旅客不支付票款的可以拒绝运输。《民法典》第 815 条对于按照座位号乘运的强调，主要是针对近年来屡屡出现的“霸座”现象。[①] 对于旅客因自身原因不能按照客票记载的时间乘运的情况，《民法典》第 816 条规定旅客应当在约定的时间内办理退票或变更手续，承运人对于逾期办理的旅客可以不退票款，并不再承担运输义务。此外，《民法典》第 815 条在承继原《合同法》第 294 条的基础上新增第 2 款，对当前客运实践中普遍采用的实名制客票予以规范。明确实名制客运合同的旅客丢失客票的，有权要求承运人挂失补办，承运人不得再次收取票款和其他不合理费用。

（二）旅客按照要求安全携带适量行李的义务

在客运实践中，旅客在乘运过程中还会随身携带适量行李。随身携带行李区别于托运，前者属于客运合同的内容，后者属于货运合同。基于运输工具乘坐空间的有限性以及客运合同与货运合同的差别，《民法典》第 817 条规定承运人有权要求旅客只能随身携带有限数量和特定品类的行李，超过限量或者违反品类要求的，应当办理托运手续。与此同时，客运合同往往涉及公共安全利益，因此《民法典》第 818 条要求旅客不得随身携带或者在行李中夹带易燃、易爆、有毒、有腐蚀性、有放射性以及可能危及运输工具上人身和财产安全的危险物品或者违禁物品。旅客违反前款规定的，承运人可以将危险物品或者违禁物品卸下、销毁或者送交有关部门。旅客坚持携带或者夹带的，承运人应当拒绝运输。此外，《民法典》第 819 条还规定旅客有义务配合承运人为安全运输所作的合理安排。还应当注意的是，旅客不得携带危险物品或者违禁物品不仅是民事义务和民事责任，还可能涉及行政责任甚至是刑事责任的承担。[②]

（三）承运人按照客票记载承运与如实告知的义务

与旅客按照客票记载乘运的义务相对应，承运人也应当按照客票记载的时间、班次和座位号运送旅客，《民法典》第 820 条第 1 句对此予以明确规定。对于运输实践中经常出现而又无法避免的“晚点”“延误”等延迟运输或其他不能正常运输的情形，《民法典》第 820 条第 2 句将原《合同法》第 299 条的规则予以

① 关于“霸座”相关法律问题的分析，参见郑翔、山茂峰：《火车占座行为的法律救济路径》，载《重庆交通大学学报（社会科学版）》2020 年第 3 期。

② 参见崔建远主编：《合同法》（第 7 版），法律出版社 2021 年版，第 395 页。

细化,明确规定承运人应当将相关情形及时告知和提醒旅客,采取必要的安置措施,并根据旅客的要求安排改乘其他班次或者退票;由此造成旅客损失的,除不可归责于承运人的情形外,承运人应当向旅客承担赔偿责任。《民法典》第821条还规定,承运人不得擅自变更服务标准。如果擅自降低服务标准,则应当根据旅客的要求退票或者减收票款;擅自提高服务标准的,不得加收票款。

(四)承运人对于旅客的安全保障及救助义务

运输合同生效后,承运人在将旅客运送至目的地的过程中负有保障旅客人身和财产安全的法定义务。《民法典》第822条、第823条规定,承运人在运输过程中应当尽力救助患有急病、分娩、遇险的旅客;对运输过程中旅客的伤亡应当承担赔偿责任,除非该伤亡是旅客自身健康原因造成的或者旅客故意、重大过失造成的,且该赔偿责任不因乘客为免票、持优待票或者经许可的无票搭乘而免除。除对旅客人身的安全保障及救助义务外,《民法典》第824条还规定,承运人对于旅客随身携带物品毁损、灭失存在过错的,承运人应当承担损害赔偿责任。需要指出的是,《民法典》对承运人赔偿的限额未作出规定。这一方面反映出立法者试图用完全赔偿原则来指导旅客运输合同中承运人的赔偿责任,以更周全地保护旅客;另一方面,也反映出立法者考虑到多数承运人作为公用事业单位的特殊性,在承运人和旅客的利益衡平上难以作出明确选择的两难境地。因此承运人赔偿的限额有待于以后的法律、法规和司法解释予以进一步阐释,在此之前,关于赔偿数额限制的部门规章等仍将在实践中适用。[①]

第五节　货运合同中的权利与义务关系

一、货运合同概述

货运合同,是指承运人将托运人交付运输的货物运送到指定地点或交付收货人,由托运人支付运费的合同。与客运合同不同,客运合同可能存在三方当事人。货运合同由承运人与托运人订立,如果托运人自己为收货人,货运合同

① 参见崔建远主编:《合同法》(第7版),法律出版社2021年版,第396页。

关系中仅存在承运人和托运人两方主体；如果托运人与收货人为不同主体，货运合同关系中则存在承运人、托运人和收货人三方主体。因此，货运合同可能存在涉他性，此时的货运合同属于为第三人利益订立的合同。在第三人为收货人时，收货人虽然不是货运合同的订立主体，但是收货人与货运合同的履行存在利害关系，属于《民法典》第522条第2款规定的对承运人享有独立的请求权的第三人，而不同于《民法典》第522条第1款规定的“向第三人履行债务”中不享有独立请求权的第三人。此外，与客运合同不同的是，货运合同中的承运人不仅需要适约完成特定的运输行为，将货物运送至约定地点，而且还需要将货物交付特定收货人，此时承运人的主给付义务才履行完毕。货运合同通常为诺成合同，由承运人与托运人意思表示一致即可成立。除特殊领域的行业惯例之外，并不存在影响合同成立的实践行为。

二、货运合同的效力

（一）托运人如实申报运输信息与提供文件的义务

托运人应当将影响货运合同履行的相关信息如实告知承运人，并提供相关文件材料。《民法典》第825条规定，托运人办理货物运输应当向承运人准确表明收货人的姓名、名称或者凭指示的收货人，货物的名称、性质、重量、数量，收货地点等有关货物运输的必要情况。提供上述信息将有利于承运人了解承运货物的物理情况，以便于承运人作出装卸、保管等妥当、特殊安排，同时还可以避免对其他托运货物产生不利影响。《民法典》第826条规定，货物运输需要办理审批、检验等手续的，托运人应当将办理完有关手续的文件提交承运人。原因在于，动物及动物产品、危险品、长大笨重的运输涉及动物防疫管理秩序、公共安全等，因此在进行运输前应当得到相关部门的批准。① 托运人不向承运人如实告知运输货物的相关信息或者遗漏重要情况，造成承运人损失的，应当承担赔偿责任，或者承运人有权行使抗辩权，拒绝托运人的运输要求。

（二）托运人妥善包装货物的义务

托运人对于交由承运人运输的货物，应当采取适当方式进行包装。包装义

---

① 参见龙卫球主编：《中华人民共和国民法典合同编释义》（下册），中国法制出版社2020年版，第845～846页；最高人民法院民法典贯彻实施工作领导小组主编：《中华人民共和国民法典合同编理解与适用（四）》，人民法院出版社2020年版，第2131～2132页。

务虽然只是运输合同的从给付义务或附随义务,但该义务的适当履行有利于货运合同主给付义务的实现,既有利于货物得到妥当运输,也有利于承运人自身的运输安全。这不仅是货运合同的特殊规则,而且也是《民法典·合同编》中涉及物之交付的一般规则。《民法典》第 827 条规定,托运人应当按照约定的方式包装货物,没有约定或约定不明时适用"买卖合同"标的物包装要求的规则,即对于运输货物包装方式不能根据《民法典》第 510 条达成补充协议或不能按照交易习惯确定的,则应当根据《民法典》第 619 条的规定按照通用方式包装,没有通用方式时则应当采取足以保护运输货物且有利于节约资源、保护环境的包装方式。也就是说,既要符合适约履行原则,又要符合《民法典》的绿色原则。此外,对于托运易燃、易爆、有毒、有腐蚀性、有放射性等危险物品的,《民法典》第 828 条规定托运人应当按照国家有关危险物品运输的规定对危险物品妥善包装,做出危险物品标志和标签,并将有关危险物品的名称、性质和防范措施的书面材料提交承运人。否则,承运人可以拒绝运输,也可以采取相应措施以避免损失的发生,由此产生的费用由托运人负担。也就是说,对于危险物品的包装不再仅仅是适约履行的从给付义务,而是基于公共安全的考量将包装义务上升为与承运人履行运输义务对等的主给付义务,甚至说是一种法定义务。

(三)托运人变更或者解除运输合同的权利

运输合同在本质上属于承揽合同的一种特殊类型,因此托运人的法律地位与定作人相近,享有类似定作人依据《民法典》第 787 条的规定享有的"在承揽人完成工作前可以随时解除合同"的权利。《民法典》第 829 条规定,托运人在承运人将货物交付收货人之前,可以要求承运人中止运输、返还货物、变更到达地或者将货物交给其他收货人。有观点认为,该权利的立法理由为,运输合同多与货物买卖合同等相关,买卖合同的变更、解除,买方的违约、信用状况的变化以及市场的变化均可导致货物运输合同变更甚至解除。因此,在承运人获得合理补偿的同时,赋予托运人法定的变更解除权,有利于保护托运人的利益且方便商业交易。[①] 故此,《民法典》第 829 条规定了托运人享有这一权利的同时应当赔偿承运人因此所遭受的损失。可以说,这一规定符合了法律经济学中的

---

① 参见龙卫球主编:《中华人民共和国民法典合同编释义》(下册),中国法制出版社 2020 年版,第 845 ~ 850 页。

卡尔多-希克斯效率原则,即在非自愿交易中,从结果中获得的收益完全可以对所受到的损失进行补偿对于相关方及社会整体来说是有效率的,也是有益的。①

(四)承运人及时交付货物与通知提货的义务

《民法典》第830条规定,承运人将货物与送至目的地后,应当及时通知收货人提取货物。与此相对应,收货人在接到承运人的通知后应当及时提取货物。收货人逾期提货的,应当向承运人支付保管费等费用。当收货人不明或者收货人无正当理由拒绝受领货物的,《民法典》第837条规定了承运人依法可以提存货物。也就是说,当收货人作为权利人拒绝行使收货的权利时,承运人有权以提存的方式消灭货运合同中的债务,这与《民法典》第557条关于"债权债务终止方式"的规定具有一致性。此外,《民法典》第836条还规定了托运人或者收货人不支付运费、保管费或者其他费用的,承运人对相应货物享有留置权,除非当事人在订立货运合同时约定排除了留置权的适用。承运人在履行运输合同中合法占有托运人或收货人的货物,无论是民事关系还是商事关系中此种情形属于典型的可适用留置权的情形。承运人依据《民法典》第447条的规定,有权在托运人或收货人不履行债务时,就其占有的运输货物优先受偿。需要注意的是,《民法典》第836条强调承运人对"相应的"运输货物留置,意在与《民法典》第450条关于留置财产为可分物时其价值应当与债务金额具有一致性的规定相匹配,当然如果留置的运输货物为不可分物,则只能就其整体进行留置。《民法典》第836条但书条款亦与《民法典》第449条关于"留置权可约定排除"的规则一致。

(五)收货人享有检验货物的权利

收货人提货时应当对货物进行检验,以确定货物在交付时的数量、质量等是否符合运输单证的记载,进而确定承运人是否完全履行了运输合同。本质上,这既是收货人的权利,也是收货人的义务。②《民法典》第831条规定,收货人提货时应当按照约定的期限检验货物,对检验货物的期限没有约定或者约定不明确时,依据第510条的规定当事人之间无法达成补充协议或无法按照交易

---

① 参见[美]理查德·A.波斯纳:《法律的经济分析》(上),蒋兆康译,中国大百科全书出版社1997年版,第17~19页。

② 参见龙卫球主编:《中华人民共和国民法典合同编释义》(下册),中国法制出版社2020年版,第845~853页。

习惯确定的，收货人应当在“合理期限”内检验货物。之所以未如《民法典》第621条一样设置2年的兜底性检验期限，一方面是由于不同运输工具的货运实践存在多样性，不宜设置统一规范；另一方面是由于《民用航空法》《铁路法》《海商法》等特别法已经对此存在专门的验货规则或异议期限。“合理期限”属于弹性规则，应当根据个案的具体情况与各个运输行业的一般交易习惯，依照公平原则与诚信原则，平衡承运人与托运人的利益而定。验收期过短会影响收货人的权益，而验收期过长又会增加承运人的负担，使承运人的权利义务长期处于不确定状态。① 而对于收货人未在期限内检验货物并提出异议，《民法典》第831条后半段规定的后果为“视为”承运人已经按照运输单证的记载交付的初步证据。该条款为推定性规则，允许收货人在提出相反证据后要求承运人承担相应责任。

（六）承运人的损害赔偿责任

在货物交付承运人后，承运人在履行货运合同的过程中出现货物毁损、灭失的，应当向托运人或收货人承担损害赔偿责任。这是承运人未完全履行合同义务的当然后果，《民法典》第832条第1句予以明确规定。在规定损害赔偿责任的同时，《民法典》还规定了承运人的免责事由、赔偿标准与责任限额。《民法典》第832条第2句规定，如果货物毁损、灭失的原因是不可抗力、货物本身的自然性质或者合理损耗以及托运人、收货人的过错，则承运人不承担赔偿责任。从上述规定可以看出，承运人对于运输过程中出现的货物毁损、灭失承担无过错责任，即承运人是否存在主观过错在所不问，只要有货物毁损、灭失的事实就应当予以赔偿，除非存在法定的免责事由。对于赔偿标准，《民法典》第833条规定当事人有约定的按照其约定，没有约定或者约定不明确，且当事人不能达成补充协议或无法按照合同相关条款或者交易惯例确定的，按照交付或者应当交付时货物到达地的市场价格计算。法律、行政法规对赔偿额的计算方法和赔偿限额另有规定的，依照其规定。这就是交通运输行业普遍存在的限制承运人损害赔偿责任的责任限额制度。之所以要限制承运人的赔偿责任，一方面是由

① 参见最高人民法院民法典贯彻实施工作领导小组主编：《中华人民共和国民法典合同编理解与适用（四）》，人民法院出版社2020年版，第2152页。

于承运人所负之责任标准为无过错责任，要避免对其课赋过于严苛的赔偿责任；[①]另一方面也是考虑到交通运输的公益属性，运输费用价格并非完全由市场决定，而是属于政府定价或指导价，因此要限制承运人责任的范围。《铁路法》第17条第1款第2项规定，未按保价运输承运的，按照实际损失赔偿，但最高不超过国务院铁路主管部门规定的赔偿限额，如果损失是由于铁路运输企业的故意或者重大过失造成的，不适用赔偿限额的规定，按照实际损失赔偿。《民用航空法》第128条第1款规定，国内航空运输承运人的赔偿责任限额由国务院民用航空主管部门制定，报国务院批准后公布执行。依据特别法优先于普通法的原则，在货运合同司法实践中确定承运人的赔偿责任时，应当优先适用上述《铁路法》《民用航空法》等特殊规则。

此外，《民法典》第835条还规定了货运合同中不可抗力适用的特殊规则，即货物在运输过程中因不可抗力灭失，未收取运费的，承运人不得请求支付运费；已经收取运费的，托运人可以请求返还。需要注意的是，该条款在原《合同法》第314条规定的基础上新增一句，"法律另有规定的，依照其规定"。有观点认为，这一规定旨在容纳不同特别法的规定以及与国际惯例接轨，但也有观点认为该规定与《民法典》第11条规定的"特别法优先适用原则"重复而并无修改必要与实意。[②]

第六节　联运合同中的权利与义务关系

一、联运合同概述

联运合同，全称为联合运输合同，是指托运人与两个或两个以上的承运人通过衔接运送，使用同一凭证将货物运送到指定地点，承运人对全程运输承担责任，托运人支付各承运人运输费用的协议。[③] 之所以称为联运或联合运输，就

---

① 参见邱聪智：《新订债法各论》(中)，中国人民大学出版社2006年版，第370页。

② 参见中国审判理论研究会民事审判理论专业委员会编著：《民法典合同编条文理解与司法适用》，法律出版社2020年版，第593页。

③ 参见崔建远主编：《合同法》(第7版)，法律出版社2021年版，第401页。

是因为在该类运输合同中存在复数的承运人，托运人通过与复数承运人就同一运输标的签订一份合同，以一次交费与一份运输单证由复数承运人负责运输全过程，由此大大便捷了托运人的商事活动。根据复数承运人是否以不同运输方式承运，联运合同可分为单式联运合同与多式联运合同。单式联运合同是指托运人与两个或两个以上承运人以同一种运输方式就使用同一凭证运输货物所签订的合同。多式联运合同是指多式联运经营人与托运人签订的以两种或两种以上的不同运输方式，但采用同一凭证运输货物所签订的凭证。[①] 我国《民法典》在"货运合同"一节中规定了单式联运合同，而将多式联运合同单独作为一节与"客运合同""货运合同"并列。尽管如此，根据运输行业实践并结合该节中所使用的"托运人""货物"等用语，可以认为无论是单式联运还是多式联运均为货运合同的一种特殊形式，客运合同中通常不存在联合运输的问题。故此，多式联运合同在法律适用上如果缺失专门规则，则可以适用货运合同以及运输合同的一般规则。需要注意的是，《民法典》以及原《合同法》关于多式联运的规范充分借鉴了《海商法》中的相关内容。因此，在法律适用上，如果多式联运合同中包含国际海上货物运输区段，应当优先适用《海商法》的规定。[②]

二、单式联运合同的效力

关于单式联运合同，《民法典》第 834 条规定两个以上承运人以同一运输方式联运的，与托运人订立合同的承运人应当对全程运输承担责任；损失发生在某一运输区段的，与托运人订立合同的承运人和该区段的承运人承担连带责任。由此可见，单式联运合同与一般货运合同的区别在于复数承运人对托运人承担的是连带责任。

三、多式联运合同的效力

（一）多式联运经营人承担承运人的义务

与一般货运合同不同，多式联运合同中托运人的相对方为"多式联运经营

① 参见崔建远主编：《合同法》（第 7 版），法律出版社 2021 年版，第 401 ~ 402 页。

② 参见最高人民法院民法典贯彻实施工作领导小组主编：《中华人民共和国民法典合同编理解与适用（四）》，人民法院出版社 2020 年版，第 2190 ~ 2191 页。

人”,各区段的承运人与托运人不发生直接的合同关系。因此,《民法典》第838条、第839条规定,多式联运经营人与托运人签订并履行或组织履行运输合同,承担承运人的义务;多式联运经营人与各区段承运人签订合同、约定责任,但是该约定不影响多式联运经营人对全程运输向托运人承担的义务。这一规定充分体现多式联运合同的特性与优势,即以合同相对性原则实现“一此托运、一次收费、一票到底、一次保险、全程负责”的“一条龙”综合性服务,[①]简化运输手续与法律关系,以促进运输业与商业的发展,特别是在国际运输中这种模式得到广泛实践。需要注意的是,与多式联运经营人所从事的营业类似的制度在其他法域中又称为“运输代理营业”“运输行纪营业”“承揽运送”等。在“民商分立”体系下,德国、日本等均将多式联运合同作为商事合同独立规定;而在“民商合一”体系下,《民法典》则并未将独立于货物运输业的承揽运输行为予以独立规定。即使未有专门规则,“多式联运经营人”与托运人之间的关系类似于行纪合同,可以适用《民法典》“行纪合同”的相关规则。

(二)多式联运经营人签发多式联运单据的义务

运输单据为记载运输对象、运送地点、运送时间等运输合同事实的凭证。《民法典》在“货运合同”一节中并未对运输单据或运输单证等作出特别强调,承运人是否签发单据或单证完全依据当事人的约定。不过,《民法典》第840条明确规定在多式联运合同中,多式联运经营人在收到交付的货物时“应当”向托运人签发多式联运单据,而且该单据既可以是可转让的,也可以是不可转让的,这完全依赖于托运人单方的意思表示。多式联运经营人之所以负有签发联运单据的法定义务,理由在于多式联运合同中法律关系的关联性。虽然多式联运经营人与承运人之间的约定不对托运人发生效力,但是付运货物需要经由与托运人没有直接合同关系的承运人在物理上实现地理空间的位移。因此,联运单据不仅具有合同凭证的功能,而且还有作为货物交付与验收的证据功能。特别是对于可转让的运输单据,其更具有物权凭证的功能,持有该运输单据的收货人即为运输货物的所有权人。[②] 因此,多式联运合同中运输单据具有重要的

① 参见崔建远主编:《合同法》(第7版),法律出版社2021年版,第402页。

② 参见最高人民法院民法典贯彻实施工作领导小组主编:《中华人民共和国民法典合同编理解与适用(四)》,人民法院出版社2020年版,第2208页。

意义。

（三）托运人负有不可转让的损害赔偿责任

与《民法典》第825条、第829条规定的由于托运人原因造成承运人损失而产生的损害赔偿责任类似，多式联运合同中托运人也应当对因其过错造成的损失向合同相对方即多式联运经营人承担损害赔偿责任。但较为特殊的是，《民法典》第841条还规定了即使托运人已经转让了多式联运单据亦不免除其损害赔偿责任。换言之，托运人在托运时的义务和责任具有专属性。该条款充分借鉴了1980年《联合国国际货物多式联运公约》以及1991年《联合国贸易和发展会议/国际商会多式联运单证规则》的相关规定，进一步强化托运人托运货物的过错导致多式联运经营人承运的其他货物损失的责任，[①]同时也有效地平衡了托运人和单据受让人之间的利益关系，避免不合理地免除托运人办理托运时应当承担的注意义务与责任。[②]

（四）多式联运经营人损害赔偿责任的特殊性

在多式联运合同履行过程中，货物毁损、灭失通常发生在某一特定的运输区段之中。某一特定运输区段之中必然对应着特定交通工具运输所适用的特别法，从而与货运合同中的损害赔偿责任与责任限额的法律适用规则并无二致，即优先适用《铁路法》《民用航空器法》《海商法》等关于损害赔偿责任与责任限额的特殊规则，只有无特别规则时才适用《民法典》第833条的规定。在实践中往往也存在无法确定货物毁损、灭失的具体运输区段的情况，此时将无法适用特别法所规定的应当优先适用的损害赔偿责任与责任限额规则。因此，《民法典》第842条规定在此情况下，依照"运输合同"一章相关条款确定损害赔偿责任。具体而言，当多式联运合同履行中无法确定货物毁损、灭失的具体运输区段时，应当按照《民法典》第833条第1句确定赔偿责任，即托运人与多式联运经营人之间有约定的按照其约定处理，没有约定或约定不明确并且无法通过补充协议或根据交易习惯确定的，应当按照交付或者应当交付时货物到达地的市场价格计算。

---

① 参见最高人民法院民法典贯彻实施工作领导小组主编：《中华人民共和国民法典合同编理解与适用（四）》，人民法院出版社2020年版，第2213页。

② 崔建远主编：《合同法》（第7版），法律出版社2021年版，第402页。

第十二章

技术合同

第一节　技术合同的一般规定

一、技术合同的界定与法律特性

（一）技术合同的重新界定

“科学技术是第一生产力”的论断，体现了马克思主义的基本原理，技术在现代社会的重要作用不言而喻。技术合同作为一种重要的典型合同，在技术特别是关键技术、核心技术作为稀缺资源的现代信息社会及市场交易中，无疑变得日益重要。顾名思义，技术合同是当事人就技术订立的确立相互之间权利和义务的合同，技术合同的形式是多样的。社会生活处于不断变化发展之中，法律规范的含义本身也应适应不断变化的社会生活。[①] 技术合同的概念亦随着社会生活的变化而产生了新的变化，需要重新界定。概念的内涵，要通过对概念的解释和定义进行阐释；而概念的外延，则需要借助概念的逻辑划分。[②] 在《民法典》出台之前，界定技术合同一般限于技术开发、技术转让、技术咨询或者技术服务几个方面。《民法典》出台后，技术合同的外延扩大，因此需重新界定。《民法典》第 843 条规定：“技术合同是当事人就技术开发、转让、许可、咨询或者服务订立的确立相互之间权利和义务的合同。”由此，技术合同除了原有形式之外，还包括了技术许可这一重要的形式。

① 参见［德］卡尔·拉伦茨：《法学方法论》，陈爱娥译，商务印书馆 2003 年版，第 195 页。
② 参见［德］康德：《逻辑学讲义》，许景行译，商务印书馆 2010 年版，第 136 页。

关于技术合同的立法,我国曾经有单独的《技术合同法》,但只适用于中国法人之间、法人和公民之间、公民之间,并不适用于涉外合同,即当事人一方是外国企业、其他组织或者个人的合同除外。我国原《合同法》关于技术合同的规定除去上述限制,扩大了技术合同的主体范围,不仅适用于国内技术合同,也适用于涉外技术合同。《民法典》的本质在于其是法律发展的渊源,具有一般性、全面性、逻辑性和系统性,[①]故民法的规则也将随着实践的发展而逐步完善,包括系统性地增强。《民法典》与原《合同法》相比,进一步丰富和拓展了技术合同的外延,将技术许可合同纳入技术合同的范围,使技术合同的体系日益完备。实践中,许可的方式在技术交易中更为常见,特别是在国际技术贸易中,技术许可是常态,而技术转让却相对较少。所以,《民法典》对技术合同的重新界定更加科学,既符合技术合同本身的内容,也符合技术在市场交易中的实践发展。

(二)技术合同的法律特性

技术合同形式多样,与其他典型合同相比,具有较强的独特性。

首先,技术合同的标的物,即技术成果具有无形性,这与其他的合同标的物有较大的差异。《技术合同纠纷案件司法解释》第 1 条明确了技术成果的基本含义,即利用科学技术知识、信息和经验作出的涉及产品、工艺、材料及其改进等的技术方案,包括专利、专利申请、技术秘密、计算机软件、集成电路布图设计、植物新品种等均为技术成果。无论是专利技术还是商业秘密;无论是技术知识、技术信息还是工艺及其改进等技术方案等都是技术成果,都具有无形性。这里需要强调的是,如果技术方案非专利技术且已公开,也没有市场价值,则不能作为技术合同的标的物。

其次,技术合同的当事人既具有广泛性,又具有一定的特定性。一方面,《民法典》并未限制技术合同当事人的资格,自然人、法人、非法人组织均可签订技术合同,故参与的当事人具有广泛性。另一方面,技术合同当事人具有一定的特定性,通常要求技术合同的双方或者某一方能利用技术从事技术开发、技术转让、技术许可、技术服务或咨询,否则技术合同将很难履行。这是市场和技术合同专业性本身的要求。

最后,技术合同的履行及法律适用具有特殊性和多样性。技术合同在履行

---

① 参见王涌:《私权的分析与构建:民法的分析法学基础》,北京大学出版社 2020 年版,第 416 页。

及纠纷解决过程中,因常常涉及与技术有关的合同规则问题,还可能涉及专利权、专利申请权、商业秘密权的权利归属等问题,故实践中技术合同的履行与法律适用既可能受《民法典》技术合同规则之调整,又可能受《专利权法》等知识产权制度之调整。因此,技术合同的签订履行及法律适用具有一定的特殊性和多样性。

二、订立技术合同应遵循的原则

在现代社会,科学技术是第一生产力。在知识产权强国的大背景下,“保护知识产权就是保护创新”。由此,订立技术合同保护知识产权和促进科学技术进步是新时代的应有之义。

根据《民法典》第844条的规定:“订立技术合同,应当有利于知识产权的保护和科学技术的进步,促进科学技术成果的研发、转化、应用和推广。”技术合同一章是《民法典·合同编》典型合同分编中唯一对立法目的和立法宗旨进行规定的典型合同规则。《民法典》第844条使用了“促进”“有利于”等具有价值倾向性的法律修辞彰显其立法目的。与合同编中其他典型合同主要体现的是特定商业交易模式和交易活动的立法目的不同,技术合同章兼具了促进技术发展和商业交易的双重价值目标。技术合同中的商业条款可能具有促进与阻碍技术发展两个方面的作用。[①]《民法典》第844条是对订立技术合同应遵循原则的基本规定,也是订立技术合同的目的之体现。

知识产权法对《民法典》关于技术合同规则的变革具有显著的推动作用,与原《合同法》相比较,《民法典》关于技术合同规则的主要修改之处体现了知识产权法影响的增强,比如在技术合同订立应遵循的原则方面增加了知识产权保护的原则性规定(《民法典》第844条);将技术许可合同作为独立于技术转让合同的一种单独的技术合同类型等。[②]《民法典》关于订立技术合同的原则以及技术合同相关内容的规定,都充分考虑到了技术合同与知识产权法的密切联系。

---

① 参见刘强:《〈民法典〉技术合同章立法研究——兼论与知识产权法的互动》,载《科技与法律(中英文)》2021年第6期。

② 参见刘强:《〈民法典〉技术合同章商事化变革研究——兼评知识产权法的相关影响》,载《湖南大学学报(社会科学版)》2021年第4期。

理解订立技术合同应遵循的原则包括：首先，订立技术合同，应遵循平等、自愿、诚实信用等民法基本原则。其次，根据技术合同本身的特性，当事人订立技术合同，应当遵循有利于知识产权保护和科技进步的大原则。需要注意的是，有利于保护知识产权的原则是《民法典》新的规定，充分体现了知识产权与科学技术的密切联系。最后，从技术成果作为商品化的表现形式、技术成果最终面向市场的角度，订立技术合同要遵循促进科学技术成果的研发、转化、应用和推广的原则。这是通过技术合同方式实现技术成果创造经济效益的必然要求。

三、技术合同的内容

从权利和义务的角度分析，技术合同的内容主要是指基于技术合同产生的当事人的权利和义务，主要通过技术合同的条款表现出来。换言之，技术合同的条款中蕴含着技术合同当事人的具体权利义务，没有技术合同的条款，技术合同当事人的权利义务则无法体现，技术合同的特殊性也正是通过技术合同条款的特殊性来表现的。[①] 由此，技术合同的内容需要技术合同的条款来加以表达。根据《民法典》第 845 条第 1 款的规定，技术合同的内容一般包括项目的名称（一般由当事人约定清晰准确，如某项技术开发合同），标的的内容、范围和要求（不同类别的技术合同标的，技术范围和技术指标要求亦有差异，所以，在订立技术合同时，不仅要明确技术合同标的，而且还要明确该标的的技术范围和技术指标要求），履行的计划、地点和方式（对技术合同履行期限、进度、履行地、履行方式的明确约定），技术信息和资料的保密（对技术合同中保密事项、保密范围、保密期限以及违反保密义务的违约责任等的规定），技术成果的归属和收益的分配办法（在技术合同中约定技术成果的所有权和使用权的归属，以及由技术成果产生的收益在合同主体之间的分配办法），验收标准和方法（约定技术合同项目的具体验收标准及具体的验收办法），名词和术语的解释（因技术合同专业性的特点，防止专业名词和专业术语理解差异及歧义方面的解释）等条款。

法律中的定义性规范，作为语词使用规范，因与法律适用条款相连接，从而

---

① 参见崔建远主编：《合同法》（第 7 版），法律出版社 2021 年版，第 405 页。

具有强制性,即当事人双方不得对语词作不符合规范的定义。[①] 由此,在技术合同中关于名词和术语的规范使用和解释更为重要。另外,需要注意的是,《民法典》第845条第1款规定删除了原《合同法》中"风险责任承担""价款、报酬或使用费及其支付方式""违约金或者损失赔偿的计算方法""解决争议的方法"等作为技术合同的一般合同条款的规定,实际上更加强调了技术合同的独特性。

《民法典》第845条第1款规定的是技术合同的一般性条款,是指导性条款,并不要求当事人订立的技术合同中必须全部按此条款约定双方的权利义务。但有些条款对当事人而言是十分重要的,比如技术成果的归属和收益的分配办法,涉及当事人的根本利益,故常常是技术合同不可或缺之内容。除此之外,在技术合同的当事人有特别约定的情形下,与履行技术合同有关的技术背景资料、可行性论证和技术评价报告、项目任务书和计划书、技术标准、技术规范、原始设计和工艺文件,以及其他技术文档,虽然不是技术合同内容的一般条款,但可以作为技术合同的组成部分,对合同双方当事人产生约束力,这就是《民法典》第845条第2款的规定。另外,根据《民法典》第845条第3款的规定,技术合同涉及专利的,应当注明发明创造的名称、专利申请人和专利权人、申请日期、申请号、专利号以及专利权的有效期限。这是技术合同条款中,涉及专利技术的特殊性要求。

四、技术合同的价款、报酬和使用费的支付方式

在技术合同领域,基于合同对价考虑,当事人一方获取价款、报酬和使用费,而另一方支付价款、报酬和使用费,这是技术合同权利义务的最直接体现。

首先,技术合同的价款、报酬和使用费由当事人协商加以确定。技术合同的当事人应当根据技术合同的类型、技术成果类别等具体情况,合同当事人权利义务情况,协商一致来确定技术合同的价款、报酬和使用费。

其次,技术合同价款、报酬和使用费的支付方式是多元的,具体方式可由当事人约定。包括:(1)"一次总算、一次总付",即一方当事人将技术合同约定的

---

① 参见孙维飞:《定义、定性与法律适用——买卖型担保案型的法律适用问题研究》,载《华东政法大学学报》2021年第6期。

全部价款、报酬和使用费向另一方当事人一次算清,同时也一次性付清;(2)"一次总算、分期支付",即技术合同的一方当事人将技术合同的价款、报酬、使用费在合同中一次算清,但分几次向另一方当事人付清;(3)提成支付,即技术合同的一方当事人在接受技术成果后,从收益(经济效益利润)中按照约定的比例提取部分收入交付另一方当事人作为技术合同的价款、报酬和使用费;(4)提成支付附加预付入门费,即单纯的提成方式的升级,一般是接受技术的技术合同的一方当事人向另一方当事人支付一部分价款、报酬和使用费(称为入门费或初付费),其余部分按照合同约定的比例提成,即实践中的入门费加提成的方式,支付的时间依技术合同约定即可。

特别要说明的是,约定提成支付的情形,约定的提成可以按照产品价格的一定比例计算,也可以按照技术合同中实施专利和使用技术秘密后新增的产值、利润或者产品销售额的一定比例计算,当然,还可以按照约定的其他方式计算。提成支付的比例可以采取固定比例、逐年递增比例或者逐年递减比例(《民法典》第 846 条第 2 款)。除此之外,为了公平和信任,约定提成支付的,当事人可以约定查阅有关会计账目的办法(《民法典》第 846 条第 3 款)。此处需要特别强调的是,《民法典》用"可以"替代了原《合同法》中的"应当",即约定查阅有关会计账目的办法,从强制性规则转变为自治性规则,充分体现了合同自治,把自主权真正留给了技术合同的当事人,而非强制性地要求当事人必须为之。

五、技术成果及归属

(一)职务技术成果及归属

技术成果可以分为职务技术成果和非职务技术成果。技术成果所产生的权益具有价值,故其归属对当事人而言非常重要。职务技术成果的使用权、转让权属于单位(法人或者非法人组织)的,技术成果归属于单位,单位自然可以就该项职务技术成果订立技术合同;同时为了平衡职务技术成果实际完成人的利益,单位订立技术合同转让职务技术成果时,职务技术成果的完成人享有以同等条件优先受让的权利(《民法典》第 847 条第 1 款)。该规定一方面明确职务技术成果的使用权和转让权均属于单位,其他任何人未经单位同意,擅自转让该职务技术成果,均构成侵权;另一方面又明确职务技术成果的完成人在单位转让该职务技术成果时有同等条件下的优先受让权,可谓是调动各方积极性的一种利益平衡安排。

职务技术成果，一般是执行单位的工作任务或者主要是利用单位的物质技术条件所完成的技术成果(《民法典》第847条第2款)。由此，职务技术成果体现为两种情形：第一种情形是执行单位的工作任务完成技术成果，如完成单位安排的岗位职责内的工作任务或者承担单位的课题项目，进一步细化，为“执行法人或者非法人组织的工作任务”，包括以下两种情形：其一，履行法人或者非法人组织的岗位职责或者承担其交付的其他技术开发任务；其二，离职后一年内继续从事与其原所在法人或者非法人组织的岗位职责或者交付的任务有关的技术开发工作，但法律、行政法规另有规定的除外。法人或者非法人组织与其职工就职工在职期间或者离职以后所完成的技术成果的权益有约定的，人民法院应当依约定确认(《技术合同纠纷案件司法解释》第2条)。第二种情形是“主要是利用单位的物质技术条件完成的技术成果”，如主要是利用了单位的资金、设备、器材、原材料、未公开的技术信息和资料等物质技术条件完成的技术成果；除此之外，法律没有明确的对职务技术成果的界定。进一步而言，“主要是利用法人或者非法人组织的物质技术条件”，包括职工在技术成果的研究开发过程中，全部或者大部分利用了法人或者非法人组织的资金、设备、器材或者原材料等物质条件，并且这些物质条件对形成该技术成果具有实质性的影响；还包括该技术成果实质性内容是在法人或者非法人组织尚未公开的技术成果、阶段性技术成果基础上完成的情形。但下列情况除外：其一，对利用法人或者非法人组织提供的物质技术条件，约定返还资金或者交纳使用费的；其二，在技术成果完成后利用法人或者非法人组织的物质技术条件对技术方案进行验证、测试的(《技术合同纠纷案件司法解释》第4条)，可以说此处司法解释的规定已经非常具体。

在司法实践中有关职务发明创造的纠纷较为典型，特别是以专利为代表的发明创造。判断是否属于与在原单位承担的本职工作或者原单位分配的任务“有关的发明创造”时，应注重维护原单位、离职员工以及离职员工新任职单位之间的利益平衡，综合考虑以下因素作出认定：一是离职员工在原单位承担的本职工作或原单位分配的任务的具体内容；二是涉案技术的具体情况及其与本职工作或原单位分配的任务的相互关系；三是原单位是否开展了与涉案技术有关的技术研发活动，或者有关的技术是否具有其他合法来源；四是涉案技术的权利人、发明人能否对技术的研发过程或者来源作出合理解释(经最高人民法院审判委员会讨论通过,2021 年 7 月 23 日发布了第 158 号指导案例:深圳市卫邦科技有限公司诉李某毅、深圳市远程智能设备有限公司专利权权属纠纷案)。最高人民法院有关职务发明创造的相关指导案例有较强的参考价值,有助于司法实践的指引和正确法律适用。

在这个问题上,还需注意,《民法典》改变了原《合同法》中单位应当对完成职务技术成果的个人给予奖励或报酬的规定,即取消了单位的该项法定义务,当然自愿的除外。同时还要注意,尽管《民法典》取消了单位的该项法定义务,但是我国《专利法》[①]等单行法中仍有给予奖励、报酬的规定。所以,在司法实践中常见的职务技术成果涉及的奖励和报酬纠纷中,适用法律时要区分具体的技术类型从而准确适用规则。

(二)非职务技术成果及归属

与职务技术成果相对,未执行单位的工作任务,也非主要是利用单位的物质技术条件所完成的技术成果,为非职务技术成果。因此,单位的员工完成的技术成果是职务技术成果,还是非职务技术成果,关键在于该员工完成的技术成果是否是执行单位的工作任务,是否主要是利用了单位的物质技术条件。

非职务技术成果归属与单位无关,该技术成果的使用权、转让权属于完成技术成果的个人。完成技术成果的个人自然有权就该项非职务技术成果与其他民事主体订立技术合同(《民法典》第 848 条),由此,完成技术成果的个人有权获得该项技术成果的收益,无论是使用权产生的收益,还是转让权产生的收益,任何第三方未经完成技术成果的个人同意擅自使用或者转让属于个人的非职务技术成果,均构成侵权。在实践中,提供资金、设备、材料、试验条件,进行组织管理,协助绘制图纸、整理资料、翻译文献等人员,既不是职务技术成果的完成人,也不是完成技术成果的个人,故上述主体均不能成为权利人。

(三)技术成果的精神归属

技术成果权有人身权和财产权两个方面,上述分析多基于技术成果财产权

① 参见《专利法》第 15 条的规定:被授予专利权的单位应当对职务发明创造的发明人或者设计人给予奖励;发明创造专利实施后,根据其推广应用的范围和取得的经济效益,对发明人或者设计人给予合理的报酬。国家鼓励被授予专利权的单位实行产权激励,采取股权、期权、分红等方式,使发明人或者设计人合理分享创新收益。

及其归属,而技术成果的精神归属系技术成果权人身权的重要内容。技术成果的人身权,主要体现为技术成果的完成人有权利在有关技术成果上署名(写明自己是技术成果完成者)、取得荣誉证书(如科技进步奖证书)和获得其他奖励(如奖金)的权利。不同于技术成果的财产权,技术成果完成人的人身权是不能被剥夺的,是专属的,这就是学理上的技术成果的精神归属。

(四)技术合同无效及法律后果的特别规则

技术合同的无效,系合同的无效项下的分支类型。实践中,合同虽已经成立,但可能因其违反法律、行政法规或公序良俗等原因而被确认为无效,技术合同亦不例外。我国《民法典》规定了两种技术合同无效的情形,包括非法垄断技术的技术合同无效以及侵害他人技术成果的技术合同无效(《民法典》第850条)。在技术合同无效方面,《民法典》的规定与原《合同法》的规定不同,取消了原《合同法》中"妨碍技术进步的技术合同无效"的规定。事实上,"妨碍技术进步"一直与"非法垄断技术"联系在一起理解,二者并不能实现有效区分。

《技术合同纠纷案件司法解释》第10条最初是对"非法垄断技术、妨碍技术进步"的表现方式所作列举的,二者一起定义,实践中较难区分哪些属于非法垄断技术,哪些属于妨碍技术进步,该部分内容需要进一步确认,而《民法典》直接删除了"妨碍技术进步"在技术合同无效中的表达,更加明确清晰。《技术合同纠纷案件司法解释》在2020年12月29日发布、2021年1月1日施行后,其第10条只针对"非法垄断技术"作出了六项列举①,从而明晰了非法垄断技术的技术合同无效之情形,"妨碍技术进步"的技术合同无效之表达正式退出历史舞

① 参见《技术合同纠纷案件司法解释》第10条的规定。下列情形,属于《民法典》第850条所称的"非法垄断技术":

(1)限制当事人一方在合同标的技术基础上进行新的研究开发或者限制其使用所改进的技术,或者双方交换改进技术的条件不对等,包括要求一方将其自行改进的技术无偿提供给对方、非互惠性转让给对方、无偿独占或者共享该改进技术的知识产权;

(2)限制当事人一方从其他来源获得与技术提供方类似技术或者与其竞争的技术;

(3)阻碍当事人一方根据市场需求,按照合理方式充分实施合同标的技术,包括明显不合理地限制技术接受方实施合同标的技术生产产品或者提供服务的数量、品种、价格、销售渠道和出口市场;

(4)要求技术接受方接受并非实施技术必不可少的附带条件,包括购买非必需的技术、原材料、产品、设备、服务以及接收非必需的人员等;

(5)不合理地限制技术接受方购买原材料、零部件、产品或者设备等的渠道或者来源;

(6)禁止技术接受方对合同标的技术知识产权的有效性提出异议或者对提出异议附加条件。

台。不过,也有学者对此问题提出了相关建议,主要观点如下:在基本遵循《民法典》第 153 条(违反法律、行政法规的强制性规定的民事法律行为无效,但该强制性规定不导致该民事法律行为无效的除外;违背公序良俗的民事法律行为无效)的基础上,《民法典》第 850 条中的"非法垄断技术"的判定标准应当为反垄断的相关法律法规,无须依据《技术合同纠纷案件司法解释》第 10 条。因为技术合同无效制度本质上应遵循合同无效的一般规则,"非法垄断技术"是技术合同无效的情形之一,"非法垄断技术"的判断标准是《民法典》第 153 条所指的"强制性规定"的《反垄断法》及其配套法规,但即使技术合同构成非法垄断技术,该技术合同是否无效,司法实践中法院也应在遵循私法自治原则的基础上来认定。[①] 一般来说,只有当垄断行为有利于公共利益时,才能容忍其存在,[②] 如专利本身作为合法垄断存在,否则法律应予以规制。以上分析路径,具有较强的合理性,特别是民法与反垄断相结合的认定方式,在法律适用的统一性、法律解释的目的性等方面均具有良好的启发意义。

技术合同无效,会产生相应的法律后果。技术开发合同研究开发人、技术转让合同让与人、技术许可合同许可人、技术咨询合同和技术服务合同的受托人已经履行或者部分履行了约定的义务,并且造成合同无效的过错在对方的,对其已履行部分应当收取的研究开发经费、技术使用费、提供咨询服务的报酬,法院可以认定为因对方原因导致合同无效给其造成的损失;技术合同无效,因履行合同所完成新的技术成果或者在他人技术成果基础上完成后续改进技术成果的权利归属和利益分享,当事人不能重新协议确定的,法院可以判决由完成技术成果的一方享有(《技术合同纠纷案件司法解释》第 11 条)。这些规则是比较公平的。

与"非法垄断技术"导致技术合同无效不同,"侵害他人技术秘密"的技术合同被确认无效后,除法律、行政法规另有规定的以外,善意取得该技术秘密的一方当事人可以在其取得时的范围内继续使用该技术秘密,但应当向权利人支付合理的使用费并承担保密义务;当事人双方恶意串通或者一方知道或者应当

---

① 参见胡晓红:《非法垄断技术致技术合同无效的法律适用:现状与改造》,载《江苏社会科学》2021 年第 3 期。

② 参见[澳]彼得·德霍斯:《知识财产法哲学》,周林译,商务印书馆 2008 年版,第 42 页。

知道另一方侵权仍与其订立或者履行合同的,属于共同侵权,人民法院应当判令侵权人承担连带赔偿责任和保密义务,因此取得技术秘密的当事人不得继续使用该技术秘密(《技术合同纠纷案件司法解释》第12条)。可以说我国《民法典》和司法解释对技术合同无效的特别规则作出了较为全面的规定。

第二节 技术开发合同

一、技术开发合同的含义与类型

作为一种重要的技术合同,技术开发合同在市场经济中大量存在。技术开发合同为追求新技术而生,技术开发亦常常是技术转让、许可的基础。技术开发合同是当事人之间就新技术、新产品、新工艺、新品种或者新材料及其系统的研究开发所订立的合同(《民法典》第851条第1款)。此处的"新技术、新产品、新工艺、新品种或者新材料及其系统",一般来说,包括当事人在订立技术合同时尚未掌握的产品、工艺、材料及其系统等技术方案,但对技术上没有创新的现有产品的改型、工艺变更、材料配方调整以及对技术成果的验证、测试和使用除外(《技术合同纠纷案件司法解释》第17条),这一方面体现出技术开发合同标的物的"新",另一方面还要有对现有产品技术上一定程度的"创新"。

仅有概念而无类型是空洞的,仅有类型而无概念是盲目的。[1] 故类型化有助于对基本概念的深入理解。技术开发合同包括委托开发合同和合作开发合同两种类型(《民法典》第851条第2款),技术委托开发合同是在平等、自愿的基础上,一方当事人委托另一方进行技术研究开发的合同;技术合作开发合同是在平等、自愿的基础上,当事人达成合意,共同进行技术研究开发的合同。

在技术委托开发合同中,委托人需要向受托人(研究开发人)支付一定的研究开发经费和报酬,研究开发人完成研究开发工作并向委托人交付研究成果,而研究开发人以自己的名义、技术和劳务独立完成研究开发工作,委托人不得非法干涉其研究开发工作。

---

① 参见[德]考夫曼:《法律哲学》,刘幸义等译,法律出版社2004年版,第192页。

在技术合作开发合同中，合同的当事人各方一般共同投资、共同参与研究开发活动、共同承担研究开发风险、共享研究开发成果。需要强调的是，合作开发合同的各方以共同参加研究开发中的工作为前提，可以共同进行全部研究开发工作，也可以约定分工，分别承担相应的部分。由此，如果当事人一方仅提供资金、设备、材料等物质条件或者承担辅助协作事项，实际上由另一方进行研究开发工作的合同，不是技术合作开发合同，而是技术委托开发合同。

无论是上述哪一种技术开发合同，都是当事人意思自治的体现，充分体现了契约自由（合同自由）之理念。虽契约与合同在民法学说史上曾有区别（前者是因要求和承诺而形成意思表示一致的双方行为，后者为同方向平行的两个以上的意思表示一致而形成的法律行为，如果严格区分，技术委托开发可理解为一种双向的契约行为，技术合作开发可理解为一种同向的合同行为），[①]但在我国现代民法上，二者已经不严格区分，均统一为合同用语。一般而言，订立技术开发合同，除了当事人应达成合意之外，还应有必要的基础条件，如研究开发经费、基础设施、技术情报资料等。同时，因为技术开发合同的专业性比较强，涉及新技术，故当事人在订立合同前应当进行必要地、全面细致地可行性论证，收集有关的技术信息，选择适当的研究开发方案，尽量避免重复研究和重复开发。

与其他合同相比，技术开发合同标的物相对复杂，对技术成果要求较高、专业性强，因此，当事人订立技术开发合同应当采用书面形式（《民法典》第 851 条第 3 款）。同时，技术开发合同涉及的专业内容较多，如研究开发经费及利用研究开发经费购置的财产及权属、技术成果的归属及相应的法律后果等；技术开发合同是一项探索性、研发性活动，开发周期可能较长，投入的人力、物力、财力可能较多，涉及研发失败风险法律责任的承担等诸多问题，这些都决定了技术开发合同不能是比较随意的口头合同形式。

一般来说，采用书面形式订立合同基于以下考量：其一，从某种意义上说，书面形式可以降低特定法律诉讼程序的成本；其二，书面形式可以减少错误风险，使人们避免草率或错误考虑作出允诺或订立合同的结果。[②] 而且，书面形式

---

① 参见韩世远：《合同法总论》，法律出版社 2018 年版，第 10 页。

② 参见［英］P. S. 阿狄亚：《合同法导论》，赵旭东等译，法律出版社 2002 年版，第 168 ~ 170 页。

订立的合同本身还具有证据的效力,能在一定程度上起到证明事实的作用,避免相关争议。当然,实践中并不是所有的合同均有书面形式的要求,有的合同根本没有必要签订书面文本,口头形式非常便利而又足以满足交易需求;还有的合同存在多种状态,采用口头合同还是书面形式全凭当事人意思自治,对于这些情形,法律没有必要要求必须采用书面形式。但在专业性强、相对复杂的技术开发类合同订立时,不能随意为之,书面形式是法定要求。

在技术经济时代,不仅社会对新技术开发需求越来越多,当事人就科技成果转化的需求也越来越大,关于科技成果实施转化订立的合同也越来越多,可以说技术开发合同与技术转化合同,有着密切的联系。由此,当事人之间就具有实用价值的科技成果实施转化订立的合同,参照适用技术开发合同的有关规定(《民法典》第 851 条第 4 款),这也是适应技术创新和科技产业化需要的体现。

二、技术开发合同的权利义务及法律效力

(一)委托开发合同的权利义务规则

1. 委托开发合同的委托人义务

委托开发合同,是指当事人一方仅提供资金、设备、材料等物质条件或者承担辅助协作事项,另一方进行研究开发工作的技术开发合同(《技术合同纠纷案件司法解释》第 19 条第 2 款)。在委托开发合同中,委托人的主要义务体现在多个方面,具体包括:按照约定支付研究开发经费和报酬,提供技术资料,提出研究开发要求,完成协作事项,接受研究开发成果(《民法典》第 852 条)。

首先,委托人有义务按照合同的约定支付研究开发经费和报酬,这是委托人在委托开发合同中的主给付义务。研发经费,是完成研究开发工作所需要的经费支持,委托人有必要支付。一般情形下,委托人应当提供全部研究开发工作所需要购买研究必需的设备仪器、试验材料、安装等费用。研发经费一般是在合同成立后一次性支付,以便于受托人及时进行研发工作,也可以约定根据工作进度分期支付。委托人支付的报酬,一般是指研究开发成果的使用费和研究开发人员的科研补贴。与研究开发经费不同,它是研究开发人应得的报酬。如果合同约定研究开发经费中包含了使用费和科研补贴,可以不单独支付该部分报酬。

其次,委托人有义务按照合同的约定提供技术资料、提出研究开发要求、完成协作事项,这是委托人在委托开发合同中“协助义务”的体现。委托开发工作是研究开发人依委托人的要求进行的,只有委托人提供完备的技术资料、提出研究开发要求,并做好必要的协助工作,最终的研究开发才能更好地满足委托人的要求。因此,委托开发合同成立后,委托人负有上述义务。但是,委托人履行上述协助义务,只是为开发工作提供的辅助性劳动,不能认为参加了开发研究,否则合同性质将由委托开发合同变为合作开发合同。此处,要说明《民法典》的一处变化,即《民法典》对于委托开发合同委托人法定义务规则有新规定,删除了原《合同法》规定的“原始数据”,增加了“提出研究开发要求”,这是符合实际的规则安排。因为,实践中很多委托开发项目,特别是委托人缺乏技术研发能力的项目中,委托人根本无必要、也不可能给受托人提供原始数据,但提出明确的研究开发要求,是受托人完成委托开发项目的必备条件,故,“提出研究开发要求”应当成为委托人的法定义务。

最后,委托人有义务按照合同约定接受研究开发成果,这是委托人在委托开发合同中“受领义务”的体现。委托开发合同订立后,研究开发人接受委托并依据合同完成了研究开发,委托人享有接受研究开发成果的权利,同时,接受该项成果也是委托人的义务,委托人应按约定接受这一成果,否则亦构成违约。

2. 委托开发合同的受托人义务

委托开发合同的受托人即研究开发人,亦应该依据合同履行义务,其义务主要为:制订和实施研究开发计划,合理使用研究开发经费,按期完成研究开发工作,交付研究开发成果,提供有关的技术资料和必要的技术指导,帮助委托人掌握研究开发成果(《民法典》第853条)。

首先,研究开发人有义务按照约定制订和实施研究开发计划,这是委托开发合同中受托人完成研发工作和交付研发成果的一个基础性工作,受托人该项义务的履行,是为了保证研究开发成果符合委托人的要求,所以,研究开发人应当制订研发计划,包括进行必要的可行性论证,选择适当的研发方案,实施可行的研发计划。

其次,研究开发人有义务按照约定合理使用研究开发经费,这是委托开发合同中受托人研发经费合理使用的重要义务。一般而言,研发经费是专为研发工作使用的,受托人必须严格按照合同的约定,遵循“专款专用”原则,在合同约定的范围内合理使用委托人支付的研发经费。由此,该义务也表明,委托开发合同中的委托人一方是有权对研发经费的使用情况进行检查的,当事人也可以在合同中约定研发经费使用、检查等具体事项。

再次,研究开发人有义务按照约定按期完成研究开发工作,交付研究开发成果,这是委托开发合同中受托人最主要义务的体现。委托人之所以委托研究开发人进行技术开发,最终目的就是获取研发成果。所以,受托人应当按照合同的约定按时并保质保量地完成研发工作,并及时将研究成果交付给委托人,以实现双方的合同目的。

最后,研究开发人有义务按照约定提供有关的技术资料和必要的技术指导,帮助委托人掌握研究开发成果,这是委托开发合同中受托人的后续义务。委托开发合同中的受托人按照合同约定完成研发工作并交付工作成果时,还应当向委托人提供该成果的有关技术资料,并给予委托人必要的技术指导,帮助委托人掌握该技术成果,使该项技术能真正被委托人使用,产生应有的价值。同时,除非当事人之间有特别约定或法律另有规定,受托人不得在向委托人交付研究开发成果前将研发成果转让给第三人或者将该研发成果的技术秘密泄露给第三人,这也是委托开发合同对委托人保护的应有之义。

3. 委托开发合同违约责任的一般规则

无论是委托人,还是受托人,在委托开发合同中违反合同约定,均应承担违约责任,具体而言,当事人违反约定造成研发工作停滞、延误或者失败的,均应承担相应的违约责任(《民法典》第854条),这是关于委托开发合同违约责任的一般性规定。

对于委托开发合同中的委托人来说,如果有下列违约情形,应承担相应违约责任:第一,委托人迟延支付研发经费,造成研发工作停滞、延误或失败的;第二,委托人逾期不支付研究开发经费或者报酬构成根本违约,导致受托人解除合同的;第三,委托人提供的技术资料有重大缺陷或委托人在协作义务方面没有履行到位造成研发工作停滞、延误或失败的;第四,委托人逾期不接受研发成果的。委托人的如上违约行为,根据不同情况,可能导致受托人一方解除合同、处分研发成果的法律后果,给受托人造成损失的,委托人还可能承担赔偿损失的违约责任。对于委托开发合同中的受托人来说,如果有下列违约情形,应承担相应违约责任:第一,受托人未按照合同约定的研究计划开展研究工作,造成研发工作停滞、延误或失败的；第二，受托人将研发经费用于该委托开发合同之外，另作他用并造成研发工作停滞、延误或失败的；第三，因受托人过错造成研发成果不符合合同目的及没有向受托人交付研发成果，造成研发工作失败的。[①]受托人的如上违约行为，根据不同情况，可能导致委托人一方解除合同、要求受托人返还研发经费的法律后果，给委托人造成损失的，受托人还可能承担赔偿损失的违约责任。

（二）合作开发合同的权利义务规则

1. 合作开发合同的履行

在合作开发合同中，任何一方当事人均需履行合同义务，具体而言：应当按照约定进行投资，包括以技术进行投资，分工参与研究开发工作，协作配合研究开发工作（《民法典》第855条），这是对合作开发合同各方当事人主要义务的规定。

在合作开发合同中，当事人各方的义务主要体现在以下几个方面：

首先，按照合作开发合同的约定履行投资义务，包括以技术进行投资。共同投资是合作开发合同的重要特征，也是合作开发合同各方当事人的主要义务。合同当事人各方应当依照合同的约定投资。至于投资的形式，当事人可以以资金、设备、材料、场地、技术情报资料、专利权、技术秘密成果等方式对研发项目进行投资，只要符合法律的规定即可。

其次，按照合作开发合同的约定参与研究开发工作，分工参与。合作开发合同的各方当事人除了投资外，还必须在分工的基础上真正参与研发工作，这是合作开发合同的重要特征。参与研发工作，包括按照约定的分工共同进行或者分别承担设计研发工作。此处，需要注意：当事人一方提供资金、设备等物质条件，另一方进行研究开发工作的合同，并不属于合作开发合同，实践中，应认定为委托开发合同。

最后，按照合作开发合同的约定协作配合研发工作。合作开发合同以当事人的共同投资和共同参与研发为基础，共同参与研发要有分工，同时当事人在合作研究中的写作与配合，也是顺利完成合作开发的关键。因此，合作各方可

① 参见戚兆岳、郝丽燕、孙犀铭编著：《〈中华人民共和国民法典·合同编〉释义》，人民出版社2020年版，第395页。

以在合同中约定对研发工作中的重大问题进行协调、组织，相互配合，共同致力于研发工作的顺利展开与最终完成。

2. 合作开发合同当事人的违约责任

合作开发合同当事人均需按照合同约定履行其义务，否则即构成违约，具体而言，合作开发合同的当事人违反约定造成研究开发工作停滞、延误或者失败的，应当承担违约责任(《民法典》第856条)，这是关于合作开发合同当事人违约责任的规定。

合作开发合同的当事人，无论是哪一方主体，只要违反合同约定造成研发工作停滞、延误或者失败，即造成合作开发合同的履行部分或者全部不符合合同约定，甚至无法达成合同目的，违约方就应当承担违约责任。结合《民法典》第855条，如果其中一方当事人按约定履行投资义务，或者不履行分工参与、协作配合以及其他约定的义务，另一方或者其他各方当事人有权要求违约方承担违约责任。

（三）技术开发合同的法定解除与风险分担规则

1. 技术开发合同的法定解除规则

当事人签订技术开发合同的目的，是为了研发新的技术、产品、材料、工艺等技术方案，追求的是新技术成果，而作为技术开发合同标的的技术已经由他人公开，致使技术开发合同的履行没有意义的，则不属于新技术成果，当事人可以解除合同(《民法典》第857条)，即因合同目的根本不能实现，当事人没有继续履行技术开发合同之必要，故设定了该法定解除规则，也可以说是对解除技术开发合同条件的设定。合同之解除，是合同成立后具备合同解除条件时导致合同法律关系消灭的行为。技术开发合同订立后，技术研发人员已经有所投入并付出了一定的劳动，在这种情况下，合同符合条件亦可以解除(合同解除有多种情形)，但不符合该法定解除之规定，行使解除权造成另一方利益损失，应承担赔偿责任。同时还要强调，如果受托人对已由他人公开的技术作为技术开发合同的标的物之情况早就明知，则受托人应告知委托人，该合同有可能转化为技术咨询或技术服务合同，而非技术开发合同。

2. 技术开发合同的风险负担规则

技术开发合同中的风险，是指非因不可归责于双方当事人的原因(如出现无法克服的技术困难，或法律禁止继续研究开发等)而研究开发失败，由此所产生的损失。[1] 实践中，技术研究开发失败也是常见的现象，其风险是潜在的。

技术开发是一项对新技术成果的研发活动，但新技术的研发有可能成功亦有可能失败，故技术开发不能的风险是潜在的。在研发过程中，如果当事人尽了最大努力，但仍因科技知识、认识水平等客观因素的限制，出现无法克服的技术困难，致使研发失败或者部分失败，无法达成合同约定的预期目的，即会产生技术开发合同的风险。

在技术开发合同履行过程中，因出现无法克服的技术困难，致使研究开发失败或者部分失败的，风险应如何承担？首先，该风险由当事人约定；其次，如果针对上述风险，技术开发合同中没有约定或者约定不明确，依据《民法典》第510 条的规定仍不能确定的，风险由当事人合理分担(《民法典》第 858 条第 1 款)。技术开发本身即蕴含着风险，研发工作可能部分或全部失败，由此产生投入经费损失、合同无法继续履行等风险，该风险的分担规则为：尊重当事人的意思自治，即有约定从约定；没有约定或约定不明的，可以通过签订协议补充风险分担问题；不能达成风险分担方面补充协议的，按照技术开发合同相关条款或者交易习惯来加以确定；在此基础上仍然无法确定风险分担，技术开发的风险只能由当事人合理分担。

在技术研发过程中，当事人一方发现《民法典》第 858 条第 1 款规定的出现无法克服的技术困难、可能致使研究开发失败或者部分失败的情形时，应履行及时通知的义务，即当事人应及时通知另一方，并采取适当措施减少损失；没有及时通知并采取适当措施，致使损失扩大的，应就扩大的损失承担责任(《民法典》第 858 条第 2 款)。在研发过程中，法律强调的这种及时通知义务和减损义务，也是基于技术开发合同的诚实信用原则的考量，若当事人未及时履行上述义务，导致技术开发的损失扩大，未履行上述义务的一方应当就扩大的损失承担责任，这是合同减损规则的具体要求。

(四)技术开发合同中技术成果的归属规则

1. 委托开发合同的技术成果归属

在委托开发合同中，最后的技术成果并非当然归某一方。委托开发完成的发明创造(发明、实用新型和外观设计)，归属于委托开发合同的哪一方当事人，

---

① 参见崔建远主编：《合同法》(第 7 版)，法律出版社 2021 年版，第 413 页。

首先根据法律的规定或者当事人的约定确定,除此之外,申请专利的权利属于研究开发人。研究开发人取得专利权的,委托人可以依法实施该专利(《民法典》第859条第1款),这是委托人依法实施权的体现,需要强调,此处的"依法实施该专利",是指委托人无须支付任何费用,而有权免费使用该技术成果,同时还有一个内在限制,即委托人并没有转让该技术成果的权利。[①] 委托开发合同中的研发人转让专利申请权的,委托人虽然不享有转让权,也无权干涉研发人转让之行为,但享有以同等条件优先受让的权利(《民法典》第859条第2款),即此情形下,委托人享有向研发人主张优先受让的请求权。以上规则是对履行委托开发合同完成的技术成果的归属和相应权利的规定。

2. 合作开发合同的技术成果归属

依据民法基本原理,财产所有包括共有和单独所有两种形式,共有又可以划分为共同共有和按份共有,这在《民法典》第297条中有明确规定。共有可以体现为一种权利,即共有权,共有权与所有权的关系,体现为个别与一般的关系,共有权是所有权的组成部分,是所有权的下位概念,所有权的基本形态是单独所有,共有权只是所有权中一种非主流的形式,[②]共有具有临时性的特点,共有人接受共有因而导致其权利"共同化",[③]由此,共有可能只是暂时的(如遗产在未分割之前的共有状态,一旦分割,共有状态即结束)。而且,在现代社会,共有的法律形态不如单独所有常见,尽管如此,共有的法律行为不仅没有消失,还在诸多领域大量存在,如在建筑物所有权中,建筑物的共有权就是与建筑物的单一所有权、建筑物区分所有权并列的一种所有权形式,在知识产权领域亦是如此。在合作开发合同中,技术成果原则上归当事人共有,当然,合作开发合同的当事人可以在合同中约定合作开发完成的发明创造的权利归属,在专利申请权方面亦是此规则,同时合作开发的当事人有同等条件受让其他当事人转让专利申请权的优先权。具体而言,合作开发完成的发明创造,申请专利的权利属于合作开发的当事人共有;当事人一方转让其共有的专利申请权的,其他各方享有以同等条件优先受让的权利。但是,当事人另有约定的除外(《民法典》第

① 参见最高人民法院民法典贯彻实施工作领导小组主编:《中华人民共和国民法典合同编理解与适用(四)》,人民法院出版社2020年版,第2271页。

② 参见杨立新:《共有权理论与适用》,法律出版社2007年版,第32页。

③ 参见尹田:《法国物权法》,法律出版社2009年版,第410页。

860 条第 1 款)。可见,共有是合作开发合同技术成果归属的一般规则,优先受让权是合作开发技术合同中共有人利益保障之体现,有约定从约定是合作开发技术合同意思自治之考量。

共有规则,特别是按份共有规则常常导致困境。实践中,无论是不动产还是动产,虽然在理论上可以对其进行分割,但对其进行实物分割经常产生困难:或因在物理层面无法分割而不能单独利用,或虽可在物理层面分割,但因分割导致价值减损而不能单独利用。[①] 这对技术成果来说,也可能会存在同样的问题。虽然在合作开发合同中的技术成果原则上归当事人共有,但合作开发的当事人一方可以声明放弃其共有的专利申请权,除当事人另有约定外,可以由另一方单独申请或者由其他各方共同申请,同时,为了平衡当事人的利益,申请人取得专利权的,放弃专利申请权的一方可以免费实施该专利(《民法典》第 860 条第 2 款)。专利申请权是可以放弃的,在共有的情形下亦是如此,一方放弃专利申请权,但不意味着放弃专利的实施权,故放弃一方仍可以就该专利权免费实施。

知识产权共有,系两个或两个以上的民事主体基于共同的或相互联系的创造劳动,对创造出来的智慧成果所享有的共有权。在共有的著作权或共有的专利权方面,无论是权利消灭还是共有人的共有关系消灭,都不存在分割权利的问题,如合作作品无法分割,但是需要注意的是,共有著作权和共有专利权获得的财产利益是可以分割的。[②] 基于立法理念的不同,专利权与著作权相关的规则也有不同。如果当事人在合同中没有约定或者约定不明确,那么合作开发完成的发明创造,申请专利的权利属于合作开发的当事人共有。合作开发的当事人一方不同意申请专利的,另一方或者其他各方不得申请专利(《民法典》第 860 条第 3 款)。相比较而言,依据《著作权法》,如合作完成的作品中一方不同意发表作品,而另一方想要将作品发表,此情形下,不能阻碍作品发表;而在专利申请领域,合作开发的当事人如意见不一致,将导致不能申请专利的法律后果。

需要强调的是,无论是委托开发技术合同,还是合作开发合同,均有合同当

---

① 参见孙山:《溯源循理:合作作品权利归属规则的改进之道》,载《河北法学》2022 年第 6 期。

② 参见杨立新:《共有权理论与适用》,法律出版社 2007 年版,第 246 ~ 250 页。

事人对技术成果优先受让的相关规定,但相关权利人对该权利的实际行使,以其具有对其他参与者转让技术成果行为的知情权为前提,故有学者指出:在未来《民法典》技术合同章修改时,一是仅增加技术合同参与者的知情权,同时规定其获知技术成果交易行为后应当予以答复的期限,以及不同意技术成果转让的法律后果;二是同时增加知情权和同意权,并且明确同意权行使的期限,以及不同意时应当受让该技术成果的义务。在共有技术成果知识产权权利行使和收益分配中,也应当保障共有人的知情权和同意权,从而维护共有人之间的信任关系和利益纽带。① 这涉及相关权利人技术成果优先受让(购买)权能否实现以及如何实现的问题,细化相关规则使之更加合理和科学,是法律应该追求的方向。法律规范具有一定的滞后性。社会生活日新月异,社会经济不断发展,法律总是存在滞后性,这是各国成文法普遍存在的问题。从某种程度上说,法律颁布越久,其滞后性就越突出。尤其我国社会目前处于急剧转型期,一些规则在制定当时可能符合社会需要,但在各方面因素变化时,便无法满足社会发展的需要。当然在民法领域中,所谓法律的滞后性,通常指个别条款的滞后,并非整部法律的滞后。② 技术合同规则,应随着技术的不断变化而更新,未来无论是《民法典》关于技术合同规则的修订,还是相关司法解释的完善,都将在司法实践中得到检验。

3. 技术秘密成果的权属

上面分析的主要是专利权方面的技术成果,在技术成果的范畴中,还包括另一种重要的成果,即技术秘密成果。关于履行技术开发合同而产生的技术秘密的归属和分享规则,《民法典》亦有明确的规定。

无论是委托开发,还是合作开发完成的技术秘密成果,其使用权、转让权以及收益的分配办法,首先由当事人约定,即尊重当事人的意思自治;没有约定或者约定不明确,依据《民法典》第 510 条的规定仍不能确定的,在没有相同技术方案被授予专利权前,当事人均有使用和转让的权利。但是,委托开发的研究开发人不得在向委托人交付研究开发成果之前,将研究开发成果转让给第三人

---

① 参见刘强:《〈民法典〉技术合同章立法研究——兼论与知识产权法的互动》,载《科技与法律(中英文)》2021 年第 6 期。

② 参见王利明:《法律解释学导论——以民法为视角》,法律出版社 2017 年版,第 452 页。

(《民法典》第861条)。也就是说,合作开发合同的当事人可以在合同中明确约定因履行技术开发合同产生的技术秘密的使用权、转让权的归属以及利益的分配办法,即有约定从约定;在此基础上,如果当事人关于技术成果的权属及利益分配没有约定或者约定不明确,可以协议补充;不能达成补充协议的,按照合同的有关条款或者交易习惯确定;采用上述方式仍不能确定权属的,当事人各方对技术秘密都有使用权和转让权(限定在没有相同技术方案被授予专利权前,这也是由技术秘密类成果本身的特点所决定的),但是,委托开发合同中的受托人(研究开发人)有一项重要的义务,即在向委托人交付研究开发的技术秘密成果前,不得擅自将研究开发成果转让给第三人,否则该技术秘密就会因保密性的缺失而丧失价值,违反该项义务的研发人也应当承担相应的法律责任。

以上三方面的规则,是对履行技术开发合同(包括委托开发合同和合作开发合同)完成的技术成果(包括专利类的发明创作成果和技术秘密成果)的归属规则。

第三节 技术转让合同和技术许可合同

一、技术转让合同与技术许可合同概述

(一)技术转让合同与技术许可合同的界定

技术转让合同与技术许可合同是并列的技术合同类型,《民法典》第一次将我国的技术许可合同独立于技术转让合同。从广义上理解,技术转让合同可以包括技术许可合同,但从狭义上理解,技术许可合同是一种独立的技术合同类型,我国立法也已经正式明确。

技术转让是合法拥有技术的权利人将技术的相关权利让与另一方的行为,由此,技术转让合同就是权利人一方将现有特定的专利、专利申请、技术秘密的相关权利让与他人所订立的合同(《民法典》第862条第1款),理解技术转让合同,需要强调技术转让合同的标的物是现有的技术成果,不同于技术开发合同,因为技术开发合同的技术成果尚不存在,也有可能研发不出来;也与技术咨询合同、技术服务合同有所不同,因为后二类技术合同并没有技术转让的标的物。

技术许可是合法拥有技术的权利人将其所有或者享有转让权的技术许可其他主体实施的行为，由此，技术许可合同是权利人将现有特定的专利、技术秘密的相关权利许可他人实施、使用所订立的合同(《民法典》第862条第2款)。理解技术许可合同，需要强调的是，在该合同中特定的专利、技术秘密的相关权利并不从合法拥有技术的权利人处转移，被许可人只是依据合同取得技术的实施、使用权，这是与技术转让合同的根本不同。另外，技术许可合同的标的物也是现有的技术成果，不同于技术开发合同，因为技术开发合同的技术成果尚不存在，也有可能研发不出来。

另外，仔细对比技术转让合同与技术许可合同发现，合法拥有技术的权利人，有权将其所有的技术进行转让或者许可使用，但在技术转让方面，包括专利、专利申请、技术秘密的相关权利的转让，而在技术许可方面，包括专利、技术秘密的相关权利许可。需要强调的是，关于专利申请的相关权利只可转让，不得许可。

无论是技术转让合同，还是技术许可合同，当事人关于合同的内容均可以通过相应条款进行约定。为了技术转让合同、技术许可合同目的能顺利实现，除了一般性条款外，上述合同中关于提供实施技术的专用设备、原材料或者提供有关的技术咨询、技术服务的约定，属于合同的组成部分(《民法典》第862条第3款)，这部分约定不仅有利于技术合同特定目的的实现，而且有利于推动技术成果的利用，但同时该约定的内容也成为当事人权利义务的具体体现，对双方当事人均具有约束力。

(二)技术转让合同与技术许可合同的类别与形式

技术转让合同和技术许可合同是技术合同的重要类型，这两种技术合同各自还有其细化的类别。

1.技术转让合同的类别

技术转让合同是技术成果进入市场的重要载体，是现代社会实现技术成果商品化的重要方式。一般而言，技术转让合同包括专利权转让、专利申请权转让、技术秘密转让等合同(《民法典》第863条第1款)。《民法典》在原《合同法》的基础上，为使科技成果转让有法可依，对技术转让合同的类型作了明确规定，具体包括专利权转让合同、专利申请权转让合同、技术秘密转让合同等。

其一，专利权转让合同。专利权是一种合法垄断的专有性权利，包括发明、实用新型和外观设计。专利权转让合同是专利权人作为让与人将其专利权转让给受让人,受让人支付约定价款所订立的技术转让合同。其二,专利申请权转让合同。专利申请权是发明人或者设计人(此时并非专利权人)对其专利技术(非专利形式)享有的一定专属权利。发明人或设计人在其创造成果申请专利前,可以通过订立技术转让合同的方式将其专利申请权转让给受让人,并收取一定的转让费用。由此,专利申请权转让合同是指让与人将其专利申请权转让给受让人,受让人支付转让价款所订立的技术转让合同。其三,技术秘密转让合同。技术秘密与专利相对,是指不为公众所知悉(未公开)的技术,包括未申请专利的技术、未授予专利权的技术以及不受专利法保护的技术等,均为专利以外的技术。技术秘密转让合同是指让与人将拥有的技术秘密成果转让给受让人,通过约定明确相互之间技术秘密成果使用权、转让权,受让人支付转让费所订立的一种技术转让合同。随着社会经济和时代的发展,未来还可能出现上述三种技术转让合同之外的新类型。

2. 技术许可合同的类别

技术许可合同是《民法典》确认的一种新型技术合同,技术许可合同在现代社会日益重要,在市场交易中的使用频率甚至超过了技术转让合同,特别在国际技术贸易中,技术许可合同更是常见。具体而言,技术许可合同包括专利实施许可、技术秘密使用许可等合同(《民法典》第 863 条第 2 款)。《民法典》施行后,技术合同的大类别,由之前的"四技"变为"五技",明确了"技术许可合同"为一种独立的技术合同类型,将之前参照技术转让合同的"专利实施许可合同"纳入,并增加了"技术秘密实施许可合同",由此,专利实施许可合同与技术秘密使用许可合同成为技术许可合同的主要类型。

专利实施许可合同,是指专利权人一方作为许可人,允许被许可人在约定的范围内实施专利,被许可人支付许可费的一种技术许可合同。专利实施许可一般包括以下方式:其一,独占实施许可,是指许可人在约定许可实施专利的范围内,将该专利仅许可一个被许可人实施,许可人依约定不得实施该专利;其二,排他实施许可,是指许可人在约定许可实施专利的范围内,将该专利仅许可一个被许可人实施,但许可人依约定可以自行实施该专利;其三,普通实施许可,是指许可人在约定许可实施专利的范围内许可他人实施该专利,并且可以自行实施该专利。当事人对专利实施许可方式没有约定或者约定不明确的,认定为普通实施许可。专利实施许可合同约定被许可人可以再许可他人实施专利的，认定该再许可为普通实施许可，但当事人另有约定的除外。上述许可方式是我国《技术合同纠纷案件司法解释》第25条的明确规定，实际上，在国际技术许可中，除了独占、排他、普通的技术许可方式，还可以包括交叉许可、分许可等技术许可方式。技术秘密使用许可合同，是指技术秘密的权利人一方将特定的技术秘密相关的权利许可给被许可人使用，被许可人支付许可费的一种技术许可合同。技术秘密许可使用的具体方式，参照专利实施许可方式的规定确定。

两种技术许可合同的主要不同在于：前者的许可标的是专利，后者的许可标的是技术秘密，一个是被许可人实施专利的情形，另一个是被许可人使用技术秘密的情形。

3. 技术转让合同与技术许可合同的形式

技术转让合同以及技术许可合同的内容复杂、专业性比较强，故上述两种技术合同的订立应当采用书面形式(《民法典》第863条第3款)，这也是技术转让合同和技术许可合同的当事人认真对待、审慎订立技术转让与许可合同的重要体现。实践中，技术转让合同与技术许可合同涉及转让或许可技术的范围、对象、受让人与被许可人使用转让或许可技术的范围和方式、技术的保密、使用费的支付等，技术转让合同与技术许可合同涉及专利的，一般还要标明具体的专利申请日、申请号、专利号和专利权的有效期限等基本信息。整体来说，这类合同形式要求比较复杂，口头形式无法明确约定细节，故当事人应当采用书面形式订立技术转让合同和技术许可合同。

（三）技术转让合同和技术许可合同的限制性条款

无论是技术转让合同，还是技术许可合同，当事人均可以约定实施专利或者使用技术秘密的范围，这是当事人意思自治原则的体现，但是不得限制技术竞争和技术发展(《民法典》第864条)，这是法律针对技术转让合同和技术许可合同设置的限制性条款。

在市场经济背景下，技术可以依法转让和许可。但并非所有的技术转让和技术许可都是被允许的，要有一个“范围”限定。比如，属于国家机密的技术，涉及国家安全和社会公共利益的、违反法律和社会公共利益的技术，常常是不能转让或许可的，或者根据不同情况，转让及许可会受到不同程度的限制。

技术转让合同和技术许可合同中当事人可以约定“实施专利或者使用技术秘密的范围”,具体而言,包括实施专利或者使用技术秘密的期限、地域、方式以及接触技术秘密的人员等。当然,在实施专利或者使用技术秘密的期限方面,如果当事人没有约定或者约定不明确,受让人、被许可人实施专利或者使用技术秘密不受期限限制(《技术合同纠纷案件司法解释》第 28 条)。以专利技术为例,其制度目标是促进专利技术知识的传播与应用,促进社会经济发展,所以,专利权人有义务使其专利发挥作用,以便社会公众能够接触到相关知识,以及运用于贸易、工业等领域,法律制度中也常常有机制专利滥用条款。[①] 可以说,实践中限制技术竞争和技术发展的条款在技术转让合同和技术许可合同中常常存在,对市场经济的发展及技术进步与发展造成了不良阻碍,而《民法典》及司法解释确定的技术转让合同和技术许可合同的限制性条款能够起到良好的制约作用,值得肯定。

二、技术转让合同与技术许可合同的权利义务规则

(一)专利实施许可合同之规则

专利实施许可合同是技术许可合同的一种类型。订立专利实施许可合同存在一个前提,即许可人允许被许可人使用的专利权本身应该是有效的,也就是说,专利权本身的有效性决定着专利实施许可合同的有效与否。根据《民法典》第 865 条的规定,专利实施许可合同仅在该专利权的存续期限内有效。专利权有效期限届满或者专利权被宣告无效的,专利权人不得就该专利与他人订立专利实施许可合同,因为此时的专利权人已不再享有该项专利权,自然无权利依此订立专利实施许可合同。

专利实施许可合同只在该项专利权的存续期间内有效。根据我国《专利法》的规定,发明专利权的期限为 20 年,实用新型专利权和外观设计专利权的期限为 10 年(均自专利申请之日起计算)。在专利权有效期限终止或者专利权宣布无效后,专利权人不得就该项专利与他人订立专利实施许可合同。可以说,这是关于专利实施许可合同有效期限的规定,也可以说,这是关于专利实施许可合同效力的限制。

---

① 参见[澳]彼得·德霍斯:《知识财产法哲学》,周林译,商务印书馆 2008 年版,第 230 页。

专利实施许可合同订立以后,双方当事人均应按合同约定履行合同义务。

对于许可人而言,应当按照约定许可被许可人实施专利,交付实施专利有关的技术资料,提供必要的技术指导(《民法典》第866条),这是对专利实施许可合同许可人主要义务的规定。具体而言,许可人在专利实施许可合同中的主要义务表现在以下几个方面:第一,许可人应保证自己是所提供的专利权人,该专利权在存续期限内(根据《技术合同纠纷案件司法解释》第26条的规定,专利实施许可合同许可人负有在合同有效期内维持专利权有效的义务,包括依法缴纳专利年费和积极应对他人提出宣告专利权无效的请求,但当事人另有约定的除外),并且保证自己所提供的专利技术完整、有效,能够达到专利实施许可合同约定之目的,此谓许可人保证专利权上无瑕疵。第二,按照专利实施许可合同,许可人向被许可人交付实施专利有关的技术资料,提供必要的技术指导,以有利于被许可人利用该专利,这也是合同目的之现实要求。

对于被许可人而言,应当遵循诚实信用原则,按照约定实施专利,不得许可约定以外的第三人实施该专利,并按照约定向许可人支付专利许可使用费(《民法典》第867条)。这是对专利实施许可合同被许可人主要义务的规定,具体而言,这些义务主要体现在以下方面:第一,按照合同约定实施专利,包括实施的范围、方式、期限等;第二,未经许可人同意,不得许可合同约定以外的第三人实施该项专利技术;第三,按照合同的约定,向许可人支付专利许可使用费。

需要特别强调的是,《民法典》此处专利实施许可合同涉及的专利权本身的效力对后续合同法律效力的问题,需结合《专利法》的相关规定理解。有学者指出:如果专利权有效期届满,或者专利权被宣告无效,专利权人不得就该专利与他人订立专利实施许可合同,订立者,亦为无效的专利实施许可合同,不发生合同的拘束力。[①] 该观点是值得商榷的,前半部分表述是正确的,后半部分“订立者,亦为无效的专利实施许可合同,不发生合同的拘束力”存在一定的误认,笔者下面通过最高人民法院的公报案例和《民法典》《专利法》的具体规定加以阐释。

最高人民法院2021年公布了一件公报案例(北京朗坤生物科技有限公司与北京汇朗生物科技有限公司专利权转让合同纠纷案),其裁判要旨如下:专利

---

① 参见杨立新主编:《中华人民共和国民法典释义与案例评注:合同编》(下),中国法制出版社2020年版,第859页。

权被宣告无效的,之前已经签订的专利权实施许可或转让合同并不因此而无效,上述合同因专利权无效而不能履行的,当事人可以据此主张变更或解除合同;专利权被宣告无效后合同尚未履行的部分是否一概不再履行,应根据未履行部分涉及的利益是否系因行使专利权所直接获得的利益进行判断。专利权许可费、转让费、侵权损害赔偿等均属于专利权价值的对价,专利权被宣告无效后,权利人无权要求继续履行。如果未履行部分系因当事人违约行为而应承担的违约金,由于违约金通常并非直接对应于专利权的价值,而对应当事人的违约行为,专利权宣告无效对此并不具有溯及力,专利权人有权要求违约方继续履行未支付的违约金。[①] 根据该案判决的说理,专利权被宣告无效的,之前已经签订的专利权许可合同并不因此而无效,这是符合《专利法》规定的,仔细分析,也与《民法典》的规则不相违背。《民法典》强调,专利实施许可合同仅在该专利权的存续期限内有效,否则被许可人利益将受损;如果专利权被宣告无效,只是禁止专利权人就该专利与他人订立专利实施许可合同,并没有说此时签订的专利实施许可合同无效。根据我国《专利法》的规定:宣告无效的专利权视为自始即不存在(《专利法》第 47 条第 1 款),宣告专利权无效的决定,对已经履行的专利实施许可合同不具有追溯力(《专利法》第 47 条第 2 款部分内容)。进一步具体分析,专利权被宣告无效,使专利权实施许可合同的标的不存在,专利实施许可合同在客观上也就无法履行,由此,专利权被宣告无效并非导致合同无效的事由,如果相关合同系当事人的真实意思表示,不违反法律、行政法规的强制性规定,不违背公序良俗,也不存在任何违反《民法典》规定而导致合同无效的事由,不能仅因为专利权被宣告无效就认定该专利被宣告无效前已经签订的专利实施许可合同也随之无效。专利权被宣告无效是一个事实状态,对专利实施许可合同履行必然产生一定的后果,即许可人一方许可的专利权在客观上履行不能,合同义务无法履行,构成根本违约,作为被许可人一方有权利主张解除专利实施许可合同,而在法律性质上,合同无效与合同解除并非一回事,产生的也非同一法律效果。

---

① 参见北京朗坤生物科技有限公司与北京汇朗生物科技有限公司专利权转让合同纠纷案,载《最高人民法院公报》2021 年第 1 期。

（二）技术秘密转让合同与使用许可合同之规则

与专利申请权不同，专利申请权只存在转让的问题，不存在许可的情形，但技术秘密既可以转让，也存在使用许可之情形。

首先，从转让和许可的主体角度分析，技术秘密转让合同的让与人和技术秘密使用许可合同的许可人均负有一定的义务。其义务主要表现在：应当按照约定提供技术资料，进行技术指导，保证技术的实用性、可靠性，并承担保密义务（《民法典》第868条第1款）。这是对技术秘密转让合同让与人和技术秘密使用许可合同许可人主要义务的规定，这些主要义务具体体现在以下几个方面：其一，让与人和许可人要保证自己是所提供技术的合法权利人，并且保证所提供技术的实用性和可靠性，能够达到合同约定的目标，这是一个基本前提；其二，让与人和许可人要按照相应合同的约定，提供相应的技术资料，进行相应的技术指导；其三，让与人和许可人要履行保密义务，防止技术秘密泄露而影响受让人或被许可人。

总体来看，《民法典》中技术秘密的保密义务内容较原《合同法》有所变化：一是履行保密义务的主体发生了变化，履行保密义务的主体由“技术秘密转让合同的让与人”变为“技术秘密转让合同的让与人和技术秘密使用许可合同的许可人”；二是新增了保密义务的但书规定（技术秘密许可人申请专利不违反保密义务规定）；三是除当事人另有约定除外，保密义务不限制许可人申请专利。这一但书规定在原《合同法》中是没有规定的；《民法典》增加了技术秘密使用许可合同许可人在合同有效期内申请专利，并不违反保密义务的规定。

这里需要强调的是，技术秘密使用许可合同的许可人负有的保密义务，并不限制许可人申请专利，但是当事人另有约定的除外（《民法典》第868条第2款），这是《民法典》在原《合同法》基础上的一个新的规定。换言之，此处的保密义务，并不限制许可人申请专利，但是当事人另有约定的除外。该权利只限于许可人这一主体享有，即除当事人另有约定外，保密义务不限制许可人申请专利。这里涉及许可人和被许可人的利益平衡问题，在实践中可以从对不同主体利益保护的角度理解。从许可人权利保护角度分析，按照《民法典》第868条第2款的规定履行法定义务即可，即如无特殊约定，许可人享有申请专利的权利。从被许可人权利保护角度分析，在技术秘密使用许可合同中，可对许可人申请专利的权利作明确限制，以防技术秘密公开而影响商业利益和技术垄断优势。具体而言,其一,可以由被许可人提出要求,即在技术秘密使用许可合同中约定"在该技术秘密许可期间许可人不得申请专利"之条款;其二,被许可人可以同意许可人在技术秘密许可期间申请专利,但是需要在技术秘密使用许可合同中明确约定:许可人申请专利后该技术秘密使用许可合同自动转变为独占专利许可合同或者排他性专利许可合同,以此来保障被许可人的技术垄断优势和利益。

其次,从受让和被许可的主体角度分析,技术秘密转让合同的受让人和技术秘密使用许可合同的被许可人均负有一定的义务。其义务主要表现在:应当按照约定使用技术,支付技术秘密转让费、使用费,承担保密义务(《民法典》第869条)。这是关于技术秘密转让合同受让人和技术秘密使用许可合同被许可人主要义务的规定,这些主要义务具体体现在以下几个方面:其一,受让人和被许可人应当按照合同约定使用技术,包括约定的时间、地域、方式、范围,而不能超出约定使用,否则即构成违约。其二,受让人和被许可人应按照合同约定支付技术转让费和技术使用费,可以说这是比较核心的义务,该义务的履行,也是让与人和许可人利益的最直接体现。其三,受让人和被许可人应当按照合同约定履行保守秘密的义务,这也是合同履行中诚实信用的要求。因为技术秘密不同于专利,其一旦公之于众,没有了秘密性,恰恰就丧失了其经济性,技术秘密的权利人之权益也就随之丧失。

(三)技术转让合同与技术许可合同之规则

1. 技术权利担保与技术品质担保义务

在技术转让合同与技术许可合同中,让与人和许可人有一定的保证义务,主要体现为:应当保证自己是所提供技术的合法拥有者,并保证所提供的技术完整、无误、有效,能够达到约定的目标(《民法典》第870条),这亦可称为让与人和许可人的瑕疵担保义务。

技术转让合同与技术许可合同的主要目的是通过技术转让或者技术许可,让与人和许可人收取报酬或费用,受让人和被许可人获取和利用相关技术。所以,让与人和许可人保证自己是所提供技术的合法拥有者,是最基本的合同义务。让与人和许可人有义务保证所提供技术完整、无误、有效,与合同约定完全一致,能够达到合同预期的目标,即实现合同之目的。受让人或被许可人使用让与人转让或者许可人许可的技术,如果因让与人、许可人未履行瑕疵担保义务而导致被第三人指控侵权，给受让人、被许可人造成经济损失的，应由让与人和许可人承担赔偿责任。

2. 受让人与被许可人的保密义务

《民法典》第501条明确规定了合同缔结人的保密义务，而且将保护对象从"商业秘密"扩大到"其他应当保密的信息"，旨在维护合同关系中公平的竞争秩序，抑制不正当行为。[①] 缔结技术转让合同和技术许可合同，根据技术合同的特点，当事人有一定的保密义务。在技术转让合同与技术许可合同中，不仅让与人和许可人有一定的义务，受让人和被许可人也负有一定的义务，其中按照约定的范围和期限，对让与人、许可人提供的技术中尚未公开的秘密部分，承担保密义务（《民法典》第871条）是重要的义务之一。这是《民法典》中关于技术转让合同受让人及技术许可合同被许可人的保密义务的规定。技术转让合同和技术让与合同具体的类型多样，有的涉及专利、专利申请权，有的涉及技术秘密，实践中，让与人或许可人对受让人转让或被许可人许可的技术，有的处于保密状态（如技术秘密），有的虽已公开、但是相关的背景材料、技术参数等未曾公开（如专利技术），而这些可能涉及国家利益、商业秘密等，因此，受让人和被许可人对让与人和许可人提供的技术负有保密义务，即应当按照合同约定的范围和期限承担保密义务。

3. 技术许可人和让与人的违约责任

技术转让合同与技术许可合同的当事人均需遵守合同约定，技术许可和让与人一方如违反合同约定，要承担违约责任。在技术许可合同中，许可人未按照约定许可技术的，应当返还部分或者全部使用费，并承担违约责任；许可人实施专利或者使用技术秘密超越约定的范围的，违反约定擅自许可第三人实施该项专利或者使用该项技术秘密的，应当停止违约行为，并承担违约责任；许可人违反约定的保密义务的，应当承担违约责任。在技术让与合同中，让与人承担违约责任，参照适用技术许可合同中许可人违约责任的规定（《民法典》第872条）。

这是关于技术许可人与让与人违约责任的规定，技术合同的让与人与许可人均有可能存在违约行为（如权利瑕疵担保义务未履行、没有及时或全部履行

---

① 参见尚连杰：《〈民法典〉第501条（合同缔结人的保密义务）评注》，载《法学家》2021年第2期。

转让和许可义务、擅自许可第三人实施技术等)，在此情况下，让与人与许可人可能需要承担相应的违约责任。

4. 技术被许可人与受让人的违约责任

技术转让合同与技术许可合同的当事人均需遵守合同约定，技术被许可和受让人一方如违反合同约定，也要承担违约责任。在技术许可合同中，被许可人未按照约定支付使用费的，应当补交使用费并按照约定支付违约金；不补交使用费或者支付违约金的，应当停止实施专利或者使用技术秘密，交还技术资料，承担违约责任；实施专利或者使用技术秘密超越约定的范围的，未经许可人同意擅自许可第三人实施该专利或者使用该技术秘密的，应当停止违约行为，承担违约责任；违反约定的保密义务的，应当承担违约责任。在技术转让合同中，受让人承担违约责任，参照适用技术许可合同中被许可人承担违约责任的规定(《民法典》第 873 条)。这是关于技术许可合同被许可人和技术转让合同受让人违约责任的规定。故，违反专利转让合同、专利申请权转让合同、专利实施许可合同以及技术秘密转让合同、使用许可合同，受让人或被许可人应当根据相应的情形承担违约责任。

5. 技术转让合同、技术许可合同的侵权责任规则

《民法典》应突出权利本位，强调对公民法人合法权益的保护，在此基础上兼顾对社会公益和第三人利益的保护。[①] 技术实施、使用过程中，可能造成对他人的侵权，对于技术合同的当事人而言，要根据具体情况确认侵权的责任主体。如果受让人或者被许可人按照约定实施专利、使用技术秘密侵害他人合法权益，一般的规则是由让与人或者许可人承担责任，但是当事人另有约定的除外(《民法典》第 874 条)。这是关于技术转让合同让与人和技术许可合同许可人侵权责任的规定。被许可人或受让人按照约定实施专利、使用技术秘密是其依据合同约定应有的权利，但如果此行为侵害他人合法权益，原因又在于让与人和许可人的权利有瑕疵，则由让与人或者许可人承担责任符合法律公平原则。同时需要注意的是，该规则中也规定了但书条款，即当事人另有约定的除外，这体现了当事人的意思自治，但也有可能使让与人或许可人通过其优势地位让受让人或被许可人承担该项责任。

① 参见梁慧星：《民法学说判例与立法研究》，法律出版社 2003 年版，第 74 页。

对于《民法典》中技术转让合同、技术许可合同的侵权责任规则，有学者提出相关质疑和建议。《民法典》第874条虽然规定在《民法典·合同编》的技术合同中，但并非对技术合同双方违约责任的规定，而是关于受让方、被许可方在实施技术过程中侵犯他人合法权益时侵权责任承担的规定。从文义解释[①]上看，该规则存在以下值得商榷的地方：其一，该条并未区分善意与恶意的受让人、被许可人。即使受让人、被许可人主观上为恶意，甚至与让与人、许可人构成恶意串通，亦可据此抗辩免责，不符合基本的正义观念。其二，从基本逻辑上看，受让人、被许可人的"停止侵害的责任"并不能由他人代为承担，无法实现"由让与人或者许可人承担责任"的效果。在该条之下，受让人、被许可人是否仍须承担停止侵害责任并不明晰。事实上，技术转让合同、技术许可合同的侵权责任规则的规范目的系为保护善意第三人，"受让人、被许可人"的主观状态应限定为"善意"，否则，可能使其逃避法律责任，产生不公平的结果。受让人、被许可人的善意要件认定必须回归注意义务，违反注意义务即有过失，故善意受让人、被许可人不包括过失者，"由让与人或者许可人承担责任"中的"责任"应理解为"赔偿责任"，所以行为要件应解释为"负赔偿责任的侵权行为"。因此，《民法典》第874条的规范内涵为授予善意受让人、许可人对让与人、许可人的追偿权，这是任意性规范，也是该条的内部适用逻辑。为避免司法裁判适用的不统一，宜通过司法解释对该条中的"受让人、被许可人"和"责任"予以进一步明晰。[②] 该分析有一定的合理性，《民法典》第874条可以说是一般性的规定（让与人或者许可人承担责任，但是当事人另有约定的除外），其立法目的主要是明确受让人或者被许可人按照约定（未有违约行为）实施专利、使用技术秘密侵害他人合法权益之情形的纠纷解决规则，在承担责任主体上，在受让人或者被许可人一方并无过错、未违反约定的情况下，由让与人或者许可人一方承担侵权责任，符合一般法理，更具体的可操作性规则可由司法解释进一步规定。

（四）后续改进技术成果归属之规则

在技术转让合同与技术许可合同中，可能存在技术成果的改进问题。关于

---

① 在罗马法中，法律的解释主要是文义解释，后来随着社会的发展逐渐产生了论理解释。参见陈朝璧：《罗马法原理》，法律出版社2006年版，第25页。

② 参见汤贞友：《技术合同双方对他人侵权的责任分担——〈民法典〉第874条的解释适用》，载《知识产权》2022年第1期。

后续改进技术成果的归属，首先，当事人可以按照互利的原则，在合同中约定实施专利、使用技术秘密后续改进的技术成果的分享办法；其次，关于后续改进技术成果的归属没有约定或者约定不明确的，依据《民法典》第 510 条的规则确定，如果还不能确定，一方后续改进的技术成果，其他各方无权分享（《民法典》第 875 条）。这是对技术合同中后续改进技术成果分享办法的规则。

后续改进，是指技术合同的当事人（可能是一方，也可能是双方）对作为合同标的技术成果所作的进一步改进，可以说是推陈出新之举，也是技术进步的体现，这是实践中常常出现的现象，当然，双方前期的技术合同是后续改进的研发基础，故前期的技术合同与后续的改进有着极为密切的联系。正是基于上述密切的联系，技术合同的当事人双方关于后续改进的技术成果权利归属尊重当事人的意思自治，有约定从约定，当然双方一般是按照互利的原则，在合同中约定后续改进的技术成果的分享办法。如果关于实施专利、使用技术秘密后续改进的技术成果的分享办法没有约定或者约定不明确，当事人之间可以进一步协议补充；如果不能达成补充协议，按照技术合同的有关条款或者交易习惯确定；在此基础上，仍不能确定的，一方后续改进技术的技术成果，即归后续改进人享有，其他各方无权分享，这也是尊重和鼓励技术创新的体现。

（五）技术转让合同与技术许可合同规则的参照适用及其他

技术合同的标的是技术成果，而技术成果具有多样性，一般限于知识产权领域。虽然我国《民法典》明确规定技术转让合同和技术许可合同的具体类别主要集中在专利、技术秘密上，但集成电路布图设计专有权、植物新品种权、计算机软件著作权等其他知识产权的转让和许可，参照适用技术转让合同与技术许可合同的规则（《民法典》第 876 条），这是知识产权中有关特殊技术成果在转让和许可中法律参照适用的规定，符合基本法理。

另外，涉及技术的合同并不仅限于《民法典》的现有规定。法律、行政法规对技术进出口合同或者专利、专利申请合同另有规定的，依照其规定（《民法典》第 877 条）。我国境内主体从境外引进或者向境外输出技术而与境外当事人订立的技术合同，为技术进出口合同的法律形式，也是广义的技术合同，但因为其有特殊性（如因具有涉外性，需要相应的审批或备案等），法律、行政法规（如《技术进出口管理条例》）对技术进出口合同另有规定的，应依照其规定，而不适用《民法典》的规则，这也是特别法优于一般法原则的体现。同理，当事人在专利、专利申请合同中,可依据我国《专利法》及《专利法实施条例》的规定,而不适用《民法典》的规则。

第四节 技术咨询合同和技术服务合同

一、技术咨询合同和技术服务合同概述

技术咨询合同和技术服务合同的标的体现为技术性劳务,技术咨询合同的标的是技术性咨询服务,技术服务合同的标的是解决特定技术问题的行为,这两种合同的委托人所需要的仅仅是受托人所提供的技术性劳务。① 当然,除此之外,技术咨询合同和技术服务合同还体现出双务性、有偿性等特点。另外,技术咨询合同和技术服务合同这两种类型的技术合同,与技术开发合同、技术转让合同及技术许可合同在合同形式的法定要求上有所不同。有学者也指出这个问题:合同自由不彻底的另一表现是技术合同对书面形式的追求,技术开发合同、技术转让合同和技术许可合同应当采用书面形式系强制性要求,而合同自由不仅意味着意思表示的自由,合同形式自由亦是题中之意,现实中的技术交易即使涉及技术开发、转让和许可,不采用书面形式而仅采用口头形式亦属常见,没有必要将合同形式限定为书面。② 技术咨询合同和技术服务合同系诺成性合同,当事人意思表示一致即可成立,《民法典》没有明确要求必须采用书面方式(实践中大量采用书面形式)订立,即技术咨询合同、技术服务合同可以不限合同形式,更好地体现了合同自由原则,但《民法典》明确规定技术开发合同、技术转让合同及技术许可合同应当采用书面形式,虽有特殊情形之考量,但系合同自由受限制的表现。在现行法下的司法实践中,这些特殊的要求及不同规则,需要特别注意。

(一)技术咨询合同的界定与理解

随着社会的发展,人们对技术信息的了解与需求日益增加,技术咨询合同

---

① 参见魏振瀛主编:《民法》,北京大学出版社、高等教育出版社2017年版,第575页。

② 参见徐卓斌:《技术合同制度的演进路径与司法理念》,载《法律适用》2020年第9期。

在实践中大量存在。技术咨询合同是当事人一方以技术知识为对方就特定技术项目提供可行性论证、技术预测、专题技术调查、分析评价报告等所订立的合同(《民法典》第 878 条第 1 款)。在技术咨询合同中,一方提供技术知识,另一方支付技术咨询费用。具体而言,技术咨询合同是指一方当事人运用自己的科学技术知识和技术手段,对另一方当事人特定技术项目进行相关的可行性论证(项目是否具有可行性的论证)、技术预测(对项目进行预测性的技术分析)、专题技术调查(项目中专题性的技术调查研究)、分析评价报告(对项目进行分析评价出具相关报告)等,需求技术信息一方支付咨询费的合同。

根据《技术合同纠纷案件司法解释》第 30 条的规定,"特定技术项目"包括有关科学技术与经济社会协调发展的软科学研究项目,促进科技进步和管理现代化、提高经济效益和社会效益等运用科学知识和技术手段进行调查、分析、论证、评价、预测的专业性技术项目。由此分析,技术咨询合同是一系列或一组合同的总称,不是单一的合同概念。具体而言,技术咨询合同包括就特定技术项目提供可行性论证、技术预测、专题技术调查、分析评价报告等类型的合同。

(二)技术服务合同的界定与理解

在市场经济中,人们不一定仅仅满足于对技术的了解,在实践中还可能针对特定的技术问题需要具体专业的服务。技术服务合同就是当事人一方以技术知识为对方解决特定技术问题所订立的合同。承揽合同和建设工程合同虽然也是一方给另一方提供服务,但并不是主要以技术为内容的,而且亦有单独规定,故不属于技术服务合同(《民法典》第 878 条第 2 款)。

技术服务合同与技术咨询合同有可能混淆,此处需要强调的是,当事人一方委托另一方就解决特定技术问题提出实施方案、进行实施指导所订立的合同,并非简单的技术了解,而是要解决特定技术问题的,应认定为技术服务合同,而非技术咨询合同。可见,技术服务合同中所称的特定技术问题解决是关键,也是认定为技术服务合同的依据。

具体而言,"特定技术问题",包括需要运用专业技术知识、经验和信息解决的有关改进产品结构、改良工艺流程、提高产品质量、降低产品成本、节约资源能耗、保护资源环境、实现安全操作、提高经济效益和社会效益等专业技术问题(《技术合同纠纷案件司法解释》第 33 条)。由此,运用常规手段,或者以生产经营为目的进行的一般性的加工、定作、修理等加工承揽合同和建设工程的勘察、设计、安装、施工合同均不属于技术服务合同。[①] 由此,技术服务合同的标的是运用专业技术解决特定技术问题的项目,这也是区分技术服务合同和其他合同的关键。

二、技术咨询合同的权利义务规则

(一)技术咨询合同委托人的义务

技术咨询合同的当事人在享有权利的同时,均应按照合同约定履行义务。在委托人方面,应当按照技术咨询合同的约定阐明咨询的问题,提供技术背景材料及有关技术资料,接受受托人的工作成果,支付报酬(《民法典》第879条),这是对技术咨询合同的委托人主要义务的规定。技术咨询合同的委托人应当依约履行各项义务:其一,委托人有义务向受托人阐明所咨询的问题(涉及技术咨询合同的目的),提供技术背景材料及有关技术资料(包括及时补充相关资料);其二,委托人有义务按照约定的方式、期限等接受受托人向其提交的工作成果,原则上不能无故拒绝接受或无正当理由迟延接受;其三,委托人有义务依约及时、足额地向受托人支付报酬,这是技术咨询合同中委托人义务最重要的体现,也是受托人权利最重要的体现。

(二)技术咨询合同受托人的义务

在受托人方面,受托人应当按照技术咨询合同约定的期限完成咨询报告或者解答问题,提出的咨询报告应当达到合同约定的要求(《民法典》第880条),即能够满足委托人合同约定的技术咨询之需要。这是对技术咨询合同的受托人主要义务的基本规定。技术咨询合同的受托人应当依约履行各项义务:其一,受托人有义务利用自己的技术知识和能力,依约按期完成委托人委托的咨询报告或者向委托人解答技术相关问题;当然,受托人在履行该项义务时,可能需要做一些相关的前期工作,如对技术项目进行调查、论证,及时通知委托人补充、修改,应委托人的要求,对委托人提供的技术资料和数据负有保密义务等。其二,受托人有义务保证其提出的咨询报告达到合同约定的要求,符合委托人的要求,这也是技术咨询合同目的的要求。

---

① 参见戚兆岳、郝丽燕、孙犀铭编著:《〈中华人民共和国民法典·合同编〉释义》,人民出版社2020年版,第410页。

(三)技术咨询合同中的违约责任

技术咨询合同的当事人均应本着诚实信用原则履行合同,无论是委托人一方,还是受托人一方,如果没有按照合同约定履行合同,即构成违约,均应承担违约责任。

首先,委托人应该积极、全面地履行合同义务,协助受托人完成工作成果,促进合同目的之实现,否则要承担相应的违约责任。技术咨询合同的委托人未按照约定提供必要的资料,影响工作进度和质量,不接受或者逾期接受工作成果的,支付的报酬不得追回,未支付的报酬应当支付(《民法典》第 881 条第 1 款)。这是对委托人违反技术咨询合同的违约责任的界定。

其具体表现为:其一,如果委托人未按照技术咨询合同的约定提供必要的数据和资料(包括委托人所提供的数据、资料不及时、不准确、不完整等),则构成违约,应承担相应的违约责任,在学理上,这是委托人违反协助义务产生违约责任的体现;其二,如果因委托人的原因,影响技术咨询合同工作进度和质量的,则构成违约,应承担相应的违约责任;其三,如果委托人不按合同约定接受或者逾期接受受托人完成的工作成果的,亦构成违约(当然,此时也需要考虑受托人完成的工作成果是否符合合同的约定,是否构成委托人不接受及迟延受领的合理抗辩),在此情形下,委托人向受托人支付的报酬不得追回,未支付的报酬应当向受托人支付,因为支付报酬是委托人在技术咨询合同中最主要的义务,直接关系到受托人合同权利之实现,故,委托人违反此义务,应承担违约责任。

其次,受托人应该积极、全面地履行合同义务,促进合同目的之实现,否则要承担相应的违约责任。受托人未按技术咨询合同约定的期限提出咨询报告或者提出的咨询报告不符合约定的,应当承担减收或者免收报酬等违约责任(《民法典》第 881 条第 2 款)。可以说,这是受托人违反技术咨询合同主给付义务的违约责任。基于双务合同的牵连性理论,法律相应地规定了对待给付义务的减收及免收责任。除此责任之外,因延期交付或瑕疵给付给委托人造成损失的,受托人也应该承担损害赔偿等违约责任。[①] 比如受托人不按约定提交咨询报告,或者其提交的咨询报告不具有参考价值、不符合合同约定,这种情况下,

① 参见杨代雄主编:《袖珍民法典评注》,中国民主法制出版社 2022 年版,第 768 页。

在报酬收取方面,应根据程度减收或免收(如没有任何参考价值,则应免收),这是学理上瑕疵给付义务违约责任的一种体现。

最后,在技术咨询合同中委托人常常依据受托人提供的咨询报告和意见作出决策,但存在一定的风险,如果委托人按照受托人符合约定要求的咨询报告和意见作出决策造成了损失,该损失由委托人自行承担,但是当事人另有约定的除外(《民法典》第881条第3款)。这是关于技术咨询合同当事人决策风险责任的规定。技术咨询合同的当事人可以约定对咨询报告和意见的具体验收或者评价办法。原则上,咨询报告和意见经验收合格后,则技术咨询合同中受托人的义务履行完毕。实际上,委托人是否采纳以及如何使用受托人作出的技术咨询报告或者意见,由委托人自行决策,与受托人无关。进一步讲,委托人事实上采纳了咨询报告的意见而受到了损失,受托人不负赔偿责任,此时风险由委托人承担。当然,除非合同另有约定。也就是说,技术咨询合同涉及咨询报告和意见(符合合同要求的、没有瑕疵的情形)实施的决策风险首先是可以由当事人进行约定的,如果没有约定,该风险由委托人自行承担。

三、技术服务合同的权利义务规则

(一)技术服务合同委托人的义务

技术服务合同的当事人在享有权利的同时,均应按照合同约定履行义务。在委托人方面,应当按照约定提供工作条件,完成配合事项,接受工作成果并支付报酬(《民法典》第882条),这是关于技术服务合同的委托人主要义务的规则。技术服务合同的委托人应当按合同约定履行其义务,具体包括以下几个方面:其一,委托人有义务按照合同的约定提供相关的工作条件,完成对受托人的相关配合事项;其二,委托人有义务按照技术服务合同的约定接受受托人完成的工作成果并向其支付报酬;其三,根据《技术合同纠纷案件司法解释》第35条第1款的规定,委托人在接到受托人关于委托人提供的资料、数据、样品、材料、场地等工作条件不符合约定的补正通知后,有义务在合理期限内答复并予补正。

(二)技术服务合同受托人的义务

对于受托人来说,应当按照约定完成服务项目,解决技术问题,保证工作质量,并传授解决技术问题的知识(《民法典》第 883 条),这是对技术服务合同的受托人主要义务的规定。技术服务合同的受托人应当按照约定履行其义务,具体包括以下几个方面:其一,受托人有义务按照技术服务合同的约定保质保量地完成服务项目,从而解决合同约定的技术问题;其二,受托人有义务按照技术服务合同的约定在保证工作质量的基础上,向委托人传授解决技术问题的知识;其三,根据《技术合同纠纷案件司法解释》第 35 条第 1 款的规定,技术服务合同的受托人发现委托人提供的资料、数据、样品、材料、场地等工作条件不符合约定时,有义务在合理期限内通知委托人。

(三)技术服务合同中的违约责任

技术服务合同的当事人均应本着诚实信用原则履行合同,无论是委托人一方,还是受托人一方,如果没有按照合同约定履行合同,即构成违约,均应承担违约责任。

技术服务合同的委托人应该积极、全面地履行合同义务,促进合同目的之实现,否则要承担相应的违约责任,如果委托人不履行合同义务或者履行合同义务不符合约定,影响工作进度和质量,不接受或者逾期接受工作成果的,支付的报酬不得追回,未支付的报酬应当支付;受托人未按照约定完成服务工作的,应当承担免收报酬等违约责任(《民法典》第 884 条),如果受托人按照约定完成了部分服务工作,一般情形下应只对未完成的部分承担免收报酬之违约责任。这是对技术服务合同的当事人违约责任的规定,也充分体现了技术服务合同双务合同的特点。在技术服务合同中,如果委托人没有按照合同约定提供工作条件、没有配合完成服务事项,导致影响受托人的工作进度和质量的,委托人应该承担违约责任;如果受托人交付了服务成果而委托人无正当理由拒绝接受或者逾期接受,委托人也应该承担违约责任;在上述情形下,委托人对其违约行为承担违约责任的方式主要体现在其已经向受托人支付的报酬不得再追回,而未向受托人支付的报酬必须支付。受托人一方如果没有按照技术服务合同的约定履约,导致不能完成技术服务工作的,同样要承担违约责任,对于受托人来说,其承担违约责任的主要方式即免收报酬。当然,如果技术服务合同双方的当事人还约定违约金、保密义务等其他内容,可以按当事人之间的明确约定履行,一方违反相关义务则应承担相应的违约责任。

四、新技术成果的归属与分享

在技术咨询合同和技术服务合同的履行过程中，都可能产生新的技术成果，新的技术成果的权属规则方面，一方面应充分尊重技术成果的实际完成人的劳动，另一方面也应充分尊重当事人的意思自治。根据《民法典》第885条的规定，在技术咨询合同、技术服务合同履行过程中，如果是受托人利用委托人提供的技术资料和工作条件完成的新的技术成果，则该成果属于受托人；如果是委托人利用受托人的工作成果完成的新的技术成果，该成果属于委托人；不过，当事人对在上述两种技术合同履行过程中产生的新技术成果的权属另有约定的，则按照其约定，这是当事人意思自治优先的体现。

此处的新技术成果，系指当事人在履行技术咨询合同或者技术服务合同约定的义务之外完成的技术成果，以及后续新完成的技术成果。而这类技术成果的归属和分享遵循以下原则：其一，实际完成新技术成果的人为权利人，既可以是完成新技术成果的委托人一方，也可以是受托人一方；其二，允许当事人约定关于新技术成果的归属。由此，当事人可以在技术咨询合同或者技术服务合同中约定这种可能产生的技术成果的归属和分享办法，且约定优先，即当事人对履行技术咨询合同、技术服务合同所产生的新的技术成果的归属和分享办法有约定的，该约定优于《民法典》规定的实际完成新技术成果的人为权利人之一般规则。

五、正常工作的费用负担

在技术咨询合同和技术服务合同中，受托人正常开展技术咨询工作或技术服务工作，均会产生一定的费用，关于该费用的负担没有约定或者约定不明确的，由受托人自行负担(《民法典》第886条)。这是有关技术咨询合同和技术服务合同受托人开展工作所支出费用如何负担的规则。具体而言：其一，上述费用的负担，首推意思自治原则，即在技术服务合同或技术咨询合同中有约定的从约定，既有可能是由委托人承担，也有可能是由受托人承担；其二，上述费用的负担，当事人在技术服务合同或技术咨询合同中没有约定或者约定不明确的，则由受托人一方自行负担。

六、技术中介合同、技术培训合同之规则

技术中介合同与技术培训合同在实践中亦有存在，属于技术服务合同的两个具体的类别。[①] 同时技术中介合同与技术培训合同在权利义务方面与技术咨询合同及技术服务合同相近似，由此，这两类合同原则上同样受《民法典》的调整，但法律、行政法规对技术中介合同、技术培训合同另有规定的，依照其规定（《民法典》第887条），即优先适用法律、行政法规的规定。根据《技术合同纠纷案件司法解释》第36条的规定，“技术培训合同”，是指当事人一方委托另一方对指定的学员进行特定项目的专业技术训练和技术指导所订立的合同，但需要强调的是，技术培训合同是不包括职业培训、文化学习和按照行业、法人或者非法人组织的计划进行的职工业余教育的。在技术培训合同中，当事人对技术培训必需的场地、设施和试验条件等工作条件的提供和管理责任没有约定或者约定不明确的，由委托人负责提供和管理（《技术合同纠纷案件司法解释》第37条第1款），而对比之前分析的受托人正常开展技术咨询工作或技术服务工作中的费用负担，如果没有约定或者约定不明确，由受托人自行负担，由此可见差异。

根据《技术合同纠纷案件司法解释》第38条的规定，“技术中介合同”，是指当事人一方以知识、技术、经验和信息为另一方与第三人订立技术合同进行联系、介绍以及对履行合同提供专门服务所订立的合同。在技术中介合同中，既有中介费用的问题，又有中介报酬的问题。中介人从事中介活动的费用，是指中介人在委托人和第三人订立技术合同前，进行联系、介绍活动所支出的通信、交通和必要的调查研究等费用；中介人的报酬，是指中介人为委托人与第三人订立技术合同以及对履行该合同提供服务应当得到的收益；当事人对中介人从事中介活动的费用负担没有约定或者约定不明确的，由中介人承担（《技术合同纠纷案件司法解释》第39条）。这与前述分析的受托人正常开展技术咨询工作或技术服务工作中的费用负担，如果没有约定或者约定不明确，由受托人自行负担之原理一致。除此之外，需要注意的是，中介人如果未促成委托人与第三人之间的技术合同成立，其要求支付报酬的请求，法院应不予支持；但是，其要

---

① 参见崔建远主编：《合同法》（第7版），法律出版社2021年版，第427页。

求委托人支付其从事中介活动必要费用的请求,法院应当予以支持(《技术合同纠纷案件司法解释》第40条第1款)。由此可见,技术中介合同中的报酬和必要费用之不同,不过,这里同样要尊重当事人的意思自治,即当事人另有约定的除外。

第十三章

保管合同

第一节　保管合同概述

一、保管合同的概念

保管合同是保管人保管寄存人交付的保管物,并返还该物的合同。《日本民法典》中的日语原文为"寄託",[①]国内多将其翻译为"寄存"。保管是一项古老的法律制度,早在《十二表法》中就有所体现,但当时将与保管人返还责任对应的诉权称为"保管之诉"(*actio depositi*),也就是说该责任由一种私犯责任发展为合同责任。[②] 罗马法中的保管被看作一种不完全的双务实物契约。除了一般意义上的保管,罗马法中还存在特殊的保管,包括必要保管(灾害保管)、非常保管(对钱或其他可替代物的保管)以及扣押(诉讼中的保管)。[③] 现代社会生活中单纯以物的保管为标的的合同类型颇多,不仅民事制度上多次出现,而且商事制度中亦有存在,堪称私法上内涵较为繁多的合同类型。[④]

二、保管合同的类型

前文已述,现实生活中的保管行为类型多样。《民法典》第888条第1款规

---

① 参见刘成杰:《日本最新商法典译注详解》,中译出版社2021年版,第201页。

② 参见[德]马克斯·卡泽尔、罗尔夫·克努特尔:《罗马私法》,田士永译,法律出版社2018年版,第416页。

③ 参见[意]彼德罗·彭梵得:《罗马法教科书》,黄风译,中国政法大学出版社2005年版,第282~283页。

④ 参见邱聪智:《新订债法各论》(中),中国人民大学出版社2006年版,第268页。

定的保管合同,仅仅是保管的最基本的一般类型。保管他人之物的债务在很多场合或者是包含在其他典型合同之中,或者是基于法律规定而非当事人意思表示一致形成的,或者作为一种商事营业性存在,从而形成丰富多彩的特殊保管类型。对所有的保管行为加以类型化认识,有助于准确界定不同类型中保管人与寄存人之间的权利义务关系。

(一)一般保管合同

《民法典》第 888 条至第 903 条规定的保管合同。一般保管合同在性质上为无偿合同、实践合同和单务合同。特别应当注意的就是保管合同的实践性,《民法典》第 890 条规定保管合同自保管物交付时成立,也就是说保管合同为实践合同,在现代合同法以诺成成立合同为原则的情况下,[①]保管合同是少有的以交付标的物方能成立的合同。但法律不禁止保管人与寄存人就双方权利义务关系另行约定。

(二)法定保管合同

在符合法定情形时由法律直接规定成立的保管合同,并非如一般保管合同由当事人意思表示一致成立。《民法典》第 888 条在原《合同法》第 365 条的基础上新增第 2 款,规定寄存人到保管人处从事购物、就餐、住宿等活动,将物品存放在指定场所的视为保管,此即法定保管合同的规则。

(三)消费保管合同

一般保管合同的标的物通常为特定物,但实践中大量存在以金钱等种类物、代替物为标的物的保管合同。此类合同即为消费保管合同,又称为不规则保管合同,是指以代替物为保管物,约定保管物的所有权转移于保管人,保管人将来仅以种类、品质、数量相同之物返还的保管合同。[②] 我国《民法典》第 898 条、第 901 条规定了此类保管合同。

(四)仓储合同

仓储合同在外观上与一般保管合同无异,但是在民商分立的体系下前者为民事合同,后者为商事合同。仓储合同的保管人以保管为营业,即提供仓储设

---

① 参见韩世远:《合同法总论》,法律出版社 2011 年版,第 59 页。

② 参见邱聪智:《新订债法各论》(中),中国人民大学出版社 2006 年版,第 295 页;崔建远主编:《合同法》(第 7 版),法律出版社 2021 年版,第 429 页。

备和仓储场地并专门从事仓储营业的商人。故此,仓储合同在性质上为有偿合同、诺成合同和双务合同。在我国《民法典》中,仓储合同为单独一类的有名合同,由“合同编”第22章加以规范。

对于上述保管合同类型,邱聪智教授将一般保管合同、消费保管合同、法定保管合同称为狭义保管,将仓储合同、提存、混藏等称为广义上的保管。[①]

三、保管合同的立法体例

保管合同类型丰富,在民商分立与民商合一的不同体例下,不同国家立法对不同类型的保管合同以不同的视角加以区分规范。

保管合同自罗马法以来的传统为无偿合同,大多数立法例将作为商事合同的仓储营业作为商事合同与保管合同予以区分规范。在民商分立体系下,保管合同被规定在民法典中,仓储合同被规定在商法典中。《德国民法典》在“各种债务关系”中于第688条至第700条规定了保管,《德国商法典》第467条以下规定了仓储营业。《日本民法典》在“契约”中于第657条至第666条规定了“寄存”,《日本商法典》在“商行为”中于第595条至第683条规定了商事寄存。法国法虽然采民商分立,但是其保管合同规范与德、日两国显著不同,其完全沿袭罗马法的规定。[②]《法国民法典》“取得财产的各种方法”中规定了“寄托与讼争物寄托”,“寄托”即本义上的保管,第1917条至第1954条规定了自愿寄托与紧迫寄托;“讼争物寄托”由第1955条至第1963条规定了约定的讼争物寄托与裁判上的讼争物寄托。与此类似,《瑞士债法典》第480条规定了讼争物寄托。而《法国商法典》中并未规定“寄托营业”,仅仅在“商业票据与担保”部分规定了“质押物的仓储寄托”。在民商合一体例下,《瑞士债法典》将仓储作为保管合

① 参见邱聪智:《新订债法各论》(中),中国人民大学出版社2006年版,第268~269页。对于“提存”是否可以认为是广义上的保管,笔者认为提存包括以占有标的物为特征的质押、租赁、运输等,其对于标的物的保管仅仅为该债权的一项权能,而并不具有独立评价的意义。其与法定保管中保管行为附着于或包含于特定服务合同的一项单独法律行为显著不同。罗马法传统中的“扣押”或“讼争物保管”性质类似。此外还可参见[日]我妻荣:《民法讲义·债权各论》(中卷二),周江洪译,中国法制出版社2008年版,第168~170页;[德]迪特尔·梅迪库斯:《德国债法分论》,杜景林、卢谌译,法律出版社2007年版,第364页。

② 参见崔建远主编:《合同法》(第2版),法律出版社2000年版,第484页。

同的一种特殊情形而未规定为一种独立类型的合同。[①]《欧洲示范民法典草案》与《瑞士债法典》的立法体例类似,仅将保管合同作为一类有名合同以统辖规范保管的各种类型。[②]

还需要指出的是,大多数立法例均将法定保管、消费保管规定在民法典中的保管合同部分,唯独日本法将消费保管规定在商法典之中。[③] 此外,大多立法将保管物限定为动产,仅日本法将不动产涵括在内。[④]

第二节 保管合同的一般效力

一、保管人的义务

(一)保管人出具保管凭证的义务

《民法典》第891条规定,寄存人向保管人交付保管物的,保管人应当出具保管凭证,但是另有交易习惯的除外。保管凭证的给付并非保管合同的成立要件,亦非保管合同的书面形式,仅仅是具有证据效力的证明保管合同关系存在的凭证。[⑤] 但是保管合同中的保管凭证与仓储合同中的仓单性质显著不同,后者除具有合同关系之证明外,还具有物权凭证的作用。

(二)保管人妥善保管保管物的义务

保管人既然是为寄存人的利益占有保管物,妥善保管自是保管人在此类合同中当然的主要义务。我国《民法典》第892条第1款规定,保管人应当妥善保管保管物。具体而言,保管人的妥善保管义务包括以下内容:

---

① 参见[日]我妻荣:《民法讲义·债权各论》(中卷二),周江洪译,中国法制出版社2008年版,第169~170页;崔建远主编:《合同法》(第2版),法律出版社2000年版,第484~485页。

② 参见[德]克里斯蒂安·冯·巴尔、埃里克·克莱夫主编:《欧洲私法的原则、定义与示范规则:欧洲示范民法典草案》(第4卷),于庆生等译,法律出版社2014年版,第255~258页。

③ 参见[日]近藤光男:《日本商法总则·商行为法》,梁爽译,法律出版社2016年版,第169~172页;[日]我妻荣:《民法讲义·债权各论》(中卷二),周江洪译,中国法制出版社2008年版,第169页;刘成杰:《日本最新商法典译注详解》,中译出版社2021年版,第201~207页。

④ 参见[日]我妻荣:《民法讲义·债权各论》(中卷二),周江洪译,中国法制出版社2008年版,第171~172页。

⑤ 参见崔建远主编:《合同法》(第7版),法律出版社2021年版,第430页。

1. 按照约定场所或方法保管

《民法典》第 892 条第 2 款规定，保管人可以约定保管场所或者方法，除紧急情况或者为维护寄存人利益外，不得擅自改变保管场所或者方法。如当事人之间未对保管场所或方法进行约定时，保管人应当以诚实信用与实现保管目的为原则，根据保管物的性质，以与保管自己所有的物的注意或者以善良管理人的注意为保管行为、选择保管场所。

2. 保管人自己保管保管物

《民法典》第 894 条规定，保管人不得将保管物转交第三人保管，但是当事人另有约定的除外。保管人违反前款规定，将保管物转交第三人保管，造成保管物损失的，应当承担赔偿责任。所谓自己保管，不以保管人亲自保管为限，利用履行辅助人协助保管亦无不可，但履行辅助人在保管过程中存在故意或过失，致使保管物发生损害的，保管人应当对寄存人负责赔偿。[①] 在当事人约定保管人可以转交第三人保管时，法律亦为允许，由此形成的保管称为“合法转保管”。[②] 关于在合法转保管中保管人、寄存人与第三人之间的关系，《民法典》第 894 条则付之阙如。而大陆法系大多立法例对此均有明确规定。特别应注意，《日本民法典》认为保管合同为委托合同的特殊类型，而于第 665 条明确规定委托合同的规定可以准用于保管合同，同时于第 658 条第 2 款明确转保管适用复代理的相关规则。而《德国民法典》第 691 条虽然没有明确保管合同的委托合同性质，但关于合法转保管均规定寄存人可以就保管事务直接指示第三人，而保管人仅仅就其对于第三人的选任与指示承担责任。因此，我国亦应当在学说上确认保管合同的委托合同属性，从而在解释适用上允许准用委托合同的相关规则。具体在合法转保管的问题上，在《民法典》第 894 条未能提供规则供给的情况下，应当准用第 923 条关于“转委托”或者与之原理相通的第 169 条关于“复代理”的规定。在寄存人同意将保管物转交给第三人保管的情形下，寄存人可以就委托事务直接指示第三人，保管人仅就第三人的选任及其对第三人的指示承担责任。[③]

---

① 参见崔建远主编：《合同法》（第 7 版），法律出版社 2021 年版，第 431 页。

② 参见邱聪智：《新订债法各论》（中），中国人民大学出版社 2006 年版，第 280 页；崔建远主编：《合同法》（第 7 版），法律出版社 2021 年版，第 431 页。

③ 关于转保管法律关系的不同观点，参见邱聪智：《新订债法各论》（中），中国人民大学出版社 2006 年版，第 281 页；崔建远主编：《合同法》（第 7 版），法律出版社 2021 年版，第 431 页。

(三)保管人不得使用保管物的义务

保管合同的目的在于保管人为寄存人的利益为保管行为,因此使用保管物的行为不符合保管合同的目的。这也是保管合同区别于租赁合同、借用合同之所在。[①] 因此,比较法上均禁止保管人自己使用或准许他人使用保管物。我国《民法典》第 895 条规定,保管人不得使用或者许可第三人使用保管物,但是当事人另有约定的除外。但是对于"使用"的理解,还应有利于保管物自身效用的保存与提升,在只有加以利用方能善尽保管之能事,即保管物的使用等于保管方法的一部分时,保管人可以在保管方法必要的范围内使用保管物。[②] 例如,汽车的妥善保管需要保管人适当使用车辆以保证其可以正常使用。

(四)保管人返还保管物的义务

返还保管物是指当法定或约定的事由发生时,保管人丧失了继续占有保管物的权源,应当将保管物返还给寄存人。[③] 此外,基于保管合同的他主占有性质,保管物的返还应当包括原物与孳息。

1. 保管物返还的情形

根据《民法典》第 899 条、第 900 条的规定,保管人向寄存人返还保管物可分为三种情形:第一种情形是随时返还。《民法典》第 899 条第 1 款规定,寄存人可以随时领取保管物,因此保管人有义务根据寄存人的要求随时向其返还保管物。这一规定相当于赋予寄存人对于保管合同的任意解除权。其原因为保管合同的委托合同属性,前文已述,比较法上通常在解释适用上认为保管合同为委托合同的特殊类型,保管合同可以准用委托合同的部分规则。因此,委托合同中委托人的任意解除权完全可以解释保管合同中寄存人的这一权利,因此《民法典》第 899 条第 1 款与第 933 条原理相通,且第 933 条关于有偿委托与无偿委托任意解除后造成损失赔偿的规则同样也可以准用于保管合同任意解除的这一情形。同理,该任意解除权仅属于寄存人,保管人无此权利。故《民法典》第 899 条第 2 款规定,当事人对保管期限没有约定或者约定不明确的,保管人可以随时请求寄存人领取保管物;约定保管期限的,保管人无特别事由,不得

① 参见龙卫球主编:《中华人民共和国民法典合同编释义》(下册),中国法制出版社 2020 年版,第 951 ~ 952 页。

② 参见崔建远主编:《合同法》(第 7 版),法律出版社 2021 年版,第 431 页。

③ 参见崔建远主编:《合同法》(第 7 版),法律出版社 2021 年版,第 432 页。

请求寄存人提前领取保管物。第二种情形是保管期限届满返还。保管期限届满,则保管合同权利义务关系终止,保管人对于保管物的占有由有权占有转化为无权占有,保管人自应当向寄存人予以返还,《民法典》第 900 条规定了此种返还情形。第三种情形为保管期限未届满的提前返还。提前返还与随时返还均为寄存人行使任意解除权的情形,原理与随时返还相同,均为委托合同属性的特殊表现,《民法典》第 900 条对此予以明定。

2. 保管物返还的对象

保管合同中与保管人相对的当事人一方为寄存人,因此保管合同关系结束时,保管人应当将保管物返还给寄存人。《民法典》第 899 条、第 900 条均明确规定了这一基本规则。但是在保管人占有保管物期间,如果第三人向保管人主张保管物的权利,保管人应当向谁返还?罗马法中即讨论过这一问题:强盗甲自所有权人乙处抢得某物并将该物交丙保管,后来丙得知该物系抢劫而来,他应当维护合同信赖还是应当将该物返还给乙?特里菲尼(Tryphonin)认为,真正公正的是保护每个人的应有权利,任何一方当事人都不能影响公正的返还请求权,因此他赋予所有权人的公正请求以优先地位。[①] 这种观点显然是基于自然法的观点赋予所有权人的权利以优先地位。比较法上认为所有权保护高于合同忠实的价值判断,典型者为《法国民法典》第 1938 条、《意大利民法典》第 1778 条;与之相反,《德国民法典》虽未在保管合同中表明观点,但通过规定质物返还规则的第 1223 条否认所有物返还请求权较之于非权利人作为出质人的返还请求权所具有的优先地位可以看出,德国法坚持合同返还义务优先原则。[②] 日本法学说观点与裁判观点、[③]《瑞士债法典》第 479 条也支持这一立场。我国《民法典》第 896 条的观点与上述德、日等立法相同,规定第三人对保管物主张权利的,除依法对保管物采取保全或者执行措施外,保管人应当履行向寄存人返还保管物的义务,第三人对保管人提起诉讼或者对保管物申请扣押的,保管人应当及时通知寄存人。

---

① 参见[德]马克斯·卡泽尔、罗尔夫·克努特尔:《罗马私法》,田士永译,法律出版社 2018 年版,第 417 页。

② 参见[德]鲍尔、施蒂尔纳:《德国物权法》(下册),申卫星、王洪亮译,法律出版社 2006 年版,第 558 ~ 559 页。

③ 参见[日]我妻荣:《民法讲义·债权各论》(中卷二),周江洪译,中国法制出版社 2008 年版,第 188 页。

(五)保管人的损害赔偿责任

在保管期间,保管人未按照合同约定履行保管义务,应当赔偿寄存人的损失,这是违约损害赔偿责任的当然结果。但保管合同的特殊性在于,其以无偿为原则、以有偿为例外,有偿或无偿意味着保管人责任承担的程度存在差别,这也是委托合同的当然法理。大陆法系立法例均对有偿保管与无偿保管区分了不同的责任:有偿保管时,适用损害赔偿的一般法理,保管人未尽善良管理人的注意义务造成寄存人损失时承担损害赔偿责任;无偿保管时,保管人仅对其通常处理自己事务之注意负责,一般无须对寄存物尽程度高于对自己事务之注意,即仅对故意与重大过失向寄存人承担责任。① 我国《民法典》第 897 条同样规定,保管期内因保管人保管不善造成保管物毁损、灭失的,保管人应当承担赔偿责任;但是,无偿保管人证明自己没有故意或者重大过失的,不承担赔偿责任。该规定遵循了大陆法系的一般立法例,也在《民法典》体系上与第 932 条关于委托合同损害赔偿责任相互协调一致。除保管人未尽妥善保管义务的损害赔偿责任外,《民法典》第 894 条第 2 款还规定了保管人违法转保管造成保管物损失时的赔偿责任,且该损害赔偿责任不因有偿或无偿而存在差别。

二、寄存人的义务

(一)寄存人支付保管费用的义务

保管合同作为一种古老的合同类型,自罗马法以来便以无偿性为特征。② 近现代以来各国民法也都以无偿性为原则。但是除《法国民法典》第 1917 条明确本义上的寄托必须为一种无偿契约外,《德国民法典》第 689 条、《瑞士债法典》第 472 条等在认可保管合同以无偿为原则的同时均允许当事人约定为有偿,或者根据情事期待为有偿时可推定为默示约定。③ 我国《民法典》第 889 条

---

① 参见[德]迪特尔·梅迪库斯:《德国债法分论》,杜景林、卢谌译,法律出版社 2007 年版,第 365 页;[日]我妻荣:《民法讲义·债权各论》(中卷二),周江洪译,中国法制出版社 2008 年版,第 182 页;邱聪智:《新订债法各论》(中),中国人民大学出版社 2006 年版,第 278 页;崔建远主编:《合同法》(第 7 版),法律出版社 2021 年版,第 433 页。

② 参见[德]马克斯·卡泽尔、罗尔夫·克努特尔:《罗马私法》,田士永译,法律出版社 2018 年版,第 416 页。

③ 参见[日]我妻荣:《民法讲义·债权各论》(中卷二),周江洪译,中国法制出版社 2008 年版,第 171～173 页;龙卫球主编:《中华人民共和国民法典合同编释义》(下册),中国法制出版社 2020 年版,第 942 页。

第 2 款规定，当事人对保管费没有约定或约定不明确，亦无法达成补充协议或不能按照合同有关条款或交易习惯确定的，视为无偿合同。但如果当事人之间约定了保管费，寄存人应当按照约定向保管人支付保管费。

但此处需要注意的问题是，保管合同的所谓“无偿性”指向的是什么？究竟是寄存人不需要向保管人支付“费用”还是不需要支付“报酬”？《德国民法典》第 689 条、第 693 条与《瑞士债法典》第 472 条、第 473 条作此区分，明确规定即使当事人之间未就保管约定报酬，寄存人也应当向保管人支付保管的费用。当然此处的费用应限定为“必要费用”，是指保管人为履行保管义务，以维持保管物的原状于客观上所不可缺少的一切费用。例如，保管物的税费、保险费、清洁费、其为动物的饲养费、其为生鲜物品的冷藏费、其为保管保管物而设置或购置的必要设备费等，均属此类。[①] 从立法用语上，我国《民法典》第 889 条、第 902 条、第 903 条在形式上似未作此区分，而是径直将有偿、无偿与“保管费”相关联。因此在解释适用上，自无区分报酬与必要费用的必要，是否应当支付完全依赖于当事人的约定以及《民法典》第 889 条第 2 款的推定规则。有观点认为在约定不明时应当将保管物的性质推定为有偿，例如小件寄存业主的保管，[②]但显然我国《民法典》并不存在如《德国民法典》第 689 条规定的“推定模式约定有偿”，且此种推定不符合我国《民法典》第 889 条第 2 款的推定规则，也不符合保管合同与仓储合同的区分原则。如果当事人约定了有偿的保管合同，则寄存人应当按照约定的期限向保管人支付保管费，没有约定、约定不明或者根据法定的推定规则仍无法确定的，《民法典》第 902 条规定应当在领取保管物的同时向保管人支付。《民法典》第 903 条规定，寄存人未按照约定支付保管费或者其他费用的，保管人对保管物享有留置权，但是当事人另有约定的除外。

（二）寄存人的如实告知义务

既然保管人负有妥善保管保管物的义务，寄存人就对等地负有将影响保管人义务履行的特殊情况如实告知保管人。该如实告知义务存在两种情形：第一种情形是，保管物瑕疵或性质的如实告知。寄存人应当将保管物的真实情况以

---

① 参见崔建远主编：《合同法》，法律出版社 2021 年版，第 434 页；邱聪智：《新订债法各论》（中），中国人民大学出版社 2006 年版，第 287 页。

② 参见最高人民法院民法典贯彻实施工作领导小组主编：《中华人民共和国民法典合同编理解与适用（四）》，人民法院出版社 2020 年版，第 2353 ~ 2354 页。

及保管物本身的性质或者瑕疵准确、清晰地告知保管人，以便保管人能够选取适当保管方法或保管场地为保管行为，从而避免相应损害的发生。[①]《民法典》第893条规定，寄存人交付的保管物有瑕疵或者根据保管物的性质需要采取特殊保管措施的，寄存人应当将有关情况告知保管人；寄存人未告知，致使保管物受损失的，保管人不承担赔偿责任。第二种情形是，贵重物品的如实告知。保管合同的目的在于物之保管以及隐含于物中价值利益的保管，即寄存人认为是自己的利益明确标明的部分。[②] 寄存人应当对自己的保管利益负有更大的注意义务并应明示于保管人，特别在寄托贵重物品时，寄托人未向保管人声明意味着对自己利益的漠视，应当推定保管物为一般物品。[③] 保管人无论是尽到善良管理人之注意义务，还是以处理自己事务之同一注意义务，均无法对其保管物的价值知情时，保管人显然不应当承担超过一般保管物的赔偿责任。故此《民法典》第898条规定，寄存人寄存货币、有价证券或者其他贵重物品的，应当向保管人声明，由保管人验收或者封存；寄存人未声明的，该物品毁损、灭失后，保管人可以按照一般物品予以赔偿。

（三）寄存人的损害赔偿责任

寄存人未尽合同约定或法定义务造成保管人损失时，寄存人应当向保管人承担损害赔偿责任。[④]《民法典》第893条规定，寄存人未向保管人如实告知其交付的保管物有瑕疵或者根据保管物的性质需要采取特殊保管措施，致使保管人因此受损失的，寄存人应当承担赔偿责任，除非保管人知道或者应当知道上述情形而未采取补救措施。

第三节　特殊保管合同的效力

上述关于保管合同的一般效力，为一般保管合同与特殊保管合同共同具有

① 参见龙卫球主编：《中华人民共和国民法典合同编释义》（下册），中国法制出版社2020年版，第948页。

② 参见王文林：《保管合同　仓储合同》，法律出版社1999年版，第54页。

③ 参见龙卫球主编：《中华人民共和国民法典合同编释义》（下册），中国法制出版社2020年版，第958页。

④ 参见崔建远主编：《合同法》（第7版），法律出版社2021年版，第434～435页。

的效力规则。法定保管合同、消费保管合同在适用上述效力规则的同时,还具有自身特殊的效力问题值得探讨。

一、法定保管合同

《民法典》保管合同制度较之于原《合同法》最大的变化就在于新增了“法定保管合同”,弥补了原《合同法》的制度漏洞,为在实践中经常出现的认定为保管合同抑或借用合同争议提供了明确的制度指引。法定保管为大陆法系立法例普遍规定的一项制度。《德国民法典》于“保管合同”之外单独规定一节“旅店主处物的携入”。[①] 其第 701 条第 1 款规定,营利性地接待他人住宿的旅店主人,必须赔偿因在从事这一营业中所接待的客人的携入物丧失、毁坏或损坏而发生的损害。《瑞士债法典》称此项制度为“旅馆保管”,其第 487 条第 1 款规定,客栈主人或者旅馆主人对住宿在其店里的旅客携带的物品的损坏、毁坏或者盗窃负有责任。《日本商法典》第 594 条规定了服务业经营场所经营者的特别责任,但与德国法、瑞士法不同,其区分顾客携入物的特意寄存与未特意寄存。[②]《日本民法典》第 1 款对于特意寄存适用了与《日本民法典》寄存合同相同的损害赔偿规则,即除证明其系不可抗力所致外均应负损害赔偿责任;第 2 款是对于未特意寄存的规定,经营者或雇员仅在疏于注意而致灭失或毁损时负损害赔偿责任。

我国《民法典》第 888 条第 2 款规定,寄存人到保管人处从事购物、就餐、住宿等活动,将物品存放在指定场所的,视为保管,但是当事人另有约定或者另有交易习惯的除外。在《民法典》颁行之前,我国司法实践中经常出现对类似事实性质认定的难题,最典型者为最高人民法院公报案例“李某某诉上海大润发超市存包柜损害赔偿案”。法院在该案中认为,保管合同的成立不仅须有当事人双方对保管寄存物品达成的一致意思表示,而且还需寄存人向保管人移转寄存物的占有。超市在自助寄存柜上明示“本商场实行自助寄包,责任自负”“现金及贵重物品不得寄存”的内容,因此超市已经把只愿将自助寄存柜提供给消费

---

① 参见[德]迪特尔·梅迪库斯:《德国债法分论》,杜景林、卢谌译,法律出版社 2007 年版,第 368 页。

② 参见刘成杰:《日本最新商法典译注详解》,中译出版社 2021 年版,第 204 ~ 206 页。

者使用,不愿对柜内寄存的物品承担保管责任的意思明确表示给消费者。因此,双方当事人就使用自助寄存柜形成的不是保管合同关系,而是借用合同关系。[①] 在这一案件中,固然原《合同法》缺少对这一案件事实的相关规定,但是法院仅仅依据是否转移占有以及超市明示不承担保管责任而否认保管合同关系的成立,一方面忽视了对于消费者利益的保护,另一方面不利于促进经济的繁荣。[②] 大陆法系立法例中,除推定该事实属于保管合同关系外,还明确否认经营者关于免除其对顾客携入物不负责任的告示的效力,《日本商法典》第596条第3款即为典例。这也是此类保管合同具有"法定性"的原因所在。

在保护消费者利益的同时,法律还兼顾经营者利益。由于法定保管具有推定性,顾客携入至经营者处之物品的价值、数量等,经营者无法事先知情。如果完全要求经营者承担与一般保管合同相同的损害赔偿责任,势必导致当事人双方利益完全失衡。因此,比较法上或者规定法定保管中经营者损害赔偿限额,例如《德国民法典》第702条第1款规定了经营者对于顾客不同类别携入物的损害赔偿的上限;或者要求顾客如携带贵重物品应当向经营者明示,经营者应当予以封存,《德国民法典》第702条第3款的规定即为如此。我国《民法典》第898条同样规定了寄存贵重物品时寄存人的声明义务,该规定于法定保管情形下亦有适用的余地。

二、消费保管合同

一般保管合同以特定的动产(日本法上还包括不动产)为标的物,保管人于保管期限届满或保管关系终止时应当向寄存人返还原物。而在特定情况下,标的物也有可能是货币或者其他可替代物,保管期限届满或保管关系终止时保管人仅需返还相同种类、品质和数量的物品即可,此种情况下的保管称为"消费保管合同",德国法上又称为"不规则保管"或"变例保管"。[③] 其特点在于,以代替

---

① 参见李某某诉上海大润发超市存包柜损害赔偿案,载《最高人民法院公报》2002年第6期。

② 参见龙卫球主编:《中华人民共和国民法典合同编释义》(下册),中国法制出版社2020年版,第941页。

③ 参见[德]迪特尔·梅迪库斯:《德国债法分论》,杜景林、卢谌译,法律出版社2007年版,第366~367页;[日]我妻荣:《民法讲义·债权各论》(中卷二),周江洪译,中国法制出版社2008年版,第194页。

物作为保管物,且转移保管物的所有权。[①]《德国民法典》第700条、《瑞士债法典》第481条、《日本民法典》第666条均明文规定了这一特殊的保管合同。

通常在理论上对比消费保管与一般保管的异同,能够更好地认识消费保管合同的属性。消费保管与一般保管均为保管合同的类型,以物的保管为合同目的,且在性质上均为实践合同、要物契约。二者的区别主要在于:第一,前者的标的物为代替物,后者为特定物;第二,前者将保管物所有权转移给保管人,后者不转移所有权而仅转移占有;第三,前者返还种类物,原则上不存在给付不能,后者返还原物,存在原物不能返还的给付不能;第四,前者保管物的利益及危险由保管人承受,后者由寄存人承受。[②] 我国《民法典》第901条规定,保管人保管货币的,可以返还相同种类、数量的货币;保管其他可替代物的,可以按照约定返还相同种类、品质、数量的物品。上述关于消费保管与一般保管之异同的比较,可为消费保管合同的解释适用提供指引。

应注意的是需要明确"可替代物"的含义与范围。我国《民法典》中并未规定可替代物的定义。在理论上,可替代物是指在一般交易上得以种类、品质、数量而定之物,如金钱、酒、米,其皆得依同品种同数量相互替代;反之则为不代替物,如宝石字画。[③]《德国民法典》第91条对于代替物的定义大抵如此。但是《德国民法典》第700条对于金钱与其他代替物准用不同的规则,对于金钱准用贷款合同的规定,对于其他代替物则准用消费借贷的规则。此种区分未见于其他立法例,我国法律上亦无须作此区分。此外,代替物与不代替物为根据物的客观标准进行的区别,对应在债的分类上,通常代替物构成种类之债,不代替物构成特定之债。[④] 显然,消费保管合同为种类之债,一般保管合同为特定之债。

---

① 参见邱聪智:《新订债法各论》(中),中国人民大学出版社2006年版,第271~272页。

② 参见邱聪智:《新订债法各论》(中),中国人民大学出版社2006年版,第297页。

③ 参见[德]迪特尔·梅迪库斯:《德国民法总论》,邵建东译,法律出版社2000年版,第878~879页;王泽鉴:《民法总则》,中国政法大学出版社2001年版,第211页;梁慧星:《民法总论》,法律出版社2011年版,第155页。

④ 参见[德]迪特尔·梅迪库斯:《德国民法总论》,邵建东译,法律出版社2000年版,第878~879页;张广兴:《债法总论》,法律出版社1997年版,第128页。

第十四章

仓储合同

第一节　仓储合同概述

仓储合同,在我国原《经济合同法》上称为“仓储保管合同”,是保管人储存存货人交付的仓储物,存货人支付仓储费的合同。如前所述,仓储合同是保管合同的特殊类型,因此我国《民法典》第918条规定仓储合同没有规定的可以适用保管合同的规则。此外,仓储合同又是一种典型的商事合同,《德国商法典》《日本商法典》称之为“仓储营业”,作为辅助他人营业的辅助商之一种。[①] 我国坚持民商合一体例,但是却未如《瑞士债法典》将保管和仓储合为一种有名合同,而是在民法中将二者作为各自独立的有名合同。就立法技术与法律适用而言,此种做法是否妥当仍存在讨论的空间。

仓储合同与保管合同的差异主要表现为以下几方面:第一,合同成立时间不同。仓储合同根据《民法典》第905条的规定,自保管人与存货人意思表示一致时成立,保管合同根据《民法典》第890条的规定,原则上自保管物交付时成立。前者为诺成合同,后者为实践合同。第二,是否为有偿合同不同。仓储合同为商事合同,自然应为有偿合同,《民法典》第904条关于仓储合同的定义明确规定存货人应当支付仓储费;保管合同在罗马法起源上即以无偿为原则,《民法典》第889条明确规定没有约定保管费或约定不明时均为无偿合同。换言之,仓储合同为双务有偿合同,保管合同为单务无偿合同。第三,保管人是否具

① 参见[日]近藤光男:《日本商法总则·商行为法》,梁爽译,法律出版社2016年版,第173页。

有特殊身份不同。仓储合同中的保管人为有仓储设备和场所并专事仓储业务的商人,其既可以是法人,也可以是个体工商户、合伙或其他组织,但必须是专门从事仓储营业之人。[①] 保管合同中的保管人任何人均可充任,或为一般的民事主体,或为以购物、就餐、住宿等为营业而附带性保管的商主体。第四,标的物不同。仓储是指堆藏和保管一定的物品,其中堆藏即堆置和储藏,[②]因此仓储合同中的仓储物为动产,不动产或金钱、权利等无法被堆藏和保管,客观上不可能成为仓储合同的标的物。作为商事活动,实践中的仓储合同的标的物更多为货物。[③] 保管合同的标的物则不以动产为限,在比较法上,一般动产、金钱、证券甚至是不动产皆可成为保管合同的保管物。

第二节　仓储合同的效力

仓储合同为保管合同的特殊形式,因此《民法典》"仓储合同"一章仅规定了其区别于保管合同的特殊效力规则,第 918 条规定的保管合同的一般效力规则仍然可以适用于仓储合同。

一、保管人的义务

(一)保管人的入库验收义务

保管人既然是为寄存人的利益占有保管物,妥善保管自是保管人在此类合同中当然的主要义务。由于仓储物通常是种类繁多、性质各异的货物,因此保管人作为以此为营业的商主体应当在为保管行为之前充分了解和掌握仓储物的品种、数量、质量等相关信息,方能以妥适、恰当的方法履行保管义务,并能迅捷地划清责任。《民法典》第 907 条规定了保管人应当按照约定对入库仓储物进行验收的义务。保管人在验收时发现入库仓储物与约定不符合的,应当及时通知存货人;保管人验收后,发生仓储物的品种、数量、质量不符合约定的,保管

---

① 参见崔建远主编:《合同法》(第 7 版),法律出版社 2021 年版,第 437 页;邱聪智:《新订债法各论》(中),中国人民大学出版社 2006 年版,第 317 页。

② 参见崔建远主编:《合同法》(第 7 版),法律出版社 2021 年版,第 437 页。

③ 参见[德]C. W. 卡纳里斯:《德国商法》,杨继译,法律出版社 2006 年版,第 772 页。

人应当向存货人承担赔偿责任。

（二）保管人出具仓储凭证的义务

与保管合同中的义务类似，《民法典》第908条规定，存货人交付仓储物的，保管人应当出具仓单、入库单等凭证。相较于保管合同，仓储合同的保管人出具仓储凭证的义务为法定义务，无论当事人是否约定，保管人均负有这一义务。且该条规定在原《合同法》第385条封闭规定“仓单”的基础上，对保管凭证进行了开放式列举，包括但不限于仓单、入库单，从而更符合仓储商业实践的情形。[①]特别是仓单不仅是仓储合同中的合同凭证，其还是商业实践中一种重要的有价证券，属于物品证券、物权证券、记名证券。后文将详述。仓单仓储合同凭证并非仓储合同的书面形式，因此并不影响仓储合同的不要式合同性质。《民法典》第909条规定，仓单应当载明下列事项：(1)存货人的姓名或者名称和住所；(2)仓储物的品种、数量、质量、包装及其件数和标记；(3)仓储物的损耗标准；(4)储存场所；(5)储存期限；(6)仓储费；(7)仓储物已经办理保险的，其保险金额、期间以及保险人的名称；(8)填发人、填发地和填发日期。

（三）保管人妥善保管仓储物的义务

仓储合同既为保管合同的特殊类型，仓储合同中的保管人同样应当如同保管合同中的保管人一样，为存货人的利益履行妥善保管仓储物的义务。保管人除应遵守《民法典》第892条第1款的规定之外，《民法典》第912条、第913条还规定了保管人的通知、催告与紧急处置义务，这些义务的设定同样是妥善保管仓储物义务的要求。保管人发现入库仓储物有变质或者其他损坏的，应当及时通知存货人或者仓单持有人；如果上述情形危及其他仓储物的安全和正常保管，保管人应当催告存货人或者仓单持有人作出必要的处置；如果情况紧急，不立即处置将扩大损失时，保管人应当作出必要的处置，仅在事后应当将该情况及时通知存货人或者仓单持有人。

（四）保管人的容许义务

仓储物虽由保管人直接占有，但所有权仍然为仓储人或仓单持有人所有，保管人作为专事保管的商主体，有义务接受存货人或仓单持有人基于仓储物所

① 参见龙卫球主编：《中华人民共和国民法典合同编释义》（下册），中国法制出版社2020年版，第975页。

有权以及为仓储合同支付的对价，随时对仓储物进行检查、提取样品。[①] 特别是实践中经常出现存货人转让仓储物的情形，保管人的这一容许义务意义重大。[②]《民法典》第 911 条规定了保管人的这一容许义务。关于容许的范围，《民法典》第 911 条仅规定了检查与提取样品，但在比较法上，例如《德国商法典》第 471 条、《日本商法典》第 616 条、《瑞士债法典》第 483 条规定，这一义务的范围还包括“保存”行为。我国《民法典》第 911 条虽未作此规定，但是基于存货人的利益，在解释适用上不应当禁止该项行为。[③]

（五）保管人返还保管物的义务

与保管合同相同，仓储合同中的保管人同样负有到期返还或根据存货人的要求随时返还保管物的义务。但由于仓储合同为商事合同的特殊性，保管人有义务随时返还、届期返还、未届期提前返还时，还存在不同于保管合同的特殊性。首先，存货人或仓单持有人享有仓储合同的任意解除权，无论是否约定储存期限，存货人或仓单持有人均有权随时提取仓储物。《民法典》第 914 条、第 915 条规定，仓储合同对储存期限没有约定或约定不明的，权利人可以随时要求提取仓储物；约定仓储期限的，权利人亦有权提前提取，但无权要求保管人减收仓储费。其次，在储存期限没有约定或约定不明时，《民法典》第 914 条同样赋予了保管人随时要求权利人提取货物的权利，但是基于其有偿性与诚实信用原则，保管人应当预留必要的准备时间。再次，存货人或仓单持有人应当按照约定的储存期限提取仓储物，逾期提取的应当加收仓储费。最后，存货人或仓单持有人逾期后在经保管人催告仍不提取时，《民法典》第 916 条规定保管人有权以提存仓储物的方式终止仓储合同的权利义务关系。

（六）保管人的损害赔偿责任

《民法典》第 917 条规定储存期内因保管不善造成仓储物毁损、灭失的，保管人应当承担赔偿责任。由于仓储合同的商事性与有偿性，保管人没有免责事由，即便是轻微过失造成的毁损、灭失，保管人同样应当承担赔偿责任。但是 917 条第 2 句对于仓储物的变质、损坏规定了保管人的免责事由，即因仓储物本

---

① 参见邱聪智：《新订债法各论》（中），中国人民大学出版社 2006 年版，第 280 页；崔建远主编：《合同法》（第 7 版），法律出版社 2021 年版，第 331 页。

② 参见［日］近藤光男：《日本商法总则・商行为法》，梁爽译，法律出版社 2016 年版，第 177 页。

③ 参见崔建远主编：《合同法》（第 7 版），法律出版社 2021 年版，第 442 页。

身的自然性质、包装不符合约定或者超过有效储存期造成仓储物变质、损坏时，保管人不承担赔偿责任。因仓储物自然性质而生的变质、损坏相当于不可抗力，无论是由此保管人还是彼保管人保管，抑或是存货人自行保管，均无法避免此损害的发生，故不存在保管人承担此风险的合理性。包装不符合约定发生的免责，应指保管人依据《民法典》第907条履行验收义务时无法发现不符合约定的情形，如果保管人在验收时已经发现包装不符合约定而不告知存货人，保管人由于对此损失的发生存在过错而仍应当承担赔偿责任。保管人妥善保管仓储物的义务应当存在于约定的仓储期限内，按期提取仓储物既是存货人或仓单持有人的权利，又是其应当履行的义务。超过仓储期限而不提取仓储物，则无论是仓储物毁损、灭失的风险还是变质、损坏的风险，均应当由存货人或仓单持有人承担。

二、存货人的义务

存货人应当负有如实告知的义务。这一义务与保管合同中寄存人的如实告知义务相似。但是，由于仓储合同中的仓储物通常为性质各异的货物，特别是易燃、易爆、有毒、有腐蚀性、有放射性等危险物品或者易变质的货物，其危险性或易变质性不仅威胁到物品自身的安全，而且还会危及保管人以及保管人所保管的其他仓储物的安全，因此《民法典》第906条特别强调，存货人应当向保管人说明上述物品的性质并提供有关资料。如果存货人违反这一义务，保管人可以拒收仓储物，也可以采取相应措施以避免损失的发生，因此产生的费用由存货人负担。而对于危险物品的如实告知，不仅关系到仓储合同履行的民事责任问题，而且关系到危险物品安全生产义务的公法责任问题。因此，《民法典》第906条不仅在第1款规定了存货人说明告知、提供资料的义务，而且在第3款规定了保管人从事危险物品保管时应当具有相应的保管条件，以及应当获得相应的行政许可。[①]

① 参见龙卫球主编：《中华人民共和国民法典合同编释义》（下册），中国法制出版社2020年版，第972页；最高人民法院民法典贯彻实施工作领导小组主编：《中华人民共和国民法典合同编理解与适用（四）》，人民法院出版社2020年版，第2396～2398页。

第三节　仓储证券的效力

一、仓储证券的概念

保管人必须基于存货人的请求交付仓储证券即仓单。我国《民法典》第908条规定，保管人应当向交付仓储物的存货人出具仓单、入库单等凭证；第910条规定，仓单是提取仓储物的凭证且仓单具有可转让性；第915条规定，存货人或仓单持有人于存储期限届满时应当凭仓单、入库单等提取仓储物。实践中，仓单不仅是证明仓储关系存在的合同凭证，还属于可转让的有价证券之一种，在商事关系中具有重要意义。

仓储证券或仓单是保管人应存货人的请求而签发的用以表彰、处分和受领仓储物或保管物的一种有价证券。[①] 仓储证券可包含预证券、出质证券、仓货证券，其中仓货证券可包含预证券与出质证券。[②] 它是仓储物权利与权利载体的结合物。[③] 在比较法上，关于仓单的立法例存在一单主义、两单主义与并用主义三种模式。一单主义又称单券主义，是指保管人仅向存货人出具一份仓单即仓货证券，可以任意作为转让、出质之用。德国、美国采此主义。两单主义又称复券主义，是指保管人同时签发两张仓单，一张为提取仓储物的仓单即预证券，另一张为可出质担保的仓单即出质证券，出质与转让并行不悖，如果只有一单则出质后无法转让。法国、比利时、意大利等采此主义。并用主义是指根据存货人的选择和请求出具一单还是两单。日本商法采此主义。[④] 无论两单主义还是并用主义，均存在使法律关系过于繁复的缺陷，因此我国《民法典》采一单主义、单券主义是恰当的立法选择。

---

① 参见崔建远主编：《合同法》（第7版），法律出版社2021年版，第438页。

② 参见［日］近藤光男：《日本商法总则·商行为法》，梁爽译，法律出版社2016年版，第182页。

③ 参见范健、王建文：《证券法》，法律出版社2020年版，第1页。

④ 参见［日］近藤光男：《日本商法总则·商行为法》，梁爽译，法律出版社2016年版，第182～185页；崔建远主编：《合同法》（第7版），法律出版社2021年版，第438～439页；最高人民法院民法典贯彻实施工作领导小组主编：《中华人民共和国民法典合同编理解与适用（四）》，人民法院出版社2020年版，第2403页。

二、仓储证券的证券属性与效力

仓单既为一种证券，就应当从证券的属性加以观察。第一，仓单为有价证券。仓单记载的内容为仓储物的所有权或担保物权，仓单本身并无实际价值，只有与其记载的权利相结合方有存在的价值和意义。有价证券为一种信用凭证或金融工具，是商品经济和信用经济发展的产物。[①] 第二，仓单为商品证券。仓单记载和表彰的是仓储物的所有权，持有仓单人即为仓储物的所有权人，转让仓单即为转让仓储物的所有权，因此仓单为商品证券、实物证券、货物证券、财物证券。第三，仓单为文义证券。文义性是有商事外观与交易安全的必然要求。仓单仅以其记载的内容对外发生效力，是否存在记载事项与当事人意思表示不一致之处则在所不问，如此有利于仓单及其记载权利的顺畅流通。[②] 第四，仓单为要式证券。我国《民法典》第909条规定了仓单的记载事项，虽然并未明确为必要记载事项或规定欠缺无效的法律后果，但从仓储业的惯例以及比较法上的通行做法来看，仓单记载事项具有强制性和法定性。鉴于仓单的有价证券、文义证券以及流通证券的属性，在解释适用上应当明确仓单为要式证券，即使在证券形式上不作强制要求，但记载事项的强制性应确定。[③] 第五，仓单为不要因证券。仓单签发后，保管人与存货人即存在两种法律关系，一为仓储合同关系，二为仓单的证券债权关系。[④] 两种关系互相独立，合同关系效力上的瑕疵不影响证券债权的效力，保管人不得以仓储合同关系的履行障碍对抗仓单的合法持有人。以上仓单的文义性、无因性与票据的属性颇为一致。

三、仓储证券的担保属性与效力

仓单除从以上证券属性加以认识之外，还应当明确其所具有的担保属性。虽然《民法典》第908条至第910条未规定仓单的担保属性，但是第440条、第

---

① 参见范健、王建文：《证券法》，法律出版社2020年版，第2~3页。

② 参见邱聪智：《新订债法各论》（中），中国人民大学出版社2006年版，第323页。

③ 参见最高人民法院民法典贯彻实施工作领导小组主编：《中华人民共和国民法典合同编理解与适用（四）》，人民法院出版社2020年版，第2407~2409页；崔建远主编：《合同法》（第7版），法律出版社2021年版，第439页。

④ 参见崔建远主编：《合同法》（第7版），法律出版社2021年版，第440页。

441 条规定仓单可以作为权利质权的标的,从而使仓单具有融资担保的重要作用。可以这样认为,仓单所具有的有价证券属性,一方面的意义在于仓储物的可转让性和流通性,另一方面也是更重要的意义就是其融资担保作用。仓单作为权利质权的标的,由于其作为有价证券所具有的要式性、文义性、无因性等特征,与《民法典》第 396 条规定的动产浮动抵押、第 425 条规定的动产质权等相比具有天然的融资优势,更易为债权人所接受。因此,仓单对于促进资金融通具有重要的意义。与此同时,正是由于仓单质押与动产浮动抵押、动产质押存在交叉与重叠,需要注意不同担保物权在效力上的冲突问题。《民法典担保制度司法解释》第 59 条对于可能存在的仓储物担保物权与仓单担保物权冲突作出了制度安排:首先,在担保物权的设立时间上,存货人或者仓单持有人在仓单上以背书记载“质押”字样,并经保管人签章,仓单已经交付质权人的,质权自仓单交付质权人时设立;没有权利凭证的仓单,依仓单质权自办理出质登记时设立。其次,在清偿顺序上,出质人既以仓单出质,又以仓储物设立担保,按照公示的先后确定清偿顺序;难以确定先后的,按照债权比例清偿;保管人为同一货物签发多份仓单,出质人在多份仓单上设立多个质权,按照公示的先后确定清偿顺序;难以确定先后的,按照债权比例受偿。最后,在担保物权存在重叠与冲突的情形下,债权人举证证明其损失系由出质人与保管人的共同行为所致,出质人与保管人应当向债权人承担连带赔偿责任。

此处还应当注意,不同表现形式的仓单存在不同的质权设立时间。传统仓单为实物券式证券的纸质仓单,而现代商业实践中逐渐推广了电子化证券即电子仓单。对于前者,质权设立时间为仓单交付时;而后者存在权利登记部门登记设立的问题。《国务院关于实施动产和权利担保统一登记的决定》(国发〔2020〕18 号)第 2 条明确将仓单纳入动产和权利担保统一登记的范围,将电子仓单例外视为没有权利凭证的仓单,从而以登记作为仓单质押设立的公示方法。① 在数字信息时代将电子化证券视为没有权利凭证,似乎在表述上难谓准确。二者的区别仅在于客观表现形式与质权设立方式上,而不存在权利凭证自身与所记载仓储物权利上的不同。

---

① 参见最高人民法院民事审判第二庭:《最高人民法院民法典担保制度司法解释理解与适用》,人民法院出版社 2021 年版,第 505 ~506 页。

第十五章

委托合同

第一节　委托合同概述

一、委托合同的界定及立法沿革

(一)委托合同的界定

委托合同,是一种比较古老的合同类型,在实践中极为常见。在学理上,委托合同,又可以称为委任合同[①],一般是指一方委托另一方处理相关事务,另一方根据合同约定处理受托事务的合同。根据我国《民法典》第919条的规定:"委托合同是委托人和受托人约定,由受托人处理委托人事务的合同。"在法律关系主体上,委托人即委托另一方处理事务的人,受托人即允诺为一方处理事务的人。

在立法例上,关于委托合同中的"事务",其范围界定常有两种情形:一是将"事务"限定为法律行为,将非法律行为事务之委托规定为"准委任",如《日本民法典》;二是不限定"事务"的范围,委托合同中的"事务"既包括法律行为,亦包括准法律行为以及事实行为。我国《民法典》采取的为广义说,没有对委托合同中的"事务"做单一性限定。无论是财产性的事务(如委托他人买卖物品),还是诸如人身领域的非财产性事务(如委托他人签收快递);无论是纯粹的事实行为,还是典型的法律行为;以上均可成为委托之"事务",均可纳入委托合同的

① 关于委任合同的称谓,在日本较为常见,一般也可以将委托人称为委任人,将受托人称为受任人。

范畴。在学理上,保管合同甚至也被认为一种特殊的委托合同。[①] 物业服务合同、行纪合同、中介合同从法律性质上也可视为特殊的委托合同,尽管这些合同已经是独立的典型合同。另外,还要强调,一般而言,委托人委托的事务是自己的事务,但特殊情形下,也可以是第三人之事务。当然,并非所有的事务,均可以构成委托合同之"事务",该"事务",一般指一切与生活相关的事项,只要该事务不违反法律[②]、行政法规的强制性规定,不违背公序良俗等法律的基本原则,不属于依事务性质不得由他人代为处理的事务(如结婚登记),非具有较强人身属性之事务(如演出合同)等情形,均可成为委托之事务。

委托合同中的"处理",一般指"处分管理"之意,亦是较为概括的理解,具体指根据委托人的要求提供一定的劳务,且原则上要求受托人亲自为之。当然,单纯地提供保管、仓储及物业服务等,虽然也系提供一定的劳务,但法律设置了单独的规则,故不属于委托合同的"处理"。从文义解释上看,委托合同中的处理,与上述其他典型合同,甚至准合同中无因管理制度中的"管理",意义都基本相同或接近。需要注意的是,委托合同中的"处理",虽然必须由受托人提供一定的劳务,但该劳务仅为处理事务之手段,而非结果或目的,由此,在性质上不同于雇佣合同中受雇一方提供的劳务。

委托合同中的"委托",需要准确理解其限定语境。实践中,有诸多无名合同在名称中也包含"委托"字样,但是,这并不一定是《民法典》中的委托合同。也就是说,并非带有"委托"字样的合同就具有委托合同的法律属性,具体属于哪一类合同,要根据合同的具体内容确定当事人的权利义务,而非当然适用委托合同的规则。如针对实践中大量出现的产权式酒店、民宿等委托类经营合同,需要综合判断其合同性质。一般来说,双方当事人签订该委托类经营合同,如果经营的收益和风险由受托人享有和承担,而委托人享有固定的"投资回报"或租金性收益,此种情形下的合同更宜认定为租赁合同;如果经营的收益和风险由委托人自行享有和承担,委托人给受托人一定的报酬及费用,此种情形下的合同宜认定为委托合同。

---

① 参见[德]迪特尔·梅迪库斯:《德国债法分论》,杜景林、卢谌译,法律出版社 2007 年版,第 337 页。

② 委托事务如果涉及违法的情形,应不发生委托合同的法律效果,违法的事务亦不能构成委托合同所规定的"事务",此种委托合同在司法实践中常常被认定为无效。

（二）委托合同立法沿革及变化

委托合同作为民法中重要的法律制度，在我国民事立法中一直受到重视，无论在原《合同法》还是现在的《民法典》中，均有较为完备的规定。相比较而言，《民法典》基本承继了原《合同法》关于委托合同的条文内容，主体上没有根本性变化，但出现了一定的条款修订、增删，在一定程度上也体现出来《民法典》新时代的立法理念。《民法典》委托合同一章基本沿袭了原《合同法》第21章所规定的内容，虽然没有根本性变化，但在具体的适用规则和委托合同类的体例安排上是有一些变化的。

在具体的适用规则方面，《民法典》委托类合同相比原《合同法》有一个明显的立法变化：行纪合同等对委托合同的"适用"改为"参照适用"，如在原《合同法》对行纪合同的规定中，关于行纪合同具体规则的一章没有规定的，适用委托合同的规定；但《民法典》却明确规定，关于行纪合同具体规则的一章没有规定的，参照适用委托合同的有关规定。《民法典》中的中介合同适用规则也是如此。《民法典》之所以对适用规则进行调整，主要原因在于：尽管行纪、中介法律关系均衍生于委托法律关系，但行纪合同、委托合同作为独立的典型合同，均有着各自的特殊性，且在司法实践中，关于行纪合同、中介合同的具体规则没有规定的，并非一律都能适用委托合同的相关规定，[①]故采用"参照适用"更为科学和严谨。

在委托类合同的体例安排上，《民法典》与原《合同法》将委托、行纪、中介类三类合同并列有所不同，《民法典》在委托合同之后、行纪合同之前新增加了物业服务合同一章，即将物业服务合同亦视为一种委托类的合同或者具有委托类合同的特性。在一定意义上，物业服务合同是物业服务人为业主提供物业服务，业主缴纳物业费并通过某种方式委托物业服务人从事某项事务，双方达成一致而形成的法律关系。但是，物业服务合同除了具有委托类合同的特征之外，还具有承揽合同的某些特征，故在法律关系的确定上，可能具有委托类合同和承揽合同的双重属性，由此，《民法典》最终将《民法典（草案）》中有关物业服务合同参照适用委托合同的规定删除。但是，在体例安排上，物业服务合同放

① 参见最高人民法院民法典贯彻实施工作领导小组主编：《中华人民共和国民法典合同编理解与适用（四）》，人民法院出版社2020年版，第2469页。

在了委托类合同之中,位于委托合同与行纪合同之间,这背后的立法理念值得关注。

二、委托合同的法律性质

首先,从合同订立的前提分析,委托合同的订立需要当事人之间存在相互信任的基础,这是委托人和受托人建立委托合同关系的前提。委托合同具有较强的人身信赖关系,这种人身信赖关系是委托合同得以成立的前提。委托人之所以会委托受托人处理自己(或第三人)的相关事务,是对受托人处理受托事务的能力、受托人的信誉及人品等有一定了解,相信受托人能够为其处理好相关事务,这是一个根本的出发点;而受托人之所以接受委托人的委托,也会考量委托人的身份、受托处理的事务,基于对委托人和受托处理事务的了解,特别是对委托人的信任而接受委托。可以说,如果没有委托人和受托人之间的相互信任和基本了解(这种了解与信任,并不仅仅限于熟人之间的了解与信任,还包括对一开始并不熟悉,但基于对受托人专业主体资质或者专业能力的了解与信任),没有对受托事务的基本确信,委托合同是很难成立和实际履行的,否则即使订立了委托合同,形成了委托法律关系,也很难维持和稳固。这也是为什么法律会有委托合同关系成立后,如果双方当事人之间丧失了信任基础,可以随时终止委托合同的规定(《民法典》第933条),即委托人或者受托人可以随时解除委托合同,当然,由此产生的相应的法律责任,另当别论。

其次,从合同的目的分析,委托合同是以当事人一方委托另一方处理相关事务为目的的合同,委托的目的在于委托人委托受托人处理相关事务、受托人依据约定完成受托事务。受托人完成委托人委托之事务,从本质上说,也可以视为受托人为委托人提供一定的劳务。在学理上,提供劳务的合同,可进一步分为行为之债和结果之债,委托合同应属于行为之债的范畴,委托合同法律关系中的受托人只需按照委托人的指示,以达到一定目的之方向提供劳务即可,除当事人另有约定外,并不负有必须完成某种工作成果或者将委托事务办理成功的义务。[①] 当然,《民法典》所规定的委托合同中涉及的事务,是一般和概括

---

① 参见最高人民法院民法典贯彻实施工作领导小组主编:《中华人民共和国民法典合同编理解与适用(四)》,人民法院出版社2020年版,第2469页。

性的规定,可以理解为广义上的劳务范畴。委托的概念具有一定的开放性和包容性,所有的为他人处理事务的合同,均可以视为委托合同,由此,委托合同可以视为处理事务类型的劳务合同的一般类型,因此,无名的劳务合同,如旅游、雇佣、培训、诉讼代理等合同,都可参照适用《民法典》关于委托合同的规定。[①]而《民法典》中关于行纪合同、中介合同、仓储合同、保管合同,甚至物业服务合同的规定,也涉及委托处理相关事务的内容,这些内容可视为更为具体和特定的劳务范畴,在法律适用中,因为上述典型合同有单独的具体规则,系作为特殊委托规范而存在,因此应优先适用,只有当这些特殊委托内容中没有规定时,才参照适用委托合同的有关规定(如《民法典》第960条、第966条的规定)。综上所述,委托合同之目的,因客观需要而存在,关系到当事人特别是委托人利益之实现。

再次,从委托合同约定的事务的性质、难易程度、受托人的注意义务、交易习惯等分析,委托合同既可能是无偿合同,也可能是有偿合同。可以说,委托合同是否有偿,法律并未强制规定,而要根据情况具体判定。《德国民法典》《法国民法》关于委托合同(委任合同)的一般性规定是以"无偿为原则,有偿为例外"。在我国《民法典》中,一方面,在委托合同的界定中,并没有直接将体现为有偿性的"报酬"规定于定义中,由此将委托合同与同为委托类合同的行纪合同、中介合同(二者均为有偿合同)的概念区别开来,从而体现出委托合同具有无偿性的一面。在学理上,无偿性委托合同又被称为不完全的双务合同,[②]无偿性委托合同中的委托人所负的义务(如预付费用、偿还费用,非支付报酬)与受托人处理委托事务的义务并非对待给付。另一方面,《民法典》也规定了委托人应当按照约定向受托人支付报酬(《民法典》第928条),从而体现出委托合同具有有偿性的一面。因为委托合同既可能是有偿合同,也可能是无偿合同,在司法实践中要根据具体情况加以判断。如果委托合同的双方当事人对报酬没有约定且按照交易习惯不需要支付报酬,则该委托合同应认定为无偿的委托合同;如果委托合同的双方当事人约定了报酬或者按照交易习惯应当支付报酬,则该委托合同无疑应认定为有偿的委托合同。在委托合同是否为有偿合同的

---

① 参见崔建远主编:《合同法》(第7版),法律出版社2021年版,第446页。

② 参见韩世远:《合同法学》,高等教育出版社2010年版,第557页。

判定中,报酬是一个重要的考量因素,因为报酬涉及委托事务处理之间的对价。这里还需要注意,受托人处理委托事务正常支出的“费用”,与“报酬”的性质不同,不构成有偿委托合同的对价关系,故委托人预付费用并不一定影响委托合同系有偿还是无偿的法律性质。

最后,委托合同一般体现为双务合同、诺成合同和不要式合同。根据委托合同双方当事人在合同中所负的义务,一般认为委托合同是双务合同,因为无论是有偿性的委托合同,还是无偿性的委托合同,基于双方信赖关系的基础,委托人一方均负有向受托人预付处理委托事务费用的一般性义务,受托人均负有向委托人报告委托事项、亲自处理委托事务、转交委托事务所取得的财产等一般性义务。当然,学界也有不同的观点,有学者认为委托合同具有单务还是双务的法律性质,应根据无偿或有偿来确定,有偿委托合同为双务合同,无偿委托合同为单务合同。[①] 该观点有一定的道理,但从《民法典》的具体规则来看,并没有如此划分。委托合同的成立,只要委托人和受托人意思表示一致即可,并不一定以委托行为之履行或特定标的物的交付为要件,故委托合同是典型的诺成性合同,而非实践性合同。除此之外,委托合同的成立,法律亦没有要求必须履行特定的要件、无特殊形式之要求,故委托合同系不要式合同,这也符合委托合同法律关系这种民事活动的习惯。

三、委托合同与相关概念的比较与厘清

(一)委托合同制度与委托代理制度

委托合同的法律关系与委托代理的法律关系极为相似,常常会引起人们的混淆。实际上,在古罗马法中委托(委任)与代理几乎是不分的,后来《德国民法典》首创了代理制度,将代理设置于民法总则部分,实现了委托(委任)与代理在法律制度上的分离,我国《民法典》也将代理制度和委托合同分别设置于总则编和合同编。二者虽有较为密切的联系,但还是有一定的区别的,区别主要体现在以下几个方面:首先,在法律属性及法律关系方面,代理制度规定在总则编,代理包括委托代理和法定代理(《民法典》第163条),委托代理体现为委托代理人按照被代理人的委托、以被代理人的名义行使代理权,强调代理人与第三人

---

① 参见林诚二:《民法债编各论》,中国人民大学出版社2007年版,第164页。

及本人(被代理人)三方的法律关系;而委托合同制度规定在合同编,属于债法的范畴,委托合同的法律关系基于委托人与受托人之间的意思表示一致,强调委托人与受托人之间内部的权利义务关系。其次,不可否认,委托合同是委托代理权产生的基础之一,但是,有委托合同,不一定必然产生委托代理权,代理人代理权的取得,还需要委托人代理权的授权行为,如果仅有委托合同,而没有代理权的授予(一般情形下,代理权的授予是被代理人的单方法律行为,并不需要代理人作出同意的意思表示即可产生委托代理权,这与委托合同双方当事人的意思表示合意不同),则代理人的委托代理权无法产生,就如同当事人委托律师打官司一样,当事人需要与律师事务所签订委托代理合同,还需要单独给律师出具授权委托书,律师作为代理人才具有相应的代理权限。上文已述,有委托合同,不一定必然产生委托代理权;反过来说,有委托代理权,也未必有委托合同,因为委托合同只是产生委托代理权的基础之一,委托合同之外的基础法律关系亦可能成为委托代理权的基础,比如,在合伙合同法律关系中,按照合伙合同的约定或者全体合伙人的决定,可以委托一个或者数个合伙人执行合伙事务。

(二)委托合同制度与承揽合同制度

委托合同与承揽合同有一定的相似性,两种合同都是当事人一方为另一方提供劳务的合同,委托合同的受托人一方与承揽合同的承揽人一方都是按照对方当事人的要求、依据合同约定提供一定的劳务或完成一定的任务。但是,二者还是有一定的区别:首先,从合同目的及履行过程看,承揽合同注重承揽人最终的成果,定作人一般不关注过程;而委托合同更注重受托人处理委托人委托事务的过程,其合同目的并没有直接指向结果。其次,从合同的风险承担及是否为有偿分析,承揽合同履行过程的风险由承揽人承担,定作人依照约定支付报酬而最终获得承揽人交付的工作成果;而委托合同履行过程中受托人办理委托事务产生的风险,原则上由委托人承担,这与一般的代理制度规则一致。另外,承揽合同一般为有偿合同,定作人获得工作成果且不承担相应风险,但必须向承揽人支付报酬;而委托合同既可以是有偿的,也可以是无偿的。

(三)委托合同制度与行纪合同制度

委托合同与行纪合同都是当事人在双方信任基础上形成的合同关系,都是以提供一定劳务为合同标的的委托类合同，且从渊源上看，行纪合同衍生于委托合同。但是，二者还是有一定的区别：首先，从法律关系的主体要求及合同的适用范围上看，行纪合同中的行纪人一般有特殊的限定要求，需是具有从事某种行纪行为特定资质、专门经营为他人从事贸易活动的主体；而委托合同的当事人中，对受托人没有特定资质之要求，当事人也不一定是专门从事贸易活动的主体。由此，行纪合同的适用范围一般限于专门的贸易活动，而委托合同的适用范围较广，可以适用于贸易活动及其他任何法律允许的可委托的民事活动领域。其次，从合同的权利义务关系及从事民事活动的对外名义上分析，在行纪合同中，行纪人是独立地以自己的名义与第三人从事贸易活动，行纪人如与第三人签订合同，该合同与行纪合同本身是相互独立的，第三人与行纪合同当事人中的委托人没有直接的法律关系；而在委托合同中，受托人一般以委托人的名义与第三人签订合同，该合同的权利义务一般归于委托人，即对委托人产生法律效力。另外，行纪合同为有偿合同，委托人需向行纪人支付报酬（尽管处理委托事务本身支出的费用一般由行纪人自行负担）；而委托合同既可以是有偿的，也可以是无偿的。

（四）委托合同制度与中介合同制度

委托合同与中介合同亦是当事人在双方信任基础上形成的合同关系，都是以提供一定劳务为合同标的的委托类合同，且从渊源上看，中介合同衍生于委托合同。但是，二者还是有一定的区别：首先，从法律关系的主体要求上看，对中介合同中的中介人一般有特殊的限定要求（非所有的中介合同均如此要求），需具有从事某种中介行为的能力、知识或特定资质，甚至需要相应的行政许可；而委托合同中，法律对受托人没有上述特殊要求。其次，从合同当事人的权利义务来看，中介合同的中介人，处于一个“中间人”的法律地位，其并不介入委托人与第三人签订合同的实质权利义务层面，只是给委托人提供媒介服务或者报告订立合同的机会；而委托合同的受托人，可以与第三人直接签订合同，尽管权利义务最终归属于委托人。另外，中介合同一般为有偿合同，委托人需向中介人支付报酬（中介人未促成合同成立的，无权请求支付报酬；但可按照约定请求委托人支付从事中介活动支出的必要费用）；而委托合同既可以是有偿的，也可以是无偿的。

第二节 委托合同的效力

一、委托人的权利与义务

(一)委托人的委托权限

在委托权限上,委托人根据具体情况,对于委托方式和委托事项有一定的选择权。委托人可以特别委托受托人处理一项或者数项事务,也可以概括委托受托人处理一切事务(《民法典》第920条)。

在委托合同的法律关系中,委托人委托的方式包括特别委托和概括委托,特别委托的事务可以是一项或者数项,没有限制;概括委托的事务即当事人之间约定的一切事务,均由受托人处理。当事人可以根据自身需要、交易习惯及委托事务具体情形,选择特别委托或概括委托的方式。

特别委托与概括委托是根据委托事务范围这一标准划分的。一般来说,在涉及处分委托人较为重大利益的情形下,常采取特别委托的方式,如在诉讼代理中当事人委托律师进行诉讼和解、调解、承认和变更诉讼请求、提起上诉等,且特别委托事项要明确具体,特别委托可以防止受托人因权限过大而损害委托人利益的情形发生,也可以明确委托事项从而避免对受托人授权不清,导致受托人无法为委托人权益行使权利从而使委托人利益受损的情形发生。概括委托中所说的委托人委托受托人处理"一切事务",需要厘清其语境,该"一切事务"并非指委托的所有事务,只是指与委托人委托事务相关的一切事务。两种委托形式的区别并不在于委托人委托事项的数量,而在于受托人处理委托事务的具体化程度。

在委托合同效力的判定上,委托合同约定的委托事项本身是否具有合法性、是否符合公序良俗之要求等,是重要的考量因素。法律给予否定性评价的欠缺合法性要求的委托事项将会影响委托合同的效力,但对于仅仅是委托事项超过企业经营范围等情形,不一定会影响委托合同本身的法律效力。同时,还需注意,因为合同具有相对性,在委托合同法律关系中,当事人对委托事务处理权限之约定限于双方当事人,如果当事人违反委托事务处理权限之约定,对外产生的法律效力需要综合具体情形加以判定。其一,在双方当事人约定了委托事务处理权限,但是受托人因未被实质授权而没有真正取得委托权限之情形下,如果受托人以自己的名义与第三人签订合同,该合同并不因此而不产生法律效力,只是该法律效力不及于委托人;如果此情形下受托人没有委托权限却以委托人名义签订合同,则可能产生无权代理的法律后果。其二,在委托合同的双方当事人约定一切事务由受托人处理之情形下,如果委托人未能遵守合同约定,自行处理了委托事务,该处理行为应认定为有效,但若因委托人该违约行为给受托人利益造成损害,将产生委托人承担违约责任之法律后果。

(二)委托人支付相关费用及利息的义务

无论是有偿的委托合同,还是无偿的委托合同,委托人都有支付相应费用的义务,包括支付预付的费用、偿还受托人垫付的必要费用并支付利息。根据《民法典》第 921 条的规定,委托人应当预付处理委托事务的费用。受托人为处理委托事务垫付的必要费用,委托人应当偿还该费用并支付利息。可以说,委托人的该项义务是法定义务,并非当事人之间在委托合同中约定的义务。委托人该项义务的履行分两个大的方面,一个是履行支付预付费用,一个是偿还受托人垫付费用并支付利息。《民法典》与原《合同法》比较而言,在该规则的后半部分,条文表述稍有变化,即将“委托人应当偿还该费用及其利息”调整为“委托人应该偿还该费用并支付利息”,表述更为科学准确。

首先,委托人有义务预付处理委托事务的费用。预付的费用是受托人为了委托人的利益处理委托事务过程中所需要的正常花销,如差旅费、诉讼费等。预付费用与委托事务的处理并不构成对价关系,因此二者之间不存在适用同时履行抗辩权的问题,非经约定,受托人并无垫付费用的义务,因此如果经受托人请求,委托人不预付费用,受托人因此不履行处理受托事务的义务,也不负履行迟延或拒绝履行的责任。[①] 由此,无论是有偿性的委托合同,还是无偿性的委托合同,委托人都有义务预先支付处理委托事务的费用,至于支付费用的多少、时间及方式等,双方当事人可以根据具体情形商定。一般情形下,如果委托人的预付费用不足以支付受托人处理委托事务之需,委托人应补足,如果预付费用有剩余,受托人应返还给委托人。当然,当事人之间有约定的从约定。

① 参见崔建远主编:《合同法》(第 7 版),法律出版社 2021 年版,第 456 页。

其次,委托人有义务偿还受托人为处理委托事务所垫付的必要费用,并支付相应利息。在委托合同的法律关系中,受托人没有法定义务为委托人垫付处理委托事务费用的义务,如果在一定情形下受托人进行了垫付,该费用最终自然应由委托人进行偿还,并支付相应利息。从权利义务角度分析,此情形下,受托人有请求偿还费用及支付利息的权利,委托人有偿还费用及支付利息的义务。需要加以说明的是,有必要对该规则中的"必要费用"进行正确理解。该"必要费用"一般限定为处理委托事务不可缺少的合理费用,与处理委托事务具有较为密切的联系,而与委托事务无关的费用、可有可无的费用、非实际发生的费用则不属于"必要费用";另外,受托人垫付的必要费用必须保持适当的限度并采用合理的方式,如处理委托事务的费用畸高,甚至高出了委托事务产生的利益,则自然不属于必要费用。如果系不合理的费用,超出"必要费用"的部分,委托人不负偿还义务。委托人向受托人支付垫付费用的利息,亦是委托人的法定义务,因为受托人本没有垫付费用的义务,一旦受托人垫付必要费用,委托人有义务支付受托人自垫付之日起费用产生的利息。关于利率的计算,有约定的从约定(不超过法定上限),没有约定或约定不明确的按照法定利率计算。

(三)委托人支付报酬的义务

委托合同可以是有偿的,也可以是无偿的。在无偿的委托合同情形下,委托人不存在支付报酬的义务。与原《合同法》相比,《民法典》将"委托人应当向其回复报酬"修改为"委托人应当按照约定向其支付报酬",即受托人完成委托事务的,委托人应当按照约定向其支付报酬(《民法典》第928条第1款)。该规定强调了按照约定支付报酬,且从规则的设置来看,委托人支付报酬的义务履行,前提是受托人完成委托事务,即明确了支付报酬的时间,说明在学理上采用的是"报酬后付主义"。由此,受托人不得以委托人未支付报酬为由而就委托事务的处理行使合同履行抗辩权。也就是说,在委托合同法律关系中,一般仅当事人有约定支付报酬的,委托人才负有支付报酬的义务。当然,委托合同中虽无约定但按照交易习惯应当支付报酬的,委托人亦应支付报酬。故委托合同中,当事人没有约定报酬的,一般为无偿的委托合同,有约定报酬的及按照交易习惯应当支付报酬的,为有偿的委托合同。在有偿的委托合同下,委托人有支付报酬的义务,在无偿的委托合同下,委托人无支付报酬的义务,但需要向受托人支付处理委托事务的相关费用。

委托合同履行过程中可能会存在合同目的不能实现及委托事务无法完成的风险,风险的负担涉及报酬的支付义务问题。如果因不可归责于受托人的事由,比如由于委托人的原因或者是不可抗力等,导致委托合同解除或者委托事务不能完成,原则上,委托人还应当向受托人支付相应的报酬。当事人另有约定的,按照其约定(《民法典》第 928 条第 2 款)。受托人完成委托事务的,委托人自然要支付报酬。而委托合同中的"完成委托事务",重在委托事务之处理,不完全以获得预期效果为要件,比如委托人不得以案件败诉为理由而拒绝支付律师费。[①] 在因不可归责于受托人的事由导致委托合同目的不能实现之情形下,受托人可能已经付出了一定的劳动、处理了部分委托事务,不论已处理的部分是否对委托人有益,受托人都可以就其已处理的部分享有报酬请求权。[②] 这一规则设定比较公平合理,委托合同更注重处理委托事务的过程,在受托人没有过错的情形下,其相应的报酬请求权不能被任意剥夺,受托人仍负有支付相应报酬之义务。当然,当事人之间另有关于是否支付报酬、如何支付报酬的约定的,依当事人之间的约定处理。

(四)委托人的赔偿义务(责任)

1. 委托人赔偿责任的一般情形

受托人处理委托事务,系为委托人之利益,若因不可归责于受托人的事由受到了损失,受托人可以就该损失向委托人请求赔偿(《民法典》第 930 条),即委托人在此情形下负有赔偿责任。因为委托人是委托合同中受托人处理委托事务的最终受益人,受托人处理委托事务可能产生利益,亦可能带来损失的风险,而利益与风险是共生的,在委托合同中,原则上也均应由委托人享有和承担,除非该损失可归责于受托人,即受托人有过错。

具体而言,委托人的赔偿责任主要体现在以下几个方面:其一,委托人应对自己的委托负责,如果是因委托人自己的过错(如指示不当、不履行告知义务、行使任意解除权等)而使受托人造成损失,委托人自然应承担赔偿责任。其二,在委托人本身没有过错的情形下,若受托人因不可归责于自己的事由而受到损害,受托人也可以向委托人主张损害赔偿,委托人负有损害赔偿责任,该损害赔

① 参见邱聪智:《新订债法各论》(中),中国人民大学出版社 2006 年版,第 180 ~ 181 页。

② 参见黄茂荣:《债法分则之二:劳务之债》,厦门大学出版社 2020 年版,第 231 页。

偿责任,以不可归责于受托人的事由为前提,对委托人而言,该责任属于无过失责任。[①] 比如,受托人在处理委托事务时遭受了不可抗力、意外事件以及由于第三人原因而受到损失,此时受托人有权利要求委托人对其损失承担赔偿责任,委托人负有损害赔偿的责任。

当然,在第三人原因造成受托人损失之情形下,受托人也可以向第三人主张损害赔偿,不过,如果第三人的身份不好确定或者缺乏承担赔偿责任的能力,受托人同样有权利向委托人主张赔偿,此时的委托人不能以自己没有对受托人损失的发生具有过错加以抗辩。委托人向受托人承担赔偿责任后,受托人应让与其对第三人的损害赔偿请求权,委托人有权向第三人进行追偿。

2. 委托人另行委托他人的赔偿责任

委托人经受托人同意,可以另行委托他人(受托人之外的第三人)处理委托事务,因此给受托人造成损失的,受托人可以向委托人请求赔偿损失(《民法典》第 931 条),在此情形下,委托人需向受托人承担赔偿责任。委托合同成立后,委托人原则上不得再另行擅自委托他人,如委托人再行委托第三人,即另行委托,给受托人造成损失,应承担赔偿责任。而且,法律明确要求,委托人另行委托他人处理委托事务的,需要经受托人的同意。即使经受托人同意的另行委托,如果给受托人造成损失,委托人同样要承担赔偿责任。该立法理念,体现了对委托合同稳定性的追求及对从事处理委托事务的受托人合法权益的保护。

二、受托人的权利与义务

(一)受托人的事务处理权及费用、报酬请求权

基于委托合同的基本界定,受托人的事务处理权源于委托人与受托人之间合同的约定(《民法典》第 919 条),可以是委托人特别委托的方式,也可以是委托人概括委托的方式(《民法典》第 920 条),受托人只有享有了事务处理权才能真正为委托人的利益处理委托人的事务,委托合同也才能真正得以履行。基于委托人具有预付处理委托事务的费用及偿还受托人处理委托事务垫付的必要费用和支付利息的义务(《民法典》第 921 条),受托人享有费用请求权。基于委托人具有在一定条件下向受托人支付报酬的义务(《民法典》第 928 条),受托人

① 参见韩世远:《合同法学》,高等教育出版社 2010 年版,第 561 页。

自然享有报酬请求权。这些均是根据权利义务对等原则,受托人应享有的权利。

(二)受托人依委托人的指示处理委托事务的义务

在委托合同中,受托人依委托人的指示处理委托事务,是其最基本的义务。根据《民法典》第922条的规定,受托人作为接受委托人委托的一方当事人,应当按照委托人的指示处理委托事务,即遵守委托人之指示;如果受托人需要变更委托人指示,应当经委托人同意;因情况紧急,受托人难以和委托人取得联系的,应当妥善处理委托事务,但是事后应当将该情况及时报告委托人。这里体现出委托合同中受托人的多项具体义务:其一,受托人对委托人指示的遵循义务。在委托人有明确指示的情形下,受托人应遵循委托人的指示处理委托事务,这可以理解为受托人为处理委托人事务所延伸出来之必然应为要求。[①] 且对于该指示的遵循,主要在于委托人指示的作出,委托人的指示可能于委托合同订立时、履行过程中作出,无论是命令性、指导性还是任意性指示,受托人遵循的程度需依具体情况而定。其二,为防止受托人按自己的意思处理委托事务,受托人如需要根据情况变更委托人的指示,必须经委托人同意,即使委托人原有的指示对委托人不利,受托人也需要和委托人沟通,经委托人同意方可变更原指示。其三,在因客观情况发生变化导致情况紧急,受托人难以和委托人取得联系的情形下,受托人负有妥善处理委托事务的义务。紧急情况下,如按委托人原指示难以妥善处理委托事务,可能损害委托人之利益,且又难以和委托人取得联系,受托人应妥善处理委托事务,这是受托人遵循委托人指示处理事务的例外。一般来说,对于命令性指示,受托人有绝对遵守的义务,即便情况紧急,受托人也不得变更指示,只有指导性指示可以发生变更。[②] 也有学者认为,在紧急情况下,不变更委托人命令性指示明显有损委托人利益的,亦应认为此时受托人可以变更指示。[③] 由此,紧急情况下受托人妥善处理事务这一指示遵循的例外规定,旨在以委托人和受托人之间的相互信赖关系为依托,开辟特殊情形下实现委托合同目的的新途径。[④] 其四,受托人在变更委托人指示妥善

---

① 参见黄茂荣:《债法分则之二:劳务之债》,厦门大学出版社2020年版,第200页。

② 参见史尚宽:《债法各论》,中国政法大学出版社2000年版,第393页。

③ 参见杨代雄主编:《袖珍民法典评注》,中国民主法制出版社2022年版,第787页。

④ 参见崔建远主编:《合同法》(第3版),法律出版社2003年版,第457页。

处理委托事务后,负有向委托人及时报告的义务。因情况紧急,受托人当时无法和委托人取得联系的,事后应将妥善处理委托事务的情况及时报告给委托人,否则因受托人怠于报告或者未履行报告义务给委托人造成损失的,受托人会因违反法定义务而承担责任。

(三)受托人亲自处理委托事务的义务

委托合同重视当事人之间的信任关系,①其信任基础体现出较强的人身依赖属性,委托人选择受托人处理委托事务是基于对受托人的资质、能力、信誉等方面的了解与信任,故,受托人原则上必须亲自处理委托事务,不得将委托事务擅自转委托给他人,除非经委托人同意(《民法典》第923条)。实践中,受托人为妥善处理委托事务或更好地保护委托人之利益,基于客观情况的变化或者受托人能力的限制等情形,有转委托的必要,也符合委托人利益之实现,但转委托原则上必须经委托人同意或事后追认。

转委托是受托人将委托事务的全部或者部分转委托给第三人(次委托人)处理,但法律后果仍归属于委托人的制度,转委托是作为受托人亲自处理委托事务的例外而存在的,具体包括经委托人同意或追认的适法转委托和未经委托人同意或追认的违法转委托,二者所产生的法律后果有所不同。根据《民法典》第923条的规定,转委托经同意或者追认的,委托人可以就委托事务直接指示转委托的第三人,受托人仅就第三人的选任及其对第三人的指示承担责任。转委托未经同意或者追认的,受托人应当对转委托的第三人的行为承担责任;但是,在紧急情况下受托人为了维护委托人的利益需要转委托第三人的除外。这里概括了两种情形,第一种情形是适法的转委托,委托人对受托人转委托的行为是事前同意或者事后追认的,法律应尊重委托人的意思自治,该转委托的法律后果归属于委托人,除就第三人的选任和对第三人的指示外,受托人不承担责任。第二种情形是违法的转委托,是未经委托人同意或追认的转委托,该转委托的法律后果归属于受托人,即受托人对次委托人的行为负责。但需要注意的是,未经委托人同意或追认的转委托如果发生在紧急情况下(如受托人客观履行不能),受托人为维护委托人利益需要(不转委托将会给委托人造成较大损失或者导致损失持续扩大)而转委托第三人,构成违法转委托的例外,一般被认

① 参见史尚宽:《债法各论》,中国政法大学出版社2000年版,第393页。

为紧急的转委托,在法律效果上应视为委托人同意的转委托。

相较于原《合同法》,《民法典》新增了委托人享有对转委托的追认权的规定。根据原《合同法》第400条的规定,对于转委托,委托人有是否同意的权利,而《民法典》在“同意”的基础上,新增了“追认”的表述,即新增了委托人对转委托的“追认权”,由此,委托人可以就委托事务直接指示转委托的第三人的前提包括了两种:转委托经同意或者转委托经追认。可以说,这一规定有利于促进民事活动的展开,尽管委托合同以当事人之间的相互信赖为基础,受托人一方原则上应该亲自处理委托人委托的事务,不可以将委托事务进行转委托,除非经委托人同意。而《民法典》新增的“追认”规则,也限于已转委托给第三人的事实,在该种情形下,赋予了委托人对转委托行为的追认权,最后的法律效果与委托人“同意”一样,该转委托行为对委托人具有法律拘束力,受托人的转委托行为产生相应的法律后果。

(四)受托人的报告义务

为了维护委托人的合法权益,受托人有向委托人报告的义务,该义务具有法定性。具体而言,受托人应当按照委托人的要求,报告委托事务的处理情况。委托合同终止时,受托人应当报告委托事务的结果(《民法典》第924条)。受托人的报告义务是法定义务,非委托合同约定的义务,所以,受托人必须依法履行,而不能以委托合同中没有约定为由不履行上述报告义务。在受托人处理委托事务时,委托人有权利要求受托人报告委托事务的处理情况,一般认为,委托人可要求受托人随时或定期履行报告义务,关于报告的时间、方式等双方当事人可以有更详细的约定,但受托人按委托人的要求履行报告义务是法律直接规定的。在委托合同终止时,受托人也有义务向委托人报告委托事务的结果。可见,从委托合同履行过程到委托合同的终止,受托人的报告义务均是作为受托人一项重要的主给付义务而存在的,不能忽视。

《民法典》虽然规定了受托人的报告义务,但是未直接规定受托人不履行或未全部履行上述报告义务的法律责任问题。如果受托人违反上述报告义务,其法律后果可能体现为以下几种情形:其一,受托人未尽到报告义务还尚未构成对委托合同的根本违约,但委托人对受托人未履行该义务不满意的,委托人可行使任意解除权来解除委托合同;其二,受托人未尽到报告义务已构成对委托合同的根本违约的,委托人可以行使法定解除权来解除委托合同,由此给委托人造成损失的，委托人有权利向受托人主张损害赔偿。[①] 可见，报告义务看似较小，但如果不重视履行，可能会产生较为严重的法律后果。

（五）受托人移交委托事务所得财产的义务

委托合同的受益人是委托人，受托人系为委托人处理委托事务，受托人因处理委托事务而取得的财产，最终归属于委托人，应当转交给委托人（《民法典》第927条）。无论是金钱、实物等有形财产还是土地使用权等无形的财产性权利，无论是原物还是孳息，只要是受托人处理委托事务取得的财产，都有义务依法转交给委托人；也不论受托人是以自己名义还是以委托人的名义以及次委托人取得的财产，受托人均有义务依法将其转交给委托人。《德国民法典》规定："受任人有义务将自己处理委任事务而获得的以及自己因处理事务而取得的一切，交给委任人。"[②]一般认为，对《民法典》该规则中的"财产"，应做广义理解，这样更有利于对委托合同中实际权利人的保护。

（六）受托人的损害赔偿责任

委托合同中，在一定情形下，委托人负有损害赔偿的责任（如委托人因自己的过错以及不可归责于受托人的事由导致受托人遭受损失），相对地，受托人因过错等原因造成委托人损失的，亦应负损害赔偿的责任。

受托人是否有过错及其过错程度是判断其在处理委托事务过程中是否应向委托人赔偿损失的一般依据。根据《民法典》第929条第1款的规定："有偿的委托合同，因受托人的过错造成委托人损失的，委托人可以请求赔偿损失。无偿的委托合同，因受托人的故意或者重大过失造成委托人损失的，委托人可以请求赔偿损失。"可见，在有偿的委托合同和无偿的委托合同中，受托人应负赔偿责任的过错要件有所不同，受托人在处理委托事务过程中的注意义务也不同。在有偿的委托合同中，委托人支付了报酬这一合同对价，此时受托人的注意义务相对严格，受托人应负抽象轻过失责任，[③]只要因受托人的过错给委托人造成损失，无论过错程度大小，委托人均可以请求赔偿损失，受托人均应承担赔偿责任。在无偿的委托合同中，因受托人并没有报酬，委托人基本上是单方获

---

① 参见最高人民法院民法典贯彻实施工作领导小组主编：《中华人民共和国民法典合同编理解与适用（四）》，人民法院出版社2020年版，第2494页。

② 《德国民法典》第667条。

③ 参见史尚宽：《债法各论》，中国政法大学出版社2000年版，第401页。

益，此时受托人仅需尽到一般的注意义务即可，如果对受托人苛以严格的要求，有违常理，对受托人也不公平，由此，只有在受托人有故意或重大过失的情形下给委托人造成损失，委托人才可以请求赔偿损失，受托人应承担赔偿责任。

受托人系基于委托人的授权而处理委托事务的，如果受托人超越权限造成委托的损失，本质上亦属于当事人债务不履行的情形。根据《民法典》第 929 条第 2 款的规定："受托人超越权限造成委托人损失的，应当赔偿损失。"此即受托人因超越权限处理委托事务给委托人造成损失而负赔偿责任的体现。从立法精神来看，无论是有偿的委托合同，还是无偿的委托合同，无论受托人是否有过错，也不考察过错程度，只要其超越权限造成委托人损失这一法律后果，受托人均应对委托人负赔偿责任，可以说这是严格责任的一种体现。

（七）受托人的连带责任

在委托合同关系中，存在共同委托的情形，即委托人委托两个以上的受托人共同处理委托事务，若其中一个受托人或数个受托人违反了受托人的义务，而给委托人带来损失，委托人可以向所有受托人或其中任何一个受托人主张赔偿，即受托人为数人时，对委托人承担连带责任（《民法典》第 932 条）。此情形下的受托人对委托人承担连带责任，其实也反映出多个受托人在共同委托中形成了连带债务。这里必须强调，共同委托系基于同一合同关系，多个受托人处理的是相同的委托事务（非按照不同权限的分工处理），受托人共同对委托人承担连带责任。

在共同委托的受托人一方，如其中的一人或数人未与其他受托人协商而处理委托事务的行为损害了委托人的利益，对外仍需负连带责任，但无过错的受托人可以在承担连带责任后向相应的受托人进行追偿。同时，还需注意的是，如果委托合同中对不同的委托人的委托权限及委托事务范围作出明确分工，实际上并不是共同处理委托事务，在法律关系上不构成共同委托，每个受托人承担的责任也并非连带责任。

三、委托人、受托人与第三人之间的权利义务

（一）隐名代理制度中的三方权利义务关系

在《民法典·总则编》的代理制度及《民法典·合同编》的委托合同制度

中,可能会涉及委托人、受托人与第三人之间的权利义务关系,在三方的法律关系中还会涉及受托人不同的代理权限以及以谁的名义从事法律行为的问题。尽管有直接代理、间接代理、隐名代理[①]、默示显名代理[②]等不同的称谓,甚至还存在学理争议,但一般认为代理可分为直接代理和间接代理,直接代理是代理人以被代理人(本人)的名义与第三人所从事的民事法律行为;间接代理是代理人以自己的名义与第三人所从事的民事法律行为。[③] 可见,代理人以谁的名义与第三人从事民事活动,是判断标准之一。

根据合同相对性原理,原则上委托合同是委托人与受托人签订的,对第三人无法律约束力。同理,受托人与第三人签订的合同,原则上对委托人应无法律约束力。不过,《民法典·合同编》委托合同制度中受托人与第三人签订合同,在符合法律规定的前提下,突破了合同的相对性,可以直接约束第三人和合同之外的委托人。在学理上,委托人自动介入受托人与第三人所订立的合同中,取代了受托人的法律地位,这被概括为"委托人的自动介入"。在委托代理合同中,受托人以自己的名义,在委托人的授权范围内与第三人订立的合同,第三人在订立合同时知道受托人与委托人之间的代理关系的,该合同直接约束委托人和第三人;但是,有确切证据证明该合同只约束受托人和第三人的除外(《民法典》第925条)。一般认为,该规则是合同法律制度中的隐名代理制度,其构成要件需符合以下要求:其一,受托人以自己的名义实施代理行为(处理委托事务、与第三人订立合同)。不过,此处需要强调的是,受托人以自己的名义应仅仅指受托人(代理人)作为名义上的订立合同当事人,不含代理意思的表达,[④]即不包含受托人做出法律行为的效果归属于其自己的意思表示,否则在法律效果归属上则会存在逻辑悖论。其二,受托人需在委托人的授权范围内为一定法律行为(与第三人订立合同)。如果受托人没有获得委托人的授权或者受托人超越授权范围而与第三人订立合同,可能会构成无权代理,而不会产生隐

---

① 参见方新军:《民法典编纂视野下合同法第402条、第403条的存废》,载《法学研究》2019年第1期。

② 参见杨代雄:《〈民法总则〉中的代理制度重大争议问题》,载《学术月刊》2017年第12期;杨代雄主编:《袖珍民法典评注》,中国民主法制出版社2022年版,第789~790页。

③ 参见崔建远主编:《合同法》(第7版),法律出版社2021年版,第458页;王利明:《合同法研究》(第3卷),中国人民大学出版社2015年版,第716页。

④ 参见胡东海:《〈合同法〉第402条(隐名代理)评注》,载《法学家》2019年第6期。

名代理的法律效果。其三,第三人在与受托人订立合同时即知道(明知,不包括应当知道)受托人与委托人之间存在着代理关系。这是第三人与受托人之间的合同能够直接约束第三人与委托人的重要条件,在时间节点上,如果第三人后续才知道(订立合同时不知道),则不构成隐名代理。其四,不存在确切证据证明受托人与第三人之间的合同只约束形式上双方当事人的情形。这是构成隐名代理的消极条件,至于是否有确切证据证明相关合同约束哪两方当事人,需要综合判断(实践中因委托合同产生的法律关系,往往不仅仅涉及委托关系,还可能涉及买卖、借贷以及担保等多重法律关系),[①]比如合同中有明确的条款,已经作了特殊约定,应属于有确切证据;还比如合同中虽然没有明确约定,但依据合同条款和其他案件相关事实能够综合判断出来合同所约束的当事人是哪两方,也可以认定为有确切证据。该要件也是《民法典》第925条但书条款的明确规定,即“有确切证据证明该合同只约束受托人和第三人的除外”。也就是说,如果符合但书条款的规定,该合同不发生直接约束委托人和第三人的法律效果。

司法实践中,隐名代理相关的纠纷极其常见,法律关系判断比较复杂,法律适用错误的情形也比较常见。因为《民法典》第162条(总则编的显名代理)与第925条(合同编的隐名代理)、第926条(合同编的间接代理)关联度较高,常常容易混淆,甚至在学理认识上和司法实践中均存有一定争议,导致司法裁判中法律适用也比较混乱,有的裁判文书将《民法典》第925条和第126条作为法律依据同时援引,或者将《民法典》第925条和第926条作为法律依据同时援引,这种法律适用是错误的。[②] 三个法律制度虽然有一定的关联性,但还是有区别的,法律适用的前提及具体情形均有所不同。

(二)间接代理制度中的三方权利义务关系

代理可分为直接代理和间接代理,其主要区别前文已做分析,此不赘述。在委托合同语境下,间接代理一般是指受托人以自己的名义为委托人的利益而与第三人实施的法律行为。在间接代理的法律关系中,委托人与受托人、受托人与第三人之间形成的合同关系,在主体上考量,是相对独立的。但是,基于委

① 参见厦门航空开发股份有限公司与北京南钢金易贸易有限公司及第三人厦门市东方龙金属材料有限公司买卖合同纠纷案,载《最高人民法院公报》2017年第1期。

② 参见最高人民法院民法典贯彻实施工作领导小组主编:《中华人民共和国民法典合同编理解与适用(四)》,人民法院出版社2020年版,第2500页。

托合同的基础法律关系,受托人系为委托人之利益以自己的名义与第三人订立合同,该制度设计最终的利益主体仍为委托人,这种法律关系与经济关系的不一致导致当事人之间的权利义务关系不好安排,使这种间接代理的法律效果接近直接代理,①但毕竟还不是直接代理的法律关系,故间接代理中相对独立的法律关系又可能存在一定程度的复杂关联性。

1. 委托人的介入权及其规则

在间接代理的法律关系中,委托人享有介入权。合同具有相对性,根据合同相对性原理,合同只约束签订合同的各方当事人。在学理上,委托人介入权的行使,一定程度上突破了合同的相对性。委托人的介入权,一般是指在受托人以自己的名义与第三人形成了合同关系时,满足了特定情形后,委托人可以取代受托人的法律地位,介入到原本是受托人与第三人之间合同关系的权利,即委托人因此可行使受托人对第三人的权利(《民法典》第 926 条第 1 款前句)。委托人的介入权,究其实质,是将受托人行为的法律效果等同于委托人本人亲自实施的法律效果,受托人的行为后果最终亦应由委托人享有或承担,且在受托人因第三人的原因对委托人不履行义务时,受托人应向委托人披露第三人,委托人作为守约方的利益应得到保护,此时可以行使介入权。

理解委托合同中委托人的介入权需要注意以下几点:其一,委托人所介入的合同是受托人以自己的名义与第三人签订的合同,而非委托合同本身;其二,第三人在与受托人签订合同时并不知晓受托人与委托人之间存在代理关系,如果第三人知晓受托人与委托人之间存在代理关系,合同的权利义务直接约束委托人与第三人,则构成隐名代理或默示显名代理;其三,因为第三人的原因致使合同不能履行,由此导致受托人无法对委托人履行义务,如果受托人能够对委托人履行义务,委托人则无介入之必要;其四,受托人已经向委托人履行了披露第三人的义务,这是委托人得以行使介入权的前提条件。

委托人虽然享有特定条件下的介入权,但委托人可以行使,也可以不行使。也就是说,委托人可以选择是否行使介入权:委托人行使介入权的,则合同直接约束委托人与第三人,委托人可以要求第三人向其承担违约责任;委托人不行

---

① 参见[德]卡尔·拉伦茨:《德国民法通论》(下册),王晓晔等译,法律出版社 2003 年版,第 821 页。

使介入权的，根据合同的相对性原则，合同仍约束受托人与第三人，受托人可以向第三人主张违约责任，受托人与委托人之间的纠纷根据委托合同的约定另行解决。[①] 而且，第三人与受托人订立合同时如果知道该委托人就不会订立合同，则构成委托人行使介入权的例外(《民法典》第926条第1款后半句但书条款)。该但书条款的限制，主要体现了对第三人利益之保护，其理论前提是委托人行使介入权不得明显违背第三人之意愿。第三人作为合同的当事人，其对自己与受托人之间合同的预见性、稳定性及其意思表示应该得到充分尊重。比如，第三人纯粹是出于对受托人的资质、能力等因素的信赖而订立合同的，如果知道委托人的存在就不会订立合同。或者说，如果受托人不作为合同主体，第三人就不会订立合同。[②] 即第三人订立合同可能纯粹基于对受托人之信赖，或者第三人明确表示需要受托人亲自履行合同等。故委托人介入权的行使在此情形下存在例外。

2. 第三人的选择权及其规则

代理制度的核心体现为委托人与第三人的关系，《民法典》为平衡委托人与第三人之间的利益，在承认委托人介入权的同时，也承认第三人的选择权。[③] 相对而言，在特定情形下，受托人有向委托人披露的义务，也有向第三人披露的义务，当受托人向第三人披露委托人后，第三人享有一定的选择权。根据《民法典》第926条第2款的规定："受托人因委托人的原因对第三人不履行义务，受托人应当向第三人披露委托人，第三人因此可以选择受托人或者委托人作为相对人主张其权利，但是第三人不得变更选定的相对人。"也就是说，因委托人的原因委托人不对第三人履行义务，受托人向第三人披露委托人之后，第三人可以选择委托人作为合同相对人履行合同，也可以选择受托人继续履行合同，充分赋予了第三人选择权，该规则的设置是平衡间接代理制度中委托人、受托人和第三人利益的需要。第三人的选择权行使，需满足以下要件：其一，第三人与受托人已经订立合同，且受托人是以自己的名义而非委托人的名义

① 参见上海闽路润贸易有限公司与上海钢翼贸易有限公司买卖合同纠纷案，载《最高人民法院公报》2016年第1期。

② 参见最高人民法院民法典贯彻实施工作领导小组主编：《中华人民共和国民法典合同编理解与适用(四)》，人民法院出版社2020年版，第2506~2507页。

③ 参见崔建远主编：《合同法》(第7版)，法律出版社2021年版，第459页。

订立的,如果受托人以委托人名义订立合同,构成普通代理。其二,第三人不知道受托人与委托人之间存在代理关系,如果第三人知道则可能构成隐名代理,委托人会自动介入到受托人与第三人所订立的合同中。其三,因委托人的原因导致受托人对第三人不履行义务,如果是因受托人自己的原因,第三人则只能向受托人主张权利,无法行使选择权。其四,受托人已经向第三人披露了委托人,否则第三人根本不知道委托人的存在。在此基础上,第三人才有了选择的权利,即第三人主张权利的对象(合同相对人),可以在受托人和委托人之间进行选择。

另外,第三人的选择权在法律性质上属于形成权,第三人在行使选择权后,即选择了委托人或者受托人为合同的相对人后,不得变更其已经选定的相对人,无论是委托人还是受托人,即使后续该已选定的相对人不能实际履行合同、不利于第三人的利益,该选择权行使所产生的法律后果由第三人自行承担。

3. 委托人和第三人的抗辩权及其规则

间接代理的法律关系中,在委托人行使介入权的情形下,第三人可以进行抗辩;在第三人行使选择权的情形下,委托人亦可以进行抗辩。根据《民法典》第 926 条第 3 款的规定:"委托人行使受托人对第三人的权利的,第三人可以向委托人主张其对受托人的抗辩。第三人选定委托人作为其相对人的,委托人可以向第三人主张其对受托人的抗辩以及受托人对第三人抗辩。"比较而言,第三人对委托人行使抗辩与委托人对第三人行使抗辩,不仅前提条件不同,而且范围也有差异。第三人的抗辩是针对委托人介入权的抗辩,第三人对受托人关于二者之间合同履行等方面的抗辩权可以向委托人主张;委托人的抗辩源于第三人选择权的行使,第三人选择委托人作为合同相对人时,委托人对第三人不仅可以主张受托人对第三人的抗辩,而且还可以主张其对受托人的抗辩。之所以如此,背后的原理也容易理解,因为委托人介入受托人与第三人的合同后,可视为委托人取代了受托人在合同中的地位,而委托人与受托人之间本来还存在合同关系,由此,委托人对第三人可以有基于两个合同基础的双重抗辩。

第三节　委托合同的解除与终止

一、委托合同的解除

合同解除的方式包括约定解除和法定解除,委托合同的解除方式亦然。约定解除是双方当事人意思自治的结果,协商一致即可;而法定解除需要严格遵守法律的规则。《民法典·合同编》对委托合同的法定解除有所规定,设置了特殊的法律规则。

当事人之间的信赖关系是委托合同得以订立和履行的基础,但如果当事人之间的信赖基础不再牢固甚至发生动摇和丧失后,当事人任何一方均有权利解除委托合同,即当事人享有合同的任意解除权。由此,委托人或者受托人可以随时解除委托合同(《民法典》第 933 条前句)。“可以随时解除委托合同”,即是任意解除权的最直接体现。当委托合同当事人之间的信赖基础出现问题时,当事人似乎已经没有继续履行合同的必要,当事人如还受委托合同关系的约束,未必有利于委托事务的良好处理及合同目的的实现,而赋予委托合同当事人以任意解除权,可以使当事人能够从已经缺乏信赖基础的合同关系中分离出来,更好地体现了尊重当事人意思自治的理念。

委托合同的任意解除权,双方当事人都可以随时行使,且无须提供相关证明,但行使该权利的一方当事人可能需要赔偿合同相对方的损失,不过,在无偿的委托合同与有偿的委托合同中赔偿范围有所不同。具体而言,因解除合同造成对方损失的,除不可归责于该当事人的事由外,无偿委托合同的解除方应当赔偿因解除时间不当造成的直接损失,有偿委托合同的解除方应当赔偿对方的直接损失和合同履行后可以获得的利益(《民法典》第 933 条后句)。相比较而言,《民法典》在原《合同法》第 410 条规定的委托合同解除赔偿损失规则的基础上,对无偿委托合同解除的赔偿规则与有偿委托合同解除赔偿的规则作了区分,也细化了具体内容。合同的任意解除权,源于委托合同当事人之间的信赖关系的动摇与变化,当事人任何一方对另一方有了不信任,均享有对委托合同的解除权,且该权利的行使可以随时而为之。当然,解除委托合同关系有可能给对方造成损失,亦可能无损失或损失可忽略不计。在有损失的情形下,还要看是否可归责于一方当事人,且无偿委托合同与有偿委托合同赔偿的范围有所不同。在无偿委托合同中,当事人行使任意解除权,只有在“解除时间不当”的情形下,解除方才负有赔偿责任,且只赔偿直接损失;但在有偿委托合同中,当事人行使任意解除权时,解除方需要赔偿的损失,除了包括给对方造成的直接损失,还包括可得利益损失(合同履行后可以获得的利益)。

在原《合同法》委托合同任意解除权的规则下,司法实践中法院判定解除方赔偿对方的损失范围裁判尺度不一。在有的案件中,法院认为:“因解除合同给对方造成损失的,除不可归责于该当事人的事由以外,应当赔偿损失。但是,当事人基于解除委托合同而应承担的民事赔偿责任,不同于基于故意违约而应承担的民事责任,前者的责任范围仅限于给对方造成的直接损失,不包括对方的预期利益。”①而在有的案件中,法院认为:“可得利益是合同被履行后可以取得的利益。赔偿可得利益可以弥补因违约方给守约方造成的全部实际损失,使守约方恢复到合同得到严格履行情况下的状态,促使当事人诚信履行合同。”②尽管案件发生的时间不同,但都是最高人民法院作出的生效判决,反映出司法裁判对委托合同任意解除权行使的损害赔偿范围认识不一致的现象,这根源于法律规则的不明确。正如有的学者所言:“民法典中有关委托合同任意解除的规定,应吸收司法实践中的合理经验,对本质不同的有偿委托合同予以区别对待。”③可以说,《民法典》第 923 条的新规定细化了原有的规则,清晰界定了损害赔偿的范围,弥补了原规则的法律漏洞。

委托合同中任意解除权是法定的,而非当事人合同创设的权利,当事人可否通过约定限制该任意解除权的问题值得探讨,该问题也可以表达为委托合同中的任意解除权是否可以约定排除或预先抛弃。虽然在学理上及司法实践中有不同的观点,但最高人民法院在相关判决中指出:“就案涉有偿合同而言,该条所规定的任意解除权可以基于合同当事人的合意予以排除。当事人通过合

① 参见上海盘起贸易有限公司与盘起工业(大连)有限公司委托合同纠纷案,载《最高人民法院公报》2006 年第 4 期。

② 参见成都和信致远地产顾问有限责任公司与四川省南部县金利房地产开发有限公司委托合同纠纷案,最高人民法院(2015)民一终字第 226 号。

③ 武腾:《委托合同任意解除与违约责任》,载《现代法学》2020 年第 2 期。

同就任意解除权不得行使的约定具有法律约束力，当事人均应按照约定履行自己的义务。”[①]“合同中预先对合同任意解除权进行了限制，即均不得中途单方面解除合同。该约定内容为合同的组成部分，未违反法律的相关规定，因《代理合同》为有效合同，其中限制任意解除权的条款亦应有效，对双方当事人具有法律约束力。”[②]由此，根据契约自由的理念，委托人或者受托人均有随时解除委托合同的权利，但基于约定优于法定的原则，当事人的意思自治应得到尊重，合同当事人的任意解除权应受约定之限制，在有该种约定的情形下，当事人不得随意解除委托合同。

二、委托合同的终止

(一)委托合同终止的法定事由

根据《民法典》第934条的规定，委托人死亡、终止或者受托人死亡、丧失民事行为能力、终止的，委托合同终止，具体而言，包括以下情形：

1. 委托人死亡之情形

委托合同关系中的委托人为自然人时，若其死亡，无论是生理死亡还是宣告死亡，则其享有民事权利能力的资格不复存在，委托合同原则上自然终止。

此处重点强调一个新变化：《民法典》的新规则摒弃了原《合同法》中委托人丧失民事行为能力的事由出现，也导致委托合同终止的规则。委托人一方如果丧失行为能力，在一定程度上更需要受托人为其处理委托事务，此情形下终止委托合同，并不利于委托人。故立法删除该项委托合同终止的事由是一大进步，也是《民法典》立法科学化、体系化的一大体现。[③] 可见，委托人民事行为能力的弱化并非委托合同终止的事由，这与对需要处理委托事务必须具备民事行为能力的受托人一方的要求不同。

---

① 湖南康帅房地产开发有限公司、深圳天鹜投资策划有限公司与湖南康帅房地产开发有限公司、深圳天鹜投资策划有限公司委托合同纠纷案，最高人民法院(2015)民申字第990号。

② 成都和信致远地产顾问有限责任公司与四川省南部县金利房地产开发有限公司委托合同纠纷案，最高人民法院(2015)民一终字第226号。

③ 参见最高人民法院民法典贯彻实施工作领导小组主编：《中华人民共和国民法典合同编理解与适用(四)》，人民法院出版社2020年版，第2535页。

2. 委托人终止之情形

委托合同关系中的委托人非为自然人时，即作为法人或非法人组织的委托人终止时，委托人的主体资格灭失，委托合同原则上也自然终止。

3. 受托人死亡、丧失行为能力、终止之情形

委托合同关系中的受托人为自然人时，若其死亡，无论是生理死亡还是宣告死亡，则其处理委托事务已然事实不能，委托合同原则上自然终止。当受托人丧失行为能力时，委托合同终止，因为在此种状态下，受托人没有行为能力继续处理委托事务。委托合同关系中的受托人非为自然人时，即作为法人或非法人组织的受托人终止时，受托人的主体资格灭失，委托合同原则上也自然终止。

（二）不宜终止委托合同的特殊情形

《民法典》第934条后半部分但书条款规定：当事人另有约定或者根据委托事务的性质不宜终止的除外。也就是说，在出现委托人死亡、终止或者受托人死亡、丧失民事行为能力、终止的情形时，原则上委托合同要终止，但特殊情形出现时，委托合同并不当然终止。主要体现在以下方面：其一，当事人之间有明确的约定，即使委托人死亡委托合同亦不终止，受托人需继续处理委托事务。其二，根据委托事务的性质不宜终止委托合同，如《民法典》第936条规定的情形出现时不宜终止委托合同，该特殊情形的设定主要基于对委托人利益的考量，在特定的主体承受委托事务之前或委托人做出善后处理之前，不宜终止委托合同。

（三）委托合同终止后受托人继续处理委托事务的义务

原则上，委托合同终止后，双方当事人权利义务消灭，受托人无义务再处理委托事务。但是，因委托人死亡或者被宣告破产、解散，致使委托合同终止将损害委托人利益的，在委托人的继承人、遗产管理人或者清算人承受委托事务之前，受托人应当继续处理委托事务（《民法典》第935条）。也就是说，在特定的情形下，如果终止委托合同将对委托人的利益造成损害，受托人有义务继续处理委托事务，直到委托人的继承人等主体承受了委托事务。该规定体现出法律对委托合同当事人利益的平衡，虽然在一定程度上限制了受托人的权利，但整体上是为了促使委托合同目的的实现，更好地处理委托人的事务。

（四）委托合同终止后受托人的继承人等主体的义务

在因受托人死亡等原因致使委托合同终止时，为了保障委托人的合法权

益，法律对受托人的继承人等主体设定了一定义务。《民法典》第936条规定："因受托人死亡、丧失民事行为能力或者被宣告破产、解散，致使委托合同终止的，受托人的继承人、遗产管理人、法定代理人或者清算人应当及时通知委托人。因委托合同终止将损害委托人利益的，在委托人作出善后处理之前，受托人的继承人、遗产管理人、法定代理人或者清算人应当采取必要措施。"此情形下，受托人的继承人等主体负有两项义务：一是及时通知的义务，二是采取必要措施的义务。受托人的继承人等主体履行的这两项义务，在法律性质上属于后合同义务，其目的是防止委托人的利益受损，如果受托人的继承人等主体没有履行上述义务（如怠于履行通知义务或者未履行通知义务、未采取必要措施或采取了不当或不必要的措施）给委托人造成损失，应承担相应的责任。

第十六章

物业服务合同

第一节　物业服务合同概述

一、物业服务合同的重新界定与制度升华

(一)物业服务合同的重新界定

物业服务合同是我国《民法典》新增的重要合同类型,也是法律确认的一种新的典型合同。物业服务与城市百姓生活息息相关,涉及人们的切身利益及物业服务企业的正常运转。随着社会的不断发展,与物业服务相关的法律纠纷不断增加,物业服务合同应运而生。

物业服务合同的双方主体是物业服务人与全体业主(权利义务主体,并非签约主体),该合同是物业服务人在物业服务区域内,为业主提供建筑物及其附属设施的维修养护、环境卫生和相关秩序的管理维护等物业服务,业主支付物业费的合同(《民法典》第 937 条第 1 款),物业服务合同中的物业服务人有物业服务企业和其他管理人两种形式(《民法典》第 937 条第 2 款),由此,物业服务合同的主体是物业服务企业、其他管理人以及全体业主。

物业服务合同在具体的订立过程中并不是单独的磋商缔约模式,这在民事、经济活动中也并非物业服务合同所独有的,其他典型者如消费者合同、格式合同以及劳动法上的集体合同等。[1] 这是在理解物业服务合同的基本含义时首

---

① 参见[德]迪尔克·罗歇尔德斯:《德国债法总论》,沈小军、张金海译,沈小军校,中国人民大学出版社 2014 年版,第 24 页。

先需要明确的。从物业服务合同的目的看，广义的物业服务合同也包括前期物业服务合同，具体体现为物业服务人为业主提供物业服务，业主缴纳物业费，双方达成一致而形成法律关系。根据《民法典·物权编》的规定，有关建筑物及其附属设施的管理规约的制定和修改，业主委员会的选举或者业主委员会成员的更换，物业服务企业或者其他管理人的选聘和解聘以及有关共有和共同管理权利的其他重大事项等应由业主共同决定（《民法典》第 278 条）。所以，《民法典·合同编》物业服务合同的相关规定涉及《民法典·物权编》建筑物区分所有权制度的，相应规定中对业主的界定应该保持一致。物业服务合同的内容是提供建筑物及其附属设施的维修养护，环境卫生和相关秩序的管理、维护等物业服务，以上物业服务内容通常涉及全体业主的共有利益，故应当将全体业主作为物业服务合同的当事人。将业主定义为全体业主，有利于贯彻物业服务合同的效力。物业服务合同的订立使物业服务人对全体业主负有提供符合合同约定或法律规定内容的服务的义务。相应地，物业服务合同也对全体业主产生拘束力，单个的业主不得单方面变更或者解除合同，也不得拒绝物业服务或拒绝支付物业费用。[①] 由此，在理解物业服务合同的含义时，不能仅仅局限于《民法典·合同编》物业服务合同一章的规定。

除此之外，我国《物业管理条例》将物业服务合同中的服务提供者限定为依法成立的物业服务企业，而《民法典》采用的是物业服务人的概念（《民法典》首次提出物业服务人的概念），物业服务人的外延包括物业服务企业和其他管理人，显然比《物业管理条例》的规定要宽泛，也比原《物权法》中所用的物业服务提供者的外延更大，是一种开放式的规定。实践中，物业服务合同的签订大多依赖于物业管理模式，物业管理模式可以包括委托管理模式、其他管理人管理模式，甚至还可能是自行管理模式。《民法典》对其他管理人作为物业服务人的一种类型加以明确化，更有利于物业管理模式的法定化。

（二）物业服务合同的制度升华

《民法典·合同编》将物业服务合同规定为典型合同，可以说，物业服务合同实现了从无名合同到典型合同的转变，这对于保护建筑物区分所有权人即业

---

① 参见戚兆岳、郝丽燕、孙犀铭编著：《〈中华人民共和国民法典·合同编〉释义》，人民出版社 2020 年版，第 453 页。

主的权利、平衡业主与物业服务人之间的利益关系,均具有重要意义。物业服务合同由无名合同转变为典型合同的意义主要表现在以下几个方面:其一,加强了作为委托人的业主的法律地位、加大了对业主的权利保护;其二,规范了对物业服务人作为受托人的地位和权利的保障;其三,将双方当事人的权利义务固定,适当对业主倾斜,强制赋予了物业服务人一些义务(如后续管理义务)。在物业服务合同履行中,《民法典·侵权责任编》对高空抛物规定的物业服务人与业主双方的义务与责任,也是与物业服务合同关联的重要内容。作为典型合同的物业服务合同,《民法典·合同编》的整体制度规则比较完善,包括物业服务合同的主体、物业服务合同当事人具体的权利义务内容、物业服务合同当事人的法律责任,以及物业服务合同中物业服务人新旧交替中的各方当事人权利保障等,更好地规范了物业服务合同双方当事人之间的法律关系。[①] 可以说,我国《民法典》中的物业服务合同适用非常态缔约规则,与《民法典》中的其他典型合同有着本质区别。在法律构造上,物业服务合同与集体合同的规则基本一致,在规范目的上更是相似,即以团体缔约的构造实现当事人双方的"势均力敌",同时赋予合同规范性效力,以促成小区管理中的强制自治与和谐物业服务关系。物业服务合同"入典"没有改变其特别法的规范模式,包括物业服务合同在内的建筑物区分所有权制度这一微观体系,构成《民法典》所有权制度的特别法。在理解和适用物业服务合同规则时,必须将其置于这一微观体系下予以解释。[②] 由此,与以往关于物业服务合同的规定相比,《民法典》关于物业服务合同的规则不仅在体系上,而且在具体规则设计上有了制度层面的升华。

物业服务合同实现了从学理上的无名合同到《民法典》上典型合同(有名合同)的转变,相较于原《合同法》,《民法典·合同编》在委托合同和行纪合同之间增设物业服务合同一章,是一次重大的立法突破,以往对实践中的物业服务合同这种无名合同,在界定上往往争论不休,有人主张将物业服务合归类于委托合同,也有人主张类比适用保管合同的规则,而《民法典》关于物业服务合同的专章规定,为解决物业服务合同纠纷提供了良好的法律依据。

---

① 参见杨立新:《物业服务合同:从无名合同到典型合同的蜕变》,载《现代法学》2020年第4期。

② 参见徐涤宇:《物业服务合同法律构造之中国模式》,载《法学研究》2021年第3期。

二、物业服务合同的内容和形式

物业服务合同的内容涉及合同双方当事人的具体权利义务，故对当事人非常重要。根据《民法典》第 938 条第 1 款的规定，物业服务合同的内容一般包括服务事项（具体的类别）、服务质量（相关的物业服务标准或等级）、服务费用的标准和收取办法、维修资金的使用、服务用房的管理和使用、服务期限、服务交接等条款。其中，服务交接条款是《民法典》新规定的物业服务合同的法定内容，在物业服务合同中明确规定服务交接条款有利于解决实践中常常发生的原物业服务人与新物业服务人在物业管理交接方面的问题，更有利于物业服务的稳定性和对业主权利的充分保障。在物业服务合同中，明确约定业主共同缴纳的用于住宅共有部分的维修基金的使用，有利于明确该部分资金的专款专用，特别是不得挪用用于支付物业管理相关的费用，这也是对业主权利的一种保障。当然，物业服务合同也包含前期物业服务合同，但对于前期物业服务合同有另外明确约定的，按照约定履行。同时，物业服务合同的具体条款，也不限于上述内容，可依据当事人的意思自治，对某些物业合同中特殊的内容进行特殊的约定。依据《物业服务纠纷司法解释》，业主有义务遵守物业服务合同或者法律、法规、管理规约，物业服务人也有义务遵守服务合同或者法律、法规、部门规章的规定。也就是说，无论是物业服务人还是业主，都有义务在遵守物业服务合同的同时，遵守相关法律、法规的规定。另外，不同的主体还要遵守部门规章或者管理规约。

在学理上，合同模式条款理论可以支撑公开承诺作为合同的内容以约束合同当事人。如果物业服务人公开作出了有利于业主的服务承诺，该服务承诺应作为物业服务合同的组成部分（《民法典》第 938 条第 2 款），对物业服务人产生合同约束力。其实，该公开承诺虽然未写进书面的物业服务合同，但在法理上却是对物业服务人承担义务的合理扩充，当然，该服务承诺是物业服务人自愿而为之的，有利于对业主权益的保障，基于诚实信用原则，该服务承诺为合同的重要组成部分。

物业服务合同在性质上属于要式合同的一种，其订立应当采用书面形式（《民法典》第 938 条第 3 款）。因为物业服务合同的内容具有一定的专业性和规范性，而且常常需要公示物业服务的具体事项及标准，涉及的业主众多（群体性),故采用书面的形式更科学,也更有利于物业服务人工作的展开以及广大业主对物业服务人工作的监督。当然,此处要强调几个例外:其一,物业服务人公开作出了有利于业主的服务承诺,该服务承诺应作为物业服务合同的组成部分,但该承诺并非必然采用书面形式;其二,依法形成的不定期物业服务合同及物业服务合同终止后成立的事实物业服务关系,虽在一定范围内有法律约束力,但还需按原物业服务合同执行,而没有形成新的书面物业服务合同。

三、物业服务合同的法律性质

首先,物业服务合同是双务有偿的服务类合同。物业服务合同的双方当事人均负有义务,物业服务人有义务按照物业服务合同的约定向业主提供清洁、维修、安保等物业服务,业主有义务及时向物业服务人缴纳物业费,这决定了物业服务合同的双务合同及有偿合同的法律性质。

其次,物业服务合同是诺成要式的委托类合同。只要当事人意思表示一致物业服务合同即可成立,并不要求有交付标的物的行为,但物业服务合同的订立应当采取书面形式,故物业服务合同系诺成和要式的合同。究其实质,物业服务合同的双方当事人在法律关系上可以理解为一种委托与受托的关系,即物业服务人受业主的委托而提供各种物业服务活动。物业服务合同正是由业主、业主大会委托物业服务人对其小区进行服务的合同,可以说物业服务合同又是一种综合性的委托合同,其中涉及的委托事项不仅仅是某一项内容而是多项,如小区的绿化、卫生、安保、公共设施的运行及维护等,在这种综合性的委托合同中,包括承揽、保管、服务等多种性质的委托关系。[①] 物业服务合同是物业服务人受全体业主(实际中多为业主委员会)的委托而提供服务的合同,系基于社会发展及法律调整特殊化的需要而从传统的委托合同中分化出来的合同,在《民法典》及单行法关于物业服务合同的规定有漏洞时应当适用《民法典》关于委托合同的规定。[②] 当然,《民法典》不可能对民事生活中的所有情形都作出详尽规定,《民法典》也存在法律漏洞,作为《民法典》内在体系集中体现的社会主

① 参见骆鑫、刘娅编著:《物业管理纠纷案例与实务》,清华大学出版社2017年版,第94页。
② 参见崔建远主编:《合同法》(第7版),法律出版社2021年版,第463页。

义核心价值观必然会对《民法典》的漏洞填补发挥重要作用,[1]如物业服务合同中双方当事人都能本着文明、和谐、诚信、友善的原则,促进物业服务的稳定,提升业主生活的幸福感,构建物业服务人与业主和谐、友善的关系。当然,物业服务合同因其自身具有一定的持续性,与普通的委托合同还有一定的区别。

第二节 物业服务合同的效力及限制

一、物业服务合同的法律效力

物业服务合同依法签订后对当事人产生法律上的约束力,无论是前期物业服务合同,还是正式的物业服务合同,均对当事人具有法律效力。建设单位依法与物业服务人订立的前期物业服务合同,以及业主委员会与业主大会依法选聘的物业服务人订立的物业服务合同,对业主具有法律约束力(《民法典》第939条)。根据合同主体的不同及实践中物业管理的阶段不同,一般来说,分为前期物业服务合同和正式的物业服务合同。

物业服务合同不同于一般的民商事合同,业主个体并非直接的缔约主体,而是由业主团体代表业主的整体利益与物业服务企业缔约。此种团体缔约模式不同于传统缔约模式,其目的在于重构缔约双方的利益平衡机制,以解决合同磋商的对等性障碍问题。同样,世界各国对集体合同之所以采用特别法模式,其规范意旨也在于通过建立非常态的团体缔约模式解决传统雇佣合同之主体磋商对等性障碍问题,实现实质意义上的合同自由与交换正义。[2] 在一定意义上,"交换从法律上说就是权利的互相让渡"[3]。虽然物业服务合同采取的是团体缔约模式,但在法律效力上并不影响对业主的法律约束力,也对业主合法权益的实现有一定的保障作用,物业服务人不能以业主不是合同主体而不履行合同义务,物业服务人同样也有向非合同主体的业主(物业服务区域内)收取物

① 参见方新军:《社会主义核心价值观融入〈民法典〉解释的意义和方法》,载《苏州大学学报(法学版)》2022年第1期。

② 参见徐涤宇:《物业服务合同法律构造之中国模式》,载《法学研究》2021年第3期。

③ 张文显:《法哲学范畴研究》,中国政法大学出版社2001年版,第388页。

业费等相关权利。

实践中，从业主在开发商处购买房屋到入住（也包含公有住房的业主通过资格获取房屋及入住）之后，再到小区召开全体业主大会之前，往往有一定的时间差，此时业主已经入住，尚没有召开业主大会及成立业主委员会，无法签订正式的物业服务合同，而业主现实的物业服务需求是客观存在的，由此可以先签订前期物业服务合同，这对于物业管理及维护业主的合法利益、保障正常的生活等非常有必要。前期的物业服务合同，一般是指在前期的物业管理、服务阶段，选聘正式的物业服务企业之前，由房地产开发建设单位（也可能包含公有住房的出售单位）与物业服务人订立的由物业管理人对前期物业管理项目进行管理的书面协议，前期物业服务合同天然具有约束业主的法律效力。[①] 正式的物业服务合同是指业主大会召开之后，由业主委员会或者业主大会与选聘的物业服务人或其他物业管理人订立的物业服务合同，此时业主委员会或者业主大会代表全体业主与物业服务人或其他物业管理人订立合同，这是双方当事人基于意思表示一致，达成的具有法律约束力的物业服务合同。

物业服务合同的法律效力问题有其特殊性。在物业服务合同中，业主大会的执行机构——业主委员会代表业主与业主大会选聘的物业服务企业签订物业服务合同，由于业主组织的介入，由此引发的物业服务合同效力问题，不再是单纯的单个合同问题，其涉及业主组织的对内对外关系，这就需要团体法调整。一方面，物业服务合同涉及交易安全；另一方面，在业主委员会负责区分所有建筑物日常决策的制度安排下，业主利益有可能因业主委员会滥用权利而遭受损害，因此在处理物业服务合同效力问题时，需要在交易安全和保护业主利益之间取得平衡。[②] 需要强调的是，虽然物业服务合同和前期物业服务合同的签约主体，并非某一个业主，但业主才是享有物业服务合同权益并承担缴纳物业费的实际主体，故业主不能以其并非合同当事人为由拒绝履行物业服务中的合同义务，当然业主同时也有权利享受物业服务人提供的物业服务，可以说，这是物业服务合同中对业主的特殊规定。

---

① 参见杨立新：《物业服务合同：从无名合同到典型合同的蜕变》，载《现代法学》2020 年第 4 期。

② 参见薛源：《民法典新增物业服务合同效力探讨》，载《学术界》2020 年第 10 期。

二、前期物业服务合同终止的法定情形

前期物业服务合同也是对业主有法律约束力的物业服务合同，鉴于我国实践中存在两阶段式的物业服务模式，前期物业服务合同虽常态存在，但有可能未全部履行即过渡到正式的物业服务合同阶段。建设单位依法与物业服务人订立的前期物业服务合同约定的服务期限届满前，业主委员会或者业主与新物业服务人订立的物业服务合同生效的，前期物业服务合同终止(《民法典》第940条)。前期物业服务合同可能因为当事人约定的服务期满而终止或者再行续签，也可能因为在服务期满之前即因法定情形出现而终止，即正式的物业服务合同签订并生效。换句话说，即使前期物业服务合同约定的服务期限并未届满，该物业服务合同也可能终止，法定的情形就是业主委员会或者业主与新物业服务人订立的物业服务合同生效。而且《民法典》的此处规则与《物业管理条例》相比有所变化，《物业管理条例》第26条规定，前期物业服务合同可以约定期限；但是，期限未满、业主委员会与物业服务企业签订的物业服务合同生效的，前期物业服务合同终止。由此可见，《物业管理条例》中确定的能够与物业服务企业签订正式物业服务合同的主体限于业主委员会，而不包括业主，但《民法典》明确了能够与物业服务人签订物业服务合同的主体除了包括业主委员会，也包括业主，无疑扩大了物业服务合同主体的外延。

除此之外，还需要强调的是，根据《民法典》第284条的规定，业主除了可以委托物业服务企业或其他管理人管理建筑物及其附属设施，也有权利自行管理。由此，如果业主(一般是业主委员会代为行使全体业主的权利)决定自行管理建筑物及其附属设施，如有前期物业服务合同存在的情形，该前期物业服务合同亦会终止。

三、物业服务合同的转委托及限制

物业服务合同是一种具有委托性质的典型合同，原则上，物业服务人是业主大会或者业主委员会以及建设单位根据物业服务人的资质和服务业务水平等因素选聘的，物业服务人在接受选聘后，如果不亲自进行物业服务而是转委托给他人，就失去了选聘的意义，由此，法律规则首先设定的是物业服务人自己

履行原则。[①] 不过,因为物业服务是一种专业化、技术化和多元化的行为,有可能某一个物业服务人并不能完全胜任,另外,也有可能在部分的专项物业服务方面,该物业服务人并不专业和擅长,由此,可能将专业性的物业服务活动再行委托给其他专业的服务公司才能很好地完成物业服务活动,[②]这种转委托在一定程度上也是有利于业主利益实现的。由此,物业服务人可以将物业服务区域内的部分专项服务事项委托给专业性服务组织或者其他第三人,不过在转委托之情形下,物业服务人应当就该部分专项服务事项向业主负责(《民法典》第941 条第 1 款)。法律对物业服务人的转委托行为原则上并没有委托人同意之类的限制,但物业服务人有义务对其委托给其他第三人或专业性服务组织的专项服务事项向业主负责,毕竟依据合同的相对性原理,物业服务人应履行物业服务合同的全部义务。由此,一旦转委托的受托人在提供物业服务中产生服务不到位之情形,物业服务人仍然要承担责任。

法律虽然原则上对物业服务人的转委托行为没有限制,但转委托仅限于"部分专项服务事项",这一点是明确的。如果物业服务人将其应当提供的全部物业服务转委托给第三人,或者将全部物业服务支解后分别转委托给第三人,则违反了《民法典》第 941 条第 2 款之规定。《民法典》明确禁止物业服务人将物业服务事项全部转委托或者变相全部转委托(支解后分别转委托),这既是基于对维护全体业主合法权益的考虑,也是对维护物业服务市场良好秩序的考虑,更是对物业服务人诚信经营之要求。根据《物业管理条例》第 39 条的规定,物业服务企业可以将物业管理区域内的专项服务业务委托给专业性服务企业,仅限制物业服务企业将全部物业管理"一并委托"给他人。相较而言,《民法典》的规定有进一步突破,即物业服务人不得将物业服务事项"一并委托",亦不得将物业服务事项变相全部转委托(支解后分别转委托),法律规制更加严格,在实践中的法律效果也更加明显。

---

① 参见杨立新主编:《中华人民共和国民法典释义与案例评注:合同编》(下),中国法制出版社 2020 年版,第 1006 页。

② 参见骆鑫、刘娅编著:《物业管理纠纷案例与实务》,清华大学出版社 2017 年版,第 67 页。

第三节　物业服务合同的权利义务规则

一、物业服务人的义务

(一)物业服务人的基本义务

物业服务人是提供物业服务的一方当事人,除了具有最基本的收取物业费的权利、部分专项服务项目转委托的权利外,在义务层面,其需要按合同约定及相关法律规定提供物业服务。物业服务人的主义务来源不仅包括物业服务合同约定,还包括"物业的使用性质"。物业服务人有义务妥善维修、养护、清洁、绿化和经营管理物业服务区域内的业主共有部分,维护物业服务区域内的基本秩序,采取合理措施保护业主的人身、财产安全(《民法典》第942条第1款),上述义务是物业服务人的最基本义务。"物业的使用性质",一般是指区分所有建筑物共有部分及其附属设施的用途和性质,比如说小区内共有的道路、绿地、车位、娱乐健身设施、景观照明设施等具有不同的使用性质和特点,物业服务合同不可能对每一项物业的服务内容均进行细化,故物业服务人除了应当按照物业服务合同履行义务外,还应基于物业使用性质和特点采取合理的服务措施,[①]这构成了物业服务人应履行的主要义务。

上述物业服务人的主要义务主要体现在管理服务方面,除此之外,物业服务人还应履行对服务区内违法行为的制止义务、报告义务和协助义务。根据《民法典》第942条第2款的规定,对物业服务区域内违反有关治安、环保、消防等法律法规的行为,物业服务人应当及时采取合理措施制止、向有关行政主管部门报告并协助处理。物业服务人提供物业服务时,应当尽到善良管理人的一般注意义务,其义务注意需要以物业服务合同约定的具体服务内容和质量标准为最低限度,同时也应结合物业服务行业通常标准和水平,还需要考虑到具体的"物业的使用性质",比如需要考虑到封闭式小区和开放式小区之差别、高档

---

① 参见中国审判理论研究会民事审判理论专业委员会:《民法典合同编条文理解与司法适用》,法律出版社2020年版,第736页。

别墅区域和一般民生保障住房等在安保管理方面存在着的标准差异。原则上，物业服务人尽到了必要的注意义务，即不应承担赔偿责任；物业服务人违反了上述制止、报告、协助等义务时，其承担责任范围应与其违反义务的程度相适应，需要符合民法的比例原则。[①] 综上所述，物业服务人在管理服务方面应履行的义务，对服务区内违法行为的制止义务、报告义务和协助义务共同构成了其基本义务。

（二）物业服务人的信息公开及报告义务

基于物业服务合同涉及广大业主的切身利益以及物业服务本身的复杂性、专业性及常常引起纠纷的特点，法律强调了物业服务人在履行物业服务合同时的信息公开义务和报告义务。根据《民法典》第943条的规定，物业服务人应当定期将服务的事项（具体的工作内容）、负责人员（包括人员的变动情况）、质量要求、收费项目、收费标准（等级以及依据）、履行情况，以及维修资金使用情况、业主共有部分的经营与收益情况（如电梯的广告收入）等以合理方式（如张贴公示、书面告知函等）向全体业主公开并向业主大会、业主委员会报告。需要注意的是，物业服务人的该项义务是定期履行的，这样规定不仅可以充分保障业主的知情权，还可以避免物业服务人履行该义务的随意性；物业服务人向全体业主公开的信息要全面准确，且以合理的方式公开；物业服务人向业主公开信息的同时，还必须向业主大会、业主委员会履行报告义务。

另外，此处物业服务人的信息公开及报告义务可以与《建筑物区分所有权司法解释》进行关联理解，根据《建筑物区分所有权司法解释》第13条的规定，业主请求公布、查阅下列应当向业主公开的情况和资料的，人民法院应予支持：(1)建筑物及其附属设施的维修资金的筹集、使用情况；(2)管理规约、业主大会议事规则，以及业主大会或者业主委员会的决定及会议记录；(3)物业服务合同、共有部分的使用和收益情况；(4)建筑区划内规划用于停放汽车的车位、车库的处分情况；(5)其他应当向业主公开的情况和资料。以上情形也是物业服务人应当向业主公开的基本信息，由此，如果物业服务人未依法履行上述义务，业主有权利要求物业服务人进行信息公开，业主大会、业主委员会也有权要求

---

① 参见中国审判理论研究会民事审判理论专业委员会：《民法典合同编条文理解与司法适用》，法律出版社2020年版，第736页。

物业服务人履行报告义务。

二、业主的义务与权利

(一)业主的给付义务

物业服务合同是有偿合同,故业主应当按照约定向物业服务人支付物业费,这也是业主最基本的义务。因物业服务主要针对的是全体业主共有部分,具有较强的共通性和整体性,故物业服务人已经按照约定和有关规定提供服务的,业主不得以未接受或者无须接受相关物业服务为由拒绝支付物业费(《民法典》第944条第1款)。缴纳物业费是业主接受物业服务的同时应履行的最主要义务,这也是物业服务人基本权利的体现,涉及物业服务人服务工作的正常运行。物业服务人主要针对业主共有部分及其附属设施、物业服务区域提供物业服务,其服务内容有一定的公共性及同质性,物业服务的利益整体性地、均质性地及于区分所有建筑物范围内的每一位业主,而这些利益并不以某一特定的业主是否实际享受为条件,即物业服务人提供的物业服务不一定针对某一特定业主实际占有和使用的专有部分或共有部分,故主要物业服务人依合同约定履行了物业服务的,业主即应履行支付物业费的义务,而不能以其没有接受或者根本不需要接受相关物业服务为拒绝履行支付物业费义务的抗辩理由。[①] 总之,物业服务合同中业主按照约定向物业服务人支付物业费是其主给付义务,业主无正当理由,不得拒绝履行该义务。

物业服务合同生效后,双方当事人均有义务履行合同。如果业主违反约定逾期不支付物业费,物业服务人为保障自己的合法权益,可以催告业主在合理期限内支付;合理期限届满仍不支付的,物业服务人可以提起诉讼或者申请仲裁(《民法典》第944条第2款)。此处物业服务人的"催告"用语是"可以"而非"应该",故催告是否为必经程序值得考量,不过结合"合理期限"规则及合理期限届满不支付物业费物业服务人可提起诉讼或申请仲裁之规则,实践中"催告程序"常常是物业服务人在业主违反约定逾期不支付物业费时,物业管理人行使请求权之必经程序。

---

① 参见中国审判理论研究会民事审判理论专业委员会:《民法典合同编条文理解与司法适用》,法律出版社2020年版,第738页。

在物业服务合同的履行过程中，业主无任何正当理由拒绝缴纳物业费的，物业服务人有权主张自己的合法权益，要求业主履行该义务。但是，即使业主不缴纳物业费，已构成违约，物业服务人也不得采取停止供电、供水、供热、供燃气等方式催交物业费（《民法典》第944条第3款），而应保护业主正常生活的基本权利，而且供水、供电、供热、供燃气的行为主体并非物业服务人，供水合同、供电合同、供热合同、供燃气合同是业主单独与不同的主体签订的，这些合同与物业服务合同相独立，故物业服务人即使在业主迟延履行缴纳物业费或拒绝缴纳物业费之情形下亦不得采取上述违法方式，如果业主权利因此受到侵犯，其有权请求物业服务人承担侵权的法律责任。

司法实践中，物业服务合同纠纷频发，典型案例有较强的指导意义。2022年1月12日，广东省高级人民法院发布贯彻实施《民法典》典型案例（第二批），其中有一个与物业服务合同业主义务相关的案件。基本案情如下：刘某峰系某物业公司所服务管理的深圳市福田区某花园小区业主，刘某峰在未办理停车手续的情况下，自2018年8月起将其名下的小型轿车长期停放在小区建筑区划内的露天公共绿化区域（非划线车位），且至今未缴纳停车服务费。与物业公司多次向刘某峰发出书面通知要求缴纳停车费并清理涉案车辆无果产生纠纷，物业公司遂诉至法院，要求刘某峰支付临时停车费用及滞纳金，并挪走车辆或办理相关停车手续。法院生效判决指出：某物业公司与某花园业主委员会之间签订的物业服务合同系双方真实意思表示，合法有效，对包括刘某峰在内的全体业主具有约束力。刘某峰作为业主，将名下涉案车辆停放在小区后，理应按照物业服务合同及时主动向某物业公司支付停车服务费。最终涉案物业服务合同已明确约定，业主车辆出入按照停车场管理执行，现有证据可以证明涉案车辆现停放的区域并不适宜停放车辆，该停放行为已妨碍某物业公司开展物业服务和管理工作。刘某峰开始欠缴停车服务费的时间点虽发生于《民法典》施行前，但拖欠停车服务费行为及不当停放车辆行为持续至《民法典》施行后，且《民法典》对物业服务合同进行了专门规定，根据《最高人民法院关于适用〈中华人民共和国民法典〉时间效力的若干规定》第1条规定，本案应适用《民法典》第271条、第939条规定。2021年1月25日，判决刘某峰向某物业公司支付停车服务费及滞纳金，将涉案小型车辆移至适宜停放车辆区域。[1]该案的典型意义不仅说明法院能够准确适用《民法典》,依法妥善处理业主与物业公司之间的矛盾纠纷,对维护社会稳定和居民和谐生活环境具有重要的现实意义,而且可以提示作为物业服务合同的当事人一方的业主,应该依据物业服务合同履行义务。物业服务关系民生,在为业主提供生活便利、提升生活品质等方面发挥着积极作用,物业服务人在尽到了合同义务的同时,业主亦应该遵守物业服务合同的约定。

(二)业主的告知和配合义务

在建筑物区分所有权及业主共有法律关系中,业主对自己房屋专有部分进行装饰装修、设计改造等其他管理是业主的固有权利,但业主对自己房屋的装修行为有可能影响到建筑物共有部分的安全或功能,也可能影响其他业主的利益,由此,业主的装修行为应在合理范围内并受到一定的限制。根据《民法典》第 945 条第 1 款的规定,业主装饰装修房屋的,应当事先向物业服务人告知,遵守物业服务人提示的合理注意事项,并配合其进行必要的现场检查。这是业主在装饰装修房屋时应履行的事先告知义务。其实,在《民法典・物权编》关于业主专有部分的专有权中也有类似规定,根据《民法典》第 272 条的规定,业主对其建筑物专有部分享有专有权,但业主行使权利不得危及建筑物的安全(如涉及承重墙),不得损害其他业主的合法权益(如涉及采光)。另外,根据《物业服务纠纷司法解释》第 1 条的规定,业主违反物业服务合同或者法律、法规、管理规约,实施妨碍物业服务与管理的行为,物业服务人请求业主承担停止侵害、排除妨碍、恢复原状等相应民事责任的,人民法院应予支持。由此,法律要求业主履行上述告知义务,与《民法典》的其他相关规则的立法理念是一致的。

物业服务人接受委托提供物业服务,业主负有一定的协助义务是物业服务保证质量的必然要求。业主有转让、出租物业专有部分,设立居住权或者依法改变共有部分用途之情形的,应当及时将相关情况告知物业服务人(《民法典》第 945 条第 2 款),从而有利于物业服务人掌握相关变动信息,及时有效提供相关物业服务。

---

① 参见 2022 年 1 月 12 日广东省高级人民法院发布贯彻实施《民法典》典型案例(第二批)之八:《妥善处理物业服务纠纷——刘某峰与某物业公司物业服务合同纠纷案》。

业主上述的告知和配合义务,是在共有法律关系中履行共同义务的体现,也是方便物业服务人提供服务的要求,还是保障共有部分安全及其他业主合法权益之体现,终极目的在于促进业主的整体利益之实现。

需要强调的是,业主虽然处于物业服务合同中的委托人之法律地位,但接受物业服务过程中的义务并不仅仅限于《民法典·合同编》的规定,《民法典·物权编》也有相关规定,业主在接受物业服务享有相关权利的同时,也有接受物业管理的义务。2022 年 2 月 25 日,最高人民法院发布了人民法院贯彻实施《民法典》典型案例(第一批),其中有一个与物业服务相关的案件,该案件系法院依法处理涉疫情防控措施的民事纠纷,是为社区依法实施应急处置措施提供坚强司法保障的典型案件。基本案情如下:被告某物业服务有限公司为天津市河东区某物业管理方。原告黄某于 2020 年 6 月 10 日从上海市来到该小区探望祖母。彼时正值我国部分地区出现聚集性新冠肺炎疫情的关键时期,天津市有关部门发布紧急防控通知,要求严格落实社区出入口值班值守,加强验码、亮码、登记等疫情防控措施。2020 年 6 月 19 日 9 时许,黄某骑共享单车进入小区,物业公司值守保安当即呼喊要求其停车接受亮码、登记等疫情防控检查。黄某听到有人呼喊后回头观看,随即加速向前骑行。值守保安即骑车追赶,伸手接触原告背部时原告车辆失控摔倒。后黄某将物业公司诉至法院,要求赔偿医疗费、交通费、营养费、护理费、误工费等各项损失共计 57,501.3 元。法院生效裁判指出:《民法典》第 286 条规定,对于物业服务企业或者其他管理人执行政府依法实施的应急处置措施和其他管理措施,业主应当依法予以配合。事发之时正值聚集性疫情扩散、防控形势严峻的关键时期,某物业服务有限公司依照有关政策要求派员值守、验码登记、阻拦冲岗,是履职尽责的体现,其行为没有过错,不应当承担赔偿责任。黄某在物业人员大声呼喊之际却加速骑行,最终导致摔伤,应自行承担相应后果,遂判决驳回黄某的诉讼请求。[①] 该案的案由虽然是健康权纠纷,但涉及业主配合物业管理义务的问题,也涉及物业服务人在履行物业服务、业主在接受服务及管理过程中的具体权利义务问题,故有必要对涉案重点关注。实际上,民法领域的建筑物区分所有权制度涉及"物权上的权

① 参见最高人民法院 2022 年 2 月 25 日发布的人民法院贯彻实施《民法典》典型案例(第一批)之四:《黄某诉某物业服务有限公司健康权纠纷案》。

利义务”和“业主组成的共同体”，二者并非各自独立的，而是不可分离的整体。[①] 所以，无论是在理论研究中，还是司法实践中，均应关注其关联性，加以综合分析。作为小区的业主，应当遵守法律、法规以及管理规约，相关行为应当符合节约资源、保护生态环境的要求。对于物业服务企业或者其他管理人执行政府依法实施的应急处置措施和其他管理措施，业主应当依法予以配合（《民法典》第 286 条第 1 款），这也是业主义务的重要体现，业主履行的义务既包括法定的，也包括约定的，既可能源于《民法典·合同编》的规定，也可能源于《民法典·物权编》的规定，但主要都是围绕物业服务而展开的。

（三）业主的任意解除权

物业服务合同在性质上可以体现为一种特殊类型的委托合同，故业主作为委托人可以进行委托，也可以解除委托，依据法定程序可以行使该解除权。根据《民法典》第 946 条第 1 款的规定，业主依照法定程序共同决定解聘物业服务人的，可以解除物业服务合同，即行使业主的作为委托人的任意解除权；同时也要求，如果业主共同决定解聘的，应当提前 60 日（通知期限）书面（通知形式）通知物业服务人，以保障物业服务人应有的合法权益，对于“提前 60 日”的通知期限，如果合同有约定则从约定。在学理上，业主享有的该解除权系任意解除权，即业主在物业服务合同期限届满前，依据法律规定或者合同约定，根据业主单方的意志而非特别理由即可解除合同。法律赋予了作为委托人的业主享有单方的任意解除合同的权利，而物业服务人作为受托人并不享有任意解除权，其背后的法理在于，物业服务事项涉及物业服务区域内的公共秩序维护，关系到群体性业主和物业使用人的公共利益，故法律不宜规定物业服务人享有任意解除权。[②] 这并不是法律权利义务不对等的体现。另外，根据《民法典·物权编》“业主共同决定事项及表决”的程序规则，解聘物业服务人（物业服务企业）时，应由专有部分面积占比 2/3 以上的业主且人数占比 2/3 以上的业主参与表决（参与业主的要求），同时应经参与表决专有部分面积过半数的业主且参与表决人数过半数的业主同意（同意业主的要求）。故解除物业服务合同需遵守法定

---

① 参见王泽鉴：《民法物权》，北京大学出版社 2009 年版，第 161、164 页。

② 参见中国审判理论研究会民事审判理论专业委员会：《民法典合同编条文理解与司法适用》，法律出版社 2020 年版，第 743 页。

程序,这也是业主行使任意解除权时需要受到的限制。

物业服务人的合法权益亦应得到保护,因业主行使任意解除权解除物业服务合同而造成物业服务人损失的,除不可归责于业主的事由外,业主应当赔偿损失(《民法典》第946条第2款),这符合民法的一般公平原理。业主行使任意解除权解除与物业服务人的物业服务合同系因物业服务人不履行提供物业服务的义务构成根本违约、发生不可抗力等情形,均属于不可归责于业主的事由,业主自然不对解除合同给物业服务人造成的损失负赔偿责任;如果业主无正当理由行使任意解除权、未履行合同约定之外的提前60日书面通知之义务而行使任意解除权,造成物业服务人的损失,应当承担赔偿责任。

三、物业服务人的续聘与不定期物业服务合同规则

(一)物业服务人的续聘规则

合同应充分尊重当事人的意思自治,物业服务合同同样需要考虑业主和物业服务人双方的意愿,这在物业服务人的续聘方面亦有所体现。根据《民法典》第947条第1款的规定,物业服务期限届满前,业主依法共同决定续聘的,应当与原物业服务人在合同期限届满前续订物业服务合同。这是从业主层面进行的规则设置,也是业主选择权的体现,不过,业主决定续聘物业服务人的,需业主共同决议,并依据《民法典·物权编》"业主共同决定事项及表决"的程序规则,在合同期限届满前续订合同,同时还要考虑物业服务人的意愿。

合同自由原则体现为双方的自由,如果物业服务人不同意再续订合同,即使业主有续订意愿,也不能强求。根据《民法典》第947条第2款的规定,物业服务期限届满前,物业服务人不同意续聘的,亦应尊重其意愿,不过应当在合同期限届满前90日书面通知业主或者业主委员会,这赋予了物业服务人自由选择是否续约的权利,同时要求物业服务人承担提前书面通知的义务,通知的期限为"合同期限届满前90日",但是合同对通知期限另有约定的除外。因为,如果物业服务人不同意续聘,业主只能另行选聘其他物业服务人或者执行组织管理,无论选用何种形式,业主都需要一定的准备时间,比如召开业主大会或进行招投标等,由此,法律要求物业服务人承担对业主或业主委员会的提前通知义务实有必要,至于提前通知的期限,有约定从约定;若无约定,则按法定的90日计算。

（二）不定期物业服务合同

物业服务合同是一种持续性的合同，对保持物业服务的稳定性、保障物业服务区的公共秩序及全体业主的共同利益是有必要的，物业服务期届满后，双方当事人可以一致决定物业服务合同终止，但在物业服务期限届满后，业主一方没有依法作出续聘或者另聘物业服务人的决定，而物业服务人也继续提供物业服务的，原物业服务合同继续有效，仍然有法律效力，此时的物业服务合同的服务期限为不定期(《民法典》第 948 条第 1 款)，该规则类似于民法中的不定期租赁合同。物业服务合同也是一种委托性质的服务合同，双方能够建立合同关系，是建立在一定的信任基础上的，合同约定的服务期届满后，业主虽然没有依法作出续聘或另聘的决定，但也没有作出解聘的决定，物业服务人也以事实行为继续提供着服务，由此可以表明，当事人之间还存在一定的信任，也对物业服务合同履行的现状不持异议。故原物业合同继续有效，更有利于物业服务的稳定，既符合物业服务人的利益，也符合业主的利益。

不定期的物业服务合同，不是物业服务合同的常态，故法律赋予了合同当事人一定的任意解除权。无论是物业服务人，还是业主一方，均可以随时解除不定期物业服务合同，但是在行使解除权时应当提前 60 日书面通知对方(《民法典》第 948 条第 2 款)，以便使物业服务合同的对方当事人有合理的时间准备，比如物业服务人行使该任意解除权，需要提前 60 日书面通知，该 60 日内应继续履行物业服务合同，不能因行使任意解除权即认为合同已经解除而无法律效力。

另外，还需要注意的是，不定期物业服务合同的解除中业主的任意解除权同正式物业合同中业主的任意解除权(《民法典》第 946 条第 1 款)提前通知的期限均为 60 日，唯一的区别是，前者没有“合同对通知期限另有约定的除外”之说，即在不定期物业合同中，提前 60 日通知是法定要求，不得进行约定。

第四节　物业服务合同的终止

物业服务合同可因期满、解除等事由而终止，合同终止后，将导致物业服务合同双方当事人权利义务的消灭。但在一定程度上，因为物业服务合同还可能涉及交接等问题,原当事人后续仍有一定的义务需要履行,以保障物业服务关系的稳定性。

一、物业服务合同终止后原物业服务人的义务

基于物业服务合同的特性,物业服务合同终止后,原物业服务人亦需履行一定的义务。根据《民法典》第 949 条第 1 款的规定,物业服务合同终止的,原物业服务人应当在约定期限或者合理期限内退出物业服务区域(退出义务),将物业服务用房、相关设施、物业服务所必需的相关资料等交还给业主委员会、决定自行管理的业主或者其指定的人(交还义务),配合新物业服务人做好交接工作(配合义务),并如实告知物业的使用和管理状况(告知义务)。可见,法律对物业服务人严格限定了义务,其目的是保证物业服务的持续性及加强对业主利益的保护,毕竟物业服务人有着一种特殊的受托人身份。

不过,实践中常常发生物业服务人不履行上述义务的情形。物业服务人拒不退出、不移交工作,导致后面的物业服务人无法进场展开物业服务工作。原物业服务人违反上述应履行的义务规定(任何一项或几项)的,不得请求业主支付物业服务合同终止后的物业费;其行为给业主造成损失的,应当赔偿损失(《民法典》第 949 条第 2 款)。也就是说,此时业主有权不支付合同终止后的服务费,而且原物业服务人给业主造成损失的,业主和业主委员会有权通过诉讼或仲裁的方式请求原物业服务人承担赔偿责任。

二、物业服务合同终止后原物业服务人的继续管理

物业服务合同是一种继续性的有偿合同,这也决定了物业服务的连续性,物业服务的稳定关乎业主的切实利益和物业服务区的正常生活秩序,由此,法律明确了物业服务人的后合同义务,根据《民法典》第 950 条的规定,物业服务合同终止后,在业主或者业主大会选聘的新物业服务人或者决定自行管理的业主接管之前,原物业服务人应当继续处理物业服务事项,并可以请求业主按原合同约定的标准支付该期间的物业费。这里的物业服务合同应作广义的理解,既包括前期物业服务合同,也包括正式的物业服务合同及不定期物业服务合同,无论是哪一种物业服务合同的物业服务人,均有上述继续管理义务。立法

的理由及价值取向在于：其一，保护业主利益；其二，出于公平与效率的考量。[①]可以说，继续管理义务是对物业服务人退出合同自由的一种限制，该种立法安排是根据物业服务的特点及对当事人之间利益平衡的考量（同时也要求业主向物业服务人支付该期间的物业费）作出的。

① 参见黄薇主编：《中华人民共和国民法典合同编释义》，法律出版社2020年版，第953页。

第十七章

行纪合同

第一节　行纪合同概述

一、行纪合同概念的厘清

行纪衍生于委托，行纪合同虽为独立的典型合同，但仍属于委托类的合同。行纪合同法律关系中，接受委托的一方为行纪人，支付报酬或佣金的一方为委托人。行纪合同是行纪人以自己的名义为委托人从事贸易活动，委托人支付报酬的合同(《民法典》第951条)。可见，行纪合同有不同于委托合同的特点，且一般限于贸易活动中。

行纪合同之所以能独立于委托合同，是因为行纪制度有其独特的优势，这些优势主要体现在以下几个方面：其一，在行纪合同中，行纪人以自己的名义从事贸易活动，委托人不必暴露自己的信息，从而享有一定的商业利益及保持商业秘密；其二，在行纪合同中，行纪人在从事贸易活动中以自己的名义行使权利方便且经营方式灵活，无须委托人的特别授权；其三，通过行纪合同的履行，委托人不仅可以利用行纪人的信用和资产，还可以利用行纪人的交易关系和经验；其四，在行纪合同中，委托人不为行纪人的过失或者权利滥用行为负责，也不会蒙受行纪人失信行为的不测后果。[①] 可以说，行纪合同因贸易而生，因贸易而兴，在商品经济发达的现代社会更发挥着其良好的制度优势。

---

① 参见史尚宽:《债法各论》，中国政法大学出版社2000年版，第482页。

二、行纪合同的法律特征

行纪合同具有以下法律特征：

1. 在行纪人主体资格上。行纪人应具有一定的特殊资质，即行纪人主体身份具有限定性。在行纪合同中，对委托人的主体资格并没有特殊要求，自然人、法人和非法人组织均可，而对行纪人有一定要求，行纪人一般是从事某种商业贸易领域业务的专业主体，往往需要一定的资质，这种资质常常需通过特定的审批或者核准登记等程序获得（如证券公司需经审查批准程序设立）。

2. 在行纪活动范围上。行纪人所从事的是贸易活动，系为委托人利益所从事的贸易活动。这一活动范围限定，是行纪自身特点所决定的，《民法典》关于行纪合同的定义中也明确规定。贸易活动本身不限于传统的商品贸易，应作广义理解，[①]不断发展的服务贸易、技术贸易应都包含在内。

3. 在行纪行为的名义上。行纪人以自己的名义从事贸易活动，而非委托人名义。行纪人以自己的名义与相对人订立合同、从事贸易活动，该合同权利义务约束的是行纪人和相对人，委托人非合同当事人，也非权利义务主体，故该合同的法律效果归于行纪人。

4. 在法律性质上。行纪合同是诺成合同、不要式合同、有偿合同和双务合同。只要委托人和行纪人意思表示一致，行纪合同即可成立，采口头形式和书面形式均可，亦无特殊形式之限制，故行纪合同为诺成合同、不要式合同。与委托合同既可无偿也可有偿不同，行纪合同中的行纪人为委托人从事贸易活动，委托人应支付报酬，表现出极强的商业属性，故行纪合同为有偿合同。在这种有偿合同中，行纪人有义务为委托人利益从事贸易活动，委托人亦有义务向行纪人支付相应的报酬，故行纪合同的双务合同属性明显。

---

① 参见王利明：《合同法研究》（第3卷），中国人民大学出版社2015年版，第737页。

第二节　行纪合同的效力与适用

一、行纪人的权利与义务

（一）行纪人自行承担费用的义务

行纪合同的行纪人以自己的名义为委托人从事贸易活动，委托人需向行纪人支付报酬，且在商业活动领域，该报酬相对于处理委托事务的费用而言会高出很多，一般包含费用在内的各项成本，不单独计算。由此，行纪人处理委托事务支出的费用，由行纪人负担，但是当事人另有约定的除外（《民法典》第952条）。需要注意的是，行纪人自行承担费用的规则，与委托合同不同。在委托合同中，委托人有预付费用及偿还受托人垫付费用并支付利息的义务，但在行纪合同中，委托人并没有支付费用的义务，该费用承担的主体原则上为行纪人，如果委托人和行纪人关于费用的承担有约定，则从其约定。

（二）行纪人妥善保管委托物的义务

在行纪合同的履行中，可能会涉及委托物（如委托人委托行纪人出售委托物或者委托人委托行纪人购买委托物）的保管问题，在委托物交付及移转的过程中，行纪人常常在一定期限内占有该委托物，在此情形下，法律设定了行纪人的保管义务。行纪人占有委托物的，应当妥善保管委托物（《民法典》第953条）。由此，无论是在委托人将委托物交付给行纪人但行纪人还没有交付给贸易活动的相对人期间，还是在贸易活动的相对人已经把委托物交付给行纪人但行纪人还没交付给委托人期间，只要行纪人占有委托物，就有保管义务，而且是高于平常标准的"妥善保管义务"，如果行纪人违反该义务造成委托物毁损、灭失，行纪人应该承担赔偿责任。

（三）行纪人处分委托物的规则

行纪人处分委托物，不单纯是行纪人的权利，更体现为行纪人的义务。当委托人对委托物的处分有具体明确指示时，行纪人应在法律允许的范畴内遵循委托人的指示进行处分；当委托人没有明确具体的指示时，行纪人不得擅自处分，但为了委托人之利益，应及时获得委托人的指示，再行处分委托物。特殊情形下,行纪人经委托人同意,可以进行处分;也可能出现行纪人无法及时与委托人联系的情形,此时,行纪人可以合理处分委托物,以维护委托人的利益。《民法典》明确了特定情形下行纪人处分委托物的规则:委托物交付给行纪人时有瑕疵或者容易腐烂、变质的,经委托人同意,行纪人可以处分该物;不能与委托人及时取得联系的,行纪人可以合理处分(《民法典》第 954 条)。从“可以处分”的表述分析,行纪人处分委托物体现为一种权利;从“合理处分”的表述分析,行纪人处分委托物需在合理范围内进行,而非随意处分,此时行纪人处分委托物体现为一种义务。此外,还需要注意特定情形下行纪人处分委托物规则的限定条件:其一,委托物有瑕疵或者容易腐烂、变质,此时,行纪人如不对委托物加以处理,不符合委托人的利益。其二,“委托物有瑕疵或者容易腐烂、变质”是在委托物交付给行纪人时就存在的,而非交付后,若交付后产生上述情形,有可能是行纪人保管不当等原因导致的。其三,行纪人合理处分的前提,是情况紧急而又不能与委托人及时取得联系。

(四)行纪人依委托人指定价格买卖的义务

首先,行纪人有遵守委托人指定价格进行交易的义务。行纪人低于委托人指定的价格卖出或者高于委托人指定的价格买入的,应当经委托人同意;未经委托人同意,行纪人补偿其差额的,该买卖对委托人发生效力(《民法典》第 955 条第 1 款)。行纪人“低卖高买”的,系违反其价格遵守义务的体现,在学理上构成债务不履行,[①]委托人有权利要求其按原指定价格交易,行纪人“低卖高买”的,必须经委托人同意。如果行纪人“低卖高买”,未经委托人同意,该买卖行为的法律后果对委托人不发生效力。当然,如果行纪人违反了价格遵守义务,却补偿了价格差额,对委托人利益并无实质的不利影响,则该买卖行为的法律后果对委托人发生法律效力。在学理上,行纪人自行补偿差额的,概括为行纪人的差额补贴权,实践中也不乏行纪人自己买入卖出的行为,只要不损害委托人的利益,并不认为该行为是不当行为。

其次,行纪人还可能以“高卖低买”有利于委托人的价格完成交易,在学理上亦可称为优惠交易,此情形下的利益归属及行纪人是否有增加报酬的请

① 参见邱聪智:《新订债法各论》(中),中国人民大学出版社 2006 年版,第 256 页。

求权[①]是一个重要问题。行纪人高于委托人指定的价格卖出或者低于委托人指定的价格买入的,可以按照约定增加报酬;没有约定或者约定不明确,依据本法第510条的规定仍不能确定的,该利益属于委托人(《民法典》第955条第2款)。进一步分析,行纪人作出了有利于委托人利益的价格交易行为,可以依据与委托人之间的约定获取增加的报酬,也只有在双方对此有约定的前提下行纪人方可请求增加报酬。换句话说,行纪人无自动获得增加报酬的权利。如果委托人和行纪人之间对此没有约定或者约定不明,且达不成协议补充;按照合同相关条款或者交易习惯亦不能确定,行纪人以“高卖低买”的价格完成的交易所产生的利益,归属于委托人。这充分体现了行纪人接受委托人之委托从事交易活动的目的之一系为增加委托人利益的立法理念。

最后,基于行纪人的价格遵循义务,委托人对价格有特别指示的,行纪人不得违背该指示卖出或者买入(《民法典》第955条第3款)。该规则背后的理念仍在于行纪人从事贸易活动要维护委托人的利益,而委托人的利益不一定完全反映在价格的高低上,有的时候,在市场上行纪人即使“高卖低买”也并不一定完全符合委托人之利益,因为这可能是委托人的市场营销及战略决策,单笔的价格让渡和交易损失可能是为了整体的市场占有和长远的利益增加。由此,如果行纪人违背委托人对价格的特别指示,可能实际上损害委托人的长远利益。

(五)行纪人的介入权

行纪人的介入权,顾名思义,即行纪人介入到本来委托人委托行纪人与第三人之间的买卖交易关系,而直接与委托人形成买卖合同的权利。一般情形下,在行纪合同中,行纪人接受委托人的委托处理事务(贸易活动),以自己的名义与第三人进行交易,但行纪人自己并非行纪合同中的买受人或出卖人。但在特定情形下,行纪人卖出或者买入具有市场定价的商品,除委托人有相反的意思表示外,行纪人自己可以作为买受人或者出卖人(《民法典》第956条第1款)。行纪人介入权的行使,一定程度上有利于保障委托人的利益,比如可以降低交易成本、减少交易环节、加快商品流通、委托人合同目的得以快速实现、满

① 有观点认为,在增加委托人利益的优惠交易的场合,行纪人本身没有增加报酬的请求权,如当事人之间有约定,宜认定该增加报酬的合意具有赠与的法律性质。参见韩世远:《合同法学》,高等教育出版社2010年版,第573页。

足行纪人现实所需等。尽管如此,行纪人介入权的行使还必须满足一定的条件:其一,行纪人行使介入权的商品必须具有市场定价。市场定价应该是根据市场行情形成的、以特定的方式公之于众的价格,而不是个别交易的成交价格。行纪人行使介入权时,应当以符合委托人指示的交易时间之市场价格为准,并尽量实现委托人利益的最大化。其实,行纪人的介入,省去了市场交易协商的中间环节。反过来说,如果作为委托物的商品没有市场定价,行纪人的介入可能损害委托人的利益,与行纪合同的目的相悖。[①] 其二,行纪人行使介入权,委托人不能有相反的意思表示。如果委托人有委托人不得介入的意思表示(包括明示和默示的),则排除了行纪人介入权的行使,此种情形下,行纪人不得作为委托物的买受人和出卖人。

行纪人在符合法定要求的前提下行使了介入权,等同于完成了委托人的委托事务,所以,行纪人即使自己作为买受人或者出卖人,仍然可以请求委托人支付报酬(《民法典》第956条第2款)。在学理上,可以理解为行纪人介入权的行使,完成了合同的主给付义务,使委托人的利益获得保障,委托人有义务向行纪人支付合同对价,故行纪人可请求委托人支付报酬。

(六)行纪人的提存权

在行纪合同中,行纪人可能暂时占有和保管委托物,但最终需要委托人受领或者取回及处分,如果委托人不履行上述义务,一直由行纪人占有和保管委托物,无疑会给行纪人增加负担,由此法律设置了行纪人的提存权。根据《民法典》第957条的规定:"行纪人按照约定买入委托物,委托人应当及时受领。经行纪人催告,委托人无正当理由拒绝受领的,行纪人依法可以提存委托物。委托物不能卖出或者委托人撤回出卖,经行纪人催告,委托人不取回或者不处分该物的,行纪人依法可以提存委托物。"由此,行纪人可在以下两种情形下行使提存权:其一,行纪人根据其与委托人之间的合同约定将委托物买入后,委托人却没有及时受领,且经行纪人催告,委托人没有正当理由拒绝受领,委托物仍由行纪人保管的(可能会给行纪人增加保管委托物的负担,也可能增加委托物毁损、灭失的风险)此时行纪人可行使提存权。其二,因市场行情或者其他原因导

① 参见最高人民法院民法典贯彻实施工作领导小组主编:《中华人民共和国民法典合同编理解与适用(四)》,人民法院出版社2020年版,第2685~2686页。

致委托物无法卖出或者委托人执行决定撤回出卖的,行纪人亦无义务一直保管委托物,经行纪人催告,如果委托人不取回委托物或者不处分该委托物,属于委托人违反法定义务,此时行纪人亦可以依法行使提存权。

需要强调的是,行纪人提存权的行使必须符合法定条件,行纪人行使提存权必须履行催告义务,若不行使提存权,则无须催告。

(七)行纪人的直接履行义务

根据合同相对性的基本原理,行纪人与第三人订立合同的,行纪人对该合同直接享有权利、承担义务(《民法典》第958条第1款)。因为该合同的法律关系主体是行纪人与第三人,该合同也是行纪人以自己的名义与第三人订立的,在该合同的权利义务方面,行纪人,才是权利的享有者和义务的履行者。

因为行纪人与第三人订立合同的最终目的是履行行纪合同,保障委托人的利益。由此,第三人不履行义务致使委托人受到损害的,行纪人应当承担赔偿责任,但是行纪人与委托人另有约定的除外(《民法典》第958条第2款)。深入分析,第三人不履行义务致使委托人受到损害,其原因在于第三人不向行纪人履行义务,导致行纪人无法向委托人履行义务,这是环环相扣的,在此种情形下,如果最终导致委托人利益受损,根据合同相对性原理,委托人损失的赔偿责任只能由行纪人承担(第三人向行纪人承担的赔偿责任,另当别论)。当然,行纪人是否承担赔偿责任,行纪人与委托人有约定的从约定(如双方约定行纪人在上述情形下不承担赔偿责任)。不过,该约定仅限于委托人与行纪人之间,不能及于第三人。

二、委托人的权利与义务

在行纪合同中,委托人的诸多权利是与行纪人的义务相对应的;反之亦然。比如,委托人支付报酬的义务即对应行纪人的报酬请求权,本书在释论中更多的是从当事人的义务角度进行分析的,故对同一个问题从主要方面分析并提及另一方面后,不再单列小标题赘述。

(一)委托人支付报酬的义务

行纪合同是有偿合同和双务合同,当行纪人履行义务后,根据权利义务相一致原则,委托人自然有支付报酬的义务。行纪人完成或者部分完成委托事务的,委托人应当向其支付相应的报酬(《民法典》第959条前句)。委托人支付报酬的义务,对应着行纪人的报酬请求权,但是行纪合同履行过程中具体的权利义务可能出现不同的情形,需要分别理解:其一,当行纪人依约完成了全部委托事务时,有权向委托人主张全部报酬,委托人有义务全部支付。其二,当行纪人依约只完成了一部分委托事务时,则只有权向委托人主张完成部分相应的报酬,委托人有义务支付相应报酬。其三,由于委托人的原因导致行纪人没有完成全部委托事务,此时行纪人是否享有全部的报酬请求权或者委托人是否应该支付全部的报酬?从法律公平的角度分析,一般认为委托人仍有支付全部报酬的义务。其四,在学理上,行纪合同中委托人支付报酬的义务同样采取了"后付主义",即行纪人先完成委托事务,委托人后支付报酬。[①] 换句话说,行纪人未完成委托事务前,委托人可以拒绝履行支付报酬的义务,由此,该规则一定程度上不利于行纪人的利益,从立法理念上体现了对委托人利益更多的关照。

行纪合同的委托人支付报酬是其应履行的义务,委托人逾期不支付报酬的,行纪人对委托物享有留置权,但是当事人另有约定的除外(《民法典》第959条后句)。由此,如委托人支付报酬的义务没有及时履行,逾期仍未支付,将产生行纪人对委托物行使物权上的留置权的法律效果,但该留置权的行使需具备一定的条件:其一,行纪人该留置权的行使,需要在事实上能够合法留置委托物为前提。行纪人必须合法占有委托物,非法占有之状态无法留置;在行纪人受委托人委托卖出委托物的情形下,在卖出之前,委托事务未完成,行纪人无报酬请求权,更谈不上因委托人逾期支付报酬而产生的行纪人的留置权;而在完成委托事务卖出之后,行纪人事实上又不能合法占有委托物而行使留置权。其二,委托人逾期不支付报酬且没有正当理由,一般认为,如果委托人虽逾期不支付报酬但有正当的理由,行纪人不得对委托物行使留置权。其三,行纪合同的当事人之间没有行使留置权排除性约定,如果双方当事人在订立行纪合同时即约定行纪人不得对委托物行使留置权,则行纪人必须遵守该项约定,即使委托人逾期未支付报酬,行纪人也无法行使留置权,这也是合同当事人契约自由的体现。

---

① 有的国家和地区立法与我国不同。如根据《德国商法典》第396条的规定,行纪人的行为未付诸实行的,以存在地方管理为限,行纪人仍享有佣金(报酬)的请求权。

（二）委托人对委托物及时受领的义务

在行纪合同中，行纪人可能暂时占有和保管委托物，但最终需要委托人受领，如委托物一直由行纪人占有和保管，无疑会给行纪人增加负担，由此法律设置了委托人对委托物及时受领的义务。根据《民法典》第957条第1款前句的规定："行纪人按照约定买入委托物，委托人应当及时受领。"如果委托人不履行对委托物及时受领的义务，行纪人可依法行使提存权。

（三）委托人对委托物取回和处分的义务

在一定情形下，行纪人可能暂时占有和保管委托物，但最终需要委托人取回及处分，如委托物一直由行纪人占有和保管，无疑会给行纪人增加负担，由此法律设置了委托人对委托物取回和处分的义务。根据《民法典》第957条第2款的规定："委托物不能卖出或者委托人撤回出卖，经行纪人催告，委托人不取回或者不处分该物的，行纪人依法可以提存委托物。"如果委托人不履行对委托物取回和处分的义务，行纪人可依法行使提存权。这里需要注意，委托人对委托物取回和处分的义务，法律并没有像规定委托人受领义务那样限定"及时"的要求，但应限定在合同期间内。

三、行纪合同参照委托合同适用之规则

尽管行纪合同是独立的典型合同之一，有着不同于委托合同的特殊性（如行纪人主体资质的特殊要求、从事贸易活动范围的特殊限定、行纪人以自己的名义与相对人订立合同的特点、行纪合同只能是有偿合同等），但不可否认，行纪合同衍生于委托合同，与中介合同一样，同属于委托类合同，亦有着委托类合同的特点，在法律性质上还是有着诸多的共同之处的。由此，《民法典》第960条明确规定，行纪合同一章没有规定的，参照适用委托合同的有关规定。这在法理上没有任何障碍。需要注意的是，《民法典》的表述较原《合同法》的表述有所变化，原《合同法》第423条规定："本章没有规定的，适用委托合同的有关规定。"用语从"适用"转变为"参照适用"，更为科学和精准。

许多民事法律制度均有参照委托合同法律规则适用的情形，诸如行纪合同、中介合同等，甚至作为准合同制度的无因管理制度亦与委托合同有一定的联系。正如有学者指出的那样：从规范内容上看，许多民法典在设计无因管理

制度时充分参酌委托合同的规定;从解释适用上看,委托合同制度对无因管理方面问题的解决发挥着作用,委托合同制度不仅在立法层面上对无因管理制度设计有重大影响,而且在司法层面上影响了无因管理制度的解释适用。[①] 具体到行纪合同对委托合同的参照适用,应注意以下两点:首先,“参照适用”并不等同于直接适用,应先适用行纪合同的规则,没有规定的,再参照适用委托合同的规定。其次,“参照适用”并不是对委托合同规则的全部适用,比如,因为行纪合同为有偿合同,实际上,当行纪合同一章没有规定的时候,是无法参照适用委托合同中关于无偿委托合同相关规则的。

---

① 参见易军:《论中国法上“无因管理制度”与“委托合同制度”的体系关联》,载《法学评论》2020年第6期。

第十八章

中介合同

第一节　中介合同的概念、类型与特征

一、中介合同的概念

《民法典》第 961 条规定的中介合同，在我国之前的法律中称为居间合同，是中介人向委托人报告订立合同的机会或者提供订立合同的媒介服务，委托人支付报酬的合同。其中，提供订立合同机会或者提供媒介服务的一方当事人称为居间人或中介人；支付报酬的一方当事人称为委托人。居间合同自古有之，其功能在于拥有信息和专门知识的居间人为他人提供缔约信息和机会，居中撮合促成合同订立，以活跃民事交往活动，尤其在商业领域起到交易润滑剂的作用。因此，在德国、日本等民商分立的国家，居间合同一般被规定于商法典中，民法典或未加以规定或仅设有少数简单的条文。① 民商合一的立法中，居间合同在民法中作统一规定，②主要适用于商事居间，但也不妨碍适用于民事居间。

《民法典》将居间合同更改为中介合同，虽迎合了日常用语习惯，却失去了法律概念内涵的确定性，造成《民法典》的中介合同与其他既往法律文件中的中介用语之间的概念冲突，笔者难以赞同。作为传统法律术语的居间合同内涵非常清晰，是一个纯粹地为缔约提供机会或媒介服务的单一性质的法律关系，而

① 《日本民法典》未规定居间合同，《德国民法典》仅在第 652 ~ 655 条对民事居间合同有简单规定。

② 如《瑞士债法典》第 412 ~ 418 条。

非复合型合同关系。中介合同虽采用了与原居间合同相同的定义,但日常的中介实务以及既往法律文件中的中介用语,并非仅指单一的居间合同关系,而有更广泛的含义。以房屋中介为例,中介业务不仅涉及居间活动,还可能同时包含与房屋买卖合同的订立、履行相关的委托、借贷、定金、保证、提存等法律活动,中介法律关系并非单纯的居间合同关系,而是复合性合同关系。若将中介等同于居间,则在术语的使用上,于不同的语境中会有不同所指。在以往的法律文件中,中介也不都是居间的同义语。在《保险公司中介业务违法行为处罚办法》《保险经纪人监管规定》《保险中介行政许可及备案实施办法》中,保险中介机构包括保险专业代理机构、保险经纪机构、保险公估机构。保险公司中介业务包括通过保险代理人、保险经纪人签订的保单。依据《保险法》中的定义,保险代理人是根据保险人的委托,向保险人收取佣金,并在保险人授权的范围内代为办理保险业务的机构或者个人。保险经纪人是基于投保人的利益,为投保人与保险人订立保险合同提供中介服务,并依法收取佣金的机构。[①] 保险经纪人的业务范围主要是为投保人或者被保险人拟订投保方案、办理投保手续、协助索赔的人员,或者为委托人提供防灾防损、风险评估、风险管理咨询服务、从事再保险经纪等业务。可见,保险法领域所使用的"中介"也非单指"居间"。由于将居间合同替换为中介合同,失去了法律术语内涵的纯粹性,会产生用中介合同为法律关系定性不如用居间合同更准确的现象,因此,在表述上仍以居间合同指代"为缔约提供机会或媒介服务的单一合同关系"为宜。[②]

中介合同可以广泛应用于房屋买卖与租赁、劳务雇佣、融资借款、网络借贷、保险业务、电子商务平台经营、行政审批、期货交易、船舶媒介、婚姻缔结等领域。各类中介业务不仅受《民法典》相关规定的调整,也受《民法典》之外的法律规范的调整。如《船员纠纷司法解释》第 3 条规定,船员服务机构仅代理船员办理相关手续,或者仅为船员提供就业信息,且不属于劳务派遣情形,船员服务机构主张其与船员仅成立居间或委托合同关系的,应予支持。再如《期货纠纷司法解释》第 10 条规定,公民、法人受期货公司或者客户的委托,作为居间人为其提供订约的机会或者订立期货经纪合同的中介服务的,期货公司或者客户

① 参见《保险法》第 117 条、第 118 条。

② 下文中的中介合同均采狭义,仅指传统民法上的居间合同。

应当按照约定向居间人支付报酬。居间人应当独立承担基于居间经纪关系所产生的民事责任。也有不适合通过中介订立合同的场合，例如，司法实践中，为招标投标提供中介活动的合同，当事人约定确保中标等内容的，会被认定中介合同无效。有效案例中居间行为通常的表述为“促成”中标，而无效的案例通常表述为“获得”标的。从词义上看，“促成”是指居间人提供项目概况、投标策略等信息，协助投标人优化竞标方案，提高竞争力的行为；而“获得”则倾向于对投标结果的承诺和保证。因而，招标投标中的居间行为并不是全面禁止，但有“不允许承诺中标”的底线。[①] 避免刺激串通投标、围标等不法行为，破坏招标投标的公平性。

二、中介合同的类型

依据中介人受托的内容不同，中介合同可分为报告中介合同（也称指示中介合同）和媒介中介合同。报告中介合同是指中介人只向委托人提供缔约机会，报告有交易意向人的信息，但不参与订约磋商服务的中介合同，如向律师提供案源信息的合同。媒介中介合同是指中介人积极参与缔约磋商过程，为订立合同提供媒介服务的中介合同。商业领域的中介合同通常为媒介中介合同。例如，依据2016年的《网络借贷信息中介机构业务活动管理暂行办法》，网络借贷信息中介机构不仅要为直接借贷提供和公布信息，还要提供资信评估、信息交互、借贷撮合等服务。

依据中介人是否负有提供缔约机会或媒介服务的合同义务，中介合同可分为单务中介合同和双务中介合同。单务中介合同是指中介人虽可以通过提供订立合同机会和媒介服务获得报酬，但并不负担报告和媒介服务的合同义务的中介合同。双务中介合同是指中介人负担提供订立合同机会和媒介服务合同义务的中介合同。两者的差别在于，在单务中介合同中，委托人不能请求中介人为报告或媒介的行为。若无特别约定、法律规定或习惯，通常的中介合同为单务中介合同。

依据中介人取得报酬的条件，中介合同可分为订约中介和履行中介。订约

---

① 参见狄行思：《招投标中居间合同的效力及相关问题研究》，载《成都理工大学学报（社会科学版）》2019年第2期。

中介的中介人在合同成立时可请求报酬;履行中介的中介人在合同成立并履行完毕后始可请求报酬。若无特别约定或习惯,中介合同为订约中介。

三、中介合同的特征

中介合同具有如下法律特征:

(一)中介合同的标的是中介劳务行为

中介合同与委托合同、行纪合同大体上均可归入提供劳务类合同中,但中介合同有其特殊性,中介人若仅提供中介劳务并不能获得报酬,还须发生合同成立的事实。此点不同于委托合同,有偿委托合同中的受托人完成委托事务后,即可获得报酬。合同成立的事实能否发生最终取决于合同当事人是否同意签署合同,中介人不能限制合同当事人的契约自由,因此不能掌控合同成立的结果一定发生,此点不同于承揽合同。承揽合同须完成劳动成果,承揽人可以通过自己的劳动取得成果而排除定作人意思的影响。中介人不仅要为委托人报告订立合同的机会或者提供订立合同的媒介服务,还要在促使双方合同成立后才能主张报酬。可见,在中介合同中,委托人的给付义务具有不确定性。若合同约定即使合同不成立,仅提供相关缔约信息和机会即可获得报酬的,不属于中介合同,而是信息咨询服务类合同。

(二)中介人须按委托人的要求为中介活动

中介人应当按照委托人的要求为委托人寻找并报告可以订立合同的人,提供委托人希望的订约机会,或者充任中介人参与磋商斡旋,尽力促成双方合同。中介人与代理人、受托人、行纪人不同,中介人在合同订立中只从事居间活动,而非当事人或代理人,合同只能由当事人或其代理人达成合意或签署而成立。因此,中介合同中的委托人与委托合同中的委托人不同,系媒介之委托而非法律行为之委托。①

(三)中介合同可以是单务有偿合同也可以是双务有偿合同②

中介人为委托人报告订约机会或提供媒介服务和委托人支付报酬互为对价,因此是有偿合同。德国通说认为,在通常情况下居间合同是单务居间合同,

① 参见史尚宽:《债法各论》,中国政法大学出版社2000年版,第464页。
② 参见史尚宽:《债法各论》,中国政法大学出版社2000年版,第464页。

居间人不负担必须报告机会或提供媒介服务的义务。也就是说,居间人只有在取得成果的情况下方能获得报酬,但居间人并无从事此种活动的义务。[①] 我国《民法典》对此没有明确约定,需要依据合同约定或交易习惯进行判断,不能简单参照适用委托合同的规定,认为中介人有受托人一样的作为义务。中介人只有在合同成立的事实出现后才能获得报酬,且合同能否成立在很大程度上取决于委托人的意思,因此,较委托合同受托人地位不利;反之,中介人不负担报告或媒介义务,不失为一种利益平衡的考量。但合同中若有明确约定中介人负有中介服务义务时,应从其约定。尤其在中介机构收取中介定金的履行中介业务中,中介机构负有协助履行的义务,属于双务有偿合同。

(四)中介合同为诺成、不要式合同

中介合同自中介人与委托人意思表示一致时成立,因此是诺成合同。对中介合同的形式法律未作特殊要求,可以选择采取口头、书面或其他形式订立合同,因此是不要式合同。

通过对中介合同特征的分析可以得知,中介合同不同于委托合同和行纪合同,是一类独立的合同类型。

中介合同与行纪合同不同。行纪合同是商事合同,行纪人须为有经营资格之商事主体,行纪人须以自己的名义为委托人订立贸易合同;中介合同可以是民事中介也可以是商事中介,中介人并不以自己的名义为委托人签订合同,不是目的合同的当事人。

中介合同与委托合同不同。首先,中介人与受托人在法律地位上存在差别。委托合同的受托人完成民事法律行为多以代理人的身份进行,是为委托人一方利益而从事活动,法律后果直接归属于委托人;而中介人不享有代理权,可以同时为双方利益提供媒介服务,中介行为的法律后果并不直接归属于委托人。其次,合同的有偿性不同。在我国,委托合同可以是无偿合同也可以是有偿合同;而中介合同是有偿合同,并以目的合同成立为给付报酬的条件。最后,委托的内容不同。委托合同的委托内容是办理委托事务,主要是完成民事法律行为,也包括事实行为,受托人可以在一定授权范围内向相对人独立作出意思

① 参见[德]迪特尔·梅迪库斯:《德国债法分论》,杜景林、卢谌译,法律出版社2007年版,第355页。

表示或者接受意思表示;而中介合同的委托内容是报告订立合同的机会或者提供订立合同的媒介服务,没有处理委托人事务,替委托人独立作出意思表示的权限。

虽然中介合同在很多方面不同于委托合同,但两者都属于提供劳务类合同,也有很多相同之处,很多规范可以通用。为避免法律重复规定,《民法典》第966条规定,"本章没有规定的,参照适用委托合同的有关规定"。即只要不与中介合同特有的法律规定发生冲突,委托合同的规定可以参照适用于中介合同。例如,中介合同可以参照适用《民法典》第933条而有任意解除权,但因为中介合同是有偿合同,因此只能参照适用有偿委托合同任意解除的规则,而不能参照适用无偿委托合同解除的规则。

第二节　中介合同当事人的权利与义务

一、中介人的义务

(一)报告订约机会或提供媒介服务的义务

在双务中介合同中,报告订约机会或提供媒介服务是中介人的主给付义务,也是中介人获得报酬的先决条件之一。单务中介合同的中介人并无此义务,或可解释为仅系不真正义务,该义务不可以诉请实现,义务违反也仅发生中介人无法获得报酬的不利结果。

中介人的合同义务既包括给付义务,也包括附随义务。中介人不仅要报告订约机会或提供媒介服务,还要遵守诚信原则,履行附随义务,如实报告、忠实、尽力、保密等均属于中介人应履行的附随义务。中介人的义务不仅来源于民法,也可源于其他法律规范。以中介为业的中介经营者还要受商事规范的调整。例如,原《经纪人管理办法》中要求从事居间业务的经纪人遵守以下规则:经纪的商品或服务及佣金应明码标价;将定约机会和交易情况如实、及时报告委托人;妥善保管当事人交付的样品、保证金、预付款等财物;按照委托人的要求保守商业秘密等。不得对委托人隐瞒与委托人有关的重要事项;伪造、涂改交易文件和凭证;违反约定或者违反委托人有关保守商业秘密的要求,泄露委托人的商业秘密;利用虚假信息,诱人签订合同,骗取中介费;采取欺诈、胁迫、贿赂、恶意串通等手段损害当事人利益等。[1]

(二)如实报告的义务

《民法典》第962条规定,中介人应当就有关订立合同的事项向委托人如实报告。中介人故意隐瞒与订立合同有关的重要事实或者提供虚假情况,损害委托人利益的,不得请求支付报酬并应当承担赔偿责任。由于中介人与委托人之间的信息不对称,基于诚信原则,中介人负有如实报告的义务。该义务主要包含以下几方面要求:其一,中介人就其所知道的与订立合同有关的事项,应如实告知委托人。在为媒介服务时还应如实告知目的合同的各方当事人。其二,对与订立合同有关的重要事实,中介人负有真实义务。《民法典》第962条第2款只强调了就重要事实为欺诈的法律后果,未正面规定该真实义务,但由于委托人对中介人的信赖超出一般合同关系,可以推出中介人在重大事实报告上不应止于不欺诈这一底线要求,更应尽力提供真实信息,以保护委托人的利益。在相关的行业管理规范中也能找到相应的规定,如2016年的《住房城乡建设部等部门关于加强房地产中介管理促进行业健康发展的意见》要求中介机构规范中介服务行为:(1)加强房源信息尽职调查。中介机构对外发布房源信息前,应当核对房屋产权信息和委托人身份证明等材料,经委托人同意到房地产主管部门进行房源信息核验,并编制房屋状况说明书。房屋状况说明书要标明房源信息核验情况、房地产中介服务合同编号、房屋坐落、面积、产权状况、挂牌价格、物业服务费、房屋图片等,以及其他应当说明的重要事项。(2)加强房源信息发布管理。中介机构发布的房源信息应当内容真实、全面、准确,在门店、网站等不同渠道发布的同一房源信息应当一致。不得隐瞒抵押等影响房屋交易的信息。(3)中介机构提供住房贷款代办服务的,应当由委托人自主选择金融机构,并提供当地的贷款条件、最低首付比例和利率等房地产信贷政策,供委托人参考。

实践中,中介人报告信息不真实准确、不如实报告有关信息甚至欺诈委托人是导致委托人利益受损害的主要原因。因此,中介人不如实报告而损害委托人利益的,或者报告信息不真实且违反真实义务的,可以构成违反中介合同的违约行为。因中介人在重要事实上实施欺诈而损害委托人利益的,无论中介合

---

① 参见《经纪人管理办法》第17~18条。

同是否被撤销,中介人均会丧失报酬请求权并发生损害赔偿责任。

通常情况下目的合同成立后又解除的,不影响中介人收取报酬。但中介人非因故意欺诈而未告知重要事实导致目的合同被解除的,是否应当支付中介报酬,由于《民法典》没有规定而成为问题。本书认为,作为商主体的中介经营者未尽职调查并提供真实信息,或者因过失而未告知重要事实的,虽不构成欺诈但构成对中介合同的违约,若因此导致目的合同解除或不成立,属于因违约导致中介合同的目的不能实现,可以通过解除中介合同而不必再支付报酬。

(三)忠实义务与尽力义务

忠实义务要求中介人从事中介活动时应遵守诚信原则。如中介人不得无理阻碍委托人签订合同、不得与合同一方当事人恶意串通损害另一方当事人的利益、不得挪用侵占委托人交付的定金和价款等均属于忠实义务的范畴。尽力义务是勤勉义务的体现,要求中介人尽其努力以满足委托人意愿的条件促使合同订立。尽力的标准应依合同约定以及交易习惯确定。但忠实与尽力义务的履行不意味着"设定居间人负有使合同内容恰当合适的义务"。[①]

(四)保密义务

中介人对在中介活动中所知悉的委托人的个人信息、商业秘密等,应当保守秘密。中介合同中中介人的保密义务是依据《民法典》第509条第2款的规定产生的附随义务。

二、委托人的义务

(一)支付中介报酬的义务

《民法典》第963条规定,中介人促成合同成立的,委托人应当按照约定支付报酬。对中介人的报酬没有约定或者约定不明确,依据本法第510条的规定仍不能确定的,根据中介人的劳务合理确定。因中介人提供订立合同的媒介服务而促成合同成立的,由该合同的当事人平均负担中介人的报酬。中介人促成合同成立的,中介活动的费用,由中介人负担。可见,委托人是支付中介报酬的义务主体,向中介人支付报酬是委托人的主要义务。

---

① [德]迪特尔·梅迪库斯:《德国债法分论》,杜景林、卢谌译,法律出版社2007年版,第357页。

若中介人分别与合同双方当事人签订中介合同,委托人也是按照各自的约定分别支付报酬。只有在媒介服务中介关系中,合同对中介人的报酬没有约定或约定不明,且不能通过合同解释或交易习惯确定时,才由目的合同当事人平均负担中介报酬。理由在于中介人提供媒介服务使合同成功订立,双方当事人都是媒介服务的受益者。中介合同不存在双方代理的法律障碍,因为目的合同最终由该合同的当事人自己订立,中介人没有替委托人订立合同的代理权限。

在理论上,中介合同报酬请求权的成就须同时满足以下条件:

1. 须在委托人与中介人之间成立有效的中介合同

委托人与中介人之间的中介合同是报酬请求权的基础。由于中介合同是诺成的不要式合同,因此,即使没有书面形式,仍可以通过口头形式、默示形式成立中介合同。一方已经提供缔约机会或媒介服务,另一方接受而未表示反对的,依据《民法典》第 490 条第 1 款,可以推定中介合同已经成立。若未对是否给予报酬作出明确约定,应依具体情形加以判断。若中介人是以此为业的经营主体,符合不支付报酬就不会提供订约机会或媒介服务的通常情形,可以判断为有偿的中介合同。此时委托人主张是无偿行为的需承担举证责任。另外,若中介合同无效或被撤销,则中介人丧失请求给付报酬的权利。

2. 须中介的目的合同已成立

无论是报告中介还是媒介中介,各类中介合同均须以目的合同成立作为支付报酬的条件。无论合同成立与否,只要报告合同订立机会或提供媒介服务即支付报酬的合同不是中介合同,属于信息咨询服务类合同。中介人提供中介服务并不使委托人负担必须按照中介人的服务而订约的义务,委托人的缔约自由不受中介合同的限制。

如果合同成立后被当事人解除或终止,中介人的报酬请求权不受影响。因为合同成立则中介的目的即已达成,事后的解除或终止不影响中介合同的效力。

3. 目的合同须有效成立

中介的目的合同不仅成立还须有效,中介人才能获得报酬。若合同无效或被撤销,则目的合同视为自始不存在,中介人对已收取的报酬负有返还义务。即使撤销权是基于委托人的欺诈而生,亦无不同。因为撤销权是合同成立时已附随之情事,非成立后发生的情事,此时委托人可基于合同被撤销后视为无效而为主张,其合同如无其欺诈应不成立也。[1] 目的合同与中介合同没有从属关系,因此,目的合同无效并不影响中介合同的效力,仅使中介人不能行使支付报酬请求权。目的合同部分无效时中介报酬如何给付,法律并无直接规定。实践中认为,在此情形下,中介报酬的确定除了考虑双方约定外,还应考虑双方的过错、实际利益的归属、合同签订的背景以及合同目的是否实现等因素综合确定。[2] 若由于中介人欺诈导致目的合同当事人一方违背真实意思订立合同,对方知道或应当知道的,受欺诈的一方可以援引《民法典》第 149 条第三人欺诈的规定撤销合同,中介人无权请求给付报酬。若中介人虽有欺诈但另一方当事人不知道也不应知道的,合同不能撤销,受欺诈一方可以援引《民法典》第 962 条第 2 款,拒绝支付中介报酬并请求中介人承担赔偿责任。

4. 目的合同须按委托人指示并希望的内容达成的

目的合同成立但并不符合委托人之前明示的期望,即使中介合同未因欺诈被撤销,中介人获得报酬的条件也不算成就。例如,委托人向中介人表示希望订立一个不附生效条件的合同,却仅达成了附生效条件的合同,则中介人在条件成就前不得请求报酬。但若该附条件合同正是委托人所期望的,则中介人于合同成立时即可请求支付报酬,无须等到条件成就。值得注意的是,在德国、瑞士的立法例中,合同生效条件成就时才能请求报酬是法律对居间报酬请求权的一般性规定。我国《民法典》无此规定,若订立的合同附停止条件,除非其不能实现中介合同之特殊目的,不符合委托人的意愿,否则亦应于合同成立时支付报酬。其合理性在于合同虽未生效,但成立时已对双方当事人具有法律约束力,中介合同的一般性目的已经实现,中介人不应再为合同生效与否承担风险。两种不同的立法例体现了在中介人与委托人之间进行利益平衡的价值取向不同。

对于达成附条件的合同是否能够实现中介合同的目的,是否符合委托人的愿望,需要具体分析。司法实践中,房屋买卖合同明确约定以按揭贷款方式付款,而买受人因不能办理约定的按揭贷款,导致合同条件不能成就的,居间人以

---

① 参见史尚宽:《债法各论》,中国政法大学出版社 2000 年版,第 474 页。

② 参见杨甜甜:《目的合同部分无效下居间合同效力及居间报酬的判定》,载《人民法院报》2015 年 12 月 3 日,第 6 版。

已经促成合同订立为由请求支付居间报酬的，一般不予支持。[①] 因为，该买卖合同在条件不能成就时，无法实现中介合同的特殊目的，不符合中介人需满足委托人意愿的要求。在履行中介合同中，中介人负有协助履行的义务，若出现履行不能，也不能请求给付报酬。买受人由于相应住房限购政策的实施而无法办理房屋所有权变更登记，居间人以已经促成合同订立为由请求支付居间报酬的，一般不予支持。

5. 合同成立须与中介人的报告或媒介服务有因果关系

委托人订立的合同须是利用了中介人报告的缔约机会或者接受了其媒介服务，中介人才可以请求给付报酬。如无此因果关系，则取得报酬的条件不成就。实务中将委托人利用中介人提供的交易机会或媒介服务，却绕开中介人和对方直接订立合同，逃避支付报酬的行为称为跳单。为避免跳单，中介人通常会通过中介合同格式条款拟制因果关系的存在，例如约定接受中介服务后一年内，委托人无论是否通过该中介就该标的物订立合同的，均视为有因果关系，应支付中介报酬。这就加剧了委托人的缔约自由和消费者自主选择权与中介人获得报酬利益之间的紧张关系。该类格式条款经常因过分排除委托人的合法权利而被认定无效。

最高人民法院2011年12月20日发布的指导案例1号：上海中原物业顾问有限公司诉陶某华居间合同纠纷案，是针对中介合同跳单纠纷的案例，但却是在法律尚没有禁止跳单的一般规定的情况下，先作出了对跳单的例外规则。直到《民法典》实施后增加了禁止跳单的一般性规范，这一本末倒置的状况才得以改变。依据《民法典》第965条的规定，委托人在接受中介人的服务后，利用中介人提供的交易机会或者媒介服务，绕开中介人直接订立合同的，应当向中介人支付报酬。而指导案例1号是针对不属于“绕开中介人直接订立合同”的特别规则。该案的裁判要旨为：房屋买卖居间合同中关于禁止买方利用中介公司提供的房源信息却绕开该中介公司与卖方签订房屋买卖合同的约定合法有效。但是，当卖方将同一房屋通过多个中介公司挂牌出售时，买方通过其他公众可以获知的正当途径获得相同房源信息的，买方有权选择报价低、服务好的中介公司促成房屋买卖合同，其行为并没有利用先前与之签约中介公司的房源信

① 参见《2015年全国民事审判工作会议纪要》第30条。

息,故不构成违约。该指导案例规则的参照适用须满足以下要件:(1)卖方将同一房屋通过多个中介公司挂牌出售;(2)买方能通过其他公众可以获知的正当途径获得相同房源信息;(3)买方及其家人分别通过不同的中介公司已经了解到同一房源信息;(4)买方选择了报价低、服务好的中介公司促成房屋买卖合同,并已经支付中介报酬。另外,买方须对以上要件事实的存在承担举证责任。可见,该指导案例确定的跳单的例外规范适用条件是比较严格的。指导案例1号是为了维护中介公司之间优胜劣汰的良性竞争关系,并不涉及由数个中介共同进行中介服务的情况。若目的合同的成立是数个居间人共同协力的结果,不能确定谁的活动具有决定性时,报酬由各居间人平均分受。①

(二)偿付费用的义务

中介合同的费用是指中介人从事报告或提供媒介服务所支出的费用,中介费用是中介活动的成本,无论居间成败,原则上由中介人自行承担。为避免中介人将费用转嫁于委托人,依据《德国民法典》第652条第2款和《瑞士债法典》第413条第3款的规定,居间人支出的费用仅在有特别约定时,才能请求委托人偿还。原《合同法》第427条并未采取通行的"中介费用未经约定不得请求偿还"的规则,而是规定居间人未促成合同成立的,可以要求委托人支付从事居间活动支出的必要费用。这就导致中介人无论居间成败,无论有无过失,均没有成本风险,甚至激励中介人以看房费等名义巧立名目收取费用。因此,《民法典》第964条作出修改,也采取了"中介费用未经约定不得请求偿还"的规则,即中介人未促成合同成立的,不得请求支付报酬;但是,可以按照约定请求委托人支付从事中介活动支出的必要费用,有支付费用的约定是适用该条的前提条件。

① 参见史尚宽:《债法各论》,中国政法大学出版社2000年版,第476页。

第十九章

合伙合同

第一节　合伙合同概述

一、历史与比较法

合伙合同是两个以上的合伙人为了共同的事业目的,订立的共享收益、共担风险的协议。合伙是一种历史悠久的合同类型,罗马法时代便将合伙作为一种有名合同,后世大陆法系国家继承罗马法的合伙制度,或从行为的角度将合伙作为一种合同,或从主体的角度将合伙视为一种权利主体。并在合伙合同的基础上,发展出组织性与团体性更加稳固的商事合伙、合伙企业,因其组织形式灵活、责任方式独特等,能够充分适应和满足不同的投资需求,[①]成为与公司并立的重要的商事主体。

在罗马法中,合伙(societas)通常与共同关系相联系,或者说合伙是各种制度的混合。[②] 合伙合同的构造可以回溯到两个来源,即古代罗马法的继承人共同体和资合性的取得合伙。[③] 最早的合伙正是源于在家父(paterfamilias)死亡后作为继续存在的家庭共同体的数名继承人(sui heredes)之间的法律关系。后

① 参见魏振瀛主编:《民法》(第 4 版),北京大学出版社 2010 年版,第 102 页。

② 参见[意]彼德罗·彭梵得:《罗马法教科书》,黄风译,中国政法大学出版社 2005 年版,第 290 页。

③ 参见[德]马克斯·卡泽尔、罗尔夫·克努特尔:《罗马私法》,田士永译,法律出版社 2018 年版,第 479 ~480 页。

世资合性的合伙正是对这种关系进行的法律上行为的模仿。[①] 因此,合伙具有强烈的共同体或共同关系的属性。与此相对应,罗马法在程序上存在合伙之诉(actio pro socio)、共有物分割之诉(actio communi dividundo),[②]用于解决合伙合同关系实体上的争议与纠纷。

欧洲大陆法典化时期,德国、法国、瑞士等均无例外地继承了罗马法传统,尽管各自的法典体例有所差别,但均将合伙作为民法典有名合同之一种。《德国民法典》在第二编"债务关系法"第八章"各种债务关系"中规定了合伙契约。《德国商法典》于第二编规定了作为商事企业的"普通合伙"("无限公司")、"有限合伙"("两合公司")以及"隐名合伙"。《德国民法典》第 705 条及以下条款对于民法上的社团以及商法上的两种合伙或人合公司具有"基础结构性"的意义。[③] 一方面,《德国民法典》第 54 条第 1 句规定"无权利能力社团"适用合伙的规定。[④] 另一方面,《德国商法典》第 105 条第 3 款规定"普通合伙"补充适用民法典关于合伙的规定;第 161 条第 2 款又规定"有限合伙"补充适用普通合伙的规定,即《德国商法典》第 105 条第 3 款与《德国民法典》第 705 条及其以下条款。[⑤] 值得注意的是,《德国民法典》在"合伙"一节之后紧接着规定了"共同关系"(Gemeinschaft),[⑥]即数人共同享有一项权利时除法律另有规定外适用

---

① 参见[德]马克斯·卡泽尔、罗尔夫·克努特尔:《罗马私法》,田士永译,法律出版社 2018 年版,第 480 页。

② 参见[意]彼德罗·彭梵得:《罗马法教科书》,黄风译,中国政法大学出版社 2005 年版,第 291 页;[德]马克斯·卡泽尔、罗尔夫·克努特尔:《罗马私法》,田士永译,法律出版社 2018 年版,第 484、486 页。

③ 参见[德]迪特尔·梅迪库斯:《德国债法分论》,杜景林、卢谌译,法律出版社 2007 年版,第 384 页。梅迪库斯认为,"基础结构性"的意义仅指向德国商事主体制度,而笔者认为,合伙契约对于无权利能力社团同样具有此种意义。

④ 现今观点多认为,《德国民法典》第 54 条第 1 句规定"无权利能力社团"适用合伙的规定具有特定历史背景,其规范本身的科学性存疑,无权利能力社团与有权利能力社团更为接近,而且德国司法实践中也已经开始类推适用有权利能力社团的规则而非合伙契约。参见[德]卡尔·拉伦茨:《德国民法通论》(上册),王晓晔等译,法律出版社 2003 年版,第 236 ~ 237 页;[德]迪特尔·梅迪库斯:《德国民法总论》,邵建东译,法律出版社 2000 年版,第 852 ~ 853 页。但是笔者认为,就规范意义而言,德国民法的这一规定仍然具有基础性意义,二者仍然具有相当的相似性。

⑤ 参见[德]迪特尔·梅迪库斯:《德国债法分论》,杜景林、卢谌译,法律出版社 2007 年版,第 384 页。

⑥ 该词语在我国存在两种译法:一种是将该语翻译为"共有"或"按份共有",另一种是翻译为"共同关系"。有学者指出,该词语所共同享有的权利不仅可以是所有权,而且可以是所有权以外的权利(如质权、著作权、专利权)。所以,此种共同关系不限于共有(Miteigentum)。换句话说,共有只是共同关系的一种情形。因此译成"共有"或"按份共有"在外延上范围过小,有值得商榷的余地。参见《德国民法典》,陈卫佐译注,法律出版社 2015 年版,第 299 页。

"按份共同关系"的规定,而法律另有规定的情形即为"共同共有",包括合伙财产、婚姻共同财产以及共同继承遗产。[①] 由此则进一步印证了合伙的共同关系属性。

作为民商合一立法体例肇始者的瑞士,承继了德国法关于合伙合同的规范模式。《瑞士债法典》在第二编"各种合同"第二十三章规定了"简易合伙合同",作为有名合同之一种。在第三编"商事公司与合作社"中规定了无限公司("普通合伙企业")、两合公司("有限合伙企业")。

《法国民法典》在第三卷"取得财产的各种方法"第九编"公司"(sociétés)中规定了"隐名合伙"。在法国法上,公司被看作一种可以"产生法人"的"合同",[②]由此可以认为《法国民法典》将合伙视作一种有名合同。根据《法国民法典》第1871条的规定,隐名合伙(sociétés en participation)是指一种没有法人资格,无须履行任何公告措施的公司。因此,隐名合伙仅存在于参股人(合伙人)的相互关系中,这种公司仅用于处理内部事宜。[③] 需要注意的是,法语中sociétés是一个多义词,通常包括社会、社团、公司等多重含义。《法国民法典》中的sociétés特指"民事公司"(sociétés civile)。《法国公司法典》将《法国民法典》第三卷第九编"公司"纳入其中作为第一编,同时规定"商事公司"(sociétés commerciale)以及其他类型的公司。"商事公司"中的"合名公司"相当于"普通合伙"或"无限公司","普通两合公司"与"股份两合公司"相当于"有限合伙"。由此可见,在法国法中,"合伙"仅是"公司"的一种形式,就此而言并无"合伙"这一独立概念。[④] 此外,《法国民法典》在第九编"公司"之后规定了第九编(二)"有关行使共有权的协议",与《德国民法典》中的"共同关系"内容相类似。

《意大利民法典》对于合伙的认识与法国法相似,同样认为合伙为公司的一种类型。虽然《意大利民法典》并未将"公司(合伙)"规定于"债编",而是规定在第五编"劳动",但是其第2247条仍然将合伙定位为一种契约:合伙是以分享

---

① [德]迪特尔·梅迪库斯:《德国债法分论》,杜景林、卢谌译,法律出版社2007年版,第398页。

② 参见[法]伊夫·居荣:《法国商法》(第1卷),罗结珍、赵海峰译,法律出版社2004年版,第91页。

③ 参见[法]伊夫·居荣:《法国商法》(第1卷),罗结珍、赵海峰译,法律出版社2004年版,第572页。

④ 参见《法国民法典》,罗结珍译,法律出版社2010年版,第423页。

利润为目的,二人或数人按照约定为共同从事经营活动而提供财产或劳务的契约。由于意大利奉行民商合一的立法体例,因此《意大利民法典》在“公司(合伙)”一章中规定了除合作社以外的所有商事主体制度,包括“一般合伙”(“合伙合同”)、“无限公司”(“普通合伙”)、“普通两合公司”(“有限合伙”)以及股份公司、有限公司。

日本法基本上沿袭了德国法关于合伙的规范体系。《日本民法典》在第三编“债权”第二章“契约”中规定了“合伙”契约。《日本商法典》在第二编“商行为”第四章中规定了“隐名合伙”。《日本公司法典》在第三编规定了“份额公司”的公司形式,根据其第575条第1款的规定,“份额公司”涵盖无限公司(“普通合伙”)、两合公司(“有限合伙”)与合同公司(“有限公司”)。

二、《民法典》语境下的“合伙”

我国制定《民法典》时接受了大陆法系民法的传统,首次将“合伙合同”作为有名合同加以规范,规定于“合同编”之“典型合同分编”。但是合伙制度在《民法典》之前便已存在,仅是对其存在不同的认识。1986年《民法通则》在“公民(自然人)”一章中规定了“个人合伙”,在“法人”一章中规定了“联营”即“法人合伙”。唯一可脱离民事企业概念解释合伙合同关系的是《民通意见》第50条的规定,其试图通过扩大解释将对合伙企业的法律规定辐射至非企业的合伙合同关系。① 就规范形式而言,《民法通则》试图从民事主体的角度规范合伙关系,但就规范实质而言,《民法通则》根本没有把合伙作为民事主体对待,仍然将合伙视为民事主体之间的一种合同。②

《民法典》在“总则编”民事主体部分将“合伙企业”作为“非法人组织”,使不具备组织体性质的“合伙”彻底在形式上退出主体制度。有学者指出,《民法典》规定“合伙合同”的意义在于,为商事合同以及商事组织体的相关制度提供

---

① 参见李建伟、岳万兵:《民法典合伙合同规范的体系功能及其解释》,载《西北工业大学学报(社会科学版)》2020年第4期。

② 参见李永军:《民事合伙的组织性质疑——兼评〈民法总则〉及〈民法典各分编(草案)〉相关规定》,载《法商研究》2019年第2期。

基础,特别是公司设立过程中的发起协议或出资协议,可以适用合伙合同的规范。[①] 但由于我国的民商合一体例的现实存在,传统大陆法系对于民事合伙与商事合伙的区分,似乎无法在我国民法的语境下继续发挥原有的功能。尽管有学者将《民法典》中的合伙合同称为民事合伙,将《合伙企业法》中的合伙称为商事合伙,[②]但是合伙合同中的"共同事业目的"并不以非营利目的为限,[③]当事人缔结合伙合同的目的仍然可以基于商事目的。因此,《民法典》语境下合伙的民事性或商事性已经无法进行区分。唯一有意义的区分在于是否形成受《合伙企业法》调整的商事组织及合伙企业。

第二节　合伙合同的性质

合伙合同的最大特色在于其"共同行为"的属性,构成了合伙合同与其他18种有名合同的最大不同。共同行为区别于契约行为,其目的不在于实现"对待给付"的交换关系,而在于通过形成共同体实现当事人追求的"共同的事业"。因此,合伙合同的最大特色即在于其团体性与组织性。正是由于这一特色,合伙合同在对合同法一般规则的适用上呈现出一定程度的限缩性,即对于以对待给付为制度典型性的契约行为制度须进行一定的限缩适用。另外,由于我国《民法典》与《合伙企业法》的立法时间以及立法内容不同,因此在"一般法—特殊法"之间的法律适用关系上,将突破特别法欠缺规定时适用一般法的规则,从而出现一般法如无规定时适用特殊法的"倒序"现象。同时,合伙关系中的连带责任源于其中蕴含的共有关系,因此合伙合同中还外溢出物权关系的相关

---

① 参见李永军:《民事合伙的组织性质疑——兼评〈民法总则〉及〈民法典各分编(草案)〉相关规定》,载《法商研究》2019年第2期。

② 参见王利明:《论民法典对合伙协议与合伙组织体的规范》,载《甘肃社会科学》2019年第3期。此外,还有部分观点认为,民事合伙与商事合伙的区分不以是否营利为标准,而是以是否形成组织体及合伙企业为标准,营利是民商事合伙产生与发展的共同动因。参见李建伟、岳万兵:《民法典合伙合同规范的体系功能及其解释》,载《西北工业大学学报(社会科学版)》2020年第4期。

③ 参见杨代雄主编:《袖珍民法典评注》,中国民主法制出版社2022年版,第819页;史尚宽:《债法各论》,中国政法大学出版社2000年版,第686页;邱聪智:《新订债法各论》(下),中国人民大学出版社2006年版,第12页。

问题。

一、合伙合同的共同行为属性

根据德国法系的传统理论，依法律行为实施人之单复数或意思表示之单复数，法律行为可分为单方法律行为（einseitige Rechtsgeschäfte）与数方法律行为（mehrseitige Rechtsgeschäfte）。数方法律行为的成立需要数方当事人达成合意，又可划分为双方法律行为、多方法律行为与决议。其中双方法律行为与多方法律行为是合同法中主要涉及的法律行为类型。双方法律行为即为我国民法上之合同，亦即传统民法上之契约（Vertrag），是指双方当事人形成方向相对的意思表示之一致而成立的法律行为，例如买卖、租赁等。我国《民法通则》对于该类法律行为不再使用传统民法上的契约而改称合同。多方法律行为虽然同样为复数当事人之意思表示一致而成立的法律行为，但与双方法律行为中意思表示相互对立、需互为对待给付不同，其各方形成一致的意思表示方向相同或内容一致。大陆法系传统上将之称为“合同行为”（Gesamtact），以与“契约行为”相区别。我国由于合同概念的变异，民法理论上称为“共同行为”，以与“合同行为”相区别。①

综观《民法典·总则编》与《民法典·合同编》，无论是民事法律行为的一般规定、合同编通则，还是合同编第九章至第二十六章的典型合同，基本都以标准的互为对待给付的双方法律行为为典型模式与制度原型，因此于术语上区分合同与契约意义有限。但《民法典》第二十七章的合伙合同中不存在以交换为目的的对待给付关系，当事人之间订立合伙合同以实现共同事业为目的，与社团法人设立、因合并之公司成立等相同，属于传统民法中典型的“合同行为”、我国民法中的“共同行为”。② 因此，在合伙合同的法教义学分析上，应当重视其共同行为属性，对于以契约行为为制度预设的合同法律制度，应适当限缩适用。例如，对作为合同一般规则的合同撤销、合同履行、合同变更与转让以及违约责

---

① 参见[德]迪特尔·梅迪库斯：《德国民法总论》，邵建东译，法律出版社 2000 年版，第 165～167 页；史尚宽：《民法总论》，中国政法大学出版社 2000 年版，第 310～311 页；梁慧星：《民法总论》，法律出版社 2017 年版，第 165～166；朱庆育：《民法总论》，北京大学出版社 2016 年版，第 136～137 页。

② 参见史尚宽：《民法总论》，中国政法大学出版社 2000 年版，第 311 页。

任等应当限制适用。[①]

二、合伙合同的组织法属性

合伙合同的组织法属性源于其共同行为属性。尽管《民法典》对合伙合同预设的规范目标为合同型合伙，从而区别于《合伙企业法》所规范的组织型合伙，但是订立合伙合同的目的是实现共同的事业，当事人各方的意思表示与实际行为均指向共同的方向。与成立合伙企业的合伙合同、成立公司的出资合同类似，当事人各方均意图通过该合同明确各方共同出资后、共同运营的权利义务，其组织性相当明显，仅仅是在组织性的强度上无法与合伙企业相提并论。[②]有学者甚至指出，合同法在现代社会既是交易法也是自治法，不仅在单次的交易中发挥着规范功能，在关系性、合作性活动中也发挥着与法人等社团一样的组织复杂经济活动的功能。[③] 那么，作为共同行为的合伙合同的组织性更为显著和突出。

从规范构成与规范内容上，《民法典》合伙合同一章仅由12个条文构成，笼统地规定了合伙合同的定义、合伙财产、合伙事务管理、合伙与第三人关系、合伙终止五个方面的内容。条文的概括、笼统、简略与内容、形式多样的合伙实践的客观需要相去甚远。在合伙合同的司法实践中，在缺少当事人的约定而法律又欠缺明确规定的情况下，有必要类推适用《合伙企业法》相关规则。此与传统大陆法系中的情况正好相反。在立法顺序上，德国、日本等均是先制定包含合伙合同的民法典，再制定包含合伙企业的商法典。反映在立法内容上，《德国民法典》共使用36个条文，《日本民法典》共使用22个条文，全面、详尽地规定了民事合伙“从出生到死亡”的完整过程的各项规则。正是有了民法的坚实基础，《德国商法典》与《日本商法典》方可基于事物相似性的原理，并根据一般法与

---

① 参见李建伟、岳万兵：《民法典合伙合同规范的体系功能及其解释》，载《西北工业大学学报（社会科学版）》2020年第4期。

② 参见王利明：《论民法典对合伙协议与合伙组织体的规范》，载《甘肃社会科学》2019年第3期；李建伟、岳万兵：《民法典合伙合同规范的体系功能及其解释》，载《西北工业大学学报（社会科学版）》2020年第4期；朱虎：《〈民法典〉合伙合同规范的体系基点》，载《法学》2020年第8期。否认合伙合同组织性的观点，参见李永军：《民事合伙的组织性质疑——兼评〈民法总则〉及〈民法典各分编（草案）〉相关规定》，载《法商研究》2019年第2期。

③ 参见王利明：《论合同法组织经济的功能》，载《中外法学》2017年第1期。

特别法适用顺序规则,仅规定形成商事组织的合伙的特殊问题,商事合伙未规定的,参照适用民法中合伙契约的规定。我国《民法典合同编(草案)》(2017 年 8 月 8 日民法室室内稿)曾于第 537 条规定,"本章对合伙合同的内容没有规定的,参照适用《合伙企业法》的相关规定"。该条草案曾受到诸多非议,此后的草案及正式的立法文本也将其删除,但仍然存在《民法典》中的合伙合同由于规范供给不足而参照适用《合伙企业法》的客观需要。就现实角度而言,这也反映出我国在已经制定了规范较为完备的《合伙企业法》之后无须再重复规定合伙合同规则的客观情况。此种一般法没有规定而参照适用特别法规范的法律适用方法,与常见的作为特别私法规范的商法缺乏规定时参照适用作为一般私法的民法的法律适用方法确实不同。

《民法典》合伙合同规范所体现的组织性强度与合伙企业的组织性强度位居合伙制度的两端。《民法典》合伙合同的组织性最弱,而《合伙企业法》合伙合同的组织性最强。当事人之间基于不同的交易目的与交易安排,可以约定组织性各异的合伙合同关系,约定的合伙合同的组织性越强,对《合伙企业法》参照适用的范围就越广。例如,合伙财产的归属、合伙财产的确定,尤其是合伙合同终止后的清理与清算等事项,均存在由于自身规范供给不足而需要参照适用《合伙企业法》的空间。

第三节 合伙合同的效力

一、合伙合同的内部效力

(一)合伙人的出资义务

合伙人首要的义务是按照合伙合同的约定缴纳出资。合伙人的出资是合伙的物质基础与合伙财产的重要来源,没有出资便无法实现当事人之间意欲实现的共同事业目的。《民法典》第 968 条规定:"合伙人应当按照约定的出资方式、数额和缴付期限,履行出资义务。"合伙合同的订立基础是意思自治,《民法典》并未如《公司法》一般限制合伙人出资的方式等,而是完全依赖于当事人的约定。《合伙企业法》第 16 条规定合伙人可以用货币、实物、知识产权、土地使用权等财产权利出资，甚至可以用劳务出资；以实物、财产权利、劳务出资的，其价值或所占出资比例均可由当事人协商确定，与公司股东出资的各种限制相异。对于合伙合同中的出资，自应当与《合伙企业法》第16条的规则作相同解释。

尚有疑问的是，在部分合伙人未按照合伙合同的约定履行出资义务时，其他合伙人是否享有履行抗辩权。正如前文所述，合伙合同属于共同行为，与具有交换性质的对待给付的契约行为迥然有别。而履行抗辩制度显然系以契约行为为制度原型和基础，只有当事人之间具有利益交换关系时，一方当事人方可以因对方当事人的履行情况行使相应的抗辩权利。在合伙合同中，某一合伙人履行其出资义务不是为了换取另一方的对待给付或使另一方履行出资义务，而是为了形成合伙财产、从事合伙经营。换句话说，合伙人出资是为了全体合伙人的利益而统合给付，不限于一次性的或者具体化的交换，而是针对一个动态程序中的共同目的。① 因此，在一方不履行其出资义务时，其他合伙人不能主张双务合同的同时履行抗辩权，如果其他合伙人可行使同时履行抗辩权，拒绝履行自己的出资义务，将难以形成合伙财产，合伙事业和合伙目的也难以实现。② 在限制抗辩权适用的共识之下，理论上存在"否定说"与"有条件可定说"之分。③ "否定说"认为于任何条件下合伙人均不得拒绝出资，合伙人不得行使出资的履行抗辩权。④ "有条件可定说"认为不应一概否定履行抗辩权之行使，在合伙人为二人时可以适用履行抗辩权，三人以上时则应持否定态度。⑤ 还有学者认为，在合伙人人数较少并且没有对外从事经营活动的情况下，其他合伙人有抗辩权，在其他情况下不得行使出资义务的抗辩权。⑥ 笔者赞同此观点。

---

① 参见[日]我妻荣：《债权各论》(中卷二)，周江洪译，中国法制出版社2008年版，第224～227页；[德]格茨·怀克、克里斯蒂娜·温德比西勒：《德国公司法》，殷盛译，法律出版社2010年版，第79～82页；朱虎：《〈民法典〉合伙合同规范的体系基点》，载《法学》2020年第8期。

② 参见王利明：《论民法典对合伙协议与合伙组织体的规范》，载《甘肃社会科学》2019年第3期。

③ 参见张其鉴：《股东出资义务的请求权主体研究——兼评〈民法典〉合伙合同、利他合同条款》，载《法商研究》2022年第1期。

④ 参见王利明：《论民法典对合伙协议与合伙组织体的规范》，载《甘肃社会科学》2019年第3期；最高人民法院民法典贯彻实施工作领导小组主编：《中华人民共和国民法典合同编理解与适用(四)》，人民法院出版社2020年版，第2737页。

⑤ 参见郑玉波：《民法债编各论》(下册)，台北，三民书局1981年版，第640页。

⑥ 参见张其鉴：《股东出资义务的请求权主体研究——兼评〈民法典〉合伙合同、利他合同条款》，载《法商研究》2022年第1期。

如前文所述,合伙合同的组织性或共同行为属性有强弱之分,在组织性、团体性较强时应当以促进组织或团体的成立、共同目的的实现为目的,限制影响该目的实现的履行抗辩的行使;而在组织性、团体性较弱,共同目的不甚显著时,则无须作此种限制解释。

(二)合伙财产的形成与维持

合伙财产是合伙事业运营的物质基础,是对外负责的责任财产,也是合伙维系的要素。[①]《民法典》第969条第1款规定了合伙财产的来源与范围:"合伙人的出资、因合伙事务依法取得的收益和其他财产,属于合伙财产。"所谓"合伙人的出资",前文已经述及,无论是出资方式、出资数额还是出资期限,均得由合伙人任意约定。所谓"因合伙事务依法取得的收益和其他财产",是指因执行合伙事务所得之财产及基于合伙财产所生之财产,包括天然孳息、法定孳息、因合伙财产毁损灭失而产生的对第三人的损害赔偿请求权。[②]

关于合伙财产的归属问题,由于《民法典》合伙合同以不形成独立民事主体的合同型合伙为规范对象,此种合伙不具有民事权利能力,因此即便第969条第1款貌似赋予了合伙以财产归属资格,但事实上合伙财产只能以全体合伙人共有的形式存在,而无法像《合伙企业法》第17条第2款规定的一样要求合伙人向合伙企业办理财产转移手续。在理论上甚至可以认为,合伙合同的形成基础即来源于合伙人财产的共有,属于典型的"因物聚人"。至于共有的具体性质,我国理论界主要存在"共同共有说"、"按份共有说"及"混合共有说"之分。[③]虽然合伙合同中合伙人依据出资额享有权利、履行义务,但是《民法典》第969条第2款明确规定,合伙人于合伙合同终止前不得请求分割合伙财产,显然其在性质上与《民法典》第303条、第308条规定的共同共有性质更为接近。虽然我国法律上通常将共同共有的类型与基础理解为夫妻共有、家庭共有、遗产分割前的共有等情形,[④]但在比较法上,合伙同样可以成为共同共有的"身份"基础,德国及日本均将合伙财产的共有归为共同(公同)共有,并且明确规定合伙

① 参见崔建远主编:《合同法》(第7版),法律出版社2021年版,第482页。
② 参见史尚宽:《债法各论》,中国政法大学出版社2000年版,第695页。
③ 参见朱虎:《〈民法典〉合伙合同规范的体系基点》,载《法学》2020年第8期。
④ 参见梁慧星、陈华彬:《物权法》,法律出版社2007年版,第242页。

人对于合伙财产整体和单个财产在合伙终止前不享有份额。[①]

合伙财产的共有还涉及与物权公示的关系问题。尽管合伙人的财产无法向不具有权利能力的合伙转移权属的问题,但仍有学者坚持认为即使某一财产登记在合伙人个人名下,合伙财产应当在物权上登记为全体合伙人共有,对该财产的相应请求权仍为对合伙财产的请求权。[②] 由此涉及执行合伙人或个别合伙人擅自处分该财产的,仍然应当根据《民法典·物权编》并参照《合伙企业法》第 21 条第 2 款的规定处理,全体合伙人不得以合伙合同中的共有关系对抗善意第三人。

(三)合伙事务的决定与执行

合伙人有权就合伙事务共同决定与共同执行,至于具体的决定和执行方式、方法,则完全有赖于合伙合同的约定。

1. 合伙事务的决定

合伙合同并非另设独立的主体而依赖于成员的存在,其建立在合伙人之间强有力的人身约束之上,因此合伙这一组织体更加强调合伙人之间的信赖和协作关系,并在成员之间结成一个事务执行与责任承担的"命运共同体"。[③] 因此,《民法典》第 970 条第 1 款关于合伙事务决定的"默认规则"即为,合伙人一人一票且一致同意。[④] 如合伙合同对合伙事务决定作出特殊约定,则该约定可以出资额为表决基础,既可约定过半数通过也可约定 2/3 以上通过,只要该约定不违反法律、不损害少数合伙人的利益,则均无不可。

2. 合伙事务的执行

《民法典》第 970 条第 2 款规定,合伙事务可以由全体合伙人共同执行,也可以委托一个或数个合伙人执行合伙事务。合伙人共同执行合伙事务为合伙合同与合伙企业的一般规则。其来源于合伙的"自营机关原则"(Selbstorganschaft)。依据该原则,合伙事务必须由合伙人亲自执行,全体合作人构成合伙的最高事

---

① 参见《德国民法典》第 718 条第 1 款、《瑞士债务法》第 544 条第 1 款。

② 参见朱虎:《〈民法典〉合伙合同规范的体系基点》,载《法学》2020 年第 8 期。

③ 参见龙卫球主编:《中华人民共和国民法典合同编释义》(下册),中国法制出版社 2020 年版,第 1108 页。

④ 参见杨代雄主编:《袖珍民法典评注》,中国民主法制出版社 2022 年版,第 822 页。

务执行机关，从而将无限连带责任合理化。[①] 当然，此处的“共同执行”仅指事务执行的方法应当共同决定，而事务执行本身并不需要共同为之。[②]

尽管理论上合伙事务一致决定与共同执行符合合伙的本质特征，然而在合伙人人数众多的情况下极易出现合伙无法作出决议的僵局，且某一项合伙事务由众多合伙人共同执行不切实际，因此法律允许合伙合同另行约定合伙事务的特殊执行方式。全体合伙人可以委托一个或数个合伙人执行合伙事务，甚至可以委托合伙人之外的第三人执行合伙事务。此亦为实践中通常采用的执行方式。执行事务合伙人在全体合伙人同意后为事务执行，本质上是全体合伙人委托执行事务合伙人执行合伙事务，因此全体合伙人与执行事务合伙人之间适用委托合同的法律规范。[③] 执行事务合伙人应当向全体合伙人承担忠实、勤勉执行事务之义务。具体而言，参照《合伙企业法》第 28 条第 1 款、第 2 款的规定，执行事务合伙人应当定期向其他合伙人报告事务执行情况以及合伙企业的经营和财务状况；执行合伙事务所产生的收益归属于合伙企业，所产生的费用和亏损由合伙企业承担。在受委托的合伙人执行合伙事务后，其他合伙人不再执行合伙事务，但是有权监督合伙事务的执行情况。非执行事务合伙人有权了解合伙的经营状况和财务状况，有权查阅合伙的会计账簿、财务票据等资料。

根据《民法典》第 970 条第 3 款的规定，在合伙事务由数名合伙人分别执行时，任何一名执行事务合伙人均可以对其他执行合伙人所执行的事务提出异议，其他执行事务合伙人在接到异议后应当暂停该项事务的执行。其原理在于，异议权本身即为事务执行权的一部分，为防止执行事务合伙人对异议置之不理，避免执行不当损害全体合伙人的共同利益，故而赋予执行事务合伙人此项异议权。[④] 合伙对于异议，应当按照合伙合同约定的合伙事务决定办法办理，合伙合同未约定或约定不明的，应当依据第 970 条第 1 款的规定以全体合伙人一致同意的方式处理。

---

① 参见龙卫球主编：《中华人民共和国民法典合同编释义》（下册），中国法制出版社 2020 年版，第 1108 ~ 1109 页。

② 参见黄立：《民法债编各论》（下），中国政法大学出版社 2003 年版，第 738 页。

③ 参见杨代雄主编：《袖珍民法典评注》，中国民主法制出版社 2022 年版，第 823 页。

④ 参见龙卫球主编：《中华人民共和国民法典合同编释义》（下册），中国法制出版社 2020 年版，第 1108、1111、1112 页；最高人民法院民法典贯彻实施工作领导小组主编：《中华人民共和国民法典合同编理解与适用（四）》，人民法院出版社 2020 年版，第 2746 ~ 2747 页。

此外，根据《民法典》第 971 条的规定，合伙人就合伙事务的执行原则上并无报酬请求权，除非根据合伙合同或全体合伙人决定。在执行合伙事务中所产生的费用应当由全体合伙人承担。

（四）合伙的损益分配

合伙的利润分配与亏损分担是合伙内部关系的核心事项，事关合伙人缔结合伙合同最终目的的实现。合伙的利润分配是指合伙的生产经营收益在进行必要的成本、费用扣除后所获得的利润在全体合伙人之间进行的分配。合伙的亏损分担是指合伙的生产经营收益在进行必要的扣除后出现负值即发生亏损时，全体合伙人对于该亏损进行的承担。根据《民法典》第 972 条的规定，合伙的损益分配规则是：首先，合伙的利润分配与亏损分担按照合伙合同的约定处理；其次，合伙合同没有约定或约定不明的，由合伙人协商决定；再次，如协商不成，则按照合伙人实缴出资比例分配、分担；最后，无法确定实缴出资比例时，由合伙人平均分配、分担。此分配规则与《合伙企业法》第 33 条第 1 款的规则完全相同，且其中按照实缴出资分配的规则亦与《公司法》第 34 条的分配规则一致，体现了出资人权利义务相一致的原则。尽管有学者认为，以实缴出资作为分担亏损的标准可能引发道德危机，即合伙人为避免分担过多的亏损而不实缴或少实缴出资，从而不利于合伙事务的开展，且对已实缴出资合伙人不公。① 笔者认为，此道德危机仅为可能性其中的一种，实缴出资的标准为公司、合伙等商事主体通行的损益分配规则，即使以认缴或其他方式为标准也可能会产生其他的法律规避行为，此为无可避免地事实。

合伙人订立合伙合同时或合伙合同成立后，合伙人之间能否约定部分合伙人享有固定利润分配权且不分担任何损失？此为实践中的常见情形。对此，最高人民法院认为，“出资”意味着出资人共享收益、共担风险，且当事人共同经营、管理或出资人对经营过程进行监管，如果当事人之间约定“固定回报、不担风险”，则当事人之间的法律关系符合“借贷”中不管借款人使用出借人出借款项是否有收益以及收益大小，借款人均应按约定到期还本付息的特点。因此，合伙合同中如有此类约定则属于通谋虚伪的法律行为，根据《民法典》第 146 条

① 参见杨代雄主编：《袖珍民法典评注》，中国民主法制出版社 2022 年版，第 824 页。

的规定应认定合伙合同无效,应按隐藏于其中的借款合同关系处理。[①] 显然,实践中当事人之间的此种约定为规避民间借贷利率上限的避法行为。此外,在合伙合同中还应当类推适用《合伙企业法》第 33 条第 2 款关于“合伙协议不得约定将全部利润分配给部分合伙人或者由部分合伙人承担全部亏损”之规定。在罗马法上,此种约定被认为属于“狮子合伙”而未获承认,[②]其不符合合伙“共享收益、共担风险”的性质,因此尽管《民法典》合伙合同部分未作此规定,但在解释适用上应当进行上述的类推适用。

(五)合伙份额的转让

《民法典》第 974 条规定,合伙人向合伙人以外的人转让其全部或者部分财产份额的,须经其他全体合伙人一致同意。从法条文意来看,转让的标的为“财产份额”。然而,就合伙财产的共同共有属性而言,应当将此处的财产份额规范解释为合伙人对合伙事业的参与份额即合伙份额(Gesellschaftsanteil)、合伙地位、合伙人身份。原因在于,合伙财产在合伙清算与终止前,其份额仅为抽象意义和象征意义上的存在,[③]合伙人在合伙事业存续与经营期间无权随时请求分割合伙财产,仅在终止之时方可按照出资比例分担损益、取回剩余财产。因此,在合伙关系存续期间,对合伙人对外转让的标的应当进行限缩解释。

合伙份额对外转让的原因在于,合伙合同不仅创设了一项债权债务关系,而且还在一定程度上创设了一个组织体。该债权债务关系以及组织体严重依赖于合伙人之间信赖关系的稳定与持续,因此合伙人的合伙份额原则上具有人身专属性。合伙人其中之一发生死亡、解散或破产时,合伙合同及其创设的组织体应随之消亡。换句话说,合伙合同与合伙人的人格不相分离,此即成员身份牵连原则(der Grundsatz der Personengebundenheit)。[④] 尽管如此,现代民法以

① 参见最高人民法院民事裁定书,(2020)最高法民申 7050 号;最高人民法院民事判决书,(2016)最高法民终 325 号;最高人民法院民事判决书,(2016)最高法民终 306 号。

② 罗马法上的“狮子合伙”“狮子份额”是根据费德鲁斯(Phädrus)的寓言命名,在这个寓言中,奶牛、山羊、绵羊和狮子为搞到食物而组成合伙,但狮子独自吃光了全部猎物。参见[德]马克斯·卡泽尔、罗尔夫·克努特尔:《罗马私法》,田士永译,法律出版社 2018 年版,第 482 页。

③ 参见朱虎:《〈民法典〉合伙合同规范的体系基点》,载《法学》2020 年第 8 期;龙卫球主编:《中华人民共和国民法典合同编释义》(下册),中国法制出版社 2020 年版,第 1121 页。

④ 参见龙卫球主编:《中华人民共和国民法典合同编释义》(下册),中国法制出版社 2020 年版,第 1122 页。

鼓励交易为原则,尽力维持合伙合同关系及其组织体的存续,不再严守成员身份牵连原则。一方面允许合伙合同对合伙份额转让作出特别约定,另一方面允许在全体合伙人一致同意的情形下对外转让合伙份额,从而使合伙合同的共同事业目的继续实现。

《民法典》第974条仅仅规定了对外转让合伙份额的一般规则,没有规定其他合伙人对于待转让的合伙份额是否享有优先购买权,也未规定合伙人之间进行转让时的规则。笔者认为,应当类推适用《合伙企业法》第22～23条的相关规则。即在对外转让的情形下,其他合伙人在同等条件下享有优先权;在合伙人之间转让时,应当通知其他合伙人。

(六)合伙期限

对于合伙合同的履行期限或合伙的存续期限,当事人可以在合伙合同中加以约定。当没有约定或约定不明时,《民法典》第976条第1款规定,应当依据本法第510条的规则加以确定;如依此规则仍不能确定,则推定合伙为不定期合伙。因合伙合同为继续性债务合同,即不定期合伙,应当适用不定期合同的相关规则。根据《民法典》第976条第3款以及第563条第2款的规定,合伙人可以随时解除不定期的合伙合同,但应当在合理期限之前通知其他合伙人。《民法典》第976条第2款规定,当约定的合伙期限届满时,合伙人继续执行合伙事务而其他合伙人没有提出异议的,原合伙合同转化为不定期的合伙合同,适用不定期合伙解除的规则。

然而需要注意的是,此处不定期合伙的解除是否与一般意义上的合同解除含义相同?是否可以适用《民法典》第557条第2款关于合同解除时合同权利义务终止的规则?如前所述,合伙合同在性质上为共同行为,尽管未形成独立的民事主体,合同型合伙仍然具有一定程度的组织性与团体性。合同法中的鼓励交易原则,在合伙合同中应当解释为尽力维持合伙的组织性与团体性。具体到不定期合伙中,即为当少数合伙人依据《民法典》第976条第3款通知其他合伙人解除合同时,如其解除合伙合同关系并不影响其他合伙人共同事业目的之实现,且其他合伙人无意终止合伙合同关系时,其解除行为应当解释为退伙,可以类推适用《合伙企业法》第46条关于“合伙协议未约定合伙期限的,合伙人在不给合伙企业事务执行造成不利影响的情况下,可以退伙,但应当提前30日通知其他合伙人”的规则。关于解除合伙或退伙的法律后果,应当类推适用《合伙企业法》第51～54条的规则，其他合伙人应当对合伙财产状况进行结算，退还退伙人的财产份额，既可以退还货币也可以退还实物；如退伙人此前行为对合伙造成了损失，则应当扣减相应的数额；退伙时有未了结业务无法结算的，待该事务了结时再行结算；退伙人对于退伙前发生的合伙债务承担连带责任，如有亏损亦应当分担亏损。

（七）合伙终止

根据前文所述的成员身份牵连原则可知，合伙人的存在以及合伙人之间的信赖关系对于合同型合伙极为重要，因此当合伙人出现死亡、解散等情形时，往往导致当事人签订合伙合同时所欲实现的共同事业目的难以为继。因此，《民法典》第977条规定了合伙终止的法定情形，即当合伙人死亡、丧失民事行为能力或者终止时，合伙合同终止。然而，根据合伙合同的性质，合伙终止的事由并不限于第977条的规定。具体包括：第一，作为自然人的合伙人死亡或宣告死亡、丧失民事行为能力。自然人合伙人死亡或宣告死亡时，其继承人并不当然继承其合伙人身份。《合伙企业法》第50条第1款规定，合伙人的继承人仅在合伙协议有明确约定或经全体合伙人一致同意时，方可取得合伙人资格。合伙合同应作相同解释。第二，作为法人或其他组织的合伙人解散、破产、被吊销营业执照等应当终止的情形。《公司法》和《合伙企业法》均未规定作为法人或其他组织的成员终止时其成员资格的继受问题，因此，在出现解散、破产或吊销等情形时，合伙合同具有了终止事由。第三，合伙合同约定的期限届满或终止条件成就。基于意思自治原则，合伙人订立合伙合同时明确约定了合伙的存续期限或终止条件，在该期限届至或条件成就时，合伙人如未作出使合伙继续存在的意思表示，则无待合伙专门作出决定即出现了终止事由。第四，合伙的共同事业目的已经实现或确定无法实现。合伙合同以特定的共同事业目的的实现为合同目的，若该目的已经实现或者在客观上已无实现可能时，合伙自然再无存续的必要，因而成为合伙终止的事由。第五，全体合伙人一致决定终止合伙。在合伙合同的履行过程中，无论合伙目的的实现程度如何，只要全体合伙人一致决定终止，合伙合同即应当终止。第六，其他终止事由，例如合伙人仅剩一人。

需要注意的问题是，尽管根据法律规定或合伙的性质存在若干合伙终止的情形，但是根据鼓励合伙合同与组织体存续的原则，即使出现合伙人死亡、终止等情形，只要该情形不影响其他合伙人共同事业目的的继续实现，且其他合伙人并无意终止合伙合同关系，其相关事由应当解释为退伙事由，类推适用《合伙企业法》第 48 条的规定。《民法典》第 977 条亦规定根据合伙事务的性质不宜终止的则不应当终止，为类推适用《合伙企业法》第 48 条留下了空间。

当合伙合同终止的情形出现时，全体合伙人应当对合伙财产进行清算。《民法典》第 978 条仅规定了在支付因终止而产生的费用以及清偿合伙债务后留有剩余时，应当按照第 972 条关于合伙损益分担的规则进行处理。即合伙合同有约定的按约定处理，没有约定或约定不明且无法通过协商解决的，由合伙人按照实缴出资比例进行分配，实缴出资比例无法确定的则由全体合伙人平均分配。简单来说，《民法典》第 978 条仅规定了清算后剩余财产的分配问题，未规定合伙清算的程序。笔者认为，关于合伙财产的清算程序，当合伙合同无明确约定时可类推适用《合伙企业法》第四章"合伙企业解散、清算"的相关规则，从而有力地填补合同漏洞，公平分配合伙人在清算中的权利义务，同时使司法裁判获得可靠的依据。

二、合伙合同的外部效力

合伙合同的外部效力主要指向合伙人与债权人的关系。

在合伙人与合伙债权人的关系上，《民法典》第 973 条第 1 句规定，合伙人对合伙债务承担连带责任。合伙的基础为合伙财产的共有，合伙人连带责任的基础即为共有财产的连带责任规范。[①]《民法典》第 307 条规定，因共有的不动产或者动产产生的债权债务，在对外关系上，共有人享有连带债权、承担连带债务。因此，大陆法系传统上对合伙合同和合伙企业均持连带主义立场。[②] 该法第 973 条第 2 句规定了连带责任的当然后果，即合伙人清偿合伙债务超出自己应当承担的份额时，有权向其他合伙人追偿。然而，《民法典》第 973 条仅仅表明了合伙债务的最终承担主体以及责任形态，而未言明合伙财产在合伙债务清偿中的地位以及合伙债务的清偿顺序。《民法典》第 969 条明确承认了合伙合

① 参见李永军：《民事合伙的组织性质疑——兼评〈民法总则〉及〈民法典各分编（草案）〉相关规定》，载《法商研究》2019 年第 2 期。

② 参见龙卫球主编：《中华人民共和国民法典合同编释义》（下册），中国法制出版社 2020 年版，第 1118 页。

同中合伙财产的存在，合伙财产的意义和作用不仅在于作为实现共同事业目的的物质基础，还应当在合伙债务的清偿中发挥作用。《民法典各分编(草案)》第757条第1句规定的“合伙人对合伙财产不足以清偿的合伙债务，承担连带责任”，就清晰地表明了合伙财产在债务清偿中的地位。尽管该草案条文在最终的《民法典》中被修改，但在合伙债务清偿中仍然应当作此解释，即合伙债务首先应当以合伙人共有的合伙财产加以清偿，合伙财产不足以清偿的部分由合伙人承担连带清偿责任。① 该解释与《民法典》第978条关于“合伙合同终止后，合伙财产在支付因终止而产生的费用以及清偿合伙债务后有剩余的，依据本法第九百七十二条的规定进行分配”，以及《合伙企业法》第38～39条关于“合伙企业对其债务，应先以其全部财产进行清偿”“合伙企业不能清偿到期债务的，合伙人承担无限连带责任”的规定协调一致。在比较法上，《德国民法典》第733条、第739条及《瑞士债法典》第549条均规定了合伙财产的优先清偿地位。

在合伙人与合伙人个人债权人的关系上，《民法典》第975条规定，合伙人的债权人不得代位行使合伙人依照法律规定与合同约定享有的合伙人权利，但是合伙人的利益分配请求权除外。该条规定依然体现了“成员身份牵连原则”，即合伙是由合伙人相互牵连而产生的彼此高度信赖的“命运共同体”，在合伙终止之前不得请求分配合伙财产，因此合伙人个人的债权人不得要求取得合伙人的合伙资格或合伙份额，不得代位行使合伙人的权利，仅能就合伙人的利润分配请求权主张权利。② 此外，《民法典各分编(草案)》第759条第1款规定了“合伙人负担与合伙事务无关的债务的，债权人不得以其债权抵销其对合伙人负担的因合伙事务产生的债务”。尽管《民法典》并未保留该条文，但在适用上仍然应当作相同解释。《民法典》第568条规定的抵销规则明确要求只有当事人之间互负的债务方可适用，同时基于合伙合同的组织性以及合伙财产的独立性，合伙债务与合伙人债务应当作明确区分，不应相互混淆。此外，《合伙企业法》第41条也禁止了合伙债务与合伙人债务的相互抵销。

---

① 尽管有学者认为在合伙合同中合伙财产优先清偿在程序上存在困境，但笔者认为此种担忧仅仅涉及实践中的举证责任问题。参见李永军：《民事合伙的组织性质疑——兼评〈民法总则〉及〈民法典各分编(草案)〉相关规定》，载《法商研究》2019年第2期。

② 参见龙卫球主编：《中华人民共和国民法典合同编释义》(下册)，中国法制出版社2020年版，第1125页。

第二十章

无因管理

第一节　无因管理概述

一、无因管理的概念、性质与有关概念辨析

（一）无因管理的概念

无因管理，是指管理人没有法定或者约定的义务，为避免他人利益受损失而管理他人事务。罗马法强调无因管理，是指未受委任并无义务而管理他人事务。管理他人事务者为管理人，被他人管理事务者称为本人，而本人通常从其中获得利益，因此也称为受益人。无因管理发生后，管理人与本人之间便发生债权债务关系，这就是无因管理之债。① 管理人得请求受益人偿还因管理事务而支出的必要费用，或在遭受损害时得请求受益人给予适当补偿。无因管理制度可追溯至罗马法，其意义是弥补合同之债与侵权之债的空隙，完善债法体系。当今大陆法系国家的无因管理制度都是以罗马法为基础构建而成的。大陆法系各国通常将无因管理与合同、侵权及不当得利并列为债法的基本制度。

我国《民法典》第121条、第979条至第984条是有关无因管理的一般规定，第183条有关见义勇为的规定在本质上亦属无因管理，但由于法律对此作出专门规定，因此可将该条视为无因管理的特别规定。

（二）无因管理的性质

无因管理是法律行为还是事实行为，学界存有争议。法律行为，通常指由

① 参见王利明等主编：《民法学》，法律出版社2005年版，第505页。

意思表示为构成要素,以设立、变更、终止民事法律关系为目的的行为。其中的意思至少包括效果意思,由表意人表现于外部,为外界所知。事实行为属于非表意行为,行为人主观上并无产生民事关系的意思,而是依照法律规定引起民事法律关系后果。德国曾有学者主张,无因管理虽非法律行为,但因以一定意思指向为必要,在性质上属于类似法律行为之行为,故应类推适用关于法律行为(尤其是契约)之规定。[①] 该学说显然继受于罗马法"准契约说"。与之相对,"事实行为说"认为,此种意思仅是指管理人具有为他人管理事务的意思,不具有法律效果的意思;无因管理之债的发生及其内容完全基于法律的规定,不考虑管理人是否具有此种效果意思;虽然法律要求管理人履行通知本人的义务,但此种通知的内容仅为事实的告知,而非将自己的管理意思告知本人,因此属于观念通知。管理人与第三人之间的法律行为不发生在管理人和本人之间,因此不会影响无因管理的本质。也有学者认为,无因管理虽非法律行为,但以一定的精神作用(管理意思)为要件,故属于混合的事实行为。[②]

目前多数国家的学者采事实行为说。德国通说亦已扬弃"法律说"的观点,认为无因管理属事实行为。本书也同意此观点。由此,无因管理的管理人并非必须为完全民事行为能力人,其管理事务的方法可能涉及法律行为,如雇人维修房屋、送溺水之人就医,但管理事务的方法不影响管理行为本身的事实行为性质。管理人管理本人事务与第三人发生法律行为,既可以管理人名义亦可以本人名义为之。

(三)无因管理与有关概念辨析

1. 无因管理与无因行为

除无因管理外,我国民法理论中还有无因行为的概念。虽然无因管理与无因行为两概念的文字表述中均包含"无因"二字,但并非同一含义。无因管理的"无因"是指无法律义务或约定义务;而无因行为的"无因性",强调处分行为独立于负担行为,即法律行为与其原因分离,是不以其原因为要件的法律行为。无因行为不是说处分行为无原因,而是将负担行为从处分行为中抽离,不以负

① 参见吴从周:《见义勇为与无因管理——从德国法及台湾地区法规定评河南法院判决》,载《华东政法大学学报》2014年第4期。

② 参见史尚宽:《债法总论》,中国政法大学出版社2000年版,第58页。

担行为的存在作为处分行为的内容，使处分行为的效力不因原行为（负担行为）不存在而受影响。[1] 无因管理乃事实行为，不以意思表示为要素，不适用关于行为能力之规定；而无因行为则属法律行为，须以意思表示为要素，须考察行为人的行为能力。

2. 无因管理与不当得利

无因管理系指无法律或约定义务而为他人管理事务。不当得利指得利人没有法律根据取得不当利益。二者之间既联系密切，又功能不一。二者与契约、侵权并列为债产生的四大原因，同属法定之债。从制度价值角度看，二者共同弥补了债法上合同与侵权法律制度的空隙，完善了债法的体系。

从社会价值取向观察，二者各有其侧重。第一，无因管理的成立以管理事务的承担为要件，其后产生附随的继续管理义务，如适当管理、通知、报告及交付义务，本人则负有返还管理费用及补偿损失的义务；而不当得利通常仅涉及受益人返还不当得利的问题。第二，无因管理中，本人对管理人承担债务不以本人获利为前提条件，而不当得利的受益人仅涉及返还不当得利的义务。第三，无因管理的立法目的在于鼓励助人为乐、培养见义勇为的道德情操；而不当得利的立法目的在于平衡当事人之间的利益。[2]

3. 无因管理与代理

无因管理与代理的共同之处是，二者客观上都是管理他人事务的行为，主观上都具有为他人管理事务的意思。二者的区别是：第一，无因管理不具有法定或约定义务；代理则基于法定或约定关系而产生。第二，无因管理属事实行为，不要求管理人具备完全的行为能力，而代理属法律行为，要求代理人具有完全的民事行为能力。第三，无因管理中的事务管理既可以是事实行为，也可以是法律行为，而代理事务通常是法律行为。第四，从法律效果角度观察，无因管理重在规范管理人与受益人之间的权利义务关系，而代理则包括代理内部关系及外部与第三人之间的三方关系。第五，无因管理管理人的管理意思非效果意思，无需表现出来，而代理人的意思表示则应具有效果意思的特征，并表现于外部。第六，无因管理的管理人可以同时为自己利益和本人利益实施管理行为，

① 参见王泽鉴：《民法总则》，北京大学出版社 2009 年版，第 263 页。

② 参见马俊驹、余延满：《民法原论》（下），法律出版社 1998 年版，第 777 页。

而代理行为的代理人不得同时为自己利益从事代理行为。第七,注意义务不同,无因管理管理人的注意义务较低,而代理人的注意义务较高。第八,请求权范围不同,无因管理行为一般是无偿的,管理人只能请求支付管理支出的必要费用或补偿遭受的损失,而代理行为则可以是有偿的。

无因管理与无权代理。无权代理是指行为人无代理权、超越代理权或在代理权终止后所进行的代理行为。无因管理与无权代理具有一定的相似之处,二者都无法定或约定义务,都具有为他人管理事务的意思。在特定情形下,同一行为可能构成无因管理与无权代理的竞合。然而,二者之间存在质的区别。第一,无因管理是事实行为;无权代理则属法律行为。第二,无因管理符合社会互助互爱的价值取向,被法律所承认,因而是合法行为;而无权代理因违反被代理人的意志,侵害被代理人权利,不为法律所认可,不具有合法性。第三,无因管理制度主要解决管理人与本人之间的权利义务关系;而无权代理则主要解决无权代理行为的法律效果归属问题,二者规范目的不同。[①] 第四,无因管理不以管理人由本人名义进行管理为要件,管理人以何人名义管理事务并不会影响无因管理的构成;而无权代理则须行为人以本人名义实施行为,行为人非以本人名义实施的行为不是代理。第五,无因管理的管理人并不必然知晓本人,只需了解所管理事务为他人者即可;而无权代理的行为人通常明确知晓本人。

4. 无因管理与合同、准合同

无因管理与合同均为债发生的根据,无因管理被追认后适用委托合同的规定。二者也存在明显区别:首先,无因管理属事实行为,而合同属法律行为。其次,无因管理只需管理人单方行为即可成立,而合同需要双方或多方主体达成合意。最后,无因管理管理人不须具备完全民事行为能力,而合同主体须具备相应的民事行为能力。

在我国,无因管理和不当得利属于准合同的下位概念。《民法典·合同编》专设第三分编“准合同”,用于安置无因管理和不当得利制度。这就形成了合同编之中有准合同,准合同之中有无因管理和不当得利,而无因管理、不当得利与合同又并列为债的发生原因的特有的逻辑现象。

准合同属于无因管理的上位概念,二者之间乃包含与被包含的关系,且同

---

① 参见张广兴:《债法总论》,法律出版社 1997 年版,第 68 页。

为法定之债。准合同与无因管理的相似之处还表现为二者都可以因单方行为而成立,同属事实行为。二者的不同之处表现为,准合同不仅包含无因管理,还涵盖不当得利。甚至在罗马法,准合同不仅包括无因管理和不当得利,还包括监护、偶然共有和遗赠等行为。① 准合同的表述意在揭示上述行为与契约的类似性或准用。

此外,对于准合同概念内涵与外延尚待深入探讨。准合同概念肇始于罗马法,本指非合同、非侵权行为引发的债权。罗马法使用“准契约”这一表述,其本意为“仿佛根据契约而发生”,特指那些既非根据契约发生,又不是由于侵权行为产生的债务。

盖尤斯认为,不当得利、无因管理也在一定程度上体现了第三人的意思,因此是类似于合同的债的关系。② 英国准合同概念亦起源于罗马法准契约制度,在英国,不公正得利行为被推定适用默示合同,此类行为亦被称为准合同,调整此类行为的反不公正得利法也叫准合同法。

各国民法典有关准合同的概念和范围并不一致。德国和日本已经抛弃了准合同这一概念,法国民法仍然保留“准合同”一词,但是其范围体例与我国并不相同。《法国民法典》第 1371 条规定准合同是“人的纯粹自愿的合法行为,其结果是对第三人承担某项债务,有时是双方第三人相互承担债务”。

“准合同”一词尽管历史悠久,但并未为我国原《民法通则》及《民法总则》所采用。因此,《民法典》在合同编下创设准合同分编,实属我国民事立法所罕见。由于我国《民法典》并未设置债法总则,合同编通则部分起到替代债法总则的作用,准合同制度本身作为法定之债被纳入合同编,同时其他类型的法定之债适用合同编通则的规定。③ 我国立法机关理由主要如下:第一,便于法官适用法律;第二,维护合同法总则规则体系的完整性;第三,顺应民法的债法制度以合同法为中心的发展趋势。④ 同时,我国借鉴英美法和法国法上“准合同”的概

① 参见[罗马]查士丁尼:《法学总论》,张企泰译,商务印书馆 1989 年版,第 184 ~ 186 页。

② 参见丁超:《论准契约的基本问题》,载费安玲:《学说汇纂》(第 3 卷),知识产权出版社 2011 年版,第 68 页。

③ 参见吴训祥:《〈民法典〉中准合同制度的历史演变与体系效应》,载《法制与社会发展》2022 年第 1 期。

④ 参见王利明:《民法典合同编通则中的重大疑难问题研究》,载《云南社会科学》2020 年第 1 期。

念，对各类法定之债的规则作出规定，并将其置于合同编最后。[1] 我国民法典未对准合同进行进一步的释明，仅在准合同分编下设无因管理和不当得利两种债的形式。从结构上观察，我国《民法典》将准合同作为一个概念呈现，与法国民法相似，但有关准合同的定位则有别于法国民法，这种模式使我国《民法典》既不同于法国民法的法学阶梯体系，又没有完全采纳德国的潘德克吞体系，最终塑造为独特的实用主义模式。[2] 比较各国，不设债法总则编的国家也大都将其他债的关系规定在合同编之中，称为"准合同"。[3] 因此，准合同这一概念本身界定不清晰，可能会影响民法的体系性与精确性，需要在实践中继续厘清和完善。[4]

5. 无因管理与侵权行为

侵权行为指行为人侵害他人的人身、财产权利，依法应当承担民事责任的行为。无因管理与侵权均为债发生的根据，二者均表现为行为人未经本人同意也无法律义务而实施干涉他人私人领域的行为，都属事实行为，结果均形成法定之债。二者在特定情况下可能形成竞合。通常情况下，管理人为避免他人利益受损失管理他人事务，形成违法阻却，不会形成侵权行为，但在特定情形下，由于管理人管理方法不适当造成本人损失，应当承担侵权责任，因此与侵权行为发生竞合。二者区别在于：第一，法律性质不同，无因管理为法律所认可，属合法行为；而侵权行为为法律所不容，属违法行为。第二，行为人主观方面不同，无因管理人具有保护他人利益的目的，而侵权人则不具有此目的。第三，客观方面不同，无因管理人在客观上的确实施了管理他人事务的行为，而侵权行为则表现为侵害他人的合法权益。第四，法律后果不同，无因管理人对本人享有债权，而侵权行为后果是受害人对侵权人享有债权。

6. 无因管理与正当防卫

正当防卫是指当公共利益、他人或本人的人身或其他利益遭受不法侵害

---

① 参见王利明：《准合同与债法总则的设立》，载《法学家》2018 年第 1 期。

② 参见［日］加藤雅信、吴彦：《作为立法论的"准合同"论——对中国民法典草案的三种修正提议》，载《苏州大学学报（法学版）》2019 年第 2 期。

③ 参见韩世远：《法典化的合同法：新进展、新问题及新对策》，载《法治研究》2021 年第 6 期。

④ 参见李永军：《"准合同"概念之外延考——对我国〈民法典〉第 985 条的理论与实证分析》，载《政治与法律》2022 年第 5 期。

时,行为人所采取的防卫措施。正当防卫造成他人损害,可导致正当防卫人被免除或减轻责任。[①] 正当防卫与无因管理同为合法行为,为法律所鼓励。我国民法学理论通说认为,当行为是保护他人利益免受不法侵害时,受益人所担负的"给予适当补偿"的责任,性质上即属于无因管理之债。原则上应当首先由侵害人承担赔偿责任,受益人只承担补充责任,受益人的赔偿范围以补偿损失为限。无因管理与正当防卫都会形成违法阻却的法律效果,但是,二者形成违法阻却的对象不同,无因管理对本人私人领域干预形成违法阻却,正当防卫对侵权人造成损害形成违法阻却。

7. 无因管理与紧急避险

紧急避险是指为了社会公共利益、自身或他人的利益免受现实和紧迫的侵害,在不得已的情形下而采取的造成他人损失的行为。无因管理为合法行为,会形成违法阻却的效果;而紧急避险则只能在刑法上成为非罪的事由,在民法上不构成免责的抗辩事由。从法律效果看,紧急避险人给他人造成损害的,应当承担全部赔偿责任;而无因管理对于本人的损害不承担责任或只承担较低的注意义务。

二、无因管理的构成要件

《民法典》第979条规定了无因管理的构成要件,即没有法定或约定义务,管理人主观上有为他人管理事务的意思,客观上实施了管理他人事务的行为。同时最高人民法院认为管理他人事务的范围仅限于避免他人损失,而不包括广义上一切使他人获益的管理行为。例如,将他人收藏的古董以高价卖出,即便该管理行为使他人获益,也不构成无因管理;或者主动为停在路边的车辆提供洗车服务,由于该服务并非为了避免车主的损失,同样不构成无因管理。

(一)无法定或约定义务

无法定或约定义务,即没有法律规定或合同约定的义务,而实施管理他人事务的行为。反之,如果有法律规定或合同约定的义务就不构成无因管理。例如,父母对子女负有监护义务,父母对子女教育就不构成无因管理。通说认为,管理人是否有法律上的义务,应根据客观情况判断。如客观上本无义务,管理

---

① 参见王利明:《民法总则》,中国人民大学出版社2022年版,第436页。

人误认为有义务而管理仍成立无因管理；如客观上有义务，管理人误认为无义务而管理，则不成立无因管理。法定义务既包括私法上的义务，也包括公法上的义务，警察救助迷路人属法定义务。

（二）管理他人事务

无因管理客观上要有为他人管理事务的行为。此处管理他人事务须符合一定的条件：首先，管理人的管理应当是积极行为，而非消极行为；其次，管理人无论以自己的名义还是以本人名义实施管理均不影响管理的成立；再次，管理人实施管理行为不得违反法律或违背公序良俗；最后，就管理主体而言，可以是自然人，也可以是机关、法人或非法人组织。管理人如果为机关，则其实施的管理行为应当不属于自身职责。街道办事处救助赡养老人，此时街道办有权向赡养义务人追偿。因为，赡养老人并非街道办的法定职责。[①] 我国司法机关认为，管理他人事务仅限于避免他人受损失，而不包括广义上一切使他人获益的管理行为。通说认为也包括管理人为管理行为所生利益。

（三）为他人管理事务的意思

管理他人事务的意思，是指管理人有使管理行为所生的利益归于本人所有的意思。[②] 这是无因管理最重要的一项基本条件，旨在决定无因管理的当事人，并限定无因管理的适用范围，是无因管理的核心概念。[③] 该意思无须表示，故被称为“管理意思”。[④] 构成管理事务的意思要素要求：首先管理人应明知所管理的事务为他人事务；其次必须为了他人利益而实施管理。至于管理人在管理自己事务时，兼为他人管理（混合管理）事务能否成立无因管理？我国台湾地区学者持肯定态度。[⑤] 我国司法机关的观点基本相同。例如邻房失火，为了避免火势蔓延到自家而为救火行为，构成无因管理。[⑥] 然而，也有学者认为，应予区分管理意思的主次，若其主要旨意在实现自身利益，仅附带涉及他人利益，则不宜

---

① 参见《救助老人行为之无因管理认定——北京三中院判决三里屯街道办事处诉何某无因管理纠纷案》，载《人民法院报》2018 年 8 月 16 日，第 6 版。

② 参见叶知年：《无因管理制度研究》，法律出版社 2015 年版，第 65 页。

③ 参见王泽鉴：《债法原理》，北京大学出版社 2013 年版，第 401 页。

④ 参见江平主编：《民法学》，中国政法大学出版社 2000 年版，第 723 页。

⑤ 参见王泽鉴：《债法原理》，北京大学出版社 2013 年版，第 402 页。

⑥ 参见最高人民法院法典贯彻实施工作领导小组主编：《中华人民共和国民法典合同编理解与适用（四）》，人民法院出版社 2021 年版，第 2778～2779 页。

认定为有管理意思。[1] 笔者认为,从鼓励互爱互助的角度出发,只要具有为他人管理的意思,不问主次均应予以鼓励,在法律上亦应认为有管理意思。

三、法律效果

无因管理一旦成立,即在管理人与受益人之间基于法律规定而形成一定的债权债务关系。管理人享有向受益人主张返还支出的管理费用或补偿损失的权利。

(一)违法阻却

管理人未经本人同意而干预其私人生活领域,本应构成侵权;但若此种管理出于道德良知、保护社会公益等初衷,则形成侵权行为的违法阻却效果。违法行为转化为合法行为,在管理人与本人之间形成无因管理之债,即管理人可以向本人主张返还支出的管理费用或补偿损失,且管理效果如何在所不问。

(二)排除不当得利规定适用

无因管理成立后,管理人的管理行为可能会给本人带来一定的利益。本人对于该利益享有合法权利,管理人不能对本人主张不当得利,只能主张返还管理费用和补偿损失。

四、无因管理的类型

依据管理人是否有为他管理事务的真实意思,无因管理可以划分为真正无因管理和不真正无因管理。《民法典》第 979 条的规定即为真正无因管理;而管理人明知是他人事务而作为自己事务加以管理,或者将他人事务误认为自己事务而管理,此类管理由于不具有为他人管理的意思,称为不真正无因管理。区分真正无因管理和不真正无因管理具有重要的法律意义。二者的法律后果不同,真正的无因管理具有违法阻却性,法律赋予管理人对本人享有返还管理费用并补偿损失的法定债权;而不真正无因管理不具有违法阻却性,属侵权或不当得利。

(一)真正无因管理

真正无因管理依据是否违反受益人意思的不同,可以进一步分为正当无因

---

① 参见王利明:《债法总则研究》,中国人民大学出版社 2018 年,第 359 页。

管理和不当的无因管理两种类型。符合受益人意思的无因管理，称为正当（适法）无因管理；违反受益人意思的无因管理，则称为不当（不适法）无因管理。传统民法理论认为，无法定或约定义务而介入他人社会生活事务，属于侵权行为。但基于为他人利益而实施的干预行为符合现代社会崇尚互助互爱、见义勇为的道德理念，因此形成违法阻却事由。《民法典》第 979 条第 1 款规定，正当无因管理人可以向受益人主张偿还因管理而支出的必要费用或补偿损失。违反受益人意思的无因管理，则依据《民法典》第 979 条第 2 款的规定，不享有主张偿还管理费用或补偿损失的权利，除非受益人的意思违反法律或社会公序良俗。

区分正当无因管理和不正当无因管理的法律意义在于：对于正当的无因管理，无论本人最终是否获益，管理人均得向本人主张返还管理费用和补偿损失，这体现了法律对正当管理的推崇和褒扬；而对于不适当的无因管理，只有在本人同意接受管理利益的前提下，才负有返还管理费用或补偿损失的义务。同时，对于不正当无因管理，法律往往适当加重管理人的责任，限制其对本人的请求权。[①] 不适当的无因管理人承担的责任类似于迟延债务人，与其后的过错无关，管理人对因管理事务而发生的所有损害负责。[②]

（二）不真正无因管理

不真正无因管理可以分为误信管理、不法管理和幻想管理三种情况。误信管理是指将他人事务误认为自己事务而实施管理的行为；不法管理是指明知是他人事务而作为自己事务加以管理的行为。幻想管理是指将自己的事务误认为他人事务而管理的行为。不法管理人主观上为自己利益干预他人事务，应当由侵权的相关规定予以调整；误信管理则有可能构成不当得利；而幻想管理虽然主观有为他人管理的意思，但客观上没有实施管理他人事务的行为，所以在当事人间不发生法律上的关系。需要说明的是，依我国立法机关的本意，《民法典·合同编》第二十八章不包括学理上的不真正无因管理。《民法典》第 979 条规定的是适当的无因管理，第 980 条规定的是不适当的无因管理。

在某些特殊情况下，管理人管理行为卓越有效，使本人财产获得溢价收益

---

① 参见马俊驹、余延满：《民法原论》（下），法律出版社 1998 年版，第 781 页。

② 参见［德］迪特尔·梅迪库斯：《德国债法分论》，杜景林、卢谌译，法律出版社 2007 年版，第 510 页。

且受益人愿意接受管理结果，此时，法律应从其意思自治。例如，甲在乙不知情的情况下将乙的房产出售，售价溢出房产实际价值50%，乙得知后并无异议并接受该利益。甲的行为充分保障乙的利益并获得乙的认可，此时仍然追究甲的侵权责任显然不符合乙的本意，在法律上也不适当。我国立法机关为实现本人利益最大化，遏制更多的不法管理发生，主张对不真正无因管理可以准用真正无因管理的返还制度，即本人可以选择向管理人主张不法管理所获得的利益。[①]这里准用的法条应当为《民法典》第980条及以下的规定。《民法典》第980条规定了受益人有选择接受管理所生利益的权利，同时依据权利义务一致原则，受益人在获利范围内有向管理人偿还管理费用或补偿损失的义务。就前述售房案例而言，《民法典》第980条依据权利义务一致原则，赋予甲要求返还管理费用或补偿损失的权利，乙相应地负有返还或补偿义务。

第二节　无因管理的法律后果

一、适法的无因管理

（一）管理人的义务

无因管理一旦成立，基于善良风俗，管理人应当恰当、审慎地完成管理事务，不得无故中断或放弃管理。《民法典》第981条至第983条规定了管理人的管理义务。第981条规定："管理人管理他人事务，应当采取有利于受益人的方法。中断管理对受益人不利的，无正当理由不得中断。"第982条规定："管理人管理他人事务，能够通知受益人的，应当及时通知受益人。管理的事务不需要紧急处理的，应当等待受益人的指示。"第983条规定："管理结束后，管理人应当向受益人报告管理事务的情况。管理人管理事务取得的财产，应当及时转交给受益人。"我国台湾地区学者将管理人的管理义务分为主给付义务和从给付义务。管理人以善良公允的意思、正当的方式所为管理可称为主给付义务；不

① 参见黄薇主编：《中华人民共和国民法典合同编解读》（下册），中国法制出版社2020年版，第1562～1565页。

得无故中断、及时通知报告义务可称为从给付义务。[1] 此处，管理人负有的注意义务应达到何种程度，是否与履约行为的注意义务具有同等的标准，应进行深入分析。对此，我国《民法典》未予明确。但学理上，通说认为管理人所负有的注意义务标准不能与履约行为的注意义务为同一标准。若管理人非重大过失，尤其在情况危急时刻，则管理人不应承担责任。我国立法机关认为，管理事务涉及公共利益时，管理人所负注意义务要低于管理一般事务需要履行的注意义务。《民法典》第184条也规定了特殊情况下的免责事项，即因自愿实施紧急救助行为造成受助人损害的，救助人不承担民事责任。我国有学者将民法上的注意义务分为：善良管理人注意义务、与处理自己事务为同一注意义务、一般人注意义务，违反上述义务须依次承担轻重不等的责任。欠缺善良管理人注意义务为轻过失，责任重；欠缺与处理自己事务为同一注意义务为具体的轻过失，责任较轻；欠缺一般人注意义务为重大过失，责任尤轻。无因管理系属任意干涉他人事务，为免因管理人的管理行为侵害本人的权益，应提高管理人的责任，使其负担善良管理人的注意义务。[2] 上述学者对于管理人的注意义务的规范分别从管理人立场和本人立场出发进行衡量，所得结论可谓天冠地屦。笔者认为，对于无因管理中管理人注意程度的规制应考虑无因管理的社会价值和效益，过高的注意义务可能不利于鼓励助人为乐、实现相互帮扶的终极目标，因此不宜为管理人设定较严格的注意义务。

（二）受益人的义务

正当无因管理下，受益人应当返还管理人管理事务所支出的必要费用，适当补偿管理人因管理事务遭受的损失。

必要费用是指管理行为所不可或缺的费用，即管理过程中直接支出的费用。有关必要费用的范围，有主观判断标准、客观判断标准以及二者结合的判断标准。我国司法机关主张以管理费用支出的时间节点为判断依据，即根据管理中必要费用支出时的客观情况确定，而非进行事后判断。

管理人管理本人事务受到损失，受益人应当给予适当补偿。这里的损失指的是除去必要费用的损失，包括财产损失及人身权益遭受的损失，不包括可得

---

① 参见王泽鉴：《债法原理》，北京大学出版社2013年，第408~410页。

② 参见郑玉波：《民法债编总论》，陈荣隆修订，中国政法大学出版社2004年版，第80页。

利益损失。当然,有关损失补偿的范围,各国规定和判例并不相同。例如,管理人能否主张支付劳务报酬?我国通说认为损失补偿不应包括报酬。但德国通说认为,倘若所管理事务系管理人职业范畴,如医生救助遭遇车祸之人,则应肯定其有报酬请求权。[①] 管理人因管理事务而死亡时,如因救火或救助落水之人而丧生,德国通说认为应使本人负担殡葬费或法定抚养费。[②] 笔者认为,损失补偿范围的认定与社会传统、经济发展、法制完备等因素联动,会随着时间而发生变化,我国无因管理损失补偿的范围也会随着民法的实践与发展而不断变化。

二、不适法的无因管理

不适法的无因管理不能当然地产生违法阻却效果。但是否构成侵权?目前存在两种立法模式:一种为瑞士及日本模式,认为仍然属于无因管理,可以阻却违法,但给本人造成损失的话,管理人须承担债的不履行责任;另一种为德国模式,认为不适法的无因管理属于侵权,不阻却违法。[③] 学理上对此也意见不一。

(一)管理人的义务

不适法的无因管理具有侵权性质,故在本人拒绝承认和接受管理利益时,管理人应当承担侵权责任。只有本人承认并接受管理利益时,才可能形成违法阻却,此时在管理人与本人之间实质上形成了追认的委托合同关系。举轻以明重,与适法的无因管理的一般规定相比较,不适法的无因管理人应承担较严格的注意义务,在类推适用委托合同的情况下,至少为债务不履行责任。[④]

(二)本人的义务

本人对不适法的无因管理享有选择接受或拒绝的权利。如果本人选择拒绝接受,则不问管理人为本人创造效益如何,一概构成侵权;如果本人选择接受,则在管理人与本人之间可以准用无因管理的规定,此时,本人应负返还管理人必要管理费用、补偿损失的义务。

---

① See RGZ 149, 24; BGHZ65, 384, 390; BGHZ 69, 6; Jauernig/Vollkommer, §683 Rn, 3a; Larenz, Schuldrecht, Ⅱ/1, S. 448. 转引自王泽鉴:《债法原理》,北京大学出版社 2013 年版,第 411 页。

② 参见王泽鉴:《债法原理》,北京大学出版社 2013 年版,第 411 页。

③ 参见蒋云蔚:《论不适法的无因管理》,载《社会科学》2009 年第 10 期。

④ 参见叶知年:《无因管理制度研究》,法律出版社 2015 年版,第 114 页。

三、无因管理与委托合同的衔接

无因管理和委托合同之间存在密切联系，二者都是债发生的原因，构成要件亦多有相似之处，因此存在相互转化的可能。《民法典》第984条规定：“管理人管理事务经受益人事后追认的，从管理事务开始时起，适用委托合同的有关规定，但是管理人另有意思表示的除外。”

（一）可追认的无因管理类型

《民法典》第984条所指的受益人追认到底适用于所有的真正无因管理，还是仅适用于不当无因管理，各国规定并不一致。《瑞士债法典》第424条规定各种类型的真正无因管理均可被追认，但排除不真正无因管理。《德国民法典》则认为只有不当的无因管理方能被追认。我国立法机关赞同瑞士的做法，认为不真正无因管理不属于无因管理，本人追认与否及效果如何应当适用《民法典》其他相关规定。[①] 瑞士的通说认为，不真正无因管理缺少委托人为他人行事的意思，不符合委托特征，不得追认。追认之规定亦不得类推适用于不真正管理。[②] 还有学者认为，不法管理可准用不适法管理之规定，进而亦可准用其追认规定。[③] 笔者认为，虽然无因管理的成立以管理人承担管理事务时刻的意思为准，但管理行为本身是一个动态发展的过程，除却事务承担，还包括持续适当管理、通知、报告、移交管理事务等一系列从给付行为。此过程中，不排除管理人为私利兼本人利益而进行善意管理，例如为取得未来的代理权而主动代本人出租房屋。不真正无因管理缺少为他人行事的意思，其法律性质远于公益道德，近乎私法自治。因此，基于尊重主体的意思自治原则，应当允许受益人对管理事务享有追认选择权。此外，受益人追认时点为事务管理过程完毕之后，结果明确，易于判断，此时受益人能够选择使自己利益最大化的方式保护自己的合法权益。

（二）受益人追认的性质

通说认为，受益人的追认属于有相对人的单方法律行为，不需要对方的承

---

① 参见黄薇主编：《中华人民共和国民法典合同编解读》，中国法制出版社2020年版，第1571页。

② 参见王泽鉴：《债法原理》，北京大学出版社2013年版，第315页。金可可：《〈民法典〉无因管理规定的解释论方案》，载《法学》2020年第8期。

③ 参见黄茂荣：《债法通则之四：无因管理与不当得利》，厦门大学出版社2014年版，第6页。

诺。至于追认是否必须为明示,各地区司法实践也不尽一致。我国司法机关持明示主张。

(三)除外规定

《民法典》第984条的但书规定,“管理人另有意思表示的除外”。所谓“除外”有两种理解:一是不适用委托合同有关规定;二是非溯及自管理事务开始时,适用委托合同有关规定(委托合同有关规定之准用无溯及力)。上述两种解释各有其可能性,最终需要管理人的确认。此外,我国学者认为,但书规定仅限制溯及力,而非不适用委托合同的规定。因而本人追认时需限制追认之溯及力,使追认前之法律关系仍依无因管理规则处理。①

① 参见王泽鉴:《人格权法:法释义学、比较法、案例研究》,北京大学出版社2013年版,第476页。

第二十一章

不当得利

第一节　不当得利概述

一、不当得利的概念、性质与有关概念辨析

(一)不当得利的概念

不当得利是指得利人没有法律根据取得不当利益。受损失的人可以请求得利人返还取得的利益。不当得利制度旨在规范私法上无法律上原因的财产变动,可谓财产法体系的反射体。从立法目的上看,不当得利旨在矫正欠缺法律依据的财产转移,补充权利保护机制,其机能在于认定财产变动过程中受益者保有其所受利益,是否具有法律上的原因。不当得利法的规范目的重在取除"受益人"无法律上原因而受的利益,而非赔偿"受损人"所受的损害。[①] 从历史上看,不当得利制度源自罗马法上的个别诉权。尽管罗马法没有形成有关不当得利的一般概念,但不当得利制度有其核心思想,即确保得利人和受损人之间利益平衡,诚如罗马法学家彭波尼(Pomponius)所言的"不得损人利己"。时至今日,不当得利法已经脱胎于衡平原则演化为独立的法律制度。

不当得利返还请求权与民法体系上侵权损害赔偿、物之返还、添附、占有回复、违约救济、不真正无因管理等其他性质请求权之间的关系还需要进一步地探讨和厘清。基于上述问题的探讨,关于不当得利形成辅助性理论和独立性理

① 参见王泽鉴:《不当得利》,北京大学出版社2015年版,第3页。

论两种观点。不当得利辅助性理论的第一层意思是指,有其他请求权存在时,一方并未受利益,他方受有损失,此时不当得利的构成要件不具备,不发生不当得利返还请求权;第二层意思是指,不当得利返还请求权仅限于当事人不能依据其他请求权得到完全满足时,始能行使。[①] 法国、瑞士持此理论。该理论导致不当得利法的功能受到限制,未引起重视,居于次要地位。不过,受德国法学影响,学者逐渐改变观点采独立说,即肯定不当得利返还请求权的独立性,在不当得利返还请求权与其他请求竞合时,允许当事人选择行使。[②]

(二)不当得利的性质

不当得利与合同、侵权、无因管理并为债发生的原因。债是指特定当事人之间可以请求为或不为一定行为的法律关系。享有请求特定人为或不为一定行为权利的人,称为债权人。与此相对,负有为或不为一定行为义务的人,是债务人。依据债发生的原因,债可以分为意定之债和法定之债,意定之债是指债基于法律行为产生的债,如订立合同产生合同之债;法定之债是指由法律规定产生的债,如添附行为产生的债,侵权行为产生的债。

民事法律行为是民事主体通过意思表示设立、变更、终止民事法律关系的行为。事实行为是指行为人实施一定的行为时在主观上并没有产生、变更或消灭某一民事法律关系的意识,但由于法律的规定,同样会引起一定的民事法律后果的行为,比如从事智力创造活动、拾得遗失物、漂流物等都属于合法的事实行为。[③] 不当得利是指没有法律上的根据而获得利益,另一方受有损失。这里,获利人获得利益、受损人遭受损失不以法律行为为前提或基础,也不以当事人是否具有相应行为能力为必要条件。不当得利的当事人也不以意思表示为不当得利的生效要件。因此,不当得利属于事实行为,不当得利之债属于法定之债。

(三)不当得利与有关概念辨析

1. 不当得利与契约

不当得利与契约均为债的发生原因。不当得利属于法定之债,契约则属意

---

① Wenner, Die Voraussetzungen des Anspruchs aus ungerechtfertiger Gereicherung Bereiecherung underbesonderer Bertücktigung des Problems der Subsidiariät, 1977, S. 135. 转引自王泽鉴:《不当得利》,北京大学出版社 2009 年版,第 209 ~ 210 页。

② 参见王泽鉴:《不当得利》,北京大学出版社 2009 年版,第 210 页。

③ 参见王利明:《民法总则》,中国人民大学出版社 2022 年版,第 100 页。

定之债。不当得利可以补救失败的契约，契约被认定无效、被撤销时，双方基于契约取得的财产可基于不当得利而相互返还，进而实现双方的权利义务平衡。然而合同解除后，双方基于合同取得的财产是否构成不当得利，存在两种观点：效力溯及说与清算关系说。合同解除的效力溯及说认为契约一旦解除，视为自始未订立契约。清算关系说认为合同解除并不使契约溯及地消灭，而是使其转变为一种以恢复原状为内容的清算关系。解除契约恢复原状请求权与不当得利请求权虽同具有调整债法上瑕疵交付的功能，但二者构造不同：在解除契约恢复原状请求权中，旧债之关系以新的方式及新的义务存在；在不当得利请求权中，旧债之关系并不继续存在，而是产生了一种新的法定债之关系。①

2. 不当得利与物权

物权是权利人依法对特定物享有直接支配和排他的权利，包括所有权、用益物权和担保物权。二者之间联系密切：首先，均显现出一定的法定性，不当得利属法定之债，基于法律规定产生，而物权有物权法定原则，物权的类型、设立、变动均基于法律规定；其次，涉及物权行为或合同行为不成立、无效或被撤销时，可能产生物上请求权与不当得利请求权竞合的问题；最后，基于善意取得、添附等原因导致物权消灭，可能产生不当得利请求权替代物上请求权保护权利的作用。② 二者之间亦存在显著区别：首先，二者分属不同的权利体系。不当得利属于相对权，物权则属于绝对权。其次，二者适用的诉讼时效规定不同。依据我国《民法典》的规定，不当得利之债的诉讼时效是3年，而物权保护的权利不适用上述规定。最后，二者的功能也不同。不当得利追求的是保障财产变动的公平、合法性；而物权则着重于保护物的静态安全。

3. 不当得利与侵权行为

侵权行为指行为人侵害他人的人身、财产权利，依法应当承担民事责任的行为。不当得利与侵权行为二者之间的联系主要表现为：第一，二者都是债产生的原因；第二，二者都属于事实行为，产生的债都是法定之债；第三，二者的价值取向都表现为矫正正义；第四，二者都必须以一方受有损失为成立条件；第五，不当得利法具有补充侵权责任法、完善权益保护的功能。二者的区别表现

---

① 参见王泽鉴：《不当得利》，北京大学出版社2015年版，第97页。

② 参见王泽鉴：《不当得利》，北京大学出版社2015年版，第7～8页。

为:第一,不当得利的成立不以过错为要件,而侵权行为通常需要以过错为要件。第二,不当得利在于确保受损人与受益人之间利益的平衡,不以填补损失为目的;而侵权责任法的目的在于弥补受害人的损失。第三,不当得利以一方受益为成立要件,而侵权行为不以一方受益为要件。第四,不当得利不具有违法性;而侵权行为具有违法性。

二、不当得利的构成要件

(一)一方取得利益

就利益的范围和类型而言,利益的范围仅限于财产利益,不包括精神利益;通常指向具体利益,而非总体利益。利益的类型通常包括积极的利益和消极的利益,具体指向财产权利取得、占有或登记取得、财产权的扩张或强化、劳务或使用利益取得等。利益取得的方式既包括事实行为,也包括法律行为。

(二)另一方遭受损失

不当得利制度的目的在于返还所受利益,而损失只是不当得利构成要件之一,并非等价于不当得利的法律结果,即利益的返还。不当得利构成要件中的损失通常不限于直接损失,还包括间接损失,但不包括精神损失。

(三)得利与受损失之间存在因果关系

构成不当得利通常需要一方当事人在取得利益时,他方当事人受到损失;而且损失与得利之间存在逻辑上的前因后果关系。受损害方可以据此要求得利方返还不当得利或赔偿损失。因果关系通常分为直接因果关系和间接因果关系。直接因果强调原因与损害事实之间的同一性;而间接因果关系则只要求二者之间存在牵连关系即可。

(四)无法律根据

不当得利在学理上可分为给付型不当得利和非给付型不当得利,并依据不当得利类型的不同,无法律根据的要件也不相同。

给付型不当得利无法律根据的判断标准存在主客观两种不同主张。客观说认为,给付型不当得利有无法律根据,应以客观现实有无债的关系为判断标准,给付时存在债的关系,则有法律根据;无债的关系即无法律根据。主观说认为欠缺给付目的即无法律根据。给付指为一定目的而对他人的财产有所增益,包括清偿债务、因法定债务而产生的给付以及无因管理。主观说的欠缺给付目的包括三种情形:自始无给付目的、给付目的嗣后不存在、给付目的不达。①

我国立法中给付型不当得利采主观说,认为欠缺给付目的就是无法律根据。给付目的的主要因素是履行目的,该履行目的由给付人一方确定,明示或默示均可,但须彰显给付所欲履行的债的关系。给付目的的内容,一般来说,除给付人主观上的目的以外,尚需客观上为一定的表示,才发生法律上的效力。

就非给付型不当得利而言,侵害应归属于他人的权益而取得利益,使他人受损,欠缺保有该项利益的正当性,就是无法律根据。②

三、不当得利的类型

尽管我国《民法典》有关不当得利的规范没有区分不当得利的类型,但是立法机关会在解释上对其进行区分。不当得利的类型化有助于法律规定解释适用,使其更具可涵摄性。我国《民法典》第 985 条表述为“没有法律根据”,学理上通常表述为“无法律上的原因”,有些国家或地区的民法也表述为“无法律上的原因”。从我国立法机关的解释看,无法律根据与无法律上原因的内涵与外延基本一致。有关“不当得利”概念中的“无法律根据”和“无法律上的原因”,究竟如何理解?是否存在统一的标准与尺度?学者们观点并非一致,大体上分为统一说与非统一说。

统一说认为,一切不当得利的基础应有其统一的概念,因而所谓无法律上的原因,亦应有其统一的意义,需对任何情形下的不当得利作统一的说明。但持统一论学者也各有侧重,有的强调不当得利违反公平,有的强调违反正义,亦有强调违反权利或债权者。

非统一说则认为,不当得利各有其基础,不能要求其统一,因而对于不当得利的成立要件亦应区别类型进行判断。③ 在制度上,近代德国法继受罗马法传

① 参见王泽鉴:《不当得利》,北京大学出版社 2015 年版,第 68 ~ 73 页。

② 参见黄薇主编:《中华人民共和国民法典合同编解读》(下册),中国法制出版社 2020 年版,第 1578 ~ 1580 页。

③ 参见王泽鉴:《不当得利类型论与不当得利法的发展——建构一个可操作的规范模式》(上),载《甘肃政法学院学报》2015 年第 5 期。

统区分不当得利的类型。[①] 学理上,奥地利学者威尔伯格(Wilburg)首创非统一说。[②] 非统一说学者认为,不当得利在法律上虽作统一规定,但在法律逻辑上并非当然必须统一。理论的意义无外乎为法律实践提供指导方法。统一说从法律适用角度而言失之过宽,其所强调的公平正义过于抽象,且实非仅不当得利制度而已。也有学者将不当得利定性为协调某些形式合法但违反实质正义行为的手段,主张以实体正义作为判断有无法律上原因的标准。但该理论同样可能造成法官权利滥用以及法律虚无化的结果。权利说与债权说也各有其局限性。权利说无法解释基于物权无因性而产生的物权变动问题。如房产交易中,合同如果归于无效,基于物权无因性理论很难说取得物权无法律上原因。受益人虽有物权,但仍然不能说该房产不是不当得利。债权说,主要强调不当得利请求权旨在治疗法律因采物权行为无因性而自创之伤痕,虽然能够说明基于给付而生不当得利的情形,但关于非基于给付而受利益的情形,如时效取得,显然不易解释。总而言之,统一说诸概念,或存有空洞,或偏于一隅,无法成为认定财产变动是否具有法律上原因的标准。[③]

非统一说(区别说)认为,不当得利可以建构为"给付型不当得利"及"非给付型不当得利"两种基本类型。给付型不当得利系基于受损人的给付,其目的在于矫正给付当事人欠缺给付目的(自始欠缺给付目的、目的不达、目的消灭)的财货变动;非给付型不当得利据此系基于行为(受益人、受损人、第三人的行为)、法律规定或事件。非给付型不当得利可分为侵害他人权益不当得利、支出费用不当得利及求偿不当得利,[④]其共同性为受益非基于受损害人给付。易言之,非给付型不当得利请求权产生的原因并非源自受损害人的给付。

统一说与非统一说在原则上并无不同,皆认为无法律上原因而发生的财产利益变动应予返还,不同之处为,是否应当针对造成财产利益变动的事由予以分类,给予必要的不同规定。[⑤] 尽管各国现代法律规范模式存在差异,但相当多

---

① 参见[德]汉斯·约瑟夫·威灵:《德国不当得利法》,薛启明译,中国法制出版社2021年版,第2页。

② Wilburg, Die Lehre von der ungerechtfertigten Bereicherung nach österreichisschem und deutschem Recht, S. 5f.

③ 参见王泽鉴:《不当得利》,北京大学出版社2015年版,第36页。

④ 参见王泽鉴:《不当得利》,北京大学出版社2015年版,第30~49页。

⑤ 参见黄茂荣:《债法通则之四:无因管理与不当得利》,厦门大学出版社2014年版,第42页。

数国家立法仍赞同非统一说，如德国、瑞士、奥地利、法国、西班牙、意大利及日本。我国《民法典》条文没有区分给付型不当得利和非给付型不当得利，立法机关认为二者在构成要件的表述上没有区别，但在构成要件的解释上存在差异。[①]

（一）给付型不当得利

给付型不当得利是指因受损人有目的、有意识的给付而发生的不当得利。

1. 受有利益

给付型不当得利所受利益实际上为一方当事人自他方当事人所受领的给付，包括财产权取得、占有或登记，债务消灭，劳务或物的使用利益，无因债务拘束或债务承认。此处因给付所受利益不必以具有财产价格为必要，[②]如"书面道歉"也可以成为受有的利益。此处所谓的"受利益"，指因某特定给付行为而取得的个别具体利益（具体客体导向基准），而非就受领人的整个财产状态抽象地加以计算（抽象财产导向）。[③]

2. 因给付而受有利益

给付是指有意识、有目的地增加他人财产。[④] 给付概念的规范意义在于认定给付关系当事人，谁得向谁主张给付型不当得利。然而，多人给付关系具有一定的特殊性，需视具体情况而定。例如，涉及指示关系、债权让与等类型的给付，尚须借助利益衡量及评价的方法。

给付包含主客观两个要素。客观要素存在"增加他人财产的行为"，该行为既可以是事实行为（如服务、物之交付），也可以是法律行为（如债务免除、契约）。[⑤] 给付的主观要素是指基于一定目的有意识地增加他人财产，学说称为"双重目的性"，即强调给付的目的指向及给付的指定。关于该主观要素的法律性质，有意思表示（单独行为）说和准法律行为说。无行为能力人所谓的给付，多认为不成立给付型不当得利。当然，给付目的还应考察受领者的立场和观点。[⑥] 也有学者将给付的主观要素分为意识、意愿和目的三个因素。意识因素，

---

① 参见黄薇主编：《中华人民共和国民法典合同编解读》（下册），中国法制出版社 2020 年版，第 1575 页。

② Vgl. Palandt/Heinz Thomas(2020), § 812 Rn. 16.

③ 参见王泽鉴：《不当得利》，北京大学出版社 2015 年版，第 51 ~ 54 页。

④ 参见王泽鉴：《不当得利》，北京大学出版社 2015 年版，第 42 页。

⑤ 参见王泽鉴：《不当得利》，北京大学出版社 2015 年版，第 55 页。

⑥ 参见王泽鉴：《不当得利》，北京大学出版社 2015 年版，第 56 页。

可以理解为认知因素,即认识到给予的所有外部有关情况。意识因素将人的行为与自然力和其他与意志无关的动作区分开,如河流冲刷引起的土地上权益内容的变动就可以从给付中排除。意愿因素将权利人的自愿行为和违背意愿的行为区分开,后者的典型是第三人未经权利人允许利用他人的服务甚至处分其权利,如不购票观看演出。目的因素则体现当事人要实现的目标。[①]

因给付而受有利益,是指在受益与受损失之间存在关联性。有以下问题需要阐明:

(1)损失概念的澄清

《民法典》第122条和第985条都将请求权主体表述为"受损失的人",即主体享有请求权的前提是受有"损失"。各国和地区关于"损失"的表述并不相同,《德国民法典》第812条表述为"以牺牲他人为代价",该要件属于非给付型不当得利。[②]《瑞士债务法》第62条表述为"由他人财产而受益"。《日本民法典》第703条表述为"损失"。各国表述表示不当得利制度旨在使受领人返还其无法律上原因而受的利益,而不在于填补损失。

(2)因果关系向给付关系的转化

一方当事人受有损失而另一方当事人受有利益,若构成不当得利,则得利与受损之间须具备何种关联?需要予以辨识和思考,上述关联关系的确定具有确定不当得利债权人和债务人范围的重要性。《民法典》第122条的表述为"因他人没有法律根据,取得不当利益,受损失的人有权请求其返还不当利益。"此处"因"字如何理解?学界存有争议,有直接因果关系说、非直接因果关系说、联系说及给付说等观点。

直接因果关系说强调基于同一原因事实的损益变动,受利益与他方受损害,须互为因果,且因果关系须为直接的,这种直接性以受益的原因事实与受损的原因事实是否同一为判断标准。依学说发生时间的先后,直接因果关系说又可分为直接说与同一事实说两种学说。[③] 对于只有双方当事人的不当得利,直接因果关系说易于判断,但若存在三方以上的当事人,在获利人与受损失人之

---

① 参见赵文杰:《给付概念和不当得利返还》,载《政治与法律》2012年第6期。

② 参见[德]汉斯·约瑟夫·威灵:《德国不当得利法》,薛启明译,中国法制出版社2021年版,第2~3页。

③ 参见刘言浩:《不当得利中的因果关系》,载《东方法学》2013年第1期。

间有第三人介入时,因果关系链条过长,直接因果关系理论难以形成概说,各国实践也不统一。

非直接因果关系说(社会观念说)强调基于公平理念、依社会上一般的观念判断因果关系的有无,而不局限于同一原因事实。[①] 非直接因果关系说又可以分为社会观念说[②]、必要牵连说[③]、相当因果关系[④]、充分因果关系[⑤]等。

给付关系说主张,在给付型不当得利中,一方基于他方的给付而受利益,是否"致他人受损害",应以给付关系作为判断标准,即由给付者请求返还无法律上之原因而受领的利益。给付关系说取代因果关系说的理由主要有以下几点:首先,维护当事人间的信赖关系;其次,合理分配危险,保持当事人之间的抗辩及仅承担给付相对人破产的风险;最后,为"谁得向谁主张不当得利请求权"提供一个较为明确的判断标准,尤其在三人以上的给付关系中。[⑥] 该说是在德国学者对直接因果关系提出质疑并将不当得利类型化基础上提出的,认为给付型不当得利与非给付型不当得利的损益关联性基础应该不同,并非单一概念所能涵盖的。给付型不当得利应以给付关系为不当得利的构成要件。

直接因果关系说源自德国,旨在适当限制不当得利请求权当事人的范围,其使用范围较窄,涉及三人关系不当得利时不能有效保护受损人的利益。譬如,双重瑕疵、间接代理、处分基于契约受领的给付情形下,受损人受有损失与受益人获得利益之间无直接因果关系,则无法主张不当得利请求权。[⑦] 非直接因果关系说主张基于公平正义等理念,依社会一般观念决定因果关系,但公平

---

① 参见王利明等:《民法新论》(下),中国政法大学出版社 1988 年版,第 424 页。

② 参见[日]我妻荣:《债权各论》(下卷),冷罗生、陶芸、江涛译,中国法制出版社 2008 年版,第 82 ~ 83 页。参见孙森焱:《民法债编总论》(上册),法律出版社 2006 年版,第 126 页。参见郑玉波:《民法债编总论》,中国政法大学出版社 2004 年版,第 94 ~ 95 页。参见郑立、王作堂主编:《民法学》,北京大学出版社 1995 年版,第 455 页。

③ 参见史尚宽:《债法总论》,中国政法大学出版社 2000 年版,第 75 页。佟柔主编:《中国民法》,法律出版社 1990 年版,第 465 页;魏振瀛主编:《民法》,北京大学出版社、高等教育出版社 2016 年版,第 569 页。

④ 参见王泽鉴:《侵权行为》,北京大学出版社 2009 年版,第 178 页。

⑤ Caass. Civ. ,15 May 1974 ,JCP 1974 ,Ⅳ. 240.

⑥ See Canaris, Festschrift für Larenz (München 1973), S. 799/8002 f. 转引自王泽鉴:《不当得利》,北京大学出版社 2015 年版,第 65 ~ 66 页。

⑦ See Wilburg, Die Lehre von der ungerechtfertigten Bereicherung nach österreichischem und deutschem Recht, S. 108 f. 转引自王泽鉴:《不当得利》,北京大学出版社 2015 年版,第 61 页。

正义等社会一般观念乃抽象之概念,不易把握,且社会一般观念随着社会发展而变化,地域不同也有差异,以此认定因果关系势必影响法律适用。给付关系说逐渐取代因果关系学说被广泛接受。随着欧洲私法一体化的进展,各国学者有关不当得利因果关系的研究取得新的突破,形成一批新的学说,包括损益逻辑关联说、间接原因排除说以及列举式归因说等。

3. 无法律上的原因

给付不当得利无法律上原因的判断标准可分为主观说与客观说。客观说认为,应以有无债之关系作为判断标准。主观说认为给付系为一定目的而对他人的财产有所增益,欠缺给付目的即无法律上原因。我国台湾地区学者王泽鉴主张主客观结合说,即依债之关系而认定其给付目的。① 目前,学者多主张客观说。② 全国人大常委会法制工作委员会则认为,欠缺给付目的即没有法律根据,其内容即给付目的的内容,为给付所关联的债的关系及其原由。此处所谓原由主要指履行目的。③

(二)非给付型不当得利

非给付型不当得利请求权,指受益非基于受损者的给付而发生的不当得利请求权。如前所述,我国《民法典》并未区分给付型不当得利和非给付型不当得利,但立法机关认为虽然两种不当得利构成要件表述没有区别,请求权基础都是相同的法条,但构成要件的解释存在差异。非给付型不当得利可以进一步分为权益侵害不当得利、支出费用不当得利、求偿不当得利三种类型。

权益侵害型不当得利为德国学说首创,其请求权基础通常为:第一,受有利益;第二,因侵害他人权益(非给付)而受利益,致他人受损害;第三,无法律上原因。在举证责任方面,给付型不当得利的请求权人应就无法律上原因负举证责任;而权益侵害型不当得利的请求权人不必就无法律上原因承担举证责任。支出费用不当得利指受损害非以给付的意思,为他人之物支付一定费用,使他人

① 参见王泽鉴:《不当得利》,北京大学出版社 2015 年版,第 69 页。

② Vgl. Larenz, Lehrbuch des Schuldrechts, Bd. II, 2. Halbband, 13. Aufl., Münchener Kommentar zum BGB, 8. Aufl., München: C. H. Beck, 2020, Rn. 415 ff. 参见王利明:《债法总则研究》,中国人民大学出版社 2018 版,第 413 页。

③ 参见黄薇主编:《中华人民共和国民法典合同编解读》(下册),中国法制出版社 2020 年版,第 1578 页。

受有财产利益,而自己承担损失。例如,误将他人宠物认作自己的宠物精心饲养,或者将他人承包田误认为自己的承包田而喷洒农药。上述行为即构成支出费用不当得利,该类型不当得利受损害人的请求权基础通常为:第一,受有利益;第二,受利益非基于给付,而致他人损害;第三,无法律上原因。支出费用不当得利的法律效果是,不当得利受领人应返还其所受利益,受损人享有不当得利请求权。支出费用不当得利请求权常常与其他性质的民事请求权发生竞合。在此,应特别注意是否存在有限适用的特别请求权,如给付型不当得利请求权、无因管理请求权等。求偿不当得利指清偿他人债务,使其免除债务而生的不当得利,其请求权基础为:第一,受有利益;第二,非因给付(清偿他人债务)而受益,致他人受损害;第三,无法律上原因。求偿型不当得利是因受损人行为而产生的非给付型不当得利,基于此的不当得利请求权可能与其他类型不当得利请求权发生竞合,需要明确各自适用的范围及先后顺序。

第二节　不当得利的法律效果

不当得利的功能在于返还没有法律依据的利益,而不在于平衡损失。在此立法价值下,区分善意和恶意以确定得利人的返还范围实属必要。善意是指得利人不知道且不应知道取得的利益没有法律根据。恶意是指得利人明知没有法律根据而取得利益。善意得利人返还的范围以现存利益为限,避免使善意得利人承担等同侵权责任。恶意得利人不但须承担较重的返还责任,如返还孳息、赔偿损失,而且不得主张返还支出费用。对恶意得利人得区分自始恶意、中途恶意及嗣后恶意。自始恶意指得利人从取得利益开始就知道无法律根据而受益。嗣后恶意指受益人取得利益时不知道无法律依据,嗣后知道或应当知道没有法律依据。对嗣后恶意人应当区分知晓时间节点之前和之后的认知状态,分别采取不同的返还规则。《民法典》第986条、第987条区分了善意和恶意受益人,进而规定了受益人的不同义务。第986条规定:“得利人不知道且不应当知道取得的利益没有法律根据,取得的利益已经不存在的,不承担返还该利益的义务。”第987条规定:“得利人知道或者应当知道取得的利益没有法律根据的,受损失的人可以请求得利人返还其取得的利益并依法赔偿损失。”

一、善意得利人的返还义务

(一)善意得利人返还的具体情形

《民法典》第986条意在保护善意受领人的财产不致因不当得利而受不利影响,但是此种保护对受损人则属不利,如何平衡当事人之间的利益是不当得利法的重要课题。在给付型不当得利情形下,如果得利人取得利益时为善意,在原物存在时,应当返还原物;原物不存在时,如果原物因意外事件毁损灭失,得利人不承担返还义务;如果原物因有偿转让等其他情形而不存在,得利人实际取得的利益高于受损人的客观损失,返还范围以客观损失额为限;得利人实际取得的利益低于受损人的客观损失的,只需返还实际获利额。在非给付型不当得利三种情形中,权益侵害型不当得利的发生通常是得利人侵害他人权益的行为而获利,因此得利人主观上并非善意,不适用善意得利人返还规则。费用支出型和求偿型不当得利的发生往往是受损人原因导致,得利人主观上通常不知道或不应当知道没有法律依据,返还范围的确定应适用给付型不当得利的一般规则。所受利益是否尚存的时点,应以受损人提出返还请求时为准。受损人提出返还请求的时点应当认定为得利人知晓其获益没有合法依据的时点。得利人主张所获利益不存在,应就获利不存在的事实承担举证责任。

(二)取得利益的确定

1. 取得利益不存在的情形

取得利益已经不存在,非指利益原形不存在,原形虽不存在,但受领人所获得财产总额增加或存在替代利益时,应认定取得利益存在,包括免受财产减少及用取得利益纳税等情形。得利人所获利益为特定物时,通常以物的转移、灭失为判断取得利益的标准。得利人所得利益为金钱时,由于金钱具有高度可替代性,因此原则上无法判断其不存在。得利人欲证明该金钱利益已经不存在,通常须负较高的证明义务。对于特定金钱利益,亦有观点认为可不予返还,如溢领薪俸情形。尤其是工人工资,因其多用于充实生活或扶养之目的,倘须返还,工人日常生活必遭困难,为保护经济上弱者,可认定其所受利益不存在。[①]

① Flessner, Wegfall der Bereicherung (1970); Rengier, Wegfall der Bereicherung, AcP 177 (1997), 438; Halfmeier, Inhalt des Kondiktionsanspruchs und Wegfall der Bereicherung, JA 2007, 492 ff.

使用消费他人之物的善意得利人可以主张所受利益不存在。如某人善意享用了他人生日蛋糕,且该人家境贫寒,未留存预算购买生日蛋糕支出计划,该人可以主张所受利益不存在。[①] 为平衡得利人与受损人之间的利益关系,学说中亦存在"矛盾行为禁止原则",以限制受益人的权利。对于双务契约上的不当得利请求权问题,学理上存在"二不当得利请求权对立说""差额说""对待给付不当得利请求权说"等。[②] 取得利益不存在的时点应以返还请求之时为准。得利人既经催告,未能及时返还,应付延迟责任;此时,如所得利益灭失,则不能免责。受益人主张所受利益不存在,应当负举证责任。

2. 信赖损失的扣除

善意得利人因管理取得物所支出必要费用,应予以扣除,如运输费用、动物饲养费等。然而,对于必要费用可予以扣除的范围,学者观点不尽一致。因果关系说认为与受益的事实有因果关系的损害,均得列入扣除。[③] 也有学说认为因果关系说扣除范围过于广泛,应作适当限制,受领人主张扣除的,尚须限于其因信赖利益具有法律依据而遭受的损害,该学说为信赖利益兼具法律依据说。[④] 不得扣除的情形包括:(1)向第三人支付的价款;(2)不当得利的返还费用;(3)受领物对受益人的身体或其他财产造成的损害,如受领之犬咬坏地毯,撞倒花瓶等导致的物件损失。

二、恶意得利人的返还义务

得利人的主观恶意,包括以下几种情形:自始恶意、中途恶意或嗣后恶意,但通常不包括因过失而不知的情形。基于嗣后被撤销法律行为所为的给付,受领人知道撤销原因时,即可视为其已经知道没有法律根据。

(一)加重返还义务

恶意得利人的返还范围应为取得的全部利益以及该利益所生孳息。当所得之利益依性质或其他情形不能返还时,应折价返还。如果恶意得利人返还所

---

① 参见王泽鉴:《使用他人物品之不当得利》,载《民法学说与判例研究》(第3册),北京大学出版社2009年版,第71页。

② 参见陈自强:《双务契约不当得利返还之请求》,载《政大法律评论》1995年第54期。

③ 参见郑玉波:《民法债编总论》,中国政法大学出版社2004年版,第143页。

④ 参见王泽鉴:《债法原理:不当得利》(第2册),中国政法大学出版社2002年版,第262页。

受利益后，仍不足以弥补受损人的损失，对不足部分应予赔偿。此处的赔偿，除积极损害外，还包括消极损害。此项损害赔偿请求权是不当得利请求权，不是侵权行为的损害赔偿，不以受损人对损害的发生具有故意或过失为要件。①

（二）得利人丧失一定程度的支出费用请求权

恶意得利人一般不得主张扣除因取得利益所支出的费用。但也有观点认为，恶意得利人对受领物所支出的必要费用，应有权请求返还（如动物的饲养、医药费的支出）。②

（三）嗣后恶意得利人的返还责任

嗣后恶意得利人的返还义务，应以知情的时间为节点，前后分别处理。首先，在其不知没有法律根据前为善意，适用《民法典》第 986 条的规定，得利人可仅返还现存利益，基于信赖法律所支出的费用也应扣除。其次，在得利人知道获益没有法律根据后，应适用《民法典》第 986 条的规定，负加重返还责任。

从历史发展来看，善意与恶意受领人之返还责任并非不当得利制度的两面，恶意得利人受领利益本身构成侵权，除须返还利益外，尚须负侵权责任。《民法典》第 987 条对恶意得利人责任法律性质之理解，牵动不当得利责任与侵权责任之竞合，此二者如何恰如其分、各司其职，更是《民法典》施行后民事责任体系建构的重大课题。③

（四）未成年人的返还责任

当不当得利人为未成年人时，如何认定其是否恶意，理论上存有几种见解：第一，不管未成年人是否知晓，一概不予考虑，均视为善意不当得利人。第二，未成年人是否恶意，依其法定代理人意思判断。第三，类推适用侵权行为关于识别能力的规定。第四，区别不当得利类型而分别认定：给付型不当得利，依其法定代理人意思判断；非给付型不当得利，尤其侵害权益型不当得利，应类推适用侵权行为关于识别能力的规定。④ 上述四种理论见解各有千秋。第一种见解

① 参见王泽鉴：《债法原理：不当得利》（第 2 册），中国政法大学出版社 2002 年版，第 233 ~ 234 页。

② 参见最高人民法院民法典贯彻实施工作领导小组编：《中华人民共和国民法典合同编理解与适用（四）》，人民法院出版社 2020 年版，第 2809 页。

③ 参见陈自强：《民法典不当得利返还责任体系之展开》，载《法学研究》2021 第 4 期。

④ 参见王泽鉴：《未成年人与代理、无因管理及不当得利》，载《民法学说与判例研究》（第 5 册），北京大学出版社 2009 年版，第 96 页。

主张对于未成年人一概以善意待之,似乎体现了对未成年人的特殊保护,但忽视了未成年人背后法定代理人的义务和责任,似有纵容法定代理人滥用监管义务之嫌。第二种见解以未成年人法定代理人的意志代替未成年人的意志,固然可以代为解决未成年人的识别能力问题,但对未成年人真实思想状态一概不加考虑,似乎亦不符合对未成年人等弱势群体给予特殊保护的原则。第三种见解主张类推适用侵权行为关于识别能力的规定,但侵权责任法与不当得利法的立法目的、价值目标及在《民法典》中的功能地位均有差异,类推适用侵权责任规定未必对不当得利人公平。第四种见解虽然排除给付型不当得利的类推适用,但对非给付型不当得利人而言仍存在与第三种见解同样的问题。目前,第二种见解似更具可行性,较契合《民法典》的体例,可以有效督促监护人及时履行监护义务,以弥补未成年人智力不周之短。

三、第三人负返还义务的情形

受领人因善意,将其取得的利益无偿转让给第三人。此种情形下,第三人成为间接得利人,即因得利人的无偿转让行为而间接获得利益,是为三人关系不当得利,第三人应将其取得的利益返还给受损人。涉及第三人返还义务时,对第三人主观情况也应进行考察,依据善意和恶意的区别,第三人需承担不同的返还责任。此外,返还标的涉及原物时,亦可能关联民法上的善意取得制度。《民法典》第 988 条的适用条件应为:第一,为无偿让与;第二,赠与之物为原受领人所应返还的,包括所受的利益或代偿物;第三,原受领人因无偿让与而免除返还义务。

从法律效果角度来看,第三人返还的范围应当依据第三人是否为善意而区别对待。第三人善意时类推适用《民法典》第 986 条的规定,仅返还现存利益;第三人恶意时则类推适用《民法典》第 987 条的规定,负加重责任,即不但须返还利益,亦应赔偿损失。举证责任承担方面,受损人对第三人请求返还无偿受让之利益,应就无偿让与及受领人免除返还义务,负举证责任。

(一)第三人善意

第三人善意且无偿获取不当得利时,其返还义务以无偿获取的现存利益为限。现存利益包括原物及等价代偿物。第三人所获得的利益意外毁损灭失,则第三人免于返还。第三人善意取得原物且支付合理对价时,应优先考察第三人是否符合善意取得构成要件，如果符合，则基于维护交易安全的目的，应当优先保护第三人的合法权益。此时，受损人无权要求返还原物，只能转而请求得利人返还其所获的价款。判断第三人支付的价款是否合理，原则上应当依据客观标准判断，即第三人支付的价款与原物的实际价值是否相当。如果第三人支付的价款明显低于标的物的实际价值，则其无法取得标的物的所有权，受损人仍可请求第三人返还原物。

（二）第三人恶意

第三人恶意的情形下，应类推适用《民法典》第987条的规定，第三人不但应返还取得的利益，还应赔偿相应的损失。该责任的性质为补充责任，当得利人无能力赔偿或下落不明时，才应当由第三人赔偿相应的损失。

四、不当得利请求权的排除

《民法典》第985条规定了不当得利请求权可以排除的三种情形：第一，为履行道德义务进行的给付；第二，债务到期之前的清偿；第三，明知无给付义务而进行的债务清偿。学理上也称为特殊不当得利。[①] 该条并未明确不当得利请求权排除的三种情形适用于哪一类型的不当得利。有学者认为仅给付型不当得利适用不当得利请求权的排除情形。[②]

除此，不当得利请求权的排除存在若干特殊情形需要予以进一步明确。当事人如未主张不当得利请求权的排除，法院是否应依职权加以审查，我国法律尚未澄清，但有观点认为法院应依职权加以审查。对于履行道德上之义务而为的给付，受领人自愿返还所得利益后，得否依据《民法典》第985条第1项规定请求将该利益再次返还自己，法律并无明确规定，通说认为受领人不得请求返还。

（一）为履行道德义务的给付

此项规定在于调和法律与道德之间的关系，使法律规定符合一般道德观念，以道德义务作为法律上义务，给付之人不得请求返还。也有学者将之归类

---

① 参见郑玉波：《民法债编总论》，陈荣隆修订，中国政法大学出版社2004年版，第102～105页；孙森焱：《民法债编总论》（上册），法律出版社2006年版，第142～148页。

② 参见［德］迪特尔·梅迪库斯：《德国债法分论》，杜景林、卢谌译，法律出版社2007年版，第500～545页。

为自然债务。然而,何为道德义务,应依社会观念加以认定,不以给付人主观认知为要件,纵使给付人不知无道德上义务之存在,亦不得请求返还。然而,道德义务本身具有一定的抽象性,其外延有待进一步明确。各国、各地区实践并不相同。此外,自然债务与道德义务是否具有相同的外延,亦需要深入探讨。如对于赌博所生债务,假设债务人主动偿还,得否依据不当得利请求返还,各国及地区似乎并不一致。

(二)债务到期前的清偿

通说认为期前清偿,债务并非不存在,债权人受领给付,不能认为无法律上的原因,且债务因清偿而消灭,债权人亦无得利可言。我国立法机关认为,从本质上讲,该项规定不属于不当得利请求权的例外,而是不当得利请求权不发生。为避免发生疑义,《民法典》明确规定不能请求返还。① 债权含有若干权能,如请求给付的权能、受领给付的权能和保有给付的权能等。债务到期前,债权人无权请求债务人清偿,但债务人一经清偿,债权人便有权受领给付,也有权保有该给付,除非该给付有害于己。债务到期之前的清偿自受领人一侧观察,有法律根据,不具备不当得利的构成要件。② 因此债务人提前清偿并非没有法律根据,只是该债务尚未到履行期限。此项例外规定实际上对法律根据的适用范围进行了细化和明确,可以防止不当得利制度的扩张和滥用,使不当得利制度与《民法典》第530条有效衔接并不致发生适用上的困惑。《民法典》第530条第1款规定:"债权人可以拒绝债务人提前履行债务,但是提前履行不损害债权人利益的除外。"该条款的立法本意即宣示债权人对于提前履行的债务有选择权,对于不损害其利益的期前履约行为,债权人不得拒绝。该条除外条款实际上将债权人提前受领的选择权转变为受领义务。债权人的受领行为有法律根据。通过上述分析,不当得利构成要件的"无法律根据",不但需要从给付人角度考察,还需要从受领人角度考察。

有关期前清偿的例外规定,是否需要以债务人明知为要件?各国立法规定不尽相同。《日本民法典》第706条但书规定,如果债务人不知未届清偿期而为

① 参见黄薇主编:《中华人民共和国民法典合同编解读》(下册),中国法制出版社2020年版,第1588页。

② 参见崔建远:《不当得利规则的细化及其解释》,载《现代法学》2020年第3期。

给付,那么债权人取得的期限利益构成不当得利,债权人负有返还义务。而《德国民法典》第813条明确规定债务人不得返还。有学者认为,此项例外不以债务人明知期前清偿为要件。[①] 王泽鉴教授认同德国立法态度,理由是"避免法律关系趋于烦杂"。这一观点得到我国较多学者的支持。[②]

有关非折息清偿情形,债务人可否请求返还中间利息?各国对此较为谨慎。《日本民法典》作为例外规定,以债务人清偿系出于错误为限,债务人得向债权人请求返还中间利息。《德国民法典》明确规定不得请求返还。我国立法机关认为,对于有偿借款合同,如果将中间利息认定为不当得利,则意味着债务人可以通过单方提前清偿方式,迫使债权人放弃一部分利息,从而达到单方面变更合同的效果。[③] 这在实践中可能与其他法条存在解释上的冲突,例如《民法典》第677条有关借款人提前返还借款的规定。未来还需进一步澄清二者的适用范围。

(三)明知无债务之清偿

明知无债务之清偿属于非债清偿,构成不当得利,本可请求返还。罗马法也素有此传统。立法机关于《民法典》中设置本项例外,源自民法上的禁止反言原则。此亦为德国通说。此项例外的构成要件有三个要素:第一,无债务存在;第二,因清偿债务而进行了给付;第三,给付时明知无给付义务。这里的第三个要素"明知",应当采严格标准,排除重大过失情形,实践中常见的汇错款行为,即使汇款人有重大过失,也不能认为达到此项下的"明知"标准。我国立法机关亦主张采"严格的主观要件",即只有明确违反禁止反言原则的行为,才受此项约束。[④] 本书认为,由于此项例外规定背离于"非债清偿构成不当得利"的传统见解,因此应就本例外规则的适用条件予以严格限定,避免消解传统理论。

---

① 参见史尚宽:《债法总论》,中国政法大学出版社2000年版,第82页。

② 参见王泽鉴:《不当得利》,北京大学出版社2009年版,第90页;崔建远:《不当得利规则的细化及其解释》,载《现代法学》2020年第3期。

③ 参见黄薇主编:《中华人民共和国民法典合同编解读》(下册),中国法制出版社2020年版,第1588页。

④ 参见黄薇主编:《中华人民共和国民法典合同编解读》(下册),中国法制出版社2020年版,第1590页。

（四）增设不法原因之给付规则的探讨

所谓"不法原因之给付"是指基于违法或违反公序良俗事由而实施的给付行为。这里的违法不仅意味着违反民法，还包括违反《治安管理处罚法》等公法，因此涵盖范围较广。基于上述行为而实施的给付，法律规定不得请求返还，例如在禁止赌博的国家，为赌博提供贷款的，则不得请求返还。目前，德国、奥地利、瑞士、日本等国民法均设有此类规定。如《德国民法典》第 817 条规定："给付之目的，因受领人之受领而违反法律之禁止或善良风俗者，受领人负返还之义务。"《瑞士债务法》第 66 条规定："以发生不法或违反道德之效果，而交付其物者，不得请求返还。"①就我国民法而言，因不法原因而为的给付不得请求返还，是不少专家学者主张纳入《民法典》第 985 条但书之中的一则，但未成现实。②

不法原因之给付排除不当得利请求权滥觞于罗马法。在罗马法上，与给付人的给付具有侮辱性时，虽无法律上的原因，法院亦否认其诉权（condictio ob turpem causam）。所谓侮辱性系指违反传统伦理道德或善良风俗。③

现代各国民法设置不法原因之给付排除不当得利请求权规定的原因大致可以分为以下几点：首先是惩罚说，认为不法原因不得请求返还，系对从事不法行为当事人的惩罚。其次是拒绝保护说，认为当事人因违反法律禁止性规定及悖于公序良俗的行为，而将自己置于法律规范之外，无保护必要，作此强调乃基于"禁止主张自己之不法"或不洁净之手的抗辩等原则。最后，德国学者 Canaris 提出一般预防的理论，认为从事违反公序良俗的行为本身多不具有刑罚处罚性，若无《德国民法典》第 817 条第 2 项规定的情形，将不受制裁。《德国民法典》第 817 条第 2 项规定，具有辅助预防行为违反良俗或法律强行规定，相当于侵权行为法一般预防的功能。④ 本书认为上述理论存在共同的问题，三种理论都无法解释。不法原因之给付当事人中一方受有损失，另一方获益，法律对

① See Schlechtriem, Restitution und Bereicherungsausgleich in Europa, Band I, S. 216 ff.

② 参见崔建远：《不当得利规则的细化及其解释》，载《现代法学》2020 年第 3 期。

③ See Heinrich Honsell, Die Rückabwicklung sittenwidriger oder verbotener Geschäfte: Eine rechtsgeschichtliche und rechtsvergleichende Untersuchung zu § 817 BGB (1974), S. 65 f.

④ See Larenz/Canaris, Schuldrecht Ⅱ/2, S. 162 f. 转引自王泽鉴：《不当得利》，北京大学出版社 2015 年版，第 117～118 页。

于受损失一方不予拒绝保护，也就意味着对违法获利的另一方放纵，这种放纵本身是否是因上述规则产生的负面作用？除却导致双方利益失衡外，是否真正能够对违法行为起到警示、预防以及惩戒作用仍有待商榷。例如，对赌博行为提供贷款属于不法行为，如果排除贷款人的不当得利请求权，就意味着对赌徒的纵容。何谈对赌徒的惩戒、警示呢？根本而言，对于不法行为的预防、警示及惩戒已经超出了不当得利法的功能范畴，将其作为辅助预防手段恐非不当得利法所能承载的。因此，我国《民法典》第985条的例外规定并未包含不法原因之给付。当然也有学者认为法律应公平地衡量当事人利益，予以适当必要的保护，不能因为请求救济者本身不清白，即一概拒绝保护，使权益的衡量失其公平。

第三节　不当得利请求权体系的完善

一、给付型不当得利请求权与非给付型不当得利请求权的关系

不当得利类型复杂，难以概观。在解释论上，固然可以将不当得利请求权分为给付型不当得利请求权和非给付型不当得利请求权，为解决不当得利问题提供一般方法。但是某些复杂的不当得利关系，尤其涉及第三人时，给付型不当得利和非给付型不当得利存在交叉重合。如何构建二者的关系有待进一步探讨。

通说认为给付型不当得利请求权有优先性，非给付型不当得利则为辅助性，即就同一个不当得利客体有给付型不当得利及非给付型不当得利存在时，应优先适用给付型不当得利，理由是依前者处理较符合当事人的利益。[①] 对于二人关系的不当得利，依据二人之间是否存在给付行为进而判断适用给付型不当得利请求权还是非给付型不当得利请求权。对于三人及以上关系的不当得利，则依给付关系优先原则决定谁得向谁主张不当得利。

---

① See Hüffer, Die Eingriffskondiktion, JuS 1981, 263, 267; Medicus/Petersen, Bürgerliches Becht, S. 367 f. (Rn. 727 f.); Koppensteiner/Kramer, Ungerechtfertigte Bereicherung, S. 114 ff; Erman/Westermann/Buck-Heeb §812 Rn. 83 ff. 转引自王泽鉴：《不当得利》，北京大学出版社2015年版，第199页。

二、不当得利请求权与其他类型请求权的关系

不当得利请求权与合同不成立、无效、被撤销场合的返还财产和折价补偿的规定、物上请求权规定、侵权损害赔偿请求权及无因管理请求权等其他类型请求权的关系为何？发生竞合时应当依据什么原则适用请求权规则？这是在适用不当得利制度时不可避免的问题，应进行探讨。

上述问题解决的路径与采用不当得利辅助性理论还是独立性理论有着紧密联系。辅助性理论将不当得利制度置于补充地位，只有在无其他请求权可资主张时，才可主张。目前，法国采用的是不当得利辅助性理论的观点。独立性理论认为不当得利请求权与其他请求权相比，具有独立地位，与其他请求权竞合时，当事人可以选择行使。德国和瑞士均采用独立性理论。我国学者也支持在解释《民法典》时采用独立性理论。① 此外，我国《民法典》有关不当得利返还请求权的规定比较分散，发现和整理《民法典》中隐藏的不当得利返还请求权体系具有重要意义。

（一）与无效及可撤销行为之间的关系

《民法典》第 157 条规定："民事法律行为无效、被撤销或者确定不发生效力后，行为人因该行为取得的财产，应当予以返还；不能返还或者没有必要返还的，应当折价补偿。有过错的一方应当赔偿对方由此所受到的损失；各方都有过错的，应当各自承担相应的责任。法律另有规定的，依照其规定。"该条规定的是关于民事法律行为无效、被撤销或确定不发生效力的法律后果。

此处财产返还请求权的性质如何界定？如果采物权无因性理论，则合同无效、被撤销或确定不发生效力后，合同上的债权债务消灭并不导致因合同行为取得的物权无效，此种情况下，可基于不当得利请求返还原物。如果持物权有因性理论，则在合同无效、被撤销或确定不发生效力后，基于合同发生的物权变动也丧失效力，产生物权回转的效果。

目前，我国司法机关未采纳物权无因性理论，②此时原物权人可以基于物权

---

①　参见崔建远：《不当得利规则的细化及其解释》，载《现代法学》2020 年第 3 期。

②　参见最高人民法院民法典贯彻实施工作领导小组主编：《中华人民共和国民法典总则编理解与适用》（下），人民法院出版社 2020 年版，第 785 页。

请求权要求返还财产。返还原物请求权的法律依据是《民法典》第235条，该条规定："无权占有不动产或者动产的，权利人可以请求返还原物。"然而，若承认不当得利制度中的利益包含占有、登记等形态，则发生不当得利请求权与物权请求权的竞合，给付人可以视情况行使选择权。①

因此，《民法典》第157条中的"返还财产"可为物权性救济，亦可为债权性救济。尤其当合同旨在发生物权变动而未完成公示之时，成立返还原物请求权；反之，成立不当得利请求权。是否承认物权行为并不影响上述规则的适用。② 在二者的适用关系上，也有学者认为，双务契约无效或被撤销，已为之给付没有法律依据，构成不当得利，但返还关系之内容，应优先适用《民法典》第157条，原物返还不能，应折价补偿，而不适用《民法典》第986条及第987条之规定。③ 对此，有学者将折价补偿定性为一种特殊的不当得利返还，以便在必要时援引不当得利法原理。④

（二）与添附之间的关系

《民法典》第322条规定："因加工、附合、混合而产生的物的归属，有约定的，按照约定；没有约定或者约定不明确的，依照法律规定；法律没有规定的，按照充分发挥物的效用以及保护无过错当事人的原则确定。因一方当事人的过错或者确定物的归属造成另一方当事人损害的，应当给予赔偿或者补偿。"该条涉及添附取得物所有权的归属问题。

添附是所有权取得、变更的法律依据，由此，丧失物的所有权一方或者受损失一方享有不当得利请求权。我国有学者主张，添附的不当得利请求权规制模式相对于价金偿还请求权模式和混合模式具有制度优势，应以不当得利请求权为核心构建添附的债权效果，并明确不排除侵权请求权的适用。⑤ 对此，笔者赞同对于添附求偿权与不当得利请求权的关系，不能简单套用"补充性原则"及《民法典》第987条的并存原则，而要结合权利产生的不同基础加以判断。⑥

---

① 参见崔建远：《不当得利规则的细化及其解释》，载《现代法学》2020年第3期。

② 参见滕佳一：《合同无效时返还规则的适用》，载《法学家》2020年第6期。

③ 参见陈自强：《民法典不当得利返还责任体系之展开》，载《法学研究》2021年第4期。

④ 参见叶名怡：《折价补偿与不当得利》，载《清华法学》2022年第3期。

⑤ 参见林广会、邹建永：《添附的债权效果及其体系效应——兼评我国〈民法典〉第三百二十二条》，载《学术论坛》2020年第4期。

⑥ 参见李东宇：《无权占有人费用求偿权规则解释论》，载《民商法论丛》2021年第1期。

（三）与占有保护之间的关系

《民法典》第460条涉及占有物返还请求权和孳息返还请求权。此时，权利人对于占有物享有返还请求权，对于孳息享有不当得利请求权，两个权利发生竞合。第461条涉及占有物损毁、灭失时取得保险金、赔偿金或者补偿金等的返还。权利人享有的返还请求权与不当得利请求权存在竞合。第462条涉及占有保护请求权，包括原物返还请求权、排除妨害请求权，如果承认不当得利的形态包括占有，则与不当得利请求权发生竞合。

（四）与合同解除之间的关系

《民法典》第566条包括合同解除后的恢复原状、损害赔偿以及补救措施。在恢复原状场合，给付有体物时构成物权请求权，给付其他财产时构成不当得利请求权，损害赔偿请求权通常不与不当得利请求权发生竞合。

我国有学者进一步将不当得利请求权加以整合，划分为若干类型，如给付型不当得利返还请求权、侵害型得利返还请求权、合同失败后得利返还请求权、费用型不当得利返还请求权等。同时对基本类型进一步细化，将无效或撤销情况下的不当得利返还请求权和合同解除情况下的不当得利返还归结为合同失败后的得利还请求权，将添附、无权处分情况下的不当得利返还请求权归结为侵害型不当得利的特别返还请求权。[①]

① 参见王洪亮：《〈民法典〉中得利返还请求权基础的体系与适用》，载《法学家》2021年第3期。

参考文献

著作

[1]中共中央党史和文献研究院编:《十九大以来重要文献选编》(中),中央文献出版社 2021 年版。

[2]中共中央文献研究室编:《习近平关于全面依法治国论述摘编》,中央文献出版社 2015 年版。

[3]王利明:《合同法研究》(第 3 卷),中国人民大学出版社 2015 年版。

[4]王利明:《法律解释学导论——以民法为视角》,法律出版社 2017 年版。

[5]王利明:《民法总论》,中国人民大学出版社 2022 年版。

[6]王利明:《合同法》(上册),中国人民大学出版社 2021 年版。

[7]梁慧星:《民法学说判例与立法研究》,法律出版社 2003 年版。

[8]梁慧星:《为中国民法典而斗争》,法律出版社 2002 年版。

[9]崔建远主编:《合同法》(第 7 版),法律出版社 2021 年版。

[10]崔建远:《合同解释论:规范、学说与案例的交互思考》,中国人民大学出版社 2020 年版。

[11]韩世远:《合同法学》,高等教育出版社 2010 年版。

[12]韩世远:《合同法总论》,法律出版社 2018 年版。

[13]朱广新:《合同法总则》(第 2 版),中国人民大学出版社 2012 年版。

[14]魏振瀛主编:《民法》,北京大学出版社、高等教育出版社 2017 年版。

[15]杨代雄:《法律行为论》,北京大学出版社 2021 年版。

[16]马俊驹、余延满:《民法原论》,法律出版社 2010 年版。

[17]吴江水:《完美的合同:合同的基本原理及审查与修改》,北京大学出

版社 2020 年版。

[18]张传玺主编:《中国历代契约粹编》(上册),北京大学出版社 2014 年版。

[19]王涌:《私权的分析与构建:民法的分析法学基础》,北京大学出版社 2020 年版。

[20]杨立新:《共有权理论与适用》,法律出版社 2007 年版。

[21]尹田:《法国物权法》,法律出版社 2009 年版。

[22]陈朝璧:《罗马法原理》,法律出版社 2006 年版。

[23]陈华彬:《债法分论》,中国政法大学出版社 2018 年版。

[24]张文显:《法哲学范畴研究》,中国政法大学出版社 2001 年版。

[25]徐国栋:《民法哲学》,中国法制出版社 2015 年版。

[26]徐国栋:《优士丁尼〈法学阶梯〉评注》,北京大学出版社 2011 年版。

[27]舒国滢:《法学的知识谱系》,商务印书馆 2020 年版。

[28]王家福主编:《民法债权》,中国社会科学出版社 2015 年版。

[29]李永军:《合同法》(第 5 版),中国人民大学出版社 2020 年版。

[30]骆鑫、刘娅编著:《物业管理纠纷案例与实务》,清华大学出版社 2017 年版。

[31]钟莉主编:《买卖合同纠纷案件裁判规则(一):合同的订立与效力》,法律出版社 2021 年版。

[32]程啸:《保证合同研究》,法律出版社 2006 年版。

[33]王轶等:《中国民法典释评·合同编·典型合同》,中国人民大学出版社 2020 年版。

[34]周江洪:《服务合同研究》,法律出版社 2010 年版。

[35]谢鸿飞:《承揽合同》,法律出版社 1999 年版。

[36]史树林、乐沸涛:《融资租赁制度概论》,中信出版社 2012 年版。

[37]杨桢:《英美契约法论》(第 4 版),北京大学出版社 2007 年版。

[38]董安生等编译:《英国商法》,法律出版社 1991 年版。

[39]史尚宽:《债法各论》,中国政法大学出版社 2000 年版。

[40]史尚宽:《民法总则》,中国政法大学出版社 2000 年版。

[41]史尚宽:《债法总论》,中国政法大学出版社 2000 年版。

[42]史尚宽:《债法各论》,中国政法大学出版社 2000 年版。

[43]王泽鉴:《债法原理基本理论　债之发生:契约、代理权授予、无因管理》(第 1 册),中国政法大学出版社 2001 年版。

[44]王泽鉴:《法律思维与民法实例:请求权基础理论体系》,中国政法大学出版社 2001 年版。

[45]王泽鉴:《民法物权》,北京大学出版社 2009 年版。

[46]黄茂荣:《债法通则之一:债之概念与债务契约》,厦门大学出版社 2014 年版。

[47]黄茂荣:《债法分则之二:劳务之债》,厦门大学出版社 2020 年版。

[48]邱聪智:《新订债法各论》(中),中国人民大学出版社 2006 年版。

[49]林诚二:《民法债编各论》(上),中国人民大学出版社 2007 年版。

[50]林诚二:《民法债编各论》(下),中国人民大学出版社 2007 年版。

[51]黄立主编:《民法债编各论》(下),中国政法大学出版社 2003 年版。

[52]郑玉波:《民法债编各论》(上),台北,三民书局 1981 年版。

[53][法]孟德斯鸠:《论法的精神》(上卷),许明龙译,商务印书馆 2015 年版。

[54][日]我妻荣:《债法各论》(中卷一),徐进、李又又译,中国法制出版社 2008 年版。

[55][古希腊]亚里士多德:《政治学》,颜一、秦典华译,中国人民大学出版社 2003 年版。

[56][英]P. S. 阿狄亚:《合同法导论》,赵旭东等译,法律出版社 2002 年版。

[57][英]巴里 · 尼古拉斯:《罗马法概论》,黄风译,法律出版社 2000 年版。

[58][澳]彼得 · 德霍斯:《知识财产法哲学》,周林译,商务印书馆 2008 年版。

[59][美]理查德 · A. 波斯纳:《超越法律》,苏力译,中国政法大学出版社 2001 年版。

[60][美]J. E. 克伍卡、L. J. 怀特编著:《反托拉斯革命——经济学、竞争与政策》,林平等译,经济科学出版社 2014 年版。

[61][意]桑德罗·斯奇巴尼:《契约之债与准契约之债》,丁玫译,中国政法大学出版社 1998 年版。

[62][德]迪特尔·梅迪库斯:《德国债法分论》,杜景林、卢谌译,法律出版社 2007 年版。

[63][德]迪尔克·罗歇尔德斯:《德国债法总论》,沈小军、张金海译,沈小军校,中国人民大学出版社 2014 年版。

[64][德]马克斯·卡泽尔、罗尔夫·克努特尔:《罗马私法》,田士永译,法律出版社 2018 年版。

[65][德]鲍尔·施蒂尔纳:《德国物权法》(下册),申卫星、王洪亮译,法律出版社 2006 年版。

[66][德]迪特尔·梅迪库斯:《德国民法总论》,邵建东译,法律出版社 2000 年版。

[67][德]萨维尼:《论立法与法学的当代使命》,许章润译,中国法制出版社 2001 年版。

[68][德]莱因哈德·齐默曼:《德国新债法:历史与比较的视角》,韩光明译,法律出版社 2012 年版。

[69][德]H. 科殷:《法哲学》,林荣远译,华夏出版社 2002 年版。

[70][德]本德·吕特斯、阿斯特丽德·施塔德勒:《德国民法总论》(第 18 版),于馨淼、张姝译,法律出版社 2017 年版。

[71][德]考夫曼:《法律哲学》,刘幸义等译,法律出版社 2004 年版。

[72][德]卡尔·拉伦茨:《德国民法通论》(下册),王晓晔等译,法律出版社 2003 年版。

[73][德]康德:《逻辑学讲义》,许景行译,商务印书馆 2010 年版。

[74][德]卡尔·拉伦茨:《法学方法论》,陈爱娥译,商务印书馆 2003 年版。

[75]《德国民法典》(第 5 版),陈卫佐译注,法律出版社 2020 年版。

[76]《法国民法典》,罗结珍译,北京大学出版社 2010 年版。

[77]《日本民法典》,王爱群译,法律出版社 2014 年版。

[78]《瑞士债务法》,戴永盛译,中国政法大学出版社 2016 年版。

[79]《意大利民法典》,陈国柱译,中国人民大学出版社 2010 年版。

[80]《美国统一商法典》,潘琪译,法律出版社 2018 年版。

释义书

[1]戚兆岳、郝丽燕、孙犀铭编著:《〈中华人民共和国民法典·合同编〉释义》,人民出版社2020年版。

[2]中国审判理论研究会民事审判理论专业委员会:《民法典合同编条文理解与司法适用》,法律出版社2020年版。

[3]最高人民法院民法典贯彻实施工作领导小组主编:《中华人民共和国民法典合同编理解与适用(二)》,人民法院出版社2020年版。

[4]黄薇主编:《中华人民共和国民法典合同编释义》,法律出版社2020年版。

[5]谢鸿飞、朱广新主编:《民法典评注:合同编　典型合同与准合同》,中国法制出版社2020年版。

[6]黄薇主编:《中华人民共和国民法典合同编解读》(上册),中国法制出版社2020年版。

[7]最高人民法院民事审判第一庭编:《民事审判指导与参考》(总第82辑),人民法院出版社2021年版。

[8]最高人民法院民法典贯彻实施工作领导小组主编:《中华人民共和国民法典合同编理解与适用(四)》,人民法院出版社2020年版。

[9]杨立新主编:《中华人民共和国民法典释义与案例评注:合同编》(下),中国法制出版社2020年版。

[10]杨代雄主编:《袖珍民法典评注》,中国民主法制出版社2022年版。

[11]最高人民法院民法典贯彻实施工作领导小组主编:《中华人民共和国民法典总则编理解与适用》(下),人民法院出版社2020年版。

期刊论文

[1]王泽鉴:《中国民法的特色及解释适用》,载《法律适用》2020年第13期。

[2]杨震、孙毅:《我国民法典的时代价值》,载《求是学刊》2021年第5期。

[3]江平:《中国民法典的三个创新》,载《政法论坛》2022年第1期。

[4]刘承韪:《民法典合同编的立法取向与体系开放性》,载《环球法律评

论》2020年第2期。

[5]孙宪忠:《民法体系化科学思维的问题研究》,载《法律科学(西北政法大学学报)》2022年第1期。

[6]谢鸿飞、涂燕辉:《民法典典型合同的制度创新及意义》,载《人民检察》2020年第12期。

[7]王利明:《论〈民法典〉实施中的思维转化——从单行法思维到法典化思维》,载《中国社会科学》2022年第3期。

[8]王利明、黄文艺:《论法学学科的发展规律和发展前景》,载《大学与学科》2020年第1期。

[9]王利明:《论民事权益位阶:以〈民法典〉为中心》,载《中国法学》2022年第1期。

[10]王利明:《论民法典时代的法律解释》,载《荆楚法学》2021年第1期。

[11]王利明:《论民法典合同编发挥债法总则的功能》,载《法学论坛》2020年第4期。

[12]王利明:《彰显时代性:中国民法典的鲜明特色》,载《东方法学》2020年第4期。

[13]王利明:《我国〈民法典〉保证合同新规则释评及适用要旨》,载《政治与法律》2020年第12期。

[14]易军:《我国〈民法典〉买卖合同制度的重大更新》,载《法学杂志》2022年第2期。

[15]孙宪忠:《中国民法典总则与分则之间的统辖遵从关系》,载《法学研究》2020年第3期。

[16]黄茂荣:《买卖之目标及其〈民法典〉之合同类型的配置》,载《北方法学》2020年第5期。

[17]石冠彬:《论民法典网购合同成立时间规则的适用》,载《东方法学》2022年第3期。

[18]冷传莉:《"人格物"权利冲突的构成机理与裁判之道》,载《法商研究》2021年第3期。

[19]何建:《全国首例干细胞买卖合同效力认定及法律适用——吴海澜诉上海聚仁生物科技有限公司买卖合同纠纷案》,载《法律适用》2022年第2期。

[20]费安玲:《论买卖合同标的物规则的形成理念——以人格尊严和无体物为分析视角》,载《环球法律评论》2022 年第 3 期。

[21]余亮亮:《〈民法典合同编〉合意标准的规范构造——以买卖合同为视角》,载《私法》2021 年第 1 期。

[22]吴香香:《〈民法典〉第 598 条(出卖人主给付义务)评注》,载《法学家》2020 年第 4 期。

[23]武腾:《无权处分场合买卖合同的效力与权利瑕疵担保》,载《交大法学》2022 年第 1 期。

[24]武腾:《委托合同任意解除与违约责任》,载《现代法学》2020 年第 2 期。

[25][德]托马斯·M. J. 默勒斯、李雨泽:《中国〈民法典〉买卖法中的开放式问题——与德国法及欧盟法相比较》,载《财经法学》2021 年第 3 期。

[26]刘洋:《民法典语境下交付移转风险规则的体系联动效应辨识》,载《财经法学》2022 年第 2 期。

[27]刘凯湘:《民法典合同解除制度评析与完善建议》,载《清华法学》2020 年第 3 期。

[28]王立栋:《〈民法典〉第 641 条(所有权保留买卖)评注》,载《法学家》2021 年第 3 期。

[29]周江洪:《所有权保留买卖的体系性反思——担保构成、所有权构成及合同构成的纠葛与梳理》,载《社会科学辑刊》2022 年第 1 期。

[30]许中缘:《论〈民法典〉的功能主义释意模式》,载《中国法学》2021 年第 6 期。

[31]何韵文、郑捷:《拍卖机制与竞价行为:基于付费竞价式拍卖的理论与实验》,载《经济研究》2021 年第 11 期。

[32]张荣刚、尉钏:《〈民法典〉之数字经济治理效能论析》,载《北京理工大学学报(社会科学版)》2022 年第 2 期。

[33]王文军:《电力直接交易背景下〈民法典〉供用电合同制度新解》,载《法学杂志》2022 年第 2 期。

[34]于文轩:《论电力法上的强制缔约制度》,载《法治社会》2018 年第 1 期。

[35]叶名怡:《夫妻间房产给予约定的性质与效力》,载《法学》2021年第3期。

[36]陈永强:《夫妻财产归属约定的法理明晰及规则适用》,载《中国法学》2022年第2期。

[37]吴昭军:《宗教场合中捐献行为的性质界定与财产归属》,载《人大法律评论》2020年第1期。

[38]申卫星:《论无行为能力人纯获利益法律行为的效力》,载《法律科学(西北政法大学学报)》2022年第2期。

[39]方新军:《社会主义核心价值观融入〈民法典〉解释的意义和方法》,载《苏州大学学报(法学版)》2022年第1期。

[40]方新军:《民法典编纂视野下合同法第402条、第403条的存废》,载《法学研究》2019年第1期。

[41]杨代雄:《〈民法总则〉中的代理制度重大争议问题》,载《学术月刊》2017年第12期。

[42]刘强:《〈民法典〉技术合同章立法研究——兼论与知识产权法的互动》,载《科技与法律(中英文)》2021年第6期。

[43]刘强:《〈民法典〉技术合同章商事化变革研究——兼评知识产权法的相关影响》,载《湖南大学学报(社会科学版)》2021年第4期。

[44]孙维飞:《定义、定性与法律适用——买卖型担保案型的法律适用问题研究》,载《华东政法大学学报》2021年第6期。

[45]胡晓红:《非法垄断技术致技术合同无效的法律适用:现状与改造》,载《江苏社会科学》2021年第3期。

[46]孙山:《溯源循理:合作作品权利归属规则的改进之道》,载《河北法学》2022年第6期。

[47]尚连杰:《〈民法典〉第501条(合同缔结人的保密义务)评注》,载《法学家》2021年第2期。

[48]汤贞友:《技术合同双方对他人侵权的责任分担——〈民法典〉第874条的解释适用》,载《知识产权》2022年第1期。

[49]徐卓斌:《技术合同制度的演进路径与司法理念》,载《法律适用》2020年第9期。

[50]胡东海:《〈合同法〉第402条(隐名代理)评注》,载《法学家》2019年第6期。

[51]杨立新:《物业服务合同:从无名合同到典型合同的蜕变》,载《现代法学》2020年第4期。

[52]徐涤宇:《物业服务合同法律构造之中国模式》,载《法学研究》2021年第3期。

[53]薛源:《民法典新增物业服务合同效力探讨》,载《学术界》2020年第10期。

[54]易军:《论中国法上"无因管理制度"与"委托合同制度"的体系关联》,载《法学评论》2020年第6期。

[55]刘勇:《〈民法典〉第680条评注(借款利息规制)》,载《法学家》2021年第1期。

[56]崔建远:《论利息之债》,载《中州学刊》2022年第1期。

[57]杨永清:《〈新担保司法解释〉中有关保证合同的几个问题》,载《法律适用》2021年第2期。

[58]石宏:《合同编的重大发展和创新》,载《中国法学》2020年第4期。

[59]王世贤:《论保证期间的性质》,载《河北法学》2003年第1期。

[60]耿林:《论除斥期间》,载《中外法学》2016年第3期。

[61]夏沁:《或有期间三论》,载《北方法学》2017年第1期。

[62]孔祥俊:《保证期间再探讨》,载《法学》2001年第7期。

[63]包晓丽、司伟:《民法典保证期间规定理解适用中的几个问题》,载《法律适用》2021年第1期。

[64]谢鸿飞:《连带债务人追偿权与法定代位权的适用关系——以民法典第519条为分析对象》,载《东方法学》2020年第4期。

[65]刘练军、王佳:《商事租赁优先承租权之解释与适用》,载《江淮论坛》2021年第4期。

[66]张鹏:《民法典背景下我国优先购买权制度内涵——兼评最高人民法院实施民法典相关司法解释的修订》,载《东方法学》2022年第1期。

[67]刘保玉、张烜东:《论动产融资租赁物的所有权登记及其对抗效力》,载《中州学刊》2020年第6期。

［68］梅夏英、王剑：《后〈民法典〉时代的融资租赁法律治理》，载《烟台大学学报（哲学社会科学版）》2021 年第 5 期。

［69］李芷君：《论融资租赁中出租人救济制度的优化》，载《江汉论坛》2021 年第 6 期。

［70］郝秀辉、张纳川：《论航空器融资租赁出租人的违约取回权》，载《西南石油大学学报（社会科学版）》2016 年第 1 期。

［71］黄和新：《保理合同：混合合同的首个立法样本》，载《清华法学》2020 年第 3 期。

［72］朱勇：《国际保理及其法律性质》，载《法学杂志》1994 年第 4 期。

［73］王聪：《〈民法典〉保理合同的功能主义构造》，载《社会科学》2021 年第 8 期。

［74］崔建远：《保理合同探微》，载《法律适用》2021 年第 4 期。

［75］魏冉：《保理的概念及其法律性质之明晰》，载《华东政法大学学报》2021 年第 6 期。

［76］朱晓喆、冯洁语：《保理合同中应收账款多重转让的优先顺序——以〈民法典〉第 768 条为中心》，载《法学评论》2022 年第 1 期。

［77］周江洪：《服务合同在我国民法典中的定位及其制度构建》，载《法学》2008 年第 1 期。

［78］易军：《买卖合同之规定准用于其他有偿合同》，载《法学研究》2016 年第 1 期。

［79］黄喆：《民法典背景下承揽合同验收制度的教义学展开》，载《苏州大学学报（哲学社会科学版）》2020 年第 4 期。

［80］宁红丽：《〈民法典〉中定作人任意解除权的适用要件与法律效果》，载《浙江工商大学学报》2020 年第 6 期。

［81］李建星：《〈民法典〉第 807 条（建工价款的优先受偿权）评注》，载《南京大学学报（哲学·人文科学·社会科学）》2021 年第 4 期。

［82］石佳友：《〈民法典〉建设工程合同修订的争议问题》，载《社会科学辑刊》2020 年第 6 期。

［83］刘力、禄劲松、杨劭禹：《论无效建设工程施工合同的折价补偿——〈民法典〉第 793 条第 1 款评释》，载《法律适用》2022 年第 2 期。

后　记

《中华人民共和国民法典释论》系列丛书，是国家社科基金重大研究专项："社会主义核心价值观融入民法典的理解与适用研究"（20VHJ011）的阶段性研究成果。该系列丛书的出版，既是社会主义核心价值观融入《民法典》的理解与适用的理论探索，也是社会主义核心价值观引领《民法典》的编纂与施行的实践展示。

《中华人民共和国民法典释论》系列丛书在编写过程中，力图深刻领会《民法典》的核心要义与价值主旨、全面展现《民法典》的精神气质与实践追求、系统阐释《民法典》的制度体系与规范逻辑、客观描述《民法典》的编纂进路与司法期待。因为《民法典》在中国特色社会主义法律体系中，既是一部固根本、稳预期、利长远的基础性法律，也是全面依法治国的重要制度载体。习近平总书记指出："民法典实施得好，人民群众权益就会得到法律保障，人与人之间的交往活动就会更加有序，社会就会更加和谐。"①

《中华人民共和国民法典释论》系列丛书的顺利编写，导源于黑龙江大学民法典编纂课题组组长杨震教授的统辖规划与引领推进，厚植于黑龙江大学民法典编纂课题组的智慧付出与成果积淀，得益于黑龙江大学法学院、黑龙江大学民商法学研究中心的云集响应与踊跃输将，仰赖于黑龙江大学民法同道的细心求索和潜力深耕。在此，致敬所有为《中华人民共和国民法典释论》系列丛书倾心助力、孜孜以求的同人！

砥砺奋进，笃行致远。遥望2012年3月那些春风劲拂、桃花缤纷的夜晚，回望2012年5月那些微风低吟、丁香盛开的日子，为起草《中华人民共和国继承法》

① 中共中央党史和文献研究院编：《十九大以来重要文献选编》（中），中央文献出版社2021年版，第584页。

（专家建议稿），黑龙江大学民法典编纂课题组在研讨论证、集思广益、思路整合、字斟句酌……杨震、王歌雅、孙毅、申建平、李宏弢、杨振宏、司丹、任江……那些舒展的笑容、生动的面庞、犀利的言语、碰撞的观点、凝练的表达，清晰如昨。

博采众长，匠心独运。2015 年 4 月，又是桃花绽放、丁香四溢的昼夜。为起草《民法典·总则编》（专家建议稿）中民事法律行为和代理两章，为优化民事法律行为和代理的规范表述、制度设计，黑龙江大学民法典编纂课题组在遍阅法典、中西审夺、激扬论辩、唇枪舌剑……杨震、王歌雅、孙毅、申建平、陈彦晶、杨振宏、王睿、王立兵、严诚、杨健、李宏弢、任江、霍原、项定宜、胡东、龚兵、李幡、赵亮、司丹、马千里……那些勤奋的思考、亢奋的表情、严肃的争论、反复的推敲、飞扬的思维，依稀可见。

精诚合作，携手与共。2017 年 6 月至 7 月，在柳絮飞扬、梨花绽放的夏日，为起草《中华人民共和国人格权法》（专家建议稿），黑龙江大学民法典编纂课题组在研讨体例、设计方案、规划日程、逐条审议、精雕细琢、优化表述……杨震、王歌雅、孙毅、申建平、张铁薇、李丹丹、王立兵、杨振宏、李幡、朴顺善、项定宜、龚兵、马千里……那些温煦的表情、和谐的话语、清晰的流程、经典的表述、智慧的启迪，犹在眼前。

在《中华人民共和国民法典释论》系列丛书付梓之际，尤要感谢法律出版社徐非编辑给予的鼎力支持与真诚鼓励！无论是丛书的策划、设计，还是丛书的编校、审核，均凝聚着徐非编辑的热忱与付出；不论是反复的沟通、磋商，还是合同的草拟、签订，均体现出徐非编辑的素养与敬业。

特别感谢黑龙江省教育厅对黑龙江大学民法典编纂课题组的鼎力支持！

感谢所有为《中华人民共和国民法典释论》系列丛书付出心血与热望的人！

感谢所有为黑龙江大学民法典编纂课题组提供支持与帮助的人！

三千星夜兼程，韶华晨露归处！

十年磨一剑，悠韵砺得香！

功崇惟志，业广惟勤！

黑龙江大学民法典编纂课题组

2022 年 5 月 4 日